実務裁判例

借地借家契約における信頼関係の破壊

伊藤秀城【著】

日本加除出版

はしがき

　簡易裁判所における調停事件や民事事件で，賃料不払いや近隣迷惑行為を理由に，賃料や建物明渡しを請求してくるものが結構あり，その訴状の請求原因に，賃貸人と賃借人の「信頼関係の破壊」を記載してくる例が少なからずある。

　もちろん，「信頼関係の破壊」を請求原因の中に記載していない例も多くあるが，記載している訴状については，「信頼関係の破壊」の中味が関心事であり，これまでの判例において，借地・借家における債務不履行の内容がどうであるのか，無断転貸や無断譲渡，賃料不払い，無断増改築等のそれぞれの範疇で，実際には，どのように判断されているのかということである。

　そして，昭和の時代から平成にかけて時代背景が変わる中で，どのように判断されてきているのかといったことが把握できれば，実務にとって大いに参考になるであろうと考えて本書を編んだ次第である。

　本書は，理論的なキーワードを見つけるといった学究的なものでないことはもちろん，今後の基準になる指針を探求するといったものではないが，数多くの判例の中に，過去から現在に至る判断基準が少なからず示されている。今後，それが普遍的なものになるかどうかは判然としないが，まずは，多くの判例が示してきた足跡をみて，今後の和解や調停，不動産関係訴訟等の参考になれば幸いである。

　最後に，本書の出版に当たっては，日本加除出版株式会社企画部の渡邊宏美さん，編集部の前田敏克さんに大変お世話になり，心から感謝申し上げる。

平成27年3月

伊　藤　秀　城

凡　例

文中に掲げる裁判例については次の略記とする。

〔裁判例〕

最判平成23年7月12日（判時2128号33頁，金判1378号28頁）
　→　最高裁判所判決平成23年7月12日判例時報2128号33頁，金融・商事判例1378号28頁
東京地八王子支判昭和40年1月27日（判タ174号155頁）
　→　東京地方裁判所八王子支部判決昭和40年1月27日判例タイムズ174号155頁

民　集	最高裁判所民事判例集	判　時	判例時報
裁判集民	最高裁判所裁判集民事	判　タ	判例タイムズ
高民集	高等裁判所民事判例集	金　判	金融・商事判例
下民集	下級裁判所民事裁判例集	金　法	金融法務事情
東高時報民	東京高等裁判所民事判決時報		

〔その他〕

本書で引用されている裁判例につき，登場する人名等を便宜アルファベット等で振り直す等の取扱いをしている。

編注部分については，〔編注：　〕で示している。

〔参考文献〕

星野英一「借地・借家法（法律学全集　26）」（有斐閣，1969年）
廣谷章雄編著「借地借家訴訟の実務」（新日本法規，2011年）
荒木新五「要約　借地借家判例154」（学陽書房，2009年）
内田勝一，山﨑敏彦編「借地・借家の裁判例（第3版）」（有斐閣，2010年）
田尾桃二「不動産法体系Ⅲ　借地・借家　26賃借権の譲渡，賃借物の転貸」
稲本洋之助，澤野順彦編「コンメンタール借地借家法　第3版」（日本評論社，2010年）
藤田耕三，小川英明編「不動産訴訟の実務（7訂版）」（新日本法規，2010年）
安達敏男，古谷野賢一，酒井雅男「Q&A借地借家の法律と実務（第2版）」（日本加除出版，2012年）

目　次

第 1 編　借地契約における信頼関係の破壊 ―――――― 1

はじめに ―――――――――――――――――――――――――――― 1

第 1　無断転貸・無断譲渡 ――――――――――――――――― 3

1　土地賃借権の無断転貸・無断譲渡等 ――――――――――――― 3

（1）解除を肯定した事例 ―――――――――――――――――――― 3

1　土地賃借権の無断転貸ないしは無断譲渡と信頼関係の破壊
東京地判昭和 31 年 6 月 25 日（下民集 7 巻 6 号 1635 頁，判時 88 号 13 頁）　*3*

2　【参考判例】賃借地の一部無断転貸と権利の乱用
最判昭和 34 年 7 月 17 日（民集 13 巻 8 号 1077 頁，裁判集民 37 号 359 頁）　*4*

3　無断譲渡と背信的行為
最判昭和 39 年 12 月 25 日（裁判集民 76 号 681 頁，判時 400 号 21 頁）　*4*

4　【参考判例】土地賃借権の無断転貸と権利の濫用
最判昭和 40 年 1 月 12 日（裁判集民 77 号 11 頁）　*5*

5　【参考判例】借地上の建物が第三者の所有に属したときは，土地賃借権は消滅するとの特約は，借地法 11 条に違反しない。
最判昭和 40 年 6 月 4 日（裁判集民 79 号 323 頁）　*5*

6　無断転貸と背信行為と認めるに足りない特段の事情の主張・立証責任
最判昭和 41 年 1 月 27 日（民集 20 巻 1 号 136 頁，裁判集民 82 号 149 頁，判時 440 号 32 頁，判タ 188 号 114 頁）　*6*

7　土地賃借権の無断譲渡と信頼関係の破壊
最判昭和 42 年 3 月 31 日（裁判集民 86 号 825 頁，判時 480 号 26 頁，判タ 206 号 89 頁）　*6*

8　土地賃借人による隣地の不法占有と信頼関係の破壊
大阪高判昭和 42 年 4 月 24 日（判時 495 号 57 頁）　*6*

9　【参考判例】借地権の無断譲渡・転貸と特段の事情の主張・立証責任
最判昭和 44 年 2 月 18 日（民集 23 巻 2 号 379 頁，裁判集民 94 号 325 頁，判時 550 号 58 頁，判タ 233 号 78 頁）　*7*

10　土地賃借権の一部無断譲渡・無断転貸と背信行為
東京地判昭和 44 年 12 月 26 日（判タ 246 号 302 頁）　*8*

11　【参考判例】賃借人が転借権の譲渡を容認している場合における，新たな無断譲渡
東京地判昭和 47 年 2 月 15 日（金判 317 号 15 頁）　*8*

12　【参考判例】借地権の一部無断譲渡と解除の効力の範囲
東京高判昭和 47 年 4 月 11 日（判時 673 号 45 頁，判タ 280 号 236 頁）　*9*

13　土地の賃借人が，賃借土地を買い受け，土地の所有権を有すると称して第三者に売却する行為と信頼関係の破壊
東京高判昭和 54 年 8 月 8 日（判時 942 号 48 頁）　*9*

14　借地権の無断譲渡と背信性
東京地判昭和 54 年 10 月 30 日（判タ 416 号 165 頁）　*10*

15　土地賃借権の無断譲渡と背信性
東京高判昭和 55 年 8 月 12 日（東高時報民 31 巻 8 号 183 頁，判時 975 号 40 頁，判タ 424 号 87 頁）　*10*

16　土地賃借権の無断転貸と背信行為
東京地判昭和 57 年 2 月 3 日（下民集 35 巻 1～4 号 237 頁，判タ 474 号 165 頁）　*11*

17　8 年以上の所在不明による無断譲渡又は転貸と信頼関係の破壊
最判平成 3 年 9 月 17 日（裁判集民 163 号 299 頁，判時 1402 号 47 頁，判タ 771 号 66 頁，金判 882 号 3 頁）　*11*

18　無断譲渡と背信行為（実子に対する借地権の譲渡）
大阪地判平成 8 年 6 月 28 日（判タ 920 号 203 頁）　*12*

19　借地権の無断譲渡と信頼関係の破壊
　　　　東京地判平成 14 年 11 月 28 日（判例秘書）　13
　20　土地賃借権の一部無断譲渡と信頼関係の破壊
　　　　東京地判平成 15 年 3 月 25 日（判例秘書）　14
　21　無断譲渡と信頼関係の破壊
　　　　東京地判平成 18 年 8 月 30 日（判例秘書）　15
　22　土地賃借権の無断譲渡と背信行為
　　　　東京地判平成 19 年 2 月 26 日（判例秘書）　16
　23　賃借権の無断譲渡と信頼関係の破壊
　　　　東京地判平成 19 年 3 月 22 日（判例秘書）　17
　24　借地権の無断譲渡と信頼関係の破壊
　　　　東京地判平成 19 年 8 月 9 日（判例秘書）　18
　25　土地賃借権の一部譲渡ないしは一部転貸と信頼関係の破壊
　　　　東京地判平成 21 年 2 月 25 日（判時 2049 号 33 頁）　18
　26　土地賃借権の無断譲渡と背信行為
　　　　東京地判平成 25 年 6 月 17 日（判例秘書）　20

(2) 解除を否定した事例 21

　27　借地権の無断譲渡と背信的行為
　　　　最判昭和 28 年 9 月 25 日（民集 7 巻 9 号 979 頁，裁判集民 9 号 1075 頁，判時 12 号 11 頁，判タ 34 号 45 頁，金法 20 号 27 頁）　21
　28　建物所有の目的で他人の土地を賃借する者が，その所有建物を第三者に賃貸し，第三者が建物利用に伴い敷地たる土地を利用する場合は，民法 612 条でいう意味の土地の転貸ではない。
　　　　東京地判昭和 34 年 9 月 10 日（判時 208 号 53 頁，判タ 98 号 57 頁）　21
　29　借地上の建物の贈与と信頼関係の破壊
　　　　東京地判昭和 34 年 11 月 16 日（判時 209 号 17 頁）　23
　30　財産分与としての借地上の建物の贈与と信頼関係の破壊
　　　　福岡地小倉支判昭和 36 年 7 月 13 日（下民集 12 巻 7 号 1678 頁）　23
　31　【参考判例】賃借権の援用と居住する権利
　　　　最判昭和 37 年 12 月 25 日（民集 16 巻 12 号 2455 頁，裁判集民 63 号 887 頁，判時 327 号 34 頁，判タ 141 号 51 頁，判タ 148 号 88 頁）　24
　32　【参考判例】賃借権の一部譲渡と背信的行為
　　　　最判昭和 39 年 1 月 16 日（民集 18 巻 1 号 11 頁，裁判集民 71 号 79 頁，判時 368 号 52 頁，判タ 160 号 62 頁）　24
　33　借地権の無断譲渡と信頼関係の破壊
　　　　最判昭和 39 年 6 月 30 日（民集 18 巻 5 号 991 頁，裁判集民 74 号 371 頁，判時 380 号 70 頁，判タ 164 号 94 頁）　25
　34　土地賃借権の一時無断転貸と信頼関係の破壊
　　　　東京高判昭和 39 年 7 月 13 日（下民集 15 巻 7 号 1747 頁，判時 380 号 71 頁）　25
　35　借地上の建物の名義移転と信頼関係の破壊（養子に対する建物の相続と無断転貸）
　　　　東京地判昭和 39 年 7 月 17 日（判時 381 号 35 頁）　26
　36　無断転貸と信頼関係の破壊（賃借人名義の建物の相続と無断転貸）
　　　　最判昭和 40 年 6 月 18 日（民集 19 巻 4 号 976 頁，裁判集民 79 号 437 頁，判時 418 号 39 頁，判タ 179 号 124 頁）　26
　37　借地上の建物の贈与と信頼関係の破壊（賃借人名義の建物の孫への贈与と無断転貸等）
　　　　最判昭和 40 年 9 月 21 日（民集 19 巻 6 号 1550 頁，裁判集民 80 号 429 頁，判時 426 号 35 頁，判タ 183 号 101 頁）　27
　38　借地上の建物の贈与と背信的行為
　　　　大阪地判昭和 41 年 5 月 11 日（判タ 195 号 140 頁）　27
　39　借地権の一部譲渡と背信行為
　　　　東京高判昭和 42 年 2 月 27 日（下民集 18 巻 1～2 号 171 頁，判タ 207 号 86 頁）　28
　40　土地賃借権の無断譲渡と背信的行為
　　　　東京高判昭和 43 年 6 月 28 日（民集 24 巻 13 号 2032 頁，判時 542 号 60 頁）　29

41 【参考判例】土地の賃借権譲渡と賃貸人の書面による承諾
　　　最判昭和44年2月13日（民集23巻2号316頁，裁判集民94号277頁，判時551号46頁，
　　　　判タ233号77頁）　*29*
42 土地賃借権の無断譲渡と背信行為
　　　最判昭和44年4月24日（民集23巻4号855頁，裁判集民95号195頁，判時556号45頁，
　　　　判タ235号111頁）　*30*
43 賃借権の一部無断譲渡と背信行為
　　　最判昭和46年6月22日（裁判集民103号189頁，判時636号47頁，判タ265号133頁）　*30*
44 建物の無断譲渡と信頼関係の破壊
　　　東京地判昭和50年7月28日（判時807号61頁）　*31*
45 土地賃借権の無断譲渡と信頼関係の破壊
　　　東京地判昭和58年11月17日（判タ519号164頁）　*31*
46 土地賃借権の無断譲渡と信頼関係の破壊
　　　東京高判昭和60年2月28日（判タ575号49頁）　*32*
47 土地賃借権の無断譲渡と信頼関係の破壊
　　　東京地判昭和63年11月14日（判時1324号61頁）　*32*
48 遺産分割に伴う借地権の譲渡と信頼関係の破壊
　　　東京地判平成9年9月24日（判タ1011号234頁）　*33*
49 借地権の無断譲渡と信頼関係の破壊
　　　東京地判平成14年12月24日（判例秘書）　*34*
50 借地権の無断譲渡と背信行為
　　　東京地判平成15年1月30日（判例秘書）　*34*
51 借地権の無断譲渡と背信的行為
　　　東京地判平成15年2月27日（判例秘書）　*35*
52 無断転貸と背信行為
　　　東京地判平成15年5月13日（判例秘書）　*36*
53 所有権移転登記と権利の濫用
　　　東京地判平成15年10月8日（判例秘書）　*36*
54 夫婦間の借地権の譲渡と背信行為
　　　東京地判平成16年10月18日（判例秘書）　*37*
55 無断譲渡・転貸等と信頼関係の破壊
　　　東京地判平成17年9月26日（判例秘書）　*37*
56 死因贈与等による無断譲渡と信頼関係の破壊
　　　東京地判平成18年5月11日（判例秘書）　*38*
57 借地権の無断譲渡と信頼関係の破壊
　　　東京地判平成19年2月20日（判例秘書）　*39*
58 土地賃借権の無断譲渡と背信行為
　　　東京地判平成19年4月25日（判例秘書）　*40*
59 包括遺贈による譲渡と背信行為
　　　東京地判平成19年7月10日（判例秘書）　*40*
60 無断転貸と背信行為
　　　東京地判平成19年7月12日（判例秘書）　*41*
61 借地権の贈与と背信行為
　　　東京地判平成21年2月16日（判例秘書）　*41*
62 財産分与に伴う借地の無断転貸と背信行為
　　　最判平成21年11月27日（裁判集民232号409頁，判時2066号45頁，判タ1315号79頁，
　　　　金法1895号93頁）　*42*

2　個人経営から会社組織等への変更　43
(1)　解除を肯定した事例　43
63 民法上の組合から会社組織への変更と無断譲渡又は無断転貸
　　　最判昭和29年11月9日（裁判集民16号423頁）　*43*
64 会社の実態の変更と無断転貸
　　　大阪高判昭和39年8月5日（高民集17巻5号343頁，判時388号33頁，判タ166号138頁）　*43*

65 所有建物の転貸と背信性（個人企業から会社組織への変更）
　　大阪高判昭和42年3月30日（下民集18巻3〜4号321頁，判時489号54頁，判タ208号173頁）　44
66 借地権の譲渡ないし転貸と背信的行為（法人の代表者の変更）
　　福岡高判昭和49年9月30日（下民集25巻9〜12号796頁，判時784号73頁，判タ320号188頁）　45
67 営業譲渡契約と土地建物賃借権の無断譲渡
　　広島地判昭和50年3月27日（判タ325号252頁）　46
68 土地賃借権の無断転貸と信頼関係の破壊（個人営業から会社組織への変更）
　　名古屋高判昭和52年5月18日（判時877号63頁）　46
〈結果的に解除を肯定した事例〉
69 借地権の無断譲渡と背信性（会社の経営主体の変更）
　　東京地判平成4年7月6日（金判943号34頁）　47
70 土地賃借権の無断譲渡と信頼関係の破壊（合資会社の無限責任社員の交替）
　　東京高判平成5年7月22日（金判943号29頁）　48
71 会社の営業権の譲渡
　　東京高判平成5年12月15日（判タ874号210頁，金判1009号6頁）　49
72 借地権の一部無断譲渡と信頼関係の破壊
　　東京地判平成15年3月25日（判例秘書）　49
73 土地賃借権の無断譲渡と背信行為
　　東京地判平成18年3月22日（判例秘書）　50

（2）解除を否定した事例　51
74 個人所有建物から宗教法人所有建物への変更と信頼関係の破壊
　　最判昭和38年10月15日（民集17巻9号1202頁，裁判集民68号401頁，判時357号36頁）　51
75 営業譲渡と背信性
　　東京高判昭和40年10月26日（金判49号14頁）　52
76 無断譲渡と背信行為（個人経営から会社組織への変更）
　　最判昭和41年7月15日（裁判集民84号111頁，判時455号38頁，判タ195号78頁）　52
77 土地賃借権の譲渡と信頼関係の破壊
　　東京高判昭和43年4月16日（高民集21巻4号321頁，東高時報民19巻4号85頁，金判149号15頁）　53
78 個人企業から会社組織への変更と背信行為
　　最判昭和43年9月17日（裁判集民92号291頁，判時536号50頁，判タ227号142頁，金判129号5頁）　54
79 無断転貸ないしは無断譲渡と信頼関係の破壊（個人販売業から会社組織への変更）
　　最判昭和47年4月25日（裁判集民105号829頁，判時669号64頁）　55
80 会社倒産後の商号，役員構成等の変更と無断譲渡ないしは無断転貸
　　大阪高判昭和54年6月15日（判時943号64頁，判タ395号70頁，金判582号28頁）　56
81 経営主体の変更と土地賃借権及び建物の無断譲渡
　　最判平成8年10月14日（民集50巻9号2431頁，裁判集民180号539頁，判時1586号73頁，判タ925号176頁，金判1009号3頁）　57
82 借地権の無断譲渡と信頼関係の破壊（子会社設立のための親会社からの現物出資）
　　東京地判平成10年2月23日（判タ1013号174頁）　57

3　担保権設定等　58
（1）解除を肯定した事例　58
83 借地上の建物に対する抵当権設定と信頼関係の破壊
　　東京地判昭和44年3月27日（判時568号57頁，判タ237号284頁）　58
84 建物に対する譲渡担保設定と背信行為
　　水戸地判昭和49年11月19日（判時780号86頁）　59
85 【参考判例】借地上の建物に対する不動産質権設定と土地賃借権の無断転貸又は無断譲渡
　　東京地判昭和50年11月27日（判時826号67頁）　60
86 建物の譲渡担保と信頼関係の破壊
　　大阪地判昭和51年3月5日（金判561号31頁）　61

87　建物の買戻特約付譲渡と土地賃借権の無断譲渡又は無断転貸
　　　　　　　東京地判昭和 52 年 10 月 4 日（判時 890 号 102 頁，金判 565 号 48 頁）　*61*
　　　88　建物の譲渡担保設定と信頼関係の破壊
　　　　　　　東京地判平成 4 年 7 月 20 日（判タ 825 号 185 頁，金判 930 号 35 頁，金法 1370 号 38 頁）　*62*
　　　89　建物に対する譲渡担保設定と信頼関係の破壊
　　　　　　　最判平成 9 年 7 月 17 日（民集 51 巻 6 号 2882 頁）　*63*
　　　90　建物の譲渡担保と信頼関係の破壊
　　　　　　　東京地判平成 16 年 4 月 16 日（判例秘書）　*64*
　（2）解除を否定した事例 65
　　　91　建物の譲渡担保と信頼関係の破壊
　　　　　　　大阪高判昭和 36 年 1 月 31 日（下民集 12 巻 1 号 182 頁）　*65*
　　　92　建物の譲渡担保契約と信頼関係の破壊
　　　　　　　福岡高判昭和 38 年 5 月 17 日（下民集 14 巻 5 号 974 頁）　*65*
　　　93　建物の買戻特約付売買と無断譲渡又は無断転貸
　　　　　　　最判昭和 40 年 12 月 17 日（民集 19 巻 9 号 2159 頁，裁判集民 81 号 595 頁，判時 434 号 35
　　　　　　　頁，判タ 187 号 105 頁）　*66*
　　　94　建物の譲渡担保設定と背信性
　　　　　　　東京高判昭和 43 年 4 月 26 日（東高時報民 19 巻 4 号 102 頁，判時 527 号 53 頁，判タ 224 号
　　　　　　　226 頁）　*66*
　　　95　無断転貸，譲渡，担保権設定と信頼関係の破壊
　　　　　　　最判昭和 44 年 1 月 31 日（裁判集民 94 号 143 頁，判時 548 号 67 頁，金判 153 号 9 頁）　*67*
　　　96　建物の譲渡担保設定と解除
　　　　　　　東京地判昭和 44 年 12 月 22 日（判タ 246 号 300 頁）　*68*
　　　97　【参考判例】建物の競売申立てと解除
　　　　　　　東京地判昭和 47 年 2 月 15 日（金判 317 号 15 頁）　*68*
　　　98　建物の買戻特約付売買と信頼関係の破壊
　　　　　　　神戸地判昭和 48 年 6 月 25 日（判時 720 号 79 頁）　*69*
　　　99　建物に対する譲渡担保設定と背信性
　　　　　　　東京地判昭和 49 年 3 月 26 日（判時 752 号 59 頁）　*70*
　　100　賃借地上の建物の差押えと信頼関係の破壊
　　　　　　　大阪地判昭和 60 年 2 月 8 日（判タ 611 号 75 頁）　*70*
　　101　【参考判例】建物に対する譲渡担保
　　　　　　　大阪高判昭和 60 年 9 月 11 日（金判 734 号 11 頁，金判 827 号 5 頁，金法 1141 号 33 頁）　*71*
　　102　借地上の建物に対する抵当権等設定登記と背信行為
　　　　　　　東京地判平成 15 年 2 月 12 日（判例秘書）　*71*
　　103　借地上の建物に対する根抵当権設定と信頼関係の破壊
　　　　　　　東京地判平成 18 年 3 月 15 日（判例秘書）　*72*

第2　賃料等不払い ── 73

　（1）解除を肯定した事例 73
　　104　賃料不払い（6 か月分）と権利の濫用
　　　　　　　東京高判昭和 50 年 8 月 22 日（金判 482 号 7 頁）　*73*
　　105　賃料の遅滞（約 4 か月分）と信頼関係の破壊
　　　　　　　名古屋高判昭和 56 年 10 月 27 日（判タ 460 号 111 頁）　*74*
　　106　更新料の不払いと信頼関係の破壊
　　　　　　　最判昭和 59 年 4 月 20 日（民集 38 巻 6 号 610 頁，裁判集民 141 号 581 頁，判時 1116 号 41
　　　　　　　頁，判タ 526 号 129 頁，金判 699 号 12 頁，金法 1073 号 42 頁）
　　　　　　　75
　　107　著しい低額の地代の供託と信頼関係の破壊
　　　　　　　千葉地判昭和 61 年 10 月 27 日（判時 1228 号 110 頁）　*76*
　　108　著しい低額の地代の供託と信頼関係の破壊
　　　　　　　福井地判平成 4 年 2 月 24 日（判時 1455 号 136 頁）　*77*

109 著しい低額な地代の供託と信頼関係の破壊
東京高判平成6年3月28日（判時1505号65頁）甲事件・乙事件あり　*77*
110 賃料不払いと（6か月分）信頼関係の破壊
東京地判平成14年11月28日（判例秘書）　*78*
111 再三にわたる賃料不払いと信頼関係の破壊
東京地判平成16年2月23日（判例秘書）　*79*
112 賃料不払い（25か月分）と信頼関係の破壊
東京地判平成16年11月8日（判例秘書）　*80*
113 建物の抵当権者による賃料及び更新料の立替払と信頼関係の破壊
東京地判平成16年12月3日（判例秘書）　*81*
114 賃料不払い（15か月分）と信頼関係の破壊
東京地判平成18年5月25日（判例秘書）　*82*
115 賃料不払い（3か月分，5年の遅滞）と信頼関係の破壊
東京地判平成19年3月8日（判例秘書）　*83*

(2) 解除を否定した事例　84

116 賃料不払い（6か月分）と不信行為
東京高判昭和34年10月27日（下民集10巻10号2238頁，東高時報民10巻10号234頁）　*84*
117 賃料不払い（12か月分）と信義則
東京高判昭和42年2月27日（下民集18巻1〜2号171頁，判タ207号86頁）　*84*
118 賃料不払いと信頼関係の破壊（裁判例119の原審）
東京高判昭和42年10月3日（判時529号49頁）　*85*
119 賃料不払いと信頼関係の破壊
最判昭和43年6月21日（裁判集民91号441頁，判時529号46頁）　*86*
120 賃料不払い（5か月分）と信義則
東京高判昭和44年5月19日（東高時報民20巻5号101頁，判時558号60頁，判タ239号236頁）　*86*
121 賃料不払い（5か月分）と信頼関係の破壊
神戸地判昭和52年8月8日（判時884号94頁）　*87*
122 賃料不払い（5か月分）と背信行為
東京地判昭和52年11月29日（判時894号92頁）　*87*
123 賃料不払い（4か月分）と信頼関係の破壊
名古屋高判昭和53年2月23日（判時903号57頁）　*88*
124 賃料不払い（5か月分）と背信行為
東京高判昭和53年12月18日（判時919号65頁，判タ378号98頁）　*88*
125 賃料不払い（約5年5か月分）と背信性
東京地判昭和56年7月15日（判タ465号139頁）　*89*
126 賃料不払い（2か月分）と信頼関係の破壊
東京地判昭和56年12月16日（判時1042号109頁，判タ470号143頁）　*90*
127【参考判例】賃料不払い（約4か月分）と信頼関係の破壊
最判昭和57年11月19日（裁判集民137号495頁）　*90*
128 賃料不払い（約4か月分）と信頼関係の破壊
名古屋高判昭和58年10月27日（判タ521号140頁）　*91*
129 賃料不払い（3か月分）と信頼関係の破壊
大阪地判昭和60年2月8日（判タ611号75頁）　*91*
130 賃料不払い（9か月分）と無催告解除特約
東京高判昭和61年9月17日（判時1210号54頁，判タ629号164頁）　*92*
131 賃料不払い（17か月分）と信頼関係の破壊
東京地判平成元年12月27日（判時1359号78頁）　*93*
132 賃料不払い（約12か月分）と信頼関係の破壊
東京地判平成2年12月14日（判時1397号40頁，判タ765号216頁）　*94*
133 賃料不払い（約25か月分）と信頼関係の破壊
東京地判平成6年11月28日（判時1544号73頁，判タ886号183頁）　*94*

134 賃料不払い（4か月分）と信頼関係の破壊
　　　東京高判平成8年11月26日（判時1592号71頁）　*95*
135 賃料不払い（20か月分）と信頼関係の破壊
　　　東京地判平成18年1月30日（判例秘書）　*96*
136 賃料等の不払い（1か月分及び敷金分割金）と不信行為
　　　東京地判平成18年4月18日（判例秘書）　*97*
137 賃料等の不払い（多数回にわたる支払遅滞）と信頼関係の破壊
　　　東京地判平成18年12月20日（判例秘書）　*97*
138 更新料等の不払いと信頼関係の破壊
　　　東京地判平成19年1月18日（判例秘書）　*98*
139 賃料不払い（約2か月分）と信頼関係の破壊
　　　東京地判平成19年4月25日（判例秘書）　*99*
140 賃料不払い（4か月分）と信頼関係の破壊
　　　東京地判平成20年8月28日（判例秘書）　*100*

第3　用法違反等 —— 101

1　無断増改築等 —— 101
（1）解除を肯定した事例 —— 101
141 無断増改築と信頼関係の破壊
　　　最判昭和41年6月9日（裁判集民83号739頁）　*101*
142 無断改修工事と信頼関係の破壊
　　　東京高判昭和47年9月20日（東高時報民23巻9号146頁，判タ288号326頁）　*102*
143 無断改修工事と信頼関係の破壊
　　　最判昭和48年4月13日（裁判集民109号97頁）　*102*
144 無断増改築と背信行為
　　　広島地判昭和50年2月17日（判タ327号243頁）　*102*
145 無断改築工事と信頼関係の破壊
　　　大阪地判昭和51年3月29日（金判502号32頁）　*103*
146 特約違反の改築工事と信頼関係の破壊
　　　東京高判昭和54年7月30日（判タ400号163頁）　*104*
147 無断改築と信頼関係の破壊
　　　東京地判平成19年3月28日（判例秘書）　*105*

（2）解除を否定した事例 —— 106
148 所有建物の改造と信頼関係の破壊
　　　最判昭和41年4月21日（民集20巻4号720頁，裁判集民83号263頁，判時447号57頁，判タ191号82頁）　*106*
149 増改築禁止特約と信頼関係の破壊
　　　東京高判昭和42年9月18日（判時499号41頁）　*106*
150 無断建築と信頼関係の破壊
　　　最判昭和44年1月31日（裁判集民94号143頁，判時548号67頁，金判153号9頁）
　　　　107
151 【参考判例】賃借地上の建物の機能及び美観を維持保存するのに必要な合理的範囲内の工事と増改築禁止特約
　　　東京地判昭和47年5月31日（判時681号55頁）　*108*
152 無断増改築と信頼関係の破壊
　　　最判昭和51年6月3日（裁判集民118号1頁，金法803号31頁）　*108*
153 無断改築工事と信頼関係の破壊
　　　水戸地判昭和54年3月16日（判タ392号124頁）　*108*
154 火災により焼失した場合の復元ないしは新築工事と信頼関係の破壊
　　　名古屋高判昭和54年6月27日（判時943号68頁）　*109*
155 特約違反の改築工事と信頼関係の破壊
　　　東京高判昭和54年7月11日（東高時報民30巻7号194頁）　*110*

xii　目　次

- 156　無断増改築工事と信頼関係の破壊
  東京高判昭和 57 年 1 月 28 日（判時 1038 号 293 頁）　*111*
- 157　無断増改築禁止特約と単なる補修ないし改修工事
  福岡地判昭和 59 年 7 月 4 日（判タ 537 号 191 頁）　*111*
- 158　無断増改築と信頼関係の破壊
  大阪地判昭和 60 年 2 月 8 日（判タ 611 号 75 頁）　*112*
- 159　建築基準法違反と信頼関係の破壊
  東京地判昭和 63 年 5 月 31 日（判時 1300 号 68 頁）　*112*
- 160　無断増築工事と信頼関係の破壊
  東京地判平成 3 年 10 月 30 日（金法 1322 号 42 頁）　*114*
- 161　無断改築と信頼関係の破壊
  東京地判平成 18 年 1 月 26 日（判例秘書）　*114*
- 162　無断改築工事と信頼関係の破壊
  東京地判平成 18 年 8 月 10 日（判例秘書）　*115*
- 163　賃借地上の建物の取り壊しと信頼関係の破壊
  東京地判平成 18 年 9 月 28 日（判例秘書）　*116*
- 164　【参考判例】内装工事等と信頼関係の破壊
  東京地判平成 19 年 1 月 26 日（判例秘書）　*116*

2　その他の用法違反　117
（1）解除を肯定した事例　117
- 165　【参考判例】一時使用のための仮設建築物から本建築物への変更と信頼関係の破壊
  最判昭和 31 年 6 月 26 日（民集 10 巻 6 号 730 頁，裁判集民 22 号 533 頁）　*117*
- 166　越境建築と用法違反
  最判昭和 38 年 11 月 14 日（民集 17 巻 11 号 1346 頁，裁判集民 69 号 193 頁，判時 359 号 20 頁）　*118*
- 167　①木造の小規模な建物からコンクリートブロック造の堅固な石油貯蔵庫への変更と信頼関係の破壊
  ②上記用法違反は，2 筆の土地の 1 筆の土地であるものの，2 筆の土地全体を対象とした賃貸借契約であるから，2 筆の土地について解除を認めた事例
  最判昭和 39 年 6 月 19 日（民集 18 巻 5 号 806 頁，裁判集民 74 号 127 頁，判タ 165 号 65 頁）　*119*
- 168　【参考判例】堅固な建物の建築と用法違背
  新潟地長岡支判昭和 43 年 7 月 19 日（判時 553 号 67 頁）　*119*
- 169　堅固な建物への無断改築と信頼関係の破壊
  名古屋高判昭和 53 年 1 月 31 日（判時 902 号 72 頁，金判 549 号 45 頁）　*120*
- 170　使用貸借と用法違反
  東京高判昭和 56 年 10 月 13 日（判時 1027 号 49 頁，判タ 464 号 102 頁）　*121*
- 171　特定の形式の建物所有目的から堅固建物への変更と信頼関係の破壊
  東京地判平成元年 12 月 27 日（判時 1361 号 64 頁，金判 854 号 34 頁）　*122*
- 172　地下掘削工事と用法違反
  東京地判平成 6 年 1 月 25 日（判時 1517 号 78 頁，判タ 872 号 229 頁）　*123*
- 173　賃借地上の建物を暴力団事務所として使用させた行為と不信行為
  大阪地判平成 22 年 4 月 26 日（判時 2087 号 106 頁，判タ 1332 号 94 頁）　*123*

（2）解除を否定した事例　124
- 174　賃借地の半分をトラック置き場にすること等と用法違反
  最判昭和 47 年 11 月 16 日（民集 26 巻 9 号 1603 頁，裁判集民 107 号 179 頁，判時 689 号 70 頁，判タ 286 号 223 頁）　*124*
- 175　【参考判例】非堅固建物所有目的から堅固建物所有目的への変更と用法違反
  東京地判平成 4 年 10 月 29 日（判タ 833 号 228 頁）　*125*

3　駐車場関連　125
（1）解除を肯定した事例　126
- 176　駐車場としての使用と信頼関係の破壊
  東京地判昭和 50 年 3 月 31 日（判時 795 号 58 頁）　*126*

- 177 駐車場としての使用と信頼関係の破壊
    東京地判昭和 50 年 6 月 30 日（判タ 327 号 233 頁）　*127*
- 178 無断転貸と信頼関係の破壊（駐車場）
    東京高判昭和 62 年 1 月 28 日（判タ 647 号 177 頁）　*129*
- 179 駐車場としての使用と信頼関係の破壊
    東京地判平成 5 年 3 月 29 日（判タ 871 号 252 頁）　*130*
- 180 賃借地を駐車場として使用することと信頼関係の破壊
    東京地判平成 16 年 5 月 28 日（判例秘書）　*131*
- 181 駐車場造作工事と信頼関係の破壊
    東京地判平成 18 年 5 月 25 日（判例秘書）　*132*

(2) 解除を否定した事例 133
- 182 駐車場としての利用と用法違背
    東京地判昭和 48 年 3 月 20 日（判時 724 号 50 頁）　*133*
- 183 駐車場としての使用と信頼関係の破壊
    東京地判昭和 50 年 7 月 28 日（判時 807 号 61 頁）　*133*
- 184 駐車場施設の賃貸と無断転貸
    東京地判昭和 56 年 6 月 17 日（判時 1027 号 88 頁）　*134*
- 185 駐車場としての使用と信頼関係の破壊
    東京高判平成 2 年 4 月 26 日（判時 1351 号 59 頁）　*134*
- 186 堅固建物所有目的に反し，19 年以上の間，駐車場として使用した場合と用法違反
    東京地判平成 4 年 7 月 16 日（判時 1459 号 133 頁）　*135*
- 187 駐車場としての使用と背信行為（サブリース）
    東京地判平成 18 年 3 月 27 日（判例秘書）　*136*

第4　賃借人の行為 ─────────────────────── 138

(1) 解除を肯定した事例 138
- 188 土地の賃借人が 8 年もの間，賃貸人に対して所在を明らかにしない場合と信頼関係の破壊
    最判平成 3 年 9 月 17 日（裁判集民 163 号 299 頁，判時 1402 号 47 頁，判タ 771 号 66 頁，金判 882 号 3 頁）　*138*
- 189 賃貸人に対する賃借人の暴行・名誉毀損等と信頼関係の破壊
    東京地判平成 15 年 4 月 7 日（判例秘書）　*138*

(2) 解除を否定した事例 139
- 190 土地賃借人の賃貸人に対する暴行，傷害と信頼関係の破壊
    東京高判昭和 54 年 5 月 28 日（判時 935 号 42 頁）　*139*
- 191 ゴミ収集車による悪臭騒音等と信頼関係の破壊
    東京地判平成 14 年 11 月 26 日（判例秘書）　*140*
- 192 営業妨害行為等と信頼関係の破壊
    東京地判平成 18 年 1 月 18 日（判例秘書）　*141*
- 193 賃借人の不誠実な言動等と信頼関係の破壊
    東京地判平成 19 年 1 月 26 日（判例秘書）　*142*
- 194 賃貸人と賃借人の長年にわたる紛争等と信頼関係の破壊（反訴請求）
    東京地判平成 19 年 8 月 31 日（判例秘書）　*143*

第 2 編　借家契約における信頼関係の破壊 ─────── 145

第1　無断転貸・無断譲渡 ───────────────────── 145

(1) 解除を肯定した事例 145
- 195 留守番と無断転貸
    東京地判昭和 26 年 2 月 22 日（判タ 12 号 73 頁）　*145*
- 196 間貸しと無断転貸
    最判昭和 26 年 6 月 26 日（裁判集民 4 号 915 頁）　*146*

197 間貸しと無断転貸
最判昭和26年10月19日（民集5巻11号619頁，裁判集民5号655頁，判タ16号41頁）　*146*
198 間貸しと無断転貸
最判昭和28年1月30日（民集7巻1号116頁，裁判集民8号121頁，判タ28号46頁）　*147*
199 【参考判例】間貸しと無断転貸
最判昭和28年5月8日（裁判集民9号91頁，判タ31号61頁）　*147*
200 無断転貸と背信行為等
最判昭和32年11月12日（民集11巻12号1928頁，裁判集民28号637頁，判タ76号34頁）　*147*
201 無断転貸終了後の解除と信頼関係の破壊
最判昭和32年12月10日（民集11巻13号2103頁，裁判集民29号199頁，判時137号7頁，判タ78号51頁）　*148*
202 【参考判例】1か月に満たない無断転貸と背信行為
最判昭和33年1月14日（民集12巻1号41頁，裁判集民30号83頁）　*148*
203 留守番と無断転貸
東京地判昭和36年7月13日（判タ124号45頁）　*148*
204 テーブル貸しと転貸
東京地判昭和38年1月30日（下民集14巻1号134頁，判時326号22頁，判タ145号69頁）　*149*
205 賃借人の弟家族の同居と無断転貸ないしは無断譲渡
東京高判昭和38年2月14日（下民集14巻2号209頁，東高時報民14巻2号22頁，判タ144号43頁）　*149*
206 留守番と無断転貸
大阪地判昭和38年6月26日（判タ151号91頁）　*150*
207 無断転貸終了後の解除の意思表示
最判昭和38年7月16日（裁判集民67号67頁）　*151*
208 無断転貸と催告
最判昭和39年4月16日（裁判集民73号97頁）　*152*
209 無断転貸と背信行為
最判昭和41年6月3日（裁判集民83号699頁）　*153*
210 【参考判例】内縁の妻の賃借権の承継
最判昭和42年2月21日（民集21巻1号155頁，裁判集民86号325頁，判タ205号87頁，金判51号5頁）　*153*
211 無断転貸と信頼関係の破壊
最判昭和43年9月12日（裁判集民92号271頁，判時535号52頁，判タ227号139頁）　*154*
212 賃借人の履行補助者の無断転貸と背信行為
東京地判昭和48年8月31日（判時732号73頁）　*155*
213 【参考判例】賃借してから3か月後の家屋の無断転貸と賃借人からの権利金の返還請求
東京高判昭和51年7月28日（東高時報民27巻7号185頁，判時834号64頁，判タ344号196頁）　*155*
214 【参考判例】無断転貸と背信行為：隣接する2棟の建物について，それぞれ別個に賃貸借契約を締結している場合に，一方の賃貸借契約が，無断転貸により信頼関係が破壊されたとして，契約が解除されたときの，他方の賃貸借契約の帰趨
東京地判昭和59年11月27日（判時1166号106頁）　*157*
215 無断転貸等と信頼関係の破壊
東京地判平成15年2月28日（判例秘書）　*158*
216 無断転貸の終了と背信行為
東京地判平成15年12月8日（判例秘書）　*158*
217 無断譲渡と背信行為
東京地判平成16年4月23日（判例秘書）　*159*

	218	無断転貸と背信行為
		東京地判平成17年6月6日（判例秘書）　*160*
	219	無断転貸と背信行為
		東京地判平成17年9月21日（判例秘書）　*161*
	220	無断転貸と背信行為
		東京地判平成18年8月28日（判例秘書）　*161*
	221	無断転貸と背信行為
		東京地判平成19年2月2日（判例秘書）　*162*

・共同経営，経営委託，法人の実体の変更等 ……………………………………………………………… 163

　　222　共同経営契約と転貸
　　　　　最判昭和28年11月20日（民集7巻11号1211頁，裁判集民10号513頁，判時15号13頁，判タ37号44頁）　*163*

　　223　共同経営契約と転貸
　　　　　最判昭和29年10月26日（民集8巻10号1972頁，裁判集民16号261頁，判時38号11頁，判タ44号21頁）　*163*

　　224　共同経営契約と転貸
　　　　　最判昭和31年2月17日（裁判集民21号149頁，判タ57号35頁）　*164*

　　225　個人事業から会社組織への変更と無断転貸
　　　　　最判昭和31年4月3日（裁判集民21号629頁，判タ56号57頁）　*164*

　　226　経営委任と転貸
　　　　　東京地判昭和34年2月4日（判時180号46頁）　*165*

　　227　別会社による建物及び経営管理と無断転貸
　　　　　最判昭和39年5月1日（裁判集民73号459頁）　*165*

　　228　会社倒産後，債権者による会社設立と無断転貸
　　　　　大阪地判昭和42年3月31日（判時511号64頁）　*166*

　　229　店舗委託契約と無断転貸
　　　　　東京地判昭和47年6月30日（民集29巻4号562頁，判時684号69頁）　*166*

　　230　貸机業と無断転貸
　　　　　東京地判昭和49年8月8日（下民集25巻5〜8号697頁，判時770号66頁，判タ315号280頁）　*167*

　　231　法人の実体の変更と無断転貸
　　　　　東京地判昭和50年8月7日（判時816号71頁）　*168*

　　232　法人の代表者の変更と無断転貸
　　　　　東京地判昭和51年8月23日（判時849号93頁，判タ352号234頁）　*169*

　　233　経営委託と無断転貸
　　　　　東京地判昭和53年7月18日（判タ371号105頁）　*169*

　　234　経営委託契約と無断転貸
　　　　　東京地判昭和56年1月30日（判タ452号129頁）　*170*

　　235　経営委託契約と無断転貸
　　　　　東京地判昭和60年4月17日（判時1174号85頁，判タ604号124頁）　*171*

　　236　経営委任契約と無断転貸
　　　　　東京地判昭和60年9月9日（判タ568号73頁）　*171*

　　237　法人の実体の変更と無断譲渡
　　　　　東京地判平成2年3月9日（判タ723号251頁）　*173*

　　238　時間貸しと無断転貸
　　　　　東京地判平成4年2月24日（判時1451号136頁）　*174*

　　239　役員の全面的な変更と無断転貸
　　　　　東京地判平成5年1月26日（判時1467号69頁）　*175*

　　240　業務委託契約と無断転貸
　　　　　東京地判平成7年8月28日（判時1566号67頁）　*175*

　　241　業務委託契約と無断転貸
　　　　　東京地判平成15年9月26日（判例秘書）　*177*

242 委託契約と無断転貸
　　　東京地判平成16年5月31日（判例秘書）　177
243 サブリース・営業譲渡と無断転貸
　　　東京地判平成18年9月15日（判例秘書）　178
244 会社分割及び株式譲渡と無断転貸
　　　東京地判平成22年5月20日（判例秘書）　179

(2) 解除を否定した事例 180

245 間貸しと無断転貸
　　　最判昭和24年1月11日（裁判集民2号1頁）　180
246 【参考判例】留守番と無断転貸
　　　大阪地判昭和27年5月30日（下民集3巻5号753頁）　181
247 賃借人の実弟家族の同居と無断転貸
　　　東京高判昭和28年2月9日（判タ31号72頁）　182
248 賃借人の姉の夫の同居と無断転貸
　　　大阪高判昭和28年4月2日（下民集4巻4号474頁）　183
249 一時的同居と無断転貸
　　　東京地判昭和28年11月10日（判タ37号59頁）　183
250 【参考判例】賃借権の譲渡と背信行為
　　　最判昭和30年9月22日（民集9巻10号1294頁，裁判集民19号503頁，判時192号145頁，判タ52号42頁）　184
251 賃借人の娘らの同居と無断転貸
　　　東京地判昭和30年10月24日（判時69号15頁）　184
252 無断転貸と背信行為
　　　最判昭和31年5月8日（民集10巻5号475頁，裁判集民22号51頁）　185
253 留守番と無断転貸
　　　東京地判昭和31年10月30日（下民集7巻10号3056頁）　186
254 賃借人の娘夫婦の同居と無断転貸
　　　東京高判昭和31年12月27日（東高時報民7巻12号327頁）　187
255 間貸しと無断転貸
　　　東京地判昭和32年10月10日（判時141号24頁，判タ78号67頁）　187
256 賃借人の娘らの同居と無断転貸
　　　東京高判昭和33年3月17日（東高時報民9巻3号37頁，判タ80号69頁）　188
257 【参考判例】賃借人の事実上の養子と居住する権利
　　　最判昭和37年12月25日（民集16巻12号2455頁，裁判集民63号887頁，判時327号34頁，判タ141号51頁，判タ148号88頁）　188
258 無断転貸と背信行為・無断転貸した場合の法律関係
　　　大阪地判昭和43年5月8日（判タ224号233頁）　188
259 賃借権の無断転貸と信頼関係の破壊
　　　東京地判平成4年7月29日（判時1462号122頁）　190
260 無断転貸と信頼関係の破壊
　　　東京地判平成24年12月20日（判例秘書）　191
261 無断転貸と信頼関係の破壊
　　　東京地判平成25年6月5日（判例秘書）　192

・共同経営，経営委託，法人の実体の変更等 193

262 個人企業から会社組織への変更と無断転貸
　　　神戸地判昭和25年5月26日（下民集1巻5号805頁）　193
263 個人企業から会社組織への変更と無断転貸
　　　東京地判昭和25年7月15日（下民集1巻7号1109頁）　193
264 個人企業から会社組織への変更と無断転貸
　　　東京地判昭和26年10月11日（判タ21号54頁）　194
265 個人企業から会社組織への変更と無断転貸
　　　大阪高判昭和30年10月17日（高民集8巻7号555頁，金法88号5頁）　194

- 266 共同経営契約と無断転貸
    最判昭和 36 年 4 月 28 日（民集 15 巻 4 号 1211 頁，裁判集民 50 号 837 頁）　*195*
- 267 個人企業から会社組織への変更と無断転貸
    東京地判昭和 37 年 1 月 29 日（判タ 130 号 70 頁）　*195*
- 268 個人企業から会社組織への変更と無断転貸
    東京高判昭和 38 年 4 月 24 日（東高時報民 14 巻 4 号 95 頁）　*196*
- 269 個人企業から会社組織への変更と無断転貸
    大阪地判昭和 39 年 10 月 23 日（判タ 168 号 172 頁）　*197*
- 270 個人企業から会社組織への変更と無断転貸
    最判昭和 39 年 11 月 19 日（民集 18 巻 9 号 1900 頁，裁判集民 76 号 209 頁，判時 396 号 37 頁，判タ 170 号 122 頁）　*197*
- 271 営業名義人の変更と無断転貸
    東京地判昭和 40 年 9 月 30 日（判時 442 号 44 頁）　*198*
- 272 個人営業から会社組織への変更と無断転貸
    最判昭和 41 年 7 月 15 日（裁判集民 84 号 111 頁，判時 455 号 38 頁，判タ 195 号 78 頁）　*198*
- 273 個人営業から会社組織への変更と無断転貸
    最判昭和 46 年 11 月 4 日（裁判集民 104 号 137 頁，判時 654 号 57 頁，金判 290 号 2 頁）　*199*
- 274 共同経営と無断転貸
    東京地判昭和 47 年 10 月 30 日（判時 697 号 66 頁）　*201*
- 275 のれん分けと無断転貸
    東京地判昭和 61 年 10 月 31 日（判時 1248 号 76 頁）　*202*
- 276 法人の役員等の変更と無断譲渡
    東京地判平成 3 年 9 月 30 日（金判 896 号 39 頁，金法 1317 号 24 頁）　*203*
- 277 個人営業から会社組織への変更と無断転貸
    東京地判平成 18 年 1 月 18 日（判例秘書）　*204*

第2　賃料等不払い ———— 204

(1) 解除を肯定した事例 ———— 206

- 278 賃料の一部不払い 3 年 6 月
    東京地判昭和 48 年 8 月 17 日（判時 740 号 69 頁）　*206*
- 279 7～8 年にわたる賃料支払いの遅滞
    東京地判昭和 57 年 5 月 21 日（金判 668 号 38 頁）　*207*
- 280 賃料 8 か月分相当の保証金の不払い
    東京地判昭和 59 年 12 月 26 日（判タ 556 号 163 頁）　*207*
- 281 極めて低額な供託額と信頼関係の破壊
    横浜地判平成元年 9 月 25 日（判時 1343 号 71 頁）　*208*
- 282 賃料等の不払い 10 か月分余と信頼関係の破壊
    東京地判平成 14 年 10 月 3 日（判例秘書）　*208*
- 283 賃料不払い約 6 か月分と信頼関係の破壊
    東京地判平成 14 年 12 月 26 日（判例秘書）　*209*
- 284 賃料不払い 4 か月分と背信性・無催告解除の有効性
    東京地判平成 15 年 7 月 18 日（判例秘書）　*209*
- 285 減額賃料の供託と信頼関係の破壊・サブリース
    東京地判平成 15 年 7 月 29 日（判例秘書）　*210*
- 286 賃料等の不払い 4 か月分と信頼関係の破壊
    東京地判平成 15 年 10 月 29 日（判例秘書）　*211*
- 287 賃料不払い（約 1 か月分）等と信頼関係の破壊
    東京地判平成 15 年 12 月 5 日（判例秘書）　*211*
- 288 賃料不払い 10 か月分相当と信頼関係の破壊
    東京地判平成 15 年 12 月 24 日（判例秘書）　*212*
- 289 賃料等不払い約 9 か月分と信頼関係の破壊・サブリース
    東京地判平成 16 年 3 月 25 日（判例秘書）　*212*

290 賃料不払い5か月分と信頼関係の破壊
　　　東京地判平成16年9月17日（判例秘書）　*213*
291 賃料不払い約26か月分と信頼関係の破壊
　　　東京地判平成16年10月20日（判例秘書）　*214*
292 賃料不払い等約1年6か月分と信頼関係の破壊
　　　東京地判平成16年12月7日（判例秘書）　*215*
293 【参考判例】2度の約3か月分の賃料遅滞と信頼関係の破壊
　　　東京地判平成17年2月25日（判例秘書）　*216*
294 賃料不払いと信頼関係の破壊（過大な未払賃料額の請求）
　　　東京地判平成17年4月21日（判例秘書）　*216*
295 賃料不払い（13か月分）等と信頼関係の破壊
　　　東京地判平成17年6月9日（判例秘書）　*217*
296 賃料不払い（約4か月分）と信頼関係の破壊
　　　東京地判平成17年8月30日（判例秘書・平成17年（ワ）第7223号）　*217*
297 【参考判例】賃料不払い（4か月分）と信頼関係の破壊
　　　東京地判平成17年8月30日（判例秘書・平成17年（ワ）第5034号）　*218*
298 賃料不払い（約7か月分・供託額が従前賃料の80パーセント）と信頼関係の破壊
　　　東京地判平成17年9月29日（判例秘書）　*218*
299 【参考判例】賃料不払い（約8ないし9か月分）と信頼関係の破壊
　　　東京地判平成17年11月16日（判例秘書）　*219*
300 【参考判例】4か月分の賃料及び2度の更新料不払いと信頼関係の破壊
　　　東京地判平成17年12月19日　*219*
301 【参考判例】賃料不払い（約12か月分）と背信行為
　　　東京地判平成18年3月29日（判例秘書）　*220*
302 【参考判例】賃料不払い（3か月分約375万円）と背信性
　　　東京地判平成18年4月13日（判例秘書）　*220*
303 2度の更新料不払いと信頼関係の破壊
　　　東京地判平成18年4月28日（判例秘書）　*221*
304 賃料不払い（約6か月分）と信頼関係の破壊
　　　東京地判平成18年6月9日（判例秘書）　*221*
305 賃料等の不払い（約6か月分）と信頼関係の破壊
　　　東京地判平成18年6月29日（判例秘書）　*222*
306 賃料不払い（約4か月分）と信頼関係の破壊
　　　東京地判平成18年8月30日（判例秘書）　*222*
307 賃料不払い（約9か月分）と信頼関係の破壊
　　　東京地判平成18年9月27日（判例秘書）　*223*
308 賃料の不払い（4か月分）と信頼関係の破壊
　　　東京地判平成18年10月5日（判例秘書）　*224*
309 賃料の不払い（7か月分）と信頼関係の破壊
　　　東京地判平成19年1月12日（判例秘書）　*225*
310 【参考判例】賃料不払い（3か月分）と信頼関係の破壊
　　　東京地判平成19年1月24日（判例秘書）　*225*
311 賃料等の不払い（約4.8か月分）と信頼関係の破壊
　　　東京地判平成19年3月28日（判例秘書・平成17年（ワ）第18112号）　*226*
312 賃料不払い（5か月分）と信頼関係の破壊
　　　東京地判平成19年3月28日（判例秘書・平成19年（ワ）第2093号）　*226*
313 賃料（2か月分・更新料2回）不払いと信頼関係の破壊
　　　東京地判平成19年4月20日（判例秘書）　*227*
314 賃料等不払い（約3年以上）と背信行為
　　　東京地判平成19年5月22日（判例秘書）　*227*
315 賃料不払い（8か月分）等と信頼関係の破壊
　　　東京地判平成19年5月28日（判例秘書）　*228*
316 賃料不払い（約3か月分）と背信行為
　　　東京地判平成19年7月27日（判例秘書）　*228*

317 賃料不払い（4か月分）と信頼関係の破壊
東京地判平成 19 年 8 月 24 日（判例秘書・平成 18 年（ワ）第 29223 号）　*228*
318 賃借人の必要費返還請求による賃料不払いと信頼関係の破壊
東京地判平成 21 年 2 月 24 日（判例秘書）　*229*

(2) 解除を否定した事例 230

319 【参考判例】解除通知当日の弁済の提供と権利の濫用
大阪地判昭和 25 年 10 月 4 日（下民集 1 巻 10 号 1581 頁）　*230*
320 賃料不払い（7 か月分）と権利の濫用
東京地判昭和 29 年 3 月 31 日（下民集 5 巻 3 号 439 頁）　*230*
321 賃料不払い（8 か月分）と信頼関係の破壊
神戸地判昭和 30 年 1 月 26 日（下民集 6 巻 1 号 116 頁）　*231*
322 【参考判例】賃料不払い（11 か月分）と無催告解除
最判昭和 35 年 6 月 28 日（民集 14 巻 8 号 1547 頁，裁判集民 42 号 569 頁）　*232*
323 賃料不払い（8 か月分）と信頼関係の破壊
最判昭和 39 年 7 月 28 日（民集 18 巻 6 号 1220 頁，裁判集民 74 号 747 頁，判時 382 号 23 頁，判タ 165 号 76 頁）　*232*
324 賃料 1 か月分の更新料の不払いと信頼関係の破壊
東京地判昭和 51 年 7 月 20 日（判時 846 号 83 頁）　*233*
325 賃料不払い（1 か月分）と信頼関係の破壊
最判昭和 51 年 12 月 17 日（民集 30 巻 11 号 1036 頁，裁判集民 119 号 333 頁，判時 848 号 65 頁，判タ 348 号 191 頁，金判 512 号 6 頁）　*233*
326 賃料不払い（5 か月分）と信頼関係の破壊
東京高判昭和 54 年 12 月 18 日（東高時報民 30 巻 12 号 335 頁，判時 956 号 65 頁，判タ 407 号 85 頁）　*234*
327 賃料 14 か月分及び賃料 1 か月分の更新料の不払いと信頼関係の破壊
東京地判昭和 57 年 6 月 29 日（判時 1063 号 186 頁，判タ 481 号 77 頁）　*235*
328 賃料不払い（5 か月分）と信頼関係の破壊
東京地判平成 14 年 11 月 28 日（判例秘書）　*236*
329 賃料等の不払い（約 2 か月分）と信頼関係の破壊
東京地判平成 14 年 12 月 19 日（判例秘書）　*236*
330 【参考判例】4 か月分発生した解除権の消滅
東京地判平成 14 年 12 月 20 日（判例秘書）　*237*
331 無断転貸による賃料不払いと信頼関係の破壊
東京地判平成 16 年 3 月 8 日（判例秘書）　*238*
332 1 年 7 か月分の減額した賃料の支払いと信頼関係の破壊
東京地判平成 17 年 5 月 27 日（判例秘書）　*238*
333 21 か月分の減額した賃料の支払いと信頼関係の破壊
東京地判平成 20 年 4 月 9 日（判例秘書）　*239*
334 38 か月分の減額した賃料の支払いと背信性
東京地判平成 23 年 12 月 15 日（判例秘書）　*240*
335 2 か月分の賃料等及び敷金の不払いと背信行為
東京地判平成 24 年 10 月 3 日（判例秘書）　*241*
336 更新料の不払いと信頼関係の破壊
東京地判平成 25 年 3 月 18 日（判例秘書）　*243*

第3 用法違反等 ─────────────────────────── 243

(1) 解除を肯定した事例 244

337 付設建物の無断取壊し及び無断新築と背信行為
東京地判昭和 30 年 9 月 30 日（判時 65 号 12 頁）　*244*
338 無断増築と背信行為
東京地判昭和 37 年 8 月 10 日（判時 313 号 18 頁，判タ 139 号 61 頁）　*244*

339 無断建築と不信行為
　　　最判昭和38年9月27日（民集17巻8号1069頁，裁判集民67号717頁，判時354号28頁）　*245*
340 無断増改築と信頼関係の破壊
　　　東京地判昭和43年7月6日（判時537号56頁）　*245*
341 無断改造と不信行為
　　　最判昭和44年6月17日（裁判集民95号509頁，判時563号51頁）　*247*
342 無断増改築と信頼関係の破壊
　　　東京地判昭和46年5月25日（判時635号117頁）　*247*
343 無断改修と背信性
　　　東京高判昭和48年11月27日（判時733号53頁）　*248*
344 無断増改築と信頼関係の破壊
　　　東京高判昭和49年10月30日（判時767号35頁）　*249*
345 無断改修と信頼関係の破壊
　　　横浜地判昭和50年2月10日（判タ329号168頁）　*250*
346 無断改造と背信性
　　　大阪地判昭和50年9月26日（金判494号40頁）　*251*
347 無断増築と背信性
　　　神戸地判昭和58年4月20日（判時1149号143頁）　*252*
348 無断補修工事と信頼関係の破壊
　　　東京地判昭和62年2月25日（判タ657号134頁）　*252*
349 無断改装工事と背信的行為
　　　東京地判平成元年1月27日（判タ709号211頁）　*254*
350 無断改装工事と信頼関係の破壊
　　　東京地判平成3年7月9日（判時1412号118頁）　*255*
351 無断改築等と背信行為
　　　東京地判平成3年11月28日（判時1438号85頁）　*255*
352 無断増改築等と信頼関係の破壊
　　　東京地判平成4年4月21日（判タ804号143頁）　*256*
353 無断改築と不信行為
　　　東京地判平成18年11月30日（判例秘書）　*257*

(2) 解除を否定した事例 ……………………………………………………………………………… 257
354 無断増築と背信行為
　　　東京高判昭和33年4月18日（民集15巻7号1948頁，東高時報民9巻4号62頁，判タ81号48頁）　*257*
355 無断改築と背信行為
　　　岡山地倉敷支判昭和34年11月20日（判時213号62頁）　*258*
356 無断増築と背信行為
　　　最判昭和36年7月21日（民集15巻7号1939頁，裁判集民53号255頁）　*259*
357 無断改造と信頼関係の破壊
　　　東京地判昭和37年9月18日（判時313号17頁，判タ140号81頁）　*260*
358 無断増改築と背信行為
　　　東京地判昭和38年1月28日（判時326号25頁，判タ145号68頁）　*260*
359 無断改造工事と不信行為
　　　東京高判昭和38年4月24日（東高時報民14巻4号95頁）　*261*
360 無断増改築と信頼関係の破壊
　　　東京高判昭和38年9月17日（東高時報民14巻9号255頁，判タ154号61頁）　*262*
361 無断改造工事と信頼関係の破壊
　　　最判昭和39年7月28日（民集18巻6号1220頁，裁判集民74号747頁，判時382号23頁，判タ165号76頁）　*263*
362 無断改造工事と信頼関係の破壊
　　　大阪地判昭和40年4月30日（判タ180号128頁）　*263*

363　無断増改築と信頼関係の破壊
　　　　大阪地判昭和41年11月17日（判タ202号187頁）　*264*
364　無断改造工事と背信性
　　　　東京地判昭和43年10月30日（判タ235号233頁）　*265*
365　無断改修と賃借人の保管義務
　　　　東京地決昭和45年12月19日（判時629号72頁）　*265*
366　作業場の建設と保管義務
　　　　最判昭和46年7月1日（裁判集民103号335頁，判時644号49頁，判タ269号187頁）
　　　　266
367　無断増築と背信行為
　　　　大阪地判昭和47年9月25日（判タ288号333頁）　*266*
368　無断内装工事と保管義務ないし信頼関係の破壊
　　　　名古屋地判昭和51年4月27日（判タ342号290頁）　*267*
369　無断増改築と信頼関係の破壊
　　　　大阪高判昭和51年11月9日（判時843号59頁）　*268*
370　模様替と信頼関係の破壊
　　　　東京地判昭和56年3月26日（判タ454号123頁）　*268*
371　模様替等と信頼関係の破壊
　　　　東京地判昭和61年10月31日（判時1248号76頁，判タ677号96頁）　*269*
372　無断給排水管工事と信頼関係の破壊
　　　　東京地判平成16年12月7日（判例秘書）　*270*
373　無断増改築と信頼関係の破壊
　　　　東京地判平成25年6月5日（判例秘書）　*271*

第4　その他 ―――― 272
（1）解除を肯定した事例 …… 272
374　保管義務及び用法違反等
　　　　最判昭和27年4月25日（民集6巻4号451頁，裁判集民6号511頁，判タ20号59頁）
　　　　272
375　商店街としての営業等と目的外使用
　　　　東京高判昭和55年6月20日（判時971号55頁，判タ424号98頁）　*273*
376　純喫茶からの営業態様の変更と不信行為
　　　　東京高判昭和59年3月7日（判時1115号97頁）　*275*
377　【参考判例】飲食業使用目的から金融業使用目的への変更と解除
　　　　名古屋地判昭和59年9月26日（判タ540号234頁）　*275*
378　使用目的違反（麻雀営業からゲームセンター営業への変更）と信頼関係の破壊
　　　　東京地判昭和60年1月30日（判時1169号63頁，判タ554号227頁）　*276*
379　使用目的違反（営業用店舗から暴力団事務所としての使用）と信頼関係の破壊
　　　　東京高判昭和60年3月28日（判タ571号73頁）　*277*
380　貸机業の継続と用法違反
　　　　東京高判昭和61年2月28日（判タ609号64頁）　*278*
381　食品販売店舗から暴力団事務所としての使用
　　　　宇都宮地判昭和62年11月27日（判時1272号116頁）　*278*
382　事務室使用目的からテレホンクラブへの変更と信頼関係の破壊
　　　　東京地判昭和63年12月5日（判時1322号115頁，判タ695号203頁）　*279*
383　使用目的違反（マリンスポーツ店からクラブへの変更）と信頼関係の破壊
　　　　東京地判平成3年7月9日（判時1412号118頁）　*279*
384　裁判上の和解と信頼関係の破壊
　　　　東京地判平成4年4月7日（判時1461号91頁）　*280*
385　用法違反と信頼関係の破壊（ゲーム賭博と解除の効力の及ぶ範囲）
　　　　東京高判平成5年11月22日（判タ854号220頁）　*281*

386 暴力団事務所としての使用と信頼関係の破壊
　　　大阪地判平成6年10月31日（判タ897号128頁）　*282*
387 暴力団事務所としての使用と信頼関係の破壊
　　　東京地判平成7年10月11日（判タ915号158頁）　*283*
388 暴力団事務所としての使用と背信行為
　　　東京地判平成14年6月4日（判例秘書）　*284*
389 車庫を構造物の強度試験工場としての使用等と信頼関係の破壊
　　　東京地判平成16年2月19日（判例秘書）　*284*
390 多量の食用廃油の排出と信頼関係の破壊
　　　東京地判平成16年3月18日（判例秘書）　*285*
391 【参考判例】建物を約定の高級飲食店ではなくクラブとして使用と解除
　　　東京地判平成16年10月18日（判例秘書）　*286*
392 建物を風俗営業として使用と信頼関係の破壊
　　　東京地判平成17年10月18日（判例秘書）　*286*
393 建物を機械及び家電製品などの解体修理等の目的外の使用と信頼関係の破壊
　　　東京地判平成18年2月17日（判例秘書）　*287*
394 業務用冷蔵庫内の腐敗した内容物の放置による建物の汚染と信頼関係の破壊
　　　東京地判平成19年3月29日（判例秘書）　*288*

(2) 解除を否定した事例 ... 289
395 活版印刷作業所から写真印刷作業所への変更と信頼関係の破壊
　　　東京地判平成3年12月19日（判時1434号87頁）　*289*
396 建物のずさんな使用，管理による漏水等と信頼関係の破壊
　　　東京地判平成13年3月7日（判タ1102号184頁）　*290*
397 ビリヤード営業店からゲーム機設置店への変更と信頼関係の破壊
　　　東京地判平成15年5月30日（判例秘書）　*291*
398 住居のほか会社事務所としての使用と信頼関係の破壊
　　　東京地判平成15年6月20日（判例秘書）　*292*
399 事務所使用から店舗使用への変更と背信行為
　　　東京地判平成18年6月26日（判例秘書）　*292*

第5　ペットの飼育と信頼関係の破壊 — 293

(1) 解除を肯定した事例 ... 294
400 猫の飼育と用法違反
　　　東京地判昭和58年1月28日（判時1080号78頁，判タ492号95頁）　*294*
401 犬，猫の飼育と用法違反
　　　東京地判昭和59年10月4日（判時1153号176頁）　*294*
402 鳩舎の設置と用法違反
　　　名古屋地判昭和60年12月20日（判時1185号134頁，判タ588号81頁）　*295*
403 猫の飼育と信頼関係の破壊
　　　新宿簡判昭和61年10月7日（判時1221号118頁，判タ624号189頁）　*296*
404 猫の飼育と用法違反
　　　東京地判昭和62年3月2日（判時1262号117頁）　*297*

(2) 解除を否定した事例 ... 298
405 犬の飼育と信頼関係の破壊
　　　東京北簡判昭和62年9月22日（判タ669号170頁）　*298*
406 犬の飼育と信頼関係の破壊
　　　東京地判平成18年3月10日（判例秘書）　*299*

第6　近隣迷惑行為等 — 300

(1) 解除を肯定した事例 ... 301

407 賃借人の存在しない売買に基づく賃借家屋に対する所有権の主張と信頼関係の破壊
　　　最判昭和 26 年 4 月 24 日（民集 5 巻 5 号 301 頁，裁判集民 4 号 645 頁，判タ 12 号 65 頁）
　　　　　　　　　　　301
408 賃借人の内縁の夫の言動と信頼関係の破壊
　　　東京地判昭和 37 年 6 月 26 日（判時 312 号 31 頁）　*301*
409 建物の賃借部分以外の不法占拠と不信行為
　　　最判昭和 40 年 8 月 2 日（民集 19 巻 6 号 1368 頁，裁判集民 80 号 25 頁，判時 424 号 34 頁，判タ 181 号 114 頁）　*302*
410 近隣迷惑行為等と信頼関係の破壊
　　　最判昭和 50 年 2 月 20 日（民集 29 巻 2 号 99 頁，裁判集民 114 号 169 頁，判時 770 号 42 頁，判タ 319 号 132 頁，金法 754 号 30 頁）　*302*
411 賃借人の一連の態度と信頼関係の破壊
　　　東京高判昭和 56 年 5 月 27 日（判時 1008 号 150 頁）　*303*
412 近隣迷惑行為と信頼関係の破壊
　　　大阪地判昭和 58 年 1 月 20 日（判時 1081 号 97 頁，判タ 498 号 165 頁）　*305*
413 暴力行為等と信頼関係の破壊
　　　東京高判昭和 58 年 7 月 28 日（判時 1090 号 129 頁）　*305*
414 高速道路サービス施設における営業方針等の不遵守と信頼関係の破壊
　　　名古屋高判昭和 58 年 11 月 16 日（判時 1105 号 58 頁，判タ 519 号 152 頁）　*306*
415 賃借家屋の失火と信頼関係の破壊
　　　東京地判昭和 60 年 12 月 10 日（判時 1219 号 86 頁，判タ 623 号 137 頁）　*308*
416 賃借人の訴訟提起等と信頼関係の破壊
　　　東京高判平成 3 年 9 月 12 日（判タ 785 号 181 頁）　*308*
417 中華店の油脂の飛散等と信頼関係の破壊
　　　東京地判平成 4 年 8 月 27 日（判タ 823 号 205 号）　*309*
418 長期無断不在等と信頼関係の破壊
　　　東京地判平成 6 年 3 月 16 日（判時 1515 号 95 頁，判タ 877 号 218 頁）　*310*
419 近隣迷惑行為と信頼関係の破壊
　　　東京地判平成 10 年 5 月 12 日（判時 1664 号 75 頁）　*310*
420 ゴミの放置等と解除
　　　東京地判平成 10 年 6 月 26 日（判タ 1010 号 272 頁）　*310*
421 近隣迷惑行為等と信頼関係の破壊
　　　東京地判平成 15 年 2 月 12 日（判例秘書）　*311*
422 近隣迷惑行為等と信頼関係の破壊
　　　東京地判平成 17 年 9 月 26 日（判例秘書）　*312*
423 近隣迷惑行為と信頼関係の破壊
　　　東京高判平成 26 年 4 月 9 日（判例秘書）　*312*

(2) **解除を否定した事例** ··· 313

424 近隣迷惑行為と不信行為
　　　東京地判昭和 47 年 12 月 5 日（判時 709 号 56 頁）　*313*
425 賃借人と隣地との紛争と信頼関係の破壊
　　　名古屋高判昭和 50 年 5 月 29 日（金判 488 号 37 頁）　*314*
426 賃借人の賃借建物に対する所有権の主張と信頼関係の破壊
　　　東京地判昭和 55 年 7 月 9 日（判時 990 号 211 頁，判タ 440 号 126 頁）　*315*
427 訴訟提起と背信的行為
　　　浦和地判平成 4 年 4 月 8 日（判タ 805 号 164 頁）　*315*
428 賃借家屋の失火と信頼関係の破壊
　　　大阪地判平成 8 年 1 月 29 日（判時 1582 号 108 頁）　*316*
429 非常識，不誠実な言動等と信頼関係の破壊
　　　東京地判平成 15 年 8 月 26 日（判例秘書）　*316*
430 隣家への騒音等と信頼関係の破壊
　　　東京地判平成 18 年 6 月 26 日（判例秘書）　*317*

第1編

借地契約における信頼関係の破壊

はじめに

　民法612条は，その第1項において，「賃借人は，賃貸人の承諾を得なければ，その賃借権を譲り渡し，又は賃借物を転貸することができない。」と規定し，第2項で，「賃借人が前項の規定に違反して第三者に賃借物の使用又は収益をさせたときは，賃貸人は，契約の解除をすることができる。」と規定している。

　この点について最高裁（昭和28年9月25日第二小法廷判決・民集7巻9号979頁〈裁判例27〉）は，借地権の無断譲渡の事例において，「元来民法612条は，賃貸借が当事者の個人的信頼を基礎とする継続的法律関係であることにかんがみ，賃借人は賃貸人の承諾がなければ第三者に賃借権を譲渡し又は転貸することを得ないものとすると同時に，賃借人がもし賃貸人の承諾なくして第三者をして賃借物の使用収益を為さしめたときは，賃貸借関係を継続するに堪えない背信的行為があったものとして，賃貸人において一方的に賃貸借関係を終止せしめ得ることを規定したものと解すべきである。したがって，賃借人が賃貸人の承諾なく第三者をして賃借物の使用収益を為さしめた場合においても，賃借人の当該行為が賃貸人に対する背信的行為と認めるに足らない特段の事情がある場合においては，同条の解除権は発生しないものと解するを相当とする。」と判示し，賃貸人の解除権が制限される場合を示した。

　その後，借家において，最高裁（昭和39年7月28日第三小法廷判決・民集18巻6号1220頁）は，賃料不払いと家屋改造工事の事例で，いずれも賃貸人と賃借人の信頼関係が破壊されたとは認められないとして，賃貸人からの解除を否定している。

　この「背信性基準」や「信頼関係破壊の法理」は，戦後から今日に至るまで，脈々と判例の中に流れている法理ともいえるが，民法612条については，債権法改正の基本方針の中で，次のような提言がなされている（下線部分）。

民法612条（賃借権の譲渡及び転貸の制限）
 第1項「賃借人は，賃貸人の承諾を得なければ，その賃借権を譲り渡し，又は賃借物を転貸することができない。」
 第2項「賃借人が前項の規定に違反して第三者に賃借物の使用又は収益をさせたときは，賃貸人は，契約の解除をすることができる。ただし，その無断転貸が，その当事者間の信頼関係を破壊するに至らないものである場合には，この限りではない。」
 第3項「前項の場合において，賃貸人からの解除が認められない場合には，第1項の適法な転貸借等がなされたものとみなす。」

　第2項ただし書では，賃借人が抗弁として，信頼関係の破壊に至っていない特段の事情を主張立証することになる。
　また，第3項の無断転貸等を理由とする解除が認められない場合の法律関係については，適法な賃貸借等がなされた場合の法律関係と同様に扱うことを提言している（詳解債権法改正の基本方針Ⅳ各種の契約(1) 291頁参照）。
　この点に関し，転貸等が背信行為に当たらず，賃貸人の解除が許されない場合のその後の法律関係については，見解が分かれていたが（田尾桃二　不動産法体系Ⅲ　借地・借家536頁参照），**最高裁（昭和39年6月30日第三小法廷判決・民集18巻5号991頁〈裁判例33〉）**は，
　「原判決（引用の第1審判決）は，Aが賃借した本件土地に建築されたA名義の本件建物（内部関係ではAと被上告人の共有）に，被上告人とAは事実上の夫婦として同棲し，協働して鮨屋を経営していたが，A死亡後，被上告人はAの相続人らから建物とともに借地権の譲渡を受け，引きつづき本件土地を使用し，本件建物で鮨屋営業を継続しており，賃貸人である上告人も，被上告人が本件建物にAと同棲して事実上の夫婦として生活していたことを了知していた旨の事実を確定の上，このような場合は，法律上借地権の譲渡があったにせよ，事実上は従来の借地関係の継続であって，右借地権の譲渡をもって土地賃貸人との間の信頼関係を破壊するものとはいえないのであるから，上告人は，右譲渡を承諾しないことを理由として，本件借地契約を解除することは許されず，従ってまた譲受人である被上告人は，上告人の承諾がなくても，これがあったと同様に，借地権の譲受を上告人に対抗でき，被上告人の本件土地の占有を不法占拠とすることはできない，としているのである。右の原審判断は，基礎としている事実認定をも含めて，これを肯認することができる。すなわち，右認定事実のもとでは，本件借地権譲渡は，これについて賃貸人である上告人の承諾が得られなかったにせよ，従来の判例にいわゆる「賃貸人に対する背信行為と認めるに足らない特段の事情がある場合」に当るものと解すべく，従って上告人は民法612条2項による賃貸借の解除をすることができないものであり，また，このような場合は，上告人は，借地権譲受人である被上告人に対し，その譲受について承諾のないことを主張することが許されず，その結果として被上告人は，上告人の承諾があったと同様に，借地権の譲受をもって上告人に対抗できるものと解するのが相当であるからである。」と判示している。

以下は，無断転貸，無断譲渡による賃貸借契約の解除について，肯定した判例と否定した判例である。

第1 無断転貸・無断譲渡

1 土地賃借権の無断転貸・無断譲渡等
(1) 解除を肯定した事例

裁判例1　土地賃借権の無断転貸ないしは無断譲渡と信頼関係の破壊
東京地判昭和31年6月25日（下民集7巻6号1635頁，判時88号13頁）

「右のように被告Aの先代から訴外Bに本件土地の賃借権が原告に無断で譲渡されたものであり，原告主張のように原告から無断転貸又は譲渡を理由に解除の意思表示をなしたことは当事者間に争のないところであるから，選択的な理由による解除の意思表示であるけれどもその1つの事由が認められ，又事実関係が不明確なため選択的にしか主張できない事情にあったことが証人等Cの証言，原告本人の供述で認められる本件においては右解除の意思表示は有効なものと解する。本件土地賃貸借契約は原告主張のように昭和27年10月31日解除されたものである。被告等は右契約解除が権利濫用であると主張するが賃貸借契約関係において，無断転貸又は賃借権無断譲渡が法律上契約解除原因とされているのは，かような賃貸人の賃借人に対する信頼が失われるような事態が起った場合に賃貸人からの契約解除を認めることが契約の性質上適当だからであって，無断転貸又は無断賃借権譲渡によって一旦賃貸人の賃借人に対する信頼が破られた場合には該転貸借又は賃借権譲渡が既に終了した後であっても，再び信頼関係が回復されたと見られる特別の事情がない限り賃貸借契約を解除するのに何等支障はなく，本件においてはこのような特別な事情を認めるに足る証拠はなく，しかも，前示認定のように，原告は当初よりBの本件土地使用承認しなかったものであり，仮りに本件家屋の所有が元の賃借人である被告Aに帰属し，本件土地の賃借権が同被告に復帰したとしても前認定のように現実の使用者は同被告ではなくて第三者の間を転々としているものである以上，Bへの無断譲渡を理由にする原告の該契約解除を権利の濫用と見るべきものとはいえず，他に権利の濫用と認むべき事実も認められないから，本件賃貸借契約は有効に解除されたものであり被告の右主張は理由ないものである。」

裁判例2 【参考判例】賃借地の一部無断転貸と権利の乱用
最判昭和34年7月17日（民集13巻8号1077頁，裁判集民37号359頁）

「ところで，原判決の確定するところによると，本件土地310坪6合5勺のうち上告人において第1審相被告A，同Bにそれぞれ建物敷地として占有使用させている部分の面積は合計30坪であるというのであるから，割合にして僅か10分の1弱にすぎないことは所論のとおりである。

しかし，原審は，なお，本件土地は道路に沿った海岸の波打ぎわに存する砂地で，前記30坪及び上告人所有建物の敷地12坪を除いた残余の部分はとり立てていう程の用途に使用されているものでない事実をも認定しているのであって，このような事実関係のもとでは，たとえ前記A及びBに占有使用させている部分の面積が本件土地の総面積に比し僅かであっても，右占有使用につき賃貸人たる被上告人の承諾がない以上，被上告人は本件土地全部につき上告人との間の賃貸借契約を解除し得るものと解すべく，右解除権の行使をもって権利乱用というのはあたらない。」

裁判例3 無断譲渡と背信的行為
最判昭和39年12月25日（裁判集民76号681頁，判時400号21頁）

「ところで，賃貸借契約の解除がいったん有効になされた場合には，その後に生じた事情によってその効力が左右されないものと解すべきところ（最高裁昭和25年（オ）第120号，昭和28年4月9日第一小法廷判決，民集7巻295頁。同昭和27年（オ）第354号，昭和28年5月7日第一小法廷判決，民集7巻525頁参照），前示のように，上告人Aが本件賃貸借契約を解除した当時は，被上告会社と訴外会社との合併についてはその話が持ち上ってはいたものの，いまだその話合が具体的にまとまってはいなかったというのであるから，その後に行われた合併の事実をもって，右解除の効力を判断する資料とすることは許されないところである。しかるときは，右解除当時の前示事実関係のほか，原判決は，(1) 被上告会社が本件建物における映画館経営を引き継いだ際，あらたに支配人となったBが本件土地の賃貸人たる上告人Aに面接して右引継の旨を述べて挨拶をしたとき，同上告人が特段の異議を述べなかったこと，(2) 本件建物の所有権移転登記を受けた被上告会社が昭和24年7月中坪当り21円の割合による賃料を持参したが，上告人Aは従前の坪当り7円を25円に値上することを要求して受領を拒絶したこと，(3) 被上告会社は，訴外会社とは比較にならぬ大資本の会社であり，支払能力ないし信用の点においても格段の開きがあることは公知の事実であること，(4) 訴外会社々長Cは従前賃料の支払を滞ったことがあって信用がおけなかったことなどを認定判示しているが，これらの事実関係をすべて併せて考えても（かえって，前示のように，本件賃貸借には無断転貸禁止条項が付せられていたことを想起すべきである。），本件解除が本件土地の無断譲渡を理由とする以上，賃貸人に対する背信的行為と認めるに足りない特段の事情があるものとして右解除を無効とすべき事由は到底見出すことができない。しかるに，原判決は，本件

契約解除後に行われた前記両会社の合併の事実に拘泥したものか，右合併以前における被上告会社の本件土地の使用関係から見れば合併による借地権の承継の場合と径庭がなく賃貸人に特段の不利益を及ぼしたものとは考えられないとなし，前記のような本件土地賃借権の無断譲渡があっても賃貸人に対する背信的行為と認めるに足りない特段の事情があるから民法612条の解除権は行使できないとして，上告人らの主張を排斥したのは，合併による借地権の承継が民法612条にいう譲渡にあたるかどうかの点についての判断はしばらく措くとしても，結局，原判決には法令の解釈適用を誤った違法があるといわなければならない。」

裁判例4 【参考判例】土地賃借権の無断転貸と権利の濫用
最判昭和40年1月12日（裁判集民77号11頁）

「論旨は，被上告人の無断転貸を理由とする本件賃貸借の解除をもって権利の濫用といえないとした原審の判断は民法第1条の適用を誤った違法があるという。

しかし，所論の点に関する原判決の認定の事情のもとにおいて，原判決が本件賃貸借の解除を権利の濫用に当らないとした判断は，当審も正当として是認することができる。

原判決には，所論のような違法はなく，論旨は，結局，原判決の認定しない事実を前提としてこれを非難するか，または，独自の見解に立って，原判決を非難するものであって，採るを得ない。

同第2点について。

原判決が適法に判示するところによると，本件土地は被上告人の所有であって，上告人らは本件各建物を本件土地上に所有，占有しているところ，上告人らが訴外Tとの間で締結した本件土地の各転貸借契約は，同訴外人の無断転貸によるものであって，これを被上告人に対し対抗することができないのみならず，被上告人と同訴外人間の賃貸借契約も適法に解除されたというのであるから，被上告人が，本件土地の所有権に基づいて，上告人らに対しそれぞれ本件各建物収去土地明渡を請求し得ることは明らかである。」

裁判例5 【参考判例】借地上の建物が第三者の所有に属したときは，土地賃借権は消滅するとの特約は，借地法11条に違反しない。
最判昭和40年6月4日（裁判集民79号323頁）

「論旨は，賃借土地上の建物その他の付属物が第三者の所有に属したときは賃借権は当然に消滅する旨の特約が，借地法11条に違反しないとした原判決は同法条の解釈適用を誤ったものであるという。

しかし，賃借地上の建物の所有権が第三者に移転したときは，特段の事情のないかぎり，これに伴って右土地につき賃借権の譲渡もしくは転貸がなされたものと認めるべきであり，賃借権の無断譲渡もしくは賃借地の無断転貸がなされたときは，賃貸人は，賃借人の右行為が賃貸人に対する背信行為と認めるに足りない特段の事情がある場合にかぎり，賃貸人は右無断転貸

を理由として賃貸借契約を解除し得ないけれども，かかる特段の事情のないかぎり，賃貸人は催告を要せずいつでも右賃借権の無断譲渡または転貸を理由として賃貸借契約を解除しうるのであり，従って，賃貸人と賃借人との間において，賃貸人の承諾なくして第三者に賃借権の譲渡もしくは転貸をしたときは賃貸借契約は当然に終了する旨の合意をすることは，なんら賃借人に不利な特約をしたものとはいえない。そして，原審は，本件第四目録記載の土地の賃借権の消滅を認めるについては，賃借人Ａの本件賃貸人たる被上告人に対する背信行為と認めるに足りない特段の事情が存しないと判断していることが窺われる。論旨引用の当裁判所判例は，その具体的事案を異にするものであって，本件に適切ではない。従って，論旨は採用できない。」

裁判例 6　無断転貸と背信行為と認めるに足りない特段の事情の主張・立証責任
最判昭和 41 年 1 月 27 日（民集 20 巻 1 号 136 頁，裁判集民 82 号 149 頁，判時 440 号 32 頁，判タ 188 号 114 頁）

「土地の賃借人が賃貸人の承諾を得ることなくその賃借地を他に転貸した場合においても，賃借人の右行為を賃貸人に対する背信行為と認めるに足りない特段の事情があるときは，賃貸人は民法 612 条 2 項による解除権を行使し得ないのであって，そのことは，所論のとおりである。しかしながら，かかる特段の事情の存在は土地の賃借人において主張，立証すべきものと解するを相当とするから，本件において土地の賃借人たる上告人が右事情について何等の主張，立証をなしたことが認められない以上，原審がこの点について釈明権を行使しなかったとしても，原判決に所論の違法は認められない。」

裁判例 7　土地賃借権の無断譲渡と信頼関係の破壊
最判昭和 42 年 3 月 31 日（裁判集民 86 号 825 頁，判時 480 号 26 頁，判タ 206 号 89 頁）

「賃借地の無断転貸ないし借地権の譲渡を賃貸人に対する背信行為と認めるに足りない特段の事由は，その存在を賃借人において主張，立証すべきである（昭和 41 年 1 月 27 日当裁判所第一小法廷判決・民集 20 巻 1 号 136 頁参照）。論旨の見解は採用することができない。」

同第 3 点について。

信頼関係を破壊するに足りない特段の事情あるものということができない旨の原判決の判断は，本件事実関係に照らして相当である。賃貸人が，無断譲渡ないし転貸がされた結果賃料の支払に不安を感ずる場合にのみ信頼関係が破壊されたと解さなければならないものではない。」

裁判例 8　土地賃借人による隣地の不法占有と信頼関係の破壊
大阪高判昭和 42 年 4 月 24 日（判時 495 号 57 頁）

「以上の見地に立ち，本件掛け出し構築の敷地とした本件隣地の占有権原についての紛争を見るに，前段認定事実よりは，控訴人Ａの本件隣地に対する占有権原として主張する賃貸借契約（昭和 22 年 3 月 12 日成立）の存在を認めるに由がなく，従って，右賃貸借契約における

隣地の利用法として，建物の建築が許容されると否とに拘らず，控訴人Aの右行為は，本件賃貸借契約に関連して，かつその範囲を超えて，賃貸人Bの所有土地を不法占有し賃貸人の権利を侵害したもので，しかもその不法占有土地の範囲は前述の通り約26坪4合に上り，本件契約目的地22坪を上廻り，その不法行為の度合に於いても，極めて重大であり，本件契約当事者間において，継続的契約としての信頼関係の保持に当然に重大な礎跌を生ずる程度，性質のものであるといえる。しかも又，控訴人Aと被控訴人との間においては，前記掛け出し構築の紛議のみならず，その後においても板塀の所有権とその改廃問題，さらに右隣地の他の部分（本件掛け出し用敷地の延長部分）の実力による不法占拠とその排除問題という重大紛争に発展し，事態は一層悪化の一路をたどったことは前認定の通りであるから，前記掛け出しの無断構築行為は，本件賃貸借当事者が深刻な抗争敵対関係に突入する重要な端緒となり（この点は当審証人Cの証言によっても明白である），これのみで継続的契約維持に必要な信頼関係を破壊するに充分な事由であるといわねばならない。そうすると，右の行為はこれを賃貸人に対する義務違反として契約解除の原因となすに足りるものであり，この理由により被控訴人が昭和31年6月15日控訴人Aに対して為した本件契約解除は適法有効と認むべきである。よって控訴人Aに対する被控訴人の本件建物の収去，本件土地明渡の請求（所有権に基くものと認める）は正当として認容すべきである。」

裁判例9 【参考判例】借地権の無断譲渡・転貸と特段の事情の主張・立証責任

最判昭和44年2月18日（民集23巻2号379頁，裁判集民94号325頁，判時550号58頁，判タ233号78頁）

「物の賃貸人の承諾をえないで賃借権の譲渡または貸借物の転貸借が行なわれた場合には，右賃貸人は，民法612条2項によって当該賃貸借契約を解除しなくても，原則として，右譲受人または転借人に対し，直接当該賃貸物について返還請求または明渡請求をすることができるものと解すべきである（最高裁判所昭和25年（オ）第87号同26年4月27日第二小法廷判決，民集5巻325頁および最高裁判所昭和25年（オ）第125号同26年5月31日第一小法廷判決，民集5巻359頁参照）。もっとも，右の場合においても，それが賃貸人に対する背信行為と認めるに足りない特段の事情があるときには，賃貸人は，民法612条2項によって当該賃貸借契約を解除することができず，右のような特段の事情があるときにかぎって，右譲受人または転借人は，賃貸人の承諾をえなくても，右譲受または転借をもって，賃貸人に対抗することができるものと解すべきである（最高裁判所昭和32年（オ）第1087号同36年4月28日第二小法廷判決，民集15巻1211頁および最高裁判所昭和39年（オ）第25号同年6月30日第三小法廷判決，民集18巻991頁参照）。そして，右のような特段の事情は，右譲受人または転借人において主張・立証責任を負うものと解すべきである。しかるに，本件記録を精査するも，本件土地の賃借権の無断譲受人である上告人において，原審までに，本件土地の賃貸人である被上告人が右無断譲渡を理由として貸借人である訴外X株式会社との間の本件土地賃貸借契約を解除することができない右のような特段の事情については，何らの主張さえもしていない。されば，上告人が右無断譲受をもって被上告人に対抗することができないとした原判決の判断は，正当である。」

裁判例 10 土地賃借権の一部無断譲渡・無断転貸と背信行為
東京地判昭和44年12月26日（判タ246号302頁）

「また前掲各証拠によれば，本件賃貸借契約締結についての交渉および契約書の作成にいたるまで被告会社を代表ないし代理して原告と折衝したのは，被告会社の当時の代表取締役A，監査役Bらであって，被告Cは一度も原告と面接したこともなく，原告は昭和40年頃まで同被告の名前さえ知らないでいたこと，右の原告との折衝の前後を通じて被告会社の代理人らは原告に対し，被告会社と被告Cとの関係や被告Cが本件土地の上の建物の一部を所有している事情等について一言も原告に説明したこともなかったので，原告はこれらの事情を全く知らないまま賃貸借契約締結後10年余を経過したこと，たまたま昭和43年5月頃にいたり，被告会社が借地上の建物を堅固な建物に改築するための借地条件変更の申立を裁判所に提出したので，原告は本件土地上の建物の状況を調査したところ，地上の建物の一部が被告Cの所有となっている予定をはじめて知るにいたり，直ちに被告会社に対し前示の契約解除の意思表示をしたものであることを認めることができる。以上の認定の妨げになる証拠はない。

　右の事実から考えると，本件賃貸借契約の締結に際し，被告会社が原告に対し，既にその以前から本件（4）および（5）の建物が被告Cの所有に属し，（4）の建物についてはその旨の登記すらなされていた事実を一言も告げず，被告会社のみが本件土地を賃借するものであると称して契約を結んだことは，たとえ被告会社と被告Cとが前認定のように密接な関係がある事情を考慮に入れてたとしても，そのような両者の関係を全く知らず，被告Cの名前すら知らなかった原告に対しては，重大な背信行為となるとの非難を免れないものというべきである。その背信性は，契約締結の当初から被告会社以外のものが被告会社の賃借地上に建物を所有していたのに，これを原告に全く告げなかったという点において殊に非難に値するものというべく，契約締結の後に被告会社がその所有建物を他に譲渡した場合のように，譲渡人と譲受人との関係如何によってはその背信性を否定しうる場合もあるのと同一に考えることはできないものといわざるをえない。右のように，背信性を否定しうる場合には，賃貸人は民法612条によって契約を解除することはできないと解するのが相当であるけれども，その半面，本件のように無断転貸譲渡と同様の背信性が契約の当初から存在する場合には，賃貸人はこれを理由として契約を解除することができると解するのが相当である。」

裁判例 11 【参考判例】賃借人が転借権の譲渡を容認している場合における，新たな無断譲渡
東京地判昭和47年2月15日（金判317号15頁）

「（ハ）次に競落による転借権無断譲渡による解除の点について検討する。

　別紙第1目録（3）記載の地上建物がXの設定した根抵当権の実行により競落され，Yにその所有が帰したことは上段認定のとおりである。そして地上建物が競落された場合，抵当権設定者の敷地使用権が競落人に譲渡されたものと認めるべきことは前記判示のとおりである。よって右競落により敷地転借権を得たYは新たな転借人の地位に立つことになり，賃借人たるAは新たに転貸人の地位に置かれるわけである。

ところで転貸借関係は，本来賃借人と転借人間の貸借関係であるから，転借権の無断譲渡は，直接的には転借人に対する賃借権の無断譲渡であり，転貸人はこれを理由に転貸借関係を解除することができるわけであるが，賃貸人は転借人との間には賃貸借契約は存在しないのであるから，転借権の無断譲渡があるからと云って転貸人，転借人間の契約解除をなすこともできないし，譲渡そのものは転借人の行為であるから，これを理由に賃貸人・賃借人間の賃貸借契約を解除することもできないものと解さなければならない。しかし，賃借人が転借権の譲渡を容認している場合は，賃借人の新たな転貸借が有効に成立することになるのであるから，これを新たな賃借人の無断転貸としてこれを理由に賃貸借契約を解除し得るものと解さなければならない。」

裁判例 12　【参考判例】借地権の一部無断譲渡と解除の効力の範囲
東京高判昭和 47 年 4 月 11 日（判時 673 号 45 頁，判タ 280 号 236 頁）

「次に，第 1 審被告 A は，かりに右賃借権の無断譲渡が賃貸借契約解除の理由になるとしても，解除の効力は無断譲渡のなされた部分に限定されるべきであると主張するから考えるに，〈証拠〉によれば，第 1 審原告に無断で賃借権譲渡のなされた 1 の (2) の土地は，第 1 審被告 A の前記賃借地 1 の (1) の土地 50 坪 4 合 2 勺（166.66 平方メートル）のうちの北西隅の一角に位置する 8 坪 5 合（28.09 平方メートル）の部分であり，当初は第 1 審被告 A 所有の 4 の建物の敷地となっていたが，B が右 4 の建物を競落取得し，さらに第 1 審被告 X が B から右建物とともにその敷地である 1 の (2) の土地の賃借権を取得して現在にいたっていること，右 1 の (1) の土地中 1 の (2) の土地の部分を除いたその余の部分は，2，3 および 5 の建物の敷地として，右建物の賃借人である第 1 審被告 D，同 E および同 Y において使用しており，両部分は明確に区分して使用されていることが認められるのであり，このように無断譲渡部分が賃借土地のうち重要ではあるが 6 分の 1 に過ぎない一角であることおよびその他の部分が解除されることによって借地人に重大な損失を及ぼすこと等の事情を考慮すれば，第 1 審原告の前記解除は，右 1 の (2) の土地部分についてのみ効力を有し，その余の部分については効力が及ばないと考えるのが衡平の理念に適応すると解するのが相当である。」

裁判例 13　土地の賃借人が，賃借土地を買い受け，土地の所有権を有すると称して第三者に売却する行為と信頼関係の破壊
東京高判昭和 54 年 8 月 8 日（判時 942 号 48 頁）

「ところで，賃貸借の継続中，当事者の一方に，その義務に違反し信頼関係を裏切って，賃貸借関係の継続を著しく困難ならしめるような不信行為のあった場合には，相手方は民法 541 条所定の催告を要せず賃貸借を将来に向って解除することができるものと解すべきところ（最高裁判所昭和 31 年 6 月 26 日第一小法廷判決，民集 10 巻 6 号 730 頁），控訴人と A との間の右売買契約によって本件建物所有権は A に移転し，同人は本件建物を所有することによって本件土地を占有使用しているものということができ，これは控訴人が本件土地の賃借人として被控訴人に対し負担する善良な管理者としての義務に違反するものであることは明らかであ

る。しかも、控訴人は右のように被控訴人所有の本件土地をAに勝手に（控訴人が本件土地をAに売却するについて被控訴人の承諾を得たものでないことは，《証拠略》によって認められ（る。）《証拠判断略》）売却したばかりか，控訴人は昭和51年9月23日被控訴人から本件土地を買い受けたから，本件土地の所有権を有すると主張し，被控訴人の本件土地所有権を争う態度に出ていることは，控訴人の主張に徴し明らかである。控訴人の以上の行為から考えれば，控訴人が被控訴人に対する本件土地の賃借人としての信頼関係にもとり，賃貸借関係の継続を著しく困難ならしめるものであることは明らかであり，被控訴人は控訴人に対し，これを理由に民法541条所定の催告を要せず将来に向かって本件土地の賃貸借契約を解除することができるものといわなければならない。そして，控訴人の右背信行為を理由に被控訴人が控訴人に対し昭和52年3月5日到達の書面で本件土地の賃貸借契約を解除したことは，当事者間に争がない。よって，被控訴人と控訴人間の本件土地の賃貸借契約は，右により有効に解除されたものといわなければならない。」

裁判例14　借地権の無断譲渡と背信性
東京地判昭和54年10月30日（判タ416号165頁）

「以上認定の事実によると，被告らは，本件借地権の譲渡につき原告の承認を容易には得られないであろうことを察し得たのに，深く考えず，敢えて譲渡契約をなしたのであり，また，原告から被告Aとの本件土地賃貸借契約の解除の意思表示がなされた後，被告ら間で前記譲渡契約を解除する旨の合意をしたものの，改めて将来の売買を予約するとともに本件建物について賃貸借契約を締結し，その賃料債権と売買代金返還請求権とを相殺することを約して被告Aから被告会社への売買代金の返還をせず（これは，恰も被告会社が被告Aに対し，向う18年4か月分の賃料の前払という異例のことをしたことになる），他方，被告会社はその費用負担において本件建物に改装を加えてこれに入居するなど事実上所有者として振舞い，合意解除の実質を伴わないのであって，これらの事情を考慮すると，被告Aのした本件借地権の譲渡に背信性がないとはいえないものというべきである。」

裁判例15　土地賃借権の無断譲渡と背信性
東京高判昭和55年8月12日（東高時報民31巻8号183頁，判時975号40頁，判タ424号87頁）

「そうしてみると，右各事実はこれらを個別的に見ればもちろん，これらと前記4の上告人が不動産賃貸業を営む事実とを総合しても，訴外人の本件譲渡行為につき背信性を認めるに足りない特段の事情とは到底いい難い。それのみならず，本件賃借権の譲渡がされたのは，「借地法等の一部を改正する法律」（昭和41年法律第93号）により新設された借地法第9条ノ2の施行後であり，借地上の建物の譲渡に伴う土地賃借権の譲渡につき賃貸人の承諾を求め，その承諾が得られなかった場合には，同条の裁判を求め得る制度が設けられていたのに，訴外人は賃貸人たる上告人の承諾を得ようともしないまま，本件賃借権の譲渡をしたことは原判決の判示から明らかであり，それにもかかわらず，原判決には，その認定，挙示する前記各事実の

みをもって本件譲渡行為の背信性を阻却するに足る特段の事情があると判断すべき事情はなんら判示されていない。

してみれば，本件譲渡行為の背信性を阻却するに足る特段の事情があるとし，Aは本件賃借権の譲受けをもって上告人に対抗できるとした原判決には，民法第612条の解釈，適用をあやまり，ひいては理由不備，審理不尽をきたした違法があるというべきで，右違法は判決に影響を及ぼすことが明らかであるから，論旨は理由があり，原判決はこの点において破棄を免れず，本件は，右特段の事情の存否につき更に審理を尽させるため，原審に差し戻す必要がある。」

裁判例16　土地賃借権の無断転貸と背信行為
東京地判昭和57年2月3日（下民集35巻1〜4号237頁，判タ474号165頁）

「(二)　しかし，無断転貸が背信行為とならない特段の事情とは，例えば形式的には転貸借に当たるとしても賃借の主体が実質的に同一とみてよい場合とか，賃借人と転借人との間に親族関係等の特殊な人的関係があって，転貸するのもやむを得ない事情があると認められ，したがって賃貸人としては通常なら承諾を与えるであろうし，仮にこれを拒絶するとすれば，かえって信義に反すると認められるような場合をいうものと解するのが相当である。本件で，賃借人のAと転借人のBとは建物の賃貸人と賃借人という契約関係と，BがAのいわゆる差配をしていた間柄にあったというに止まり，それ以上に特殊な人的関係があったとはいえないし，またBが旧建物に居住しているという点では転貸借の前後を通じて本件土地の実質的な使用方法は異ならないものの，土地上の建物の所有者の変更は信頼関係を基礎とする債権契約にあっては，実質的な使用方法が変らないからといって賃貸人として当然に看過できるものとはいえないばかりか，ことにBが新築した本件建物は前判示のとおり違法建築であったことを考えれば，賃貸人にとってはまことに好ましくない転借人というほかなく，本件転貸について背信行為にあたらない特段の事情があるとはいえないというべきである。」

裁判例17　8年以上の所在不明による無断譲渡又は転貸と信頼関係の破壊
最判平成3年9月17日（裁判集民163号299頁，判時1402号47頁，判タ771号66頁，金判882号3頁）

「右事実関係によれば，上告人は，本件土地の賃貸人である被上告人らと面識のなかった訴外Aに本件建物を賃貸して本件土地の地代の支払を委ね，その旨を被上告人らに通知することもなく本件建物から退去し，自ら本件土地の管理をすることなく，所在を明らかにしないまま原審の口頭弁論終結当時すでに8年を経過するというのであって，この間，上告人から被上告人らに対して，Aを管理者に指定したことについての通知あるいは本件土地の管理方法についての連絡をしたこともなく，被上告人らは，上告人に対して本件土地の管理又は管理者の権原に関する連絡ないし確認をする方途もない状態に置かれ，上告人と地代の増額等の賃貸借関係に関する協議をすることもできず，地代の増額も訴えによらざるを得なかったものであり，また，本件土地の地代はAの負担において支払われているというのであるから，上告人

には本件土地の賃借人としての義務違反があったというべきであり，その所為は，土地賃借権の無断譲渡又は転貸におけると同様の不利益を被上告人らに与えており，賃貸借当事者間の信頼関係を著しく破壊するものといわなければならない。したがって，右と同様の見解に立って被抗告人らの本件土地賃貸借契約の解除を是認した原審の判断は首肯することができ，その過程にも所論の違法はない。」

裁判例 18　無断譲渡と背信行為（実子に対する借地権の譲渡）
大阪地判平成 8 年 6 月 28 日（判タ 920 号 203 頁）

「1　証人 A の証言及び被告 B の本人尋問の結果によれば，被告 B は，かねてより，不動産取引業を営む X 株式会社の代表取締役であること，本件借地権の譲渡が行われた平成 3 年当時，バブルの崩壊に伴い，金融機関が債権確保のため，会社の債務の追加担保として，代表者個人の資産等につき担保提供を求める姿勢を固め，この点は，X 株式会社に対しても，例外ではなく，被告 B は，本件建物を被告 B 個人で所有していては金融機関に発見されて追加担保に出すことを要求されることになることを恐れ，これを免れるために，急遽，C，D，E，F の 4 人の子に対し，これを譲渡したことが認められる。

なお，大企業ならともかく，中小規模の会社（弁論の全趣旨によれば，X 株式会社も，この規模の会社であると推認することができる。）にあっては，会社の債務者は，会社の代表者の個人資産をも考慮に入れて取引を行うのが通例であるから，会社の代表者が，会社の債権者の追及を逃れるため，その個人資産を密かに他に譲渡することは，会社の債権者に対する関係において，一種の背信行為であるということができる。

ところで，賃貸借契約は，継続的契約関係であることから，特に当事者間の信頼関係が重視されるところ，賃借権の譲渡は，契約の当事者の交替を伴う行為であり，賃貸人の利害を大きく左右する行為である。したがって，本件において，被告 B が前記の不純ともいえる動機で，本件土地の借地権を他に無断譲渡したことは，賃貸人たる原告に対する関係においても，背信行為性を免れない。

2　借地法 9 条の 2 において，借地上の建物の譲渡に伴う土地賃借権の譲渡につき賃貸人の承諾が得られない場合には，裁判所に対し，賃貸人の承諾に代わる許可を求めることができるとされているところ，本件借地権の譲渡につき，右手続が履践されていないことは当事者間に争いがない。

この点，被告らは，被告 B は，緊急避難的に本件借地権の譲渡をする必要があったため，借地法 9 条の 2 の手続をとる暇がなかったと主張するが，前記のとおり，被告 B は，債権者の追及を逃れるために，本件借地権の譲渡をしたものであって，かかる動機でなした本件借地権の譲渡については，借地法 9 条の 2 の手続を取らないことにつき，相当の理由があるとは到底いえない。したがって，被告ら主張の右理由をもってしては，本件借地権の譲渡につき，原告の承諾を得るべき時間的余裕がなかったなどという言い訳は通らないというべきである。殊に，被告 B は，前記認定のとおり，長年にわたり，不動産会社の代表取締役の地位にあったのであるから，借地法 9 条の 2 の手続を含め，不動産に関する法制を熟知していたということ

ができるのに，借地法9条の2の手続を取ることなく，本件借地権を無断譲渡したことは，法を軽視する姿勢が顕著であるといわれても致し方ないというべきである。
3　前記のとおり，被告Bは，その四人の子に対し，本件借地権を譲渡したものであるが，相続によるのであればともかく，子とはいえ，複数の者に対し，借地権を譲渡することは，その後の権利関係を徒に複雑化させ，賃貸人の利益を著しく害するものである。
〔略〕
5　以上によれば，被告Bによる本件借地権の譲渡につき，背信行為と認めるに足りない特段の事情があるということはできない。かえって，被告Bによる本件借地権の譲渡は，原告に対する著しい背信行為であるとさえいうことができる。
　もっとも，これに対し，被告らは，本件借地権の譲渡の前後を通じ，本件建物及び本件土地の使用関係に変化のないこと，右譲渡の後，原告からの抗議を受けて，本件建物の売買を合意解除し，本件借地権を復帰させて，誠実に対応していると主張する。
　しかしながら，右合意解除がなされたのは，賃貸人である原告が，本件借地権の譲渡等が無断譲渡であるとして，被告Bに対し，賃貸借契約の解除の意思表示をし，既に解除の効果の発生した後であるから，右解除の効力が発生した後，合意解除をしたとしても，賃貸人に対する背信行為としての評価が遡って消滅するというものではない。
　なお，証人Aの証言及び被告Bの本人尋問の結果によれば，本件建物には本件借地権の譲渡の前後を通じて被告Gが居住しており，その居住関係には変化がなかったことが認められるが，かかる事情が認められるとしても，いまだ，背信行為と認めるに足りない特段の事情があると言い得ないことは明らかである。」

裁判例19　借地権の無断譲渡と信頼関係の破壊
東京地判平成14年11月28日（判例秘書）

「(1)　上記2の認定事実によれば，時期を明確に認定することはできないものの，半年分の賃料を6月ころと12月ころに支払うという取扱いが長く続いたことにより，契約書（甲3）の明文の規定にかかわらず，半年分を6月末日と12月末日までに支払うという合意が原告と被告Y1との間で黙示的に成立していたものと認めるのが相当である。
(2)　しかし，被告Y1（ないし代理人としての被告Y2）は，そのように黙示的に成立していた合意もきちんと履行せず，平成11年1月分から6月分までの不足分を長く支払わないということもあった上に，平成12年7月から12月までの分については，予め葉書で支払方法を明確にして請求されていたのに，2か月以上もその支払を放置したものである。そして，催告を受けても期間内にこれを支払わず，期限を徒過してから2回に分けて6か月分を送金したもので，さらに，平成13年1月から6月までの分も，期限をはるかに過ぎた同年11月7日にようやく支払ったという状況であった。
　被告らは，平成12年7月分から12月分までの賃料は，原告が支払を猶予していたと主張しているが，そのように認めることはできない。
　また，被告らは，催告期間を問題にし，この点で解除が無効であると主張しているが，金額

と経過からして催告期間（4日間）が不相当であるということはできない。
(3) 以上のような事情によれば，被告Y1ないし被告Y2には，賃借人の最大の義務である賃料支払義務を誠実に履行しようという意識が希薄であるといわざるを得ず，問題になっている賃料不払が信頼関係を破壊するような不誠実なものではないと直ちにいうことはできない。
〔略〕
　前記3にみたように，原告が主張する平成12年7月分から12月分までの賃料不払は，信頼関係を破壊するような不誠実なものではないということはできない。しかし，これのみによって直ちに解除を認めることは躊躇されるところである。
　しかし，原告は，本件借地権の無断譲渡についても解除の意思表示をしているところ（請求原因（5）のイ），原告は，当然この意思表示において賃料不払の点も援用するものと解するのが相当である。そこで，両者を併せて考えると，被告Y1の行為ないしこれと一体と評価すべき被告Y2の行為は背信性が強いというべきで，したがって，これらを理由とする解除は有効と認めるのが相当である。よって，本件賃貸借契約は，原告による平成13年5月6日の解除の意思表示により終了したものというべきである。」

裁判例20　土地賃借権の一部無断譲渡と信頼関係の破壊
東京地判平成15年3月25日（判例秘書）

「(1) 原告X1本人尋問，被告Y1代表者本人尋問，甲第13号証，甲第18号証の1から3まで及び本件弁論の全趣旨によれば，被告らは本件土地及び本件建物を共同して占有・使用しているものと認められる。
　また，前記第2の1（争いのない事実等）(6)記載のとおり，本件弁論の全趣旨によれば，被告Y1は，平成13年2月初め，銀行取引停止処分を受けて事実上倒産したことが認められ，甲第11号証の1及び2，甲第23号証並びに本件弁論の全趣旨によれば，被告Y1と被告Y2とは，平成13年4月11日，関東運輸局に対し，被告Y1から被告Y2に対する一般貨物自動車運送事業の譲渡し譲受け認可申請書を提出し，同年5月25日ころ，その旨の認可を得ていることが認められる。
　これらの事実によれば，被告Y1は被告Y2に対し，本件土地の賃借権の一部を譲渡し，本件土地を共同して使用するに至ったものと認められる。
(2) これに対し，被告らは，上記認可申請書（甲第11号証の1，甲第23号証）には，本件土地の賃借権の譲渡は記載されていないことを指摘し，本件土地賃借権の譲渡はなかったと主張するが，甲第13号証，甲第18号証の1から3までから窺われる本件土地及び本件建物の使用状況に照らすと，被告ら指摘の上記事実は，上記(1)の認定を覆すに足りるものではない。
　また，被告らは，被告Y1は，被告Y2の名義で営業をしているものの，その実質は被告Y1が営業をしているものである旨主張するものの，被告らが，一般貨物自動車運送事業の譲渡し譲受けの認可を受けたにもかかわらず，その営業の実質は被告Y1の営業であると認めるべき事情はない。したがって，この点に関する被告らの主張も採用できない。
(3) さらに，被告らは，被告Y1と被告Y2とは，渾然一体となった会社であり，借地権の無

断譲渡・転貸をしても賃貸借契約の基礎にある信頼関係を破壊しない特段の事情があるとし、前記第2の2（争点）(2)（被告の主張）イ（土地賃借権の無断譲渡又は転貸について）(ウ)のaからdまで記載の事実がある旨主張する。

　被告Y1代表者本人尋問の結果及び本件弁論の全趣旨によれば、被告ら指摘のaからdまでの事実が認められるが、それぞれの代表取締役が親子の関係にあり、また、両者間で営業譲渡がされたことを前提とすると、このような事実から、両者が渾然一体となった会社であると認めることはできないし、その間の土地賃借権の譲渡が信頼関係を破壊しないものであるということもできない。

　むしろ、前記第2の1（争いのない事実等）(6)記載のとおり、被告Y1は、平成13年2月初め、銀行取引停止処分を受けて事実上倒産したのに、被告Y2がそのころ倒産したものと認めるべき事情はないのであるから、両者は、少なくとも、財産上は別個独立の会社として存在していたものと評価するのが相当である。

　以上を前提とすると、土地賃借権の譲渡が信頼関係を破壊しないと認めるべき特段の事情はないというべきであるし、被告ら主張の諸事情及びその他本件記録中に認められる諸事情を考慮しても、土地賃借権の譲渡が信頼関係を破壊しないと認めるべき特段の事情は認められない。」

裁判例21　無断譲渡と信頼関係の破壊
東京地判平成18年8月30日（判例秘書）

　「ところで、賃貸借契約は、継続的契約関係であることから、特に当事者間の信頼関係が重視されるところ、賃借権の譲渡は、契約当事者の交替を伴う行為であり、賃貸人の利害を大きく左右する行為である。したがって、本件賃貸借契約に本件土地上の建物の無断譲渡を禁止する旨の条項があるにもかかわらず、被告Y3が原告に無断で本件建物をHに譲渡し、それに伴い本件土地の賃借権も譲渡されたことは、原告に対する背信行為であるというべきである。

　しかも、本件建物の無断譲渡は、被告Y3が経営に行き詰まり、金融業者から金銭を借り入れて、その貸金のための代物弁済として譲渡したものであること、本件土地を含む豊海水産埠頭は水産関係のための基地であることから、原告はその事業目的に従いこれを通常水産関係者に賃貸しているところ、本件建物を譲り受けたHは、水産業とは全く関係のない金融業者であること、Hへの本件建物の譲渡当時、被告Y3は内部で経営権の争奪戦が繰り返されており、正常な経営ができる状態になく、事実上の倒産状態であったこと前記認定のとおりであり、これに、被告Y3が実際に2回目の手形不渡りを出したことや、平成11年4月以降、数か月分の賃料をたびたび滞納し、延滞賃料についての支払計画も予定どおりにいかず、最終的には滞納は7か月分にものぼったこと、それにもかかわらず格別原告との信頼関係の復旧に努めることもなかったこと等の事情に鑑みれば、本件賃貸借関係において、原告と被告Y3との信頼関係は相当程度破壊されていたといわざるを得ない。

　確かに、本件賃貸借契約の解除は、被告Y3が苦境にあった時期になされたものではあるが、原告は前記認定のような事情から、もはや契約を継続しがたいと判断して解除したので

あって、ことさら被告Y3の苦境に乗じて解除したものとは認められない。
(2) これに対して、被告ら及び補助参加人は、Hへの本件建物の譲渡の前後を通じ、本件建物及び本件土地の使用・占有状況に変化のないこと、Hへの譲渡を知った後、ほどなく被告Y1が本件建物を買い受けていることなどから、信頼関係は破壊されていない旨主張するが、本件建物及び本件土地の使用・占有状況に変化がないとしても、そのことから直ちに信頼関係が破壊されたと認めるに足りない特段の事情があるとはいえないし、また、被告Y1の本件建物の買い取りも、既に原告が被告Y3に対して解除の意思表示をして、解除の効果が発生した後のことであり、しかも、この買い取りについても原告になんら相談なく行われたものであることからすれば、原告に対する背信行為性の評価が遡って消滅するものでもない。」

裁判例22　土地賃借権の無断譲渡と背信行為
東京地判平成19年2月26日（判例秘書）

「1　賃借人が賃貸人の承諾がなければ賃借権を譲渡することができないこと、賃借人が賃貸人の承諾なく賃貸物を第三者に使用又は収益させたときは、賃貸人は賃貸借契約を解除することができることは、民法612条の定めるところであり、甲第1号証によれば、本件賃貸借契約には、賃借権の無断譲渡を禁ずる約定があることが認められる。被告は、当該約定が無効であると主張するが、本件賃借権がマンションの区分所有建物の敷地権であるからといって、同約定が無効になるものではなく、他に、同約定の効力を左右するに足りる事由は、被告の主張しないところである。

2　また、被告は、原告らが本件賃借権譲渡につき黙示的に承諾したと主張するが、甲第5号証、弁論の全趣旨によると、原告らは、Eが被告に対し本件賃借権を譲渡することについて承諾しておらず、被告からの地代の支払を受領することを拒絶したこと、そのため、被告は地代2か月分を供託したこと、その後、原告らは、東京簡易裁判所に本件建物収去本件土地明渡を求める調停を申し立て、以後、被告から地代相当額を賃料相当損害金として受領していることが認められるが、上記事実によって、原告らが本件賃借権無断譲渡を黙示的に承諾したとみなされるものではない。また、甲第7号証によれば、被告主張の別訴は、被告が原告らに対し、準委任契約又は事務管理に基づく善管注意義務違反ないし不法行為を主張して損害賠償を求めた事案であり、本件土地持分についての被告の賃借権の存在を前提としたものではなく、原告らが被告の賃借権を争っていなかったとの事実を認めるに足りる証拠もないから、その余の点について判断するまでもなく、原告らが被告の賃借権譲受を黙示的に承諾したと認めることはできない。

3　さらに、被告は、本件賃借権譲渡に背信行為と認めるに足りない特段の事情があると主張するが、被告が主張する事由は、本件賃借権譲渡に背信行為と認めるに足りない特段の事情に該当するとはいえない。」

裁判例 23　賃借権の無断譲渡と信頼関係の破壊
東京地判平成 19 年 3 月 22 日（判例秘書）

「(2) 被告らは，本件土地の借地権の譲渡があったとしても，信頼関係を破壊するに足りない特別の事情があると主張している

しかし，前記認定事実のとおり，A は，原告に無断で，被告 Y1 に対し，本件建物を贈与していただけでなく，本件賃貸借契約における賃料が月額 17 万円であることは契約書上も明らかであるにもかかわらず賃料の不払を続け，その賃料不払を理由とする本件賃貸借契約の解除が争点となった旧訴訟の手続において，本件贈与の事実を明らかにすることなく，本件和解を成立させたものである。

平成 16 年 1 月 3 日の本件贈与から，平成 16 年 6 月に旧訴訟の提起を受け，平成 17 年 3 月 10 日に訴訟上の和解が成立するに至るまで，A 及び被告 Y1 が，本件贈与の事実を原告に知らせる機会は十分にあった。

そして，本件賃貸借契約に関する既存の問題を抜本的に解決することが当然に期待される訴訟上の和解の成立に際し，本件賃貸借契約上はもちろん，本件和解上も極めて基本的で重要な本件贈与という事実について，A らが原告に知らせなかったことが正当化されるべき事情は，何ら見いだすことができない。

A においては，このように正当な理由なく本件贈与の事実を原告に知らせず，本件建物を A が所有していることを前提とする本件和解を成立させたのであって，このような A の行為が，賃貸借契約に基づき信義則上当事者に要求される義務に違反し，原告と A との間の本件賃貸借契約上の信頼関係を根本から覆すものであることは明らかである。

〔略〕

以上のとおり，借地権の無断譲渡に加え，旧訴訟に至る賃料不払の状況，本件和解を成立させたという A における本件賃貸借契約の信義則上の義務違反の不誠実性に鑑みれば，被告らが主張するように本件贈与の前後で本件土地の使用状況に変化はないこと，原告及び被告 Y1 が A の子であり，被告 Y1 は原告の姉であること，本件建物を贈与する以前から，A は，自己の死亡時に本件建物を被告 Y1 及び被告 Y2 に贈与することを予定していたということがあったとしても，原告と A との間の本件賃貸借契約上の信頼関係を破壊するに足りない特別の事情があるとは到底いえない。

したがって，原告は，平成 18 年 3 月 3 日の時点で，催告することなく本件賃貸借契約を解除することができる地位にあり，原告から A に対する本件賃貸借契約を解除する意思表示が到達した時に，本件賃貸借契約は解除されたものである。

なお，仮に本件土地の借地権が A に留保されていたということがあったとしても，本件贈与は，A が建物を所有することを前提とする本件賃貸借契約に違反するものであり，その他前記 A における本件賃貸借契約の信義則上の義務違反の内容等に照らし，上記結論を左右しない。

以上のとおりであるから，本件解除は有効である。」

裁判例24　借地権の無断譲渡と信頼関係の破壊
東京地判平成19年8月9日（判例秘書）

「1　被告らは，被告Y1において，本件賃貸借に基づく借地権を譲渡したいと思い，原告に1年以上も承諾を要請したが，原告が，「更新料を支払え。」，「もうすぐ朽廃するから借地権はなくなる。」などと主張して，これを了解しなかったので，やむを得ず，被告Y1は被告会社に本件建物を売却したのであるから，本件解除は不当なものである旨主張する。

しかしながら，民法612条は，賃借人の無断譲渡を禁じ，賃借人がこれに違反したときは，賃貸人は契約の解除をすることができる旨を明定しており（なお，上記第2の2(2)のとおり，本件においては，契約書上もその旨が明定されている。），借地借家法19条は，借地権設定者が賃借権の譲渡につき承諾をしない場合の，借地権設定者の承諾に代わる裁判所の許可の制度を定めているのであるから，借地人が，このような裁判所の許可を申し立てることなく，無断譲渡を行った場合には，背信行為と認めるに足らない特段の事情が存在しない限りは，無断譲渡を理由とする解除は有効であると解すべきである。本件においては，被告ら主張の事情を総合勘案しても，背信行為と認めるに足らない特段の事情が存在するとはいえないから，本件解除は有効というほかない。」

裁判例25　土地賃借権の一部譲渡ないしは一部転貸と信頼関係の破壊
東京地判平成21年2月25日（判時2049号33頁）

「(1)　ア　前記一(1)イ，ウ，オのとおり，本件旧建物と本件隣地建物はいずれも鉄筋コンクリート造りの建物であるところ，本件工事によって，本件旧建物と本件隣地建物は，1階から屋上まで接着した上，本件旧建物と本件隣地建物の各2階及び3階部分について，両建物が接する面の外壁が除去され，各床及び各天井がつながれ，さらに，両建物の強度を維持するために，金属の梁が本件旧建物と本件隣地建物との境の部分に付けられたというのであるから，本件工事はかなり大がかりなものであるといえ，その施工には相当の費用及び期間を要し，かなりの騒音の発生を伴ったものと推認できるのであって，本件旧建物の賃借人等近隣の住民に知られることなく本件工事を施工することはおよそ不可能であったと推認することができる。

また，上記のとおり，本件工事は，本件旧建物の2階及び3階部分の外壁の一面を除去するものであり，本件旧建物の躯体を大きく毀損するものであるから，仮に隣地建物所有者が被告に無断で本件工事を施工すれば，被告が途中でそれに気付いた場合には本件工事の中止は避け難いであろうし，民事上の損害賠償責任を負うことはもとより，建造物損壊罪（刑法260条）等に問われることも考えられるのであって，上記のとおり，本件工事は相当の費用を要したと推認されること，近隣の住民に知られることなく本件工事を施工することは不可能であったから，本件旧建物の賃借人や不動産業者を通じて被告が本件工事に気付くおそれは極めて高かったといえることを考慮すれば，隣地建物所有者が被告に無断で本件工事を施工したとはおよそ想定し難い。

そうであるとすれば，本件工事については，被告が隣地建物所有者と共に施工したものであ

る可能性すら考えられるし，仮に隣地建物所有者が単独で施工したものであるとしても，被告は，隣地建物所有者から直接又は本件旧建物の賃貸借契約に関する委託先であるＩ不動産を介して，本件工事の施工前に，本件工事を施工することを伝えられ，それを明示又は黙示に認めていたと推認することができる。

そして，前記二（2）アのとおり，本件工事によって，本件旧建物と本件隣地建物が付合し，一棟の本件新建物となったのであるから，被告は，原告に無断で，本件工事の施工を認識し，認容したことにより，本件旧建物と本件隣地建物が付合する結果を生じさせ，それによって，隣地建物所有者との間で，本件新建物の共有関係を成立させたといえる。

そうすると，本件新建物の共有者となった隣地建物所有者は，本件土地上に存立している本件新建物を共有することを通じて，本件土地を占有していることになり，上記のとおり，自らの意思によってこの占有状態を生じさせた被告については，隣地建物所有者に対し，本件賃借権の一部を譲渡し，又は本件土地の一部を転貸して，本件土地の占有権原を付与したものと解するのが相当であるから，被告は，本件土地の賃貸人である原告に無断で，隣地建物所有者に対し，本件賃借権の一部を譲渡し，又は本件土地の一部を転貸したものということができる。
〔略〕
(2) 被告は，本件契約において，原告との信頼関係が破壊されていない根拠として，原告は本件工事によって不利益を受けていないとか，被告は，本件新建物を本件旧建物と本件隣地建物に分離すべく真摯に努力したとか，賃借人の義務を誠実に履行してきたなどと主張する。

しかしながら，本件工事によって本件旧建物と本件隣地建物が付合したことから，隣地建物所有者が本件新建物の共有を通じて原告に無断で本件土地を占有するに至り，本件土地の占有関係が複雑化したこと，本件新建物のうち本件土地上に存立する部分のみを収去するのは容易でないために，原告が隣地建物所有者の占有を排除することは困難であり，ひいては，本件契約が終了しても，原告が被告及び隣地建物所有者の占有を排除して本件土地の占有を回復するのは困難となったことからすると，原告は，本件工事によって，本件土地の利用について大きな制約を受けることになったのであり，不利益を受けていないなどとは到底いえない。

また，（1）アのとおり，被告が，自らの意思によって本件旧建物と本件隣地建物が付合するという結果を招き，かつ，前記一（1）カ（ア）のとおり，平成19年4月13日ころに原告から本件新建物を本件旧建物と本件隣地建物に分離するよう求められたにもかかわらず，現在まで本件新建物を分離する工事をしていない以上，被告が本件新建物を本件旧建物と本件隣地建物に分離すべく真摯に努力したといっても，原告との信頼関係が破壊されていないとする根拠としては失当といわざるを得ない。

なお，被告は，原告が平成19年4月ころまで本件旧建物と本件隣地建物が接続されたことに異議を述べなかったとも主張するが，それは原告がそのころまで上記接続の事実に気付かなかったことによるものと推認され，上記のとおり，自らの意思で本件旧建物と本件隣地建物を接続し，そのことを原告に伝えなかった被告が，原告が上記接続の事実に気付かなかったために被告に対して異議を述べなかったことを原告との信頼関係が破壊されていないとする根拠として主張するのは，やはり失当といわざるを得ない。

そうであるとすれば，被告が，昭和39年ないし40年ころに本件契約を締結して以来現在ま

で，本件工事に関すること以外に，本件契約に違反したとの事実がうかがわれないことを考慮しても，本件契約において，原告と被告の信頼関係が破壊されていないということはできない。」

裁判例 26　土地賃借権の無断譲渡と背信行為
東京地判平成 25 年 6 月 17 日（判例秘書）

「もっとも，賃借人が賃貸人の承諾なくして第三者に賃借権を譲渡した場合でも，これについて賃貸人に対する背信行為と認めるに足りない特段の事情があるときは，これを理由に賃貸人は賃貸借契約を解除することができないと解される。そして，このように賃借権の無断譲渡の事例において賃貸人の解除権が制限される場合には，当該賃借権の譲受人のみが賃借人となるから，譲受人は，当該賃借権の譲受けをもって賃貸人に対抗することができると解される（最高裁昭和 45 年 12 月 11 日第二小法廷判決・民集 24 巻 13 号 2015 頁）。

そこで，本件土地賃借権の譲渡について賃借人の背信行為と認めるに足りない特段の事情があるか否かを検討する。

本件土地賃借権の譲渡は，B から被告 Y1 に対して行われたものであるところ，両者が実質的に同一のものであるなどの事情は窺われず，譲渡の前後で本件土地の利用状況に変化が生じることが当然に予想されるものであった。このようなことを考慮して，本件決定は，本件土地賃借権の譲渡許可の条件として，賃借人である B に譲渡承諾料 783 万円の支払を義務付けたものと解される。しかしながら，B は，本件決定に基づき一度は譲渡承諾料を供託したものの，それから約 4 年 11 か月後には本件供託金を取り戻し，結局は賃貸人の承諾を得ないまま本件土地賃借権を譲渡したのと同じ状態を作出している。このような B の行為は，本件決定の趣旨に反するものであり，その背信性は低くないというべきである。

被告 Y1 は，①B は，本件決定に従い譲渡承諾料を A 法定相続人らに提供したものの，同人らがその受領を拒絶したため，やむなく本件供託をしたものであること，②A 法定相続人らは，これまで本件供託金の還付請求を行わなかったものであり，既に同請求権の消滅時効の期間が経過していることからしても，B による本件供託金の取戻しは，原告を含む賃貸人らに何らの影響も与えないこと，③賃借権の無断譲渡を理由とする賃貸人の解除権は，その権利を行使できる時から 10 年の期間経過により時効消滅するので，反射的に譲受人の賃借権も賃貸人に対抗できるとするのが整合的であること等から，本件土地賃借権の譲渡については賃借人の背信行為と認めるに足りない特段の事情があると主張する。

しかし，①の点について，A 法定相続人らが譲渡承諾料の受領を拒絶したことは，B において供託をすることが可能になったことを意味するにすぎず，これにより B の譲渡承諾料の支払義務が消滅するものではないから，以後供託をしなくても，あるいは供託金を取り戻しても，譲渡承諾料を支払ったのと同様の効果が生じるなどと解することはできない。また，②の点について，B は，本件供託から約 4 年 11 か月後に本件供託金を取り戻しているところ，この時点ではまだ供託金還付請求権の消滅時効期間は経過しておらず，A 法定相続人らが本件供託金の還付請求をする可能性が全くなかったとはいえないのであるから，本件供託金の取戻

しが原告を含む賃貸人らに何らの影響も与えないとはいえないというべきである。さらに、③の点について、賃借権の無断譲渡について賃貸人との信頼関係を破壊するものと認めるに足りない特段の事情があるとはいえない場合、賃借権の譲渡を承諾しない賃貸人は、賃貸借契約を解除しなくても、所有権に基づき、譲受人に対しその占有する賃貸借の目的物の明渡しを求めることができるのであり、賃借権の譲渡人に対する関係で当該賃貸借契約の解除権が時効により消滅したとしても、賃借権の無断譲受人に対する前記明渡請求権には何らの消長を来さないと解するのが相当である（最高裁昭和55年12月11日第一小法廷・判例タイムズ431号57頁）から、仮に、本件土地賃借権の無断譲渡を理由とする本件賃貸借契約の解除権が時効により消滅していたとしても、これにより原告の被告Y1に対する所有権に基づく明渡請求等が制限されることはないというべきである。

したがって、被告Y1の前記主張は採用できず、ほかに本件土地賃借権の譲渡について賃借人の背信行為と認めるに足りない特段の事情があることを窺わせる証拠はない。

以上より、Bから被告Y1に対する本件土地賃借権の譲渡について賃貸人の背信行為と認めるに足りない特段の事情があるとは認められない。」

(2) 解除を否定した事例

裁判例27 借地権の無断譲渡と背信的行為
最判昭和28年9月25日（民集7巻9号979頁、裁判集民9号1075頁、判時12号11頁、判タ34号45頁、金法20号27頁）

「元来民法612条は、賃貸借が当事者の個人的信頼を基礎とする継続的法律関係であることにかんがみ、賃借人は賃貸人の承諾がなければ第三者に賃借権を譲渡し又は転貸することを得ないものとすると同時に賃借人がもし賃貸人の承諾なくして第三者をして賃借物の使用収益を為さしめたときは、賃貸借関係を継続するに堪えない背信的行為があったものとして、賃貸人において一方的に賃貸借関係を終止せしめ得ることを規定したものと解すべきである。したがって、賃借人が賃貸人の承諾なく第三者をして賃借物の使用収益を為さしめた場合においても、賃借人の当該行為が賃貸人に対する背信的行為と認めるに足らない特段の事情がある場合においては、同条の解除権は発生しないものと解するを相当とする。然らば、本件において、被上告人AがBに係争土地の使用を許した事情が前記原判示の通りである以上、Aの右行為を以て賃貸借関係を継続するに堪えない著しい背信的行為となすに足らないことはもちろんであるから、上告人の同条に基く解除は無効というの外はなく、これと同趣旨に出でた原判決は相当であって、所論は理由がない。」

裁判例28 建物所有の目的で他人の土地を賃借する者が、その所有建物を第三者に賃貸し、第三者が建物利用に伴い敷地たる土地を利用する場合は、民法612条でいう意味の土地の転貸ではない。
東京地判昭和34年9月10日（判時208号53頁、判タ98号57頁）

「三、次に、無断転貸を理由とする契約解除の点についてみるに控訴人主張の事実関係は当事者間に争がない。」「控訴人は、借地人がその借地上の所有建物を第三者に賃貸することは同

時に借地の転貸借となると主張する。」ところで，通常建物は土地に定着するからそれが不動産であることは明らかであるが，わが国従来からの慣行として，それは土地と一体をなす不動産ではなくて，敷地たる土地とは別個独立の不動産として扱われているのであって，従ってその権利関係もまたいちおう敷地たる土地の権利関係とは別個独立のものと考えられている。なるほど一般に建物は土地の上に存在するのであるから，建物の所有利用は必然直接間接に敷地たる土地の利用を伴うものというべきであろう。しかしそれは決してある建物につき所有権又は賃借権を取得するには必ずその敷地の所有権又は利用権を得なければならないことを意味するものではなく，また建物についての所有権又は賃借権の取得が同時に当該敷地の所有権又は利用権の所得を含むことを意味するものでもない。ただ他人の土地の上に建物を所有するについては当該敷地につき所有権又は地上権賃借権等の利用権を取得するのでなければ，その土地を建物所有のために使用することが法律上不可能となり，結局建物をその状態において所有するということができなくなるから，借地上にある建物を譲受ける者に通常その土地の利用権をも取得するものと考えられ，従って当事者間には建物譲渡にあわせて土地の利用権の譲渡もしくは転貸があるものと解せられるのである。そしてこのことから，借地人が賃借地上に所有する建物を第三者に譲渡した場合，土地の賃貸人が右建物譲渡にともなう土地賃借権の譲渡もしくは転貸を承諾しないときは右賃借権の譲渡又は転貸は賃貸人に対抗し得ず，賃貸人は民法第612条によりこれを理由として賃貸借を解除し得べく，その反面，建物譲渡人は借地法第10条によりその建物の買取を請求し得るという問題を生ずるのである。これに反し他人の土地の上にある建物を賃借して利用する場合は，建物の敷地たる土地の利用をともなうことは前述のとおりであるけれども，この場合の土地の利用は，特段の事情のない限りあくまで地上に存立する建物の利用による間接のものであって，それ自体建物所有のための土地の利用に包含されると解すべきである。けだし他人の土地を建物所有のために利用するということは，一般にその土地に自己所有の建物を置くことによって土地を使用するということであって，この者はその建物を自ら所有する限り，地上建物を自ら使用すると，他人をして使用させると，はたまた空家のままにしておくことによって，建物所有による土地使用の態様それ自体にはなんの相違もないからである。従って他人の土地を建物所有のために使用する権原を有する者は，この権原に基づきその地上に所有する建物を自由に他人に利用せしめることができるのであり，この建物利用にともなう敷地の利用は本来建物所有のためにする土地使用の権原に内包せられるものというべきである。この故に建物所有の目的で他人の土地を賃借する者がその所有建物を第三者に賃貸し，第三者が建物利用にともない敷地たる土地を利用する場合は民法第612条にいう意味で土地の転貸ということはできない（このことは他人の土地に建物を所有する者が，もし土地利用の権原を有しない場合には，この建物を賃借する者がそれによる土地使用によって土地所有権を妨害する結果になることを否定せしめるものではない）。控訴人の主張は独自の見解であって採用できない。したがって，本件土地の賃借人である被控訴人が右借地にその所有する建物を賃貸するに当り地主たる控訴人の承諾を得なかったからといって，被控訴人にその借地の無断転貸の事実ありということを得ず，したがって亦これを理由とする本件契約解除の意思表示もその効力がないものである。」

裁判例 29　借地上の建物の贈与と信頼関係の破壊
東京地判昭和34年11月16日（判時209号17頁）

「原告は，Aが本件土地の一部を無断で被告Bに転貸し，又はその借地権を同被告に譲渡したと主張し，これを理由として，Aとの間の賃貸借契約を解除したと主張する。そして，被告らは，この点について，被告B等は単に登記名義人になったに過ぎず，真実の所有者はCであると主張するが，証人Dの証言によれば，Aは昭和28年末頃，病床にあり，自己の死期の近きを悟り，その遺産である本件第1，第2，第3の建物が，多数の相続人間の争いの種とならぬよう，これをA家の家産として，維持管理することを差配人Dに依頼したので，Dは，家屋台帳を調査したところ，第1，第2の建物はAの長女，E（被告A等の妻）の名義となっており，第3の建物はA自身の名義となっていたので，Aの意を体して，他の親族らとも相談の上，第1，第2の建物については，Eの子であり従ってその相続人たる被告C，同Fの共有の保存登記をし，第3の建物については，Aの名義で保存登記をした上，これをAの女婿であり且つA家の当主たる立場にある被告A等に贈与したものとして所有権移転登記をしたことが認められる。そうすると右第3の建物はAの意思に基づいて被告A等に贈与されたものであり，これにともないその敷地の賃借権も同被告に譲渡されたものと見るのが相当である。しかし，それは，右に述べたとおり，A及びその相続人らの間においてなされた遺産処理の方法にすぎず，その性質上法定の相続に準じて考えるべきものであるから，何ら賃貸人との間の信頼関係を破るものではない。そして賃借物の無断転貸又は賃借権の無断譲渡について，それが賃貸借契約上の信頼関係を破壊しない特別事情ある場合には，賃貸借契約解除の原因とならないと解すべきであり，右の如きはまさにその特別事情に該当するから，これを理由とする原告の契約解除の意思表示は無効である。」

裁判例 30　財産分与としての借地上の建物の贈与と信頼関係の破壊
福岡地小倉支判昭和36年7月13日（下民集12巻7号1678頁）

「そうすると，Aは原告らに対して有していた本件土地部分に関する賃借権を，被告との離婚に当り，その財産分与として被告に贈与したものであるところ，当裁判所としては，かかる場合においては，原告らの承諾の有無を問わず，被告においてこれが賃借権の移転を原告らに対して対抗し得るものと解するのが相当であると考える。その理由は次のとおりである。即ち（1）財産分与なるものは，その性質として，清算的性質，扶養的性質，若しくは制裁的（損害賠償的）性質などをいろいろと帯有しているものではあるけれども，現行法上その核心をなすものは，矢張り清算的性質であると考えられる。即ち，もともと夫婦の財産なるものは，その名義が夫または妻の単独である場合においても，これを実質的にみれば，共有的なものであることは疑い得ないから，その離婚に際しては，これが清算をなす必要があり，この場合夫または妻が自己の名義となっている特定の財産を，妻または夫に対して譲渡し，その名義に変更することが，とりもなおさず，財産分与なるものの中核であり，本質であるといわなければならない。この見地に立って本件をみるに，本件土地部分に関する賃借権なるものは，なるほど

Aが原告らから取得したものであって，顕在的には同人が単独の賃借権者であったことには相違ないわけであるけれども，これを社会的乃至経済的見地からして実質的にみると，該賃借権については，同人の妻であった被告においてもまた，その頃潜在的には若干の持分的権利を有していたものであることを，否定し得ないものと考える。そしてその離婚に当り，夫であるAから，同人所有名義の家屋と，その敷地の一部である本件土地部分に関する賃借権とを，財産分与として贈与をうけ，取得したというのであるから，その結果として，被告の右潜在的な持分的権利が，Aの顕在的な権利を吸収して，顕在的且つ全一的な権利となり，ここにAに代わって，被告が本件土地部分に関する賃借権者として浮び上がってきたということになるわけである。従って，この場合における権利者の交替は，顕在的な権利者が消失して，その後に潜在的な権利者が顕在化してきたという関係になるだけであって，この種の事態が起り得ることは，賃貸人においても，その賃貸当初から，優に予想し得られたものであると考えられる。そうだとすると，本件におけるAから被告に対する賃借権の移転は，賃借人において他の純然たる第三者に対しその賃借権を譲渡し，以て賃貸人との間における信頼関係をも破壊するに足るべき賃借人の債務不履行として構成している民法第612条第1項に所謂「賃借権の譲渡」には該当しないものといわなければならない。」

裁判例31 【参考判例】賃借権の援用と居住する権利
最判昭和37年12月25日（民集16巻12号2455頁，裁判集民63号887頁，判時327号34頁，判タ141号51頁，判タ148号88頁）

「原審が確定したところによれば，被上告人は，昭和17年4月以来XのAの内弟子となって本件家屋に同居してきたが，年を経るに従い子のなかったAは，被上告人を養子とする心組を固めるにいたり，晩年にはその間柄は師弟というよりはまったく事実上の母子の関係に発展し，周囲もこれを認め，A死亡の際も，別に相続人はあったが親類一同了承のもとに，被上告人を喪主として葬儀を行わせ，Aの遺産はすべてそのまま被上告人の所有と認め，同人の祖先の祭祀も被上告人が受け継ぎ行うこととなり，Aの芸名の襲名も許されたというのであり，叙上の事実関係のもとにおいては，被上告人はAを中心とする家族共同体の一員として，上告人に対しAの賃借権を援用し本件家屋に居住する権利を対抗しえたのであり，この法律関係は，Aが死亡し同人の相続人等が本件家屋の賃借権を承継した以後においても変りがないものというべきであり，結局これと同趣旨に出た原審の判断は正当として是認できる。」

裁判例32 【参考判例】賃借権の一部譲渡と背信的行為
最判昭和39年1月16日（民集18巻1号11頁，裁判集民71号79頁，判時368号52頁，判タ160号62頁）

「所論は，民法612条の解釈の誤りをいう。しかし，原判示のような事情の下においては，他に別段の事情の認められない限り，被上告人Aが本件土地賃貸人である上告人の承諾を得ないで，その賃借権の一部持分をAの親権に服する被上告人B同Cらに譲渡したとしても，これをもって賃貸人に対する背信的行為があるものとし又は民法612条に反するものとはいえないと認めるのが相当であるとした原審の判断は，首肯できる。これと異なる所論は独自の見

解であって採るを得ない。」

裁判例33　借地権の無断譲渡と信頼関係の破壊
最判昭和39年6月30日（民集18巻5号991頁，裁判集民74号371頁，判時380号70頁，判タ164号94頁）

「原判決（引用の第1審判決）は，Aが賃借した本件土地に建築されたA名義の本件建物（内部関係ではAと被上告人の共有）に，被上告人とAは事実上の夫婦として同棲し，協働して鮨屋を経営していたが，A死亡後，被上告人はAの相続人らから建物とともに借地権の譲渡を受け，引き続き本件土地を使用し，本件建物で鮨屋営業を継続しており，賃貸人である上告人も，被上告人が本件建物にAと同棲して事実上の夫婦として生活していたことを了知していた旨の事実を確定の上，このような場合は，法律上借地権の譲渡があったにせよ，事実上は従来の借地関係の継続であって，右借地権の譲渡をもって土地賃貸人との間の信頼関係を破壊するものとはいえないのであるから，上告人は，右譲渡を承諾しないことを理由として，本件借地契約を解除することは許されず，従ってまた譲受人である被上告人は，上告人の承諾がなくても，これがあったと同様に，借地権の譲受を上告人に対抗でき，被上告人の本件土地の占有を不法占拠とすることはできない，としているのである。右の原審判断は，基礎としている事実認定をも含めて，これを肯認することができる。すなわち，右認定事実のもとでは，本件借地権譲渡は，これについて賃貸人である上告人の承諾が得られなかったにせよ，従来の判例にいわゆる「賃貸人に対する背信行為と認めるに足らない特段の事情がある場合」に当るものと解すべく，従って上告人は民法612条2項による賃貸借の解除をすることができないものであり，また，このような場合は，上告人は，借地権譲受人である被上告人に対し，その譲受について承諾のないことを主張することが許されず，その結果として被上告人は，上告人の承諾があったと同様に，借地権の譲受をもって上告人に対抗できるものと解するのが相当であるからである。されば原判決に各所論の違法があるものとは認められないのであって，論旨はすべて採用することができない。」

裁判例34　土地賃借権の一時無断転貸と信頼関係の破壊
東京高判昭和39年7月13日（下民集15巻7号1747頁，判時380号71頁）

「三，次に被控訴人らの無断転貸を理由とする契約解除の主張について案ずるに，控訴人が被控訴人らに無断で本件土地の東南側約100坪をX株式会社に使用せしめたことは控訴人の認めるところであるが，《証拠略》によれば，控訴人が右会社に対し本件土地のうち前示約100坪を使用させたのは，右会社が本件土地と道路を隔てた筋向いの場所に建築するにつきその材料置場としてであって，期間は昭和32年5月から昭和33年8月までに亘り，その間相当額の賃料も徴したが，それは本来好意的，一時的の転貸であることが明らかであるからこれによって賃貸借当事者間の信頼関係が最早維持し難い程に破壊されたものとは云い得ない。
従って被控訴人らは控訴人の右無断転貸を捉えて本件賃貸借契約を解除することはできないものと云うべきであるから被控訴人らが之を理由として為した契約解除の意思表示も亦無効と云

わざるを得ない。」

裁判例 35　借地上の建物の名義移転と信頼関係の破壊（養子に対する建物の相続と無断転貸）
東京地判昭和 39 年 7 月 17 日（判時 381 号 35 頁）

「そこで本件土地の賃貸借契約解除の抗弁について判断する。被告は改築後の建物が A 名義であることをもってその敷地の無断転貸であると主張するが《証拠略》と被告本人尋問の結果によると, 右 A は原告と同居する原告の養子であることが認められ, 右のように賃借人がその同居中の推定相続人をして使用せしめたとしても特段の事情の存しない限り, 賃貸借契約に伴う信頼関係を損うものではなく, 従ってこれをもって無断転貸として賃貸借契約を解除することはできない。そうだとすると特段の事情について何ら主張のない本件において被告は右 A 名義の建物が建築されていることをもって本件土地の賃貸借契約を解除することはできないものといわねばならない。」

裁判例 36　無断転貸と信頼関係の破壊（賃借人名義の建物の相続と無断転貸）
最判昭和 40 年 6 月 18 日（民集 19 巻 4 号 976 頁, 裁判集民 79 号 437 頁, 判時 418 号 39 頁, 判タ 179 号 124 頁）

「原判決の確定するところによれば,「本件宅地を所有する上告人は, これを訴外 A に賃貸していたところ, 昭和 19 年 4 月頃右 A より家庭の都合上本件宅地上の A 所有建物を妻である被上告人 B 名義にしたいから本件宅地の賃借権を同人に承継させて欲しい旨の申し入れがあったので, これを承諾し, 右 B を本件宅地の賃借人とするに至った。B は, 本件宅地上に建物を所有しこれに居住していたが, 昭和 20 年春の空襲によりその建物を焼失した。そして, 昭和 23 年春頃上告人の承諾なく本件宅地上に夫である右 A をして原判決添付目録第 3 記載の建物を, また, 三男である被上告人 C をして右目録第 2 記載の建物を建築せしめた。その後, 右 A が死亡し, A 所有建物は B, C および被上告人 D において相続によりその所有権を取得した。B, C, D はいずれも A とともに本件建物の建築当時から一家をなして同一の生計を営み, 本件建物に居住して来た。」というのである。

所論は, B が A および C をして本件宅地上に建物の建築を許した以上, 右建物の敷地部分に関する限り, B は本件宅地を同人等に無断転貸したものといわざるをえないというけれども, かりに所論のとおりであるとしても, 以上の事実関係の下においては, 賃貸人である上告人の承諾がなくても上告人との間の賃貸借契約上の信頼関係を破壊するに足らない特段の事情があるものというべきである。

されば, このような場合, 上告人は, B の右無断転貸を理由として本件宅地賃貸借契約を解除できず, また, 右転借人らに対しても建物収去土地明渡の請求をなしえないものと解すべきであるから（当裁判所昭和 32 年（オ）第 1087 号同 36 年 4 月 28 日第二小法廷判決, 判例集 15 巻 4 号 1211 頁参照）, 被上告人らに対する本件土地明渡請求を認容しなかった原判決は正当に帰する。」

裁判例 37　借地上の建物の贈与と信頼関係の破壊（賃借人名義の建物の孫への贈与と無断転貸等）
最判昭和 40 年 9 月 21 日（民集 19 巻 6 号 1550 頁，裁判集民 80 号 429 頁，判時 426 号 35 頁，判タ 183 号 101 頁）

「原判決の確定した事実によると，本件土地は A の所有であったが，昭和 17 年 6 月に B がこれを賃借し地上に本件家屋を所有して居住していたところ，B の二女・C の夫である上告人が昭和 34 年 7 月に A から本件土地を買い受け移転登記を経由して本件土地賃貸人たる地位を承継した，B は昭和 34 年 10 月に本件家屋を長女・D の長男である被上告人に贈与し移転登記を了したが，本件家屋には，従前と同じく，B，D，被上告人が同居しており，本件贈与の後も被上告人らの本件土地の使用状況には以前となんら変った点はなく，B は，将来本件家屋において自分と D（精神薄弱者）の面倒を被上告人に見て貰うために，同居している孫の被上告人に贈与したのであって，C の相続権を害する意図に基づいたものではないというのであるから，原判決が，右当事者の身分関係，生活状況，建物贈与の理由等から考えれば，本件贈与とともに土地賃借権を譲渡または転貸したのは，土地賃貸人たる上告人の承諾を得ていなくとも，賃貸人と賃借人との間の信頼関係を裏切る性質のものではなく，賃貸人に解除権が発生せず，賃貸人たる上告人は譲受人（または転借人）たる被上告人に対して土地明渡を求めることはできないと判断したことは，民法 612 条の解釈として是認することができる（昭和 39 年 6 月 30 日第三小法廷判決，民集 18 巻 5 号 991 頁参照）。」

裁判例 38　借地上の建物の贈与と背信的行為
大阪地判昭和 41 年 5 月 11 日（判タ 195 号 140 頁）

「被告 A は昭和 33 年 1 月 10 日頃本件建物を長女の被告 B に贈与し，同年 6 月 23 日附で本件建物の元所有者訴外 C から被告 B に中間省略による所有権移転登記手続をなし，同時に本件土地賃借権を譲渡したこと，右は，被告 B がその夫訴外 D と共に昭和 22 年 2 月結婚以来約 10 年間，被告 A の製麺製パン等の業務を手伝って来たことであり，被告 A はすでに 55 才を越えかつ 7 人の子女があるので，やがては相続の問題も生ずることを慮り，その生前に本件建物を被告 B に贈与しておく方がよいと考えたことによるものであることを認めることができ，他に右認定を覆えすに足る証拠はない。

右認定の次第で，被告 A が被告 B に対し本件土地の賃借権を譲渡したことは認められるけれども，右の事情の下では，右譲渡は賃貸人に対する背信的行為と認めるわけにいかない。原告はこれに対し，被告 A が現在本件建物に同居していないし，被告 B は本件建物を 2 階建に改造して第三者に賃貸しようとしているから，被告等の背信性がないとの主張は失当であるというが，被告 A が本件建物に同居していないからといって，前記賃借権の譲渡に背信性ありとはいえないし，改造の点は，被告 A の行為でないのみならず，さきに挙示した証拠によれば，本件建物が従前中 2 階であったのを，一部を第三者に賃貸するため，普通の 2 階にしたまでで，この程度では，宅地そのものの利用状況に変更を与えるわけではないから，被告 B の土地使用が被告 A の土地使用と著しく異なり，それがため，ひいては本件賃借権の譲渡が背

信性を帯びるに至るというわけのものでもない。以上の次第で原告は被告Aに対し，民法第612条2項による解除権を行使し得ないものといわなければならない。」

裁判例39　借地権の一部譲渡と背信行為
東京高判昭和42年2月27日（下民集18巻1〜2号171頁，判タ207号86頁）

「以上の事実によって考えれば，控訴会社がその賃借権をたとえ一部でもこれを賃貸人たる被控訴人の承諾なく他に譲渡したことは，それ自体として責められるべきものであり，その限度において本来人的な信頼関係に基礎づけられるべき賃貸借において賃貸人に対する一の背信行為を構成するものであることは否定し得ない。しかしそのことの代償として直ちに本件賃貸借全体を解除し得るものとするのは早計である。なるほど一個の契約をもってした賃貸借にあっては賃借人は当該賃借物のいずれの部分についても無断で他に賃借権を譲渡せざるべき義務を負担しているから，その一部についてでも右義務に違背すれば特段の事情のない限り，全部について解除を免れないのを原則とする。その意味では賃貸借を継続しがたい背信性は賃借権の全部にてもあれ，一部にてもあれ，その無断譲渡に象徴されているものといい得るであろう。しかし本件においては右に認定したとおり，前記建物の敷地と目すべき土地はその全体に比してわずか6分の1にみたないきわめて僅少な面積を占める一隅であり，かつこれを賃借地の他の部分から分離してもかくべつの不都合はなく，賃貸人が右部分のみを回収するとしてもそれ相応の利益が得られるという事実関係にあり，しかも右賃借権の僅少な一部の無断譲渡を理由に賃貸借全部が解除され，その全体が返還せしめられるときは，たんに直接賃借人たる控訴会社にいちじるしい不利益を来たすのみならず，控訴会社の賃借権に依存して生活を持する他の控訴人らの地位をも根底からくつがえすこととなり，解除の原因とそのもたらす結果との均衡を不当に害するものであって，法の理想の一たる公平の観念にもとることとなる。かような段階の事情の存する本件においては，右賃貸借の解除は，無断譲渡にかかる賃借地の一部についてだけその効力を有し，その余の部分については解除の効力は及ばないと解するのが相当である。かく解してこそはじめて，賃借人の非違に対応する不利益の強制として必要にしてかつ十分な限度を保ち，もっともよく公平にかない，また信義則の要求をみたすものといい得るのである。この意味においては前記の如き特段の事情の下における賃借権譲渡は，ひっきょう当該部分の賃貸借の継続を不可ならしめる程度において背信性を有するものと解すべきである。この結果は，債務不履行を理由とする一般の契約解除の場合における一部の債務不履行による契約の一部解除と軌を一にするものである。

はたしてしからば被控訴人の本件賃貸借契約の解除は前記譲渡建物の敷地として特定し得べき別紙物件目録（2）の土地すなわち別紙（ロ）図面（イ）（ロ）（ホ）（ヘ）（イ）の各点を順次連結した範囲の土地部分に限って有効であり，その余の部分については権利行使の正当の範囲を超えるものとして解除の効力を生じないものといわなければならない。この点についての控訴人らの右解除無効の主張は右の限度で理由があるが，これを超える全体についてはその理由がなく，採用することができない。」

裁判例 40　土地賃借権の無断譲渡と背信的行為
東京高判昭和 43 年 6 月 28 日（民集 24 巻 13 号 2032 頁，判時 542 号 60 頁）

「右認定の事実によれば控訴人 A は B からの本件土地賃借権の譲受につき事前または事後に賃貸人たる被控訴人の承諾を得たことを認めるに由ないから控訴人らの前記の主張は採用できない。

　四　しかしながら《証拠略》を総合すれば，B は，昭和 23 年にその四男である控訴人 A ら 4 人の息子といわゆる同族会社である株式会社 X（以下 X という。）を設立して，自ら代表取締役に就任し，当時の本件建物をその営業所として，自転車，軽車輛等の販売業の経営に従事したが，長男 C が競輪，競馬等の賭事にこって店の経営を省りみない上，財産を散逸するおそれがあったところから，幼少の頃 D・E の養子となった控訴人 A を X 設立の当初から呼び迎えて協力して事業の経営に当り，同控訴人はその頃から本件建物を本拠とし X の中心的存在として実父 B の片腕となって同商会の業務に力を尽し，その後同商会の経営が困難となるや，自らその代表取締役に就任して同商会の再建に当ったこと，このような事情から B は長男 C の放蕩等による財産の散逸を防ぐと同時に X を維持していく最善の途として同控訴人の養父らの意向をも参酌した上，その子供らに対してほぼ平等になるように，あるいは不動産を買い与えあるいは自己所有の不動産や株券を分与するとともに財産分配計画の一環として同控訴人に本件建物を贈与したことが認められ，従って B は，同人の死亡によって開始すべき相続により控訴人 A の取得すべき相続分に代える趣旨をもって自己の生前に本件建物を同控訴人に贈与したものと認められる。しからば，控訴人 A への本件建物の贈与にともなう本件土地賃借権の譲渡には，賃貸人たる被控訴人に対する背信的行為と認めるに足らない特別の事情があるものと認めうるから，右賃借権の譲渡は被控訴人に対し賃貸借契約の解除権を発生せしめる余地がないものというべきである。そうすると本件土地賃借権の無断譲渡に因る契約解除を主張する被控訴人の請求は失当というのほかはない。」

裁判例 41　【参考判例】土地の賃借権譲渡と賃貸人の書面による承諾
最判昭和 44 年 2 月 13 日（民集 23 巻 2 号 316 頁，裁判集民 94 号 277 頁，判時 551 号 46 頁，判タ 233 号 77 頁）

「賃借権譲渡に賃貸人の書面による承諾を要する旨の特約は，賃貸借契約において賃貸人の承諾の有無についての法律関係を明確にし，将来の紛争を避けることを目的とするものであって，かかる合理的目的をもってなされる法律行為の方式の制限についての合意は有効であると解すべきである（最高裁判所昭和 41 年（オ）第 483 号，同 41 年 7 月 1 日第二小法廷判決，裁判集民事 84 巻 7 頁参照）。しかしながら，かかる特約がなされたにかかわらず賃借人が賃貸人の書面による承諾を得ないで賃借権を譲渡した場合であっても，前記特約の成立後にこれを変更し右書面による承諾を不要とする旨の合意が成立するか，または，前記書面による承諾を必要とした特約の趣旨その他諸般の事情に照らし，右譲渡が賃貸人に対する背信的行為であると認めるに足りない特段の事情が存する事実について，賃借人から立証がなされた場合には，賃貸人は前記特約に基づき賃貸借を解除することは許されないと解するのが相当である。」

裁判例 42　土地賃借権の無断譲渡と背信行為
最判昭和 44 年 4 月 24 日（民集 23 巻 4 号 855 頁，裁判集民 95 号 195 頁，判時 556 号 45 頁，判タ 235 号 111 頁）

「また，原審の確定するところによれば，被上告人両名は夫婦（昭和 27 年 10 月 13 日婚姻届出）として本件土地上の本件家屋に居住し生活を共にして居たものであり，上告人は昭和 29 年 9 月 1 日被上告人 A との間に本件土地賃貸借契約を締結するに際し被上告人両名の右同居生活の事実並びに本件家屋の登記簿上の所有名義は被上告人 A であるが真の所有者は被上告人 B であることを知っていたものであり（昭和 30 年 8 月 17 日被上告人 B へ本件家屋の所有権移転登記がなされた），その後被上告人両名の夫婦関係の破綻，離婚（昭和 36 年 2 月 10 日協議離婚届出）に伴って，同居していた被上告人 A から被上告人 B へ昭和 37 年 2 月頃に本件土地賃借権が譲渡されたが，被上告人 A が昭和 37 年 2 月頃他へ転出したほか本件土地の使用状況の外形には何ら変るところがないというのであるし，その他原判決確定の諸事情を考えれば，右賃借権の譲渡は，賃貸人に対する背信行為と認めるに足りない特段の事情がある場合にあたり，上告人は，被上告人 A に対し民法 612 条 2 項によって本件賃貸借契約を解除することはできず，被上告人 B は，賃貸人たる上告人の承諾がなくても賃借権の譲受けをもって上告人に対抗できるものと解すべきであるから，これと同旨の原判決の判断は正当として支持することができる。」

裁判例 43　賃借権の一部無断譲渡と背信行為
最判昭和 46 年 6 月 22 日（裁判集民 103 号 189 頁，判時 636 号 47 頁，判タ 265 号 133 頁）

「土地の賃貸借契約において，賃借人が賃貸人の承諾なしに賃借権の一部を譲渡したとしても，それが直ちに背信行為となるものではない（最高裁判所昭和 25 年（オ）第 140 号，同 28 年 9 月 25 日第二法廷判決，民集 7 巻 9 号 979 頁参照）が，右が背信行為にあたらず契約解除のできない特段の事情については，賃借人においてこれを主張立証しなければならない（最高裁判所昭和 40 年（オ）第 163 号，同 41 年 1 月 27 日第一小法廷判決，民集 20 巻 1 号 136 頁）。したがって，この主張立証が尽くされないかぎり，賃貸借の目的たる土地 419.83 平方メートル（実測面積）のうち 69.68 平方メートル部分の賃借権が無断譲渡されたにすぎない本件の場合においても，賃借人に対して本件賃貸借契約の全部の解除をすることができるものと解すべきである。

ところで，被上告会社は，昭和 19 年 4 月 1 日本件土地を上告人から賃借し，同地上に原判決記載の別紙物件目録（1）の第 2 の（1），（2）の各建物，同目録第 3，第 4 の建物を建築し，右第 2 の（1）の建物を被上告人 A に，第 3 の建物を被上告人 B に，第 4 の建物を被上告人 C に，それぞれ賃貸し，右各被上告人は，各賃借建物を占有してそこでいずれも飲食店を営み，被上告会社もまた，右第 2 の（2）の建物を使用してガソリンスタンドを営み，被上告人 D は右建物に居住し，被上告人らは，本件土地上で生計を維持していること，被上告会社が上告人主張の本件土地のうちの 69.68 平方メートル部分の賃借権を訴外 E に譲渡するについては，従来の事情から，上告人の承諾を得られるものと思い，その際の名義書換料として相当

の金員を上告人に支払うことを予定していたものであって，当初から上告人の意思を全く無視していたものではないことは，原審の適法に確定した事実であり，しかも，右69.68平方メートル部分は本件土地のうち公道とは反対の西隅の全体に対する1割7分の最も価値の低い部分であることは，原判文を通覧すれば明らかである。

そうとすれば，これらの事情は前記にいわゆる特段の事情にあたるものというべく，上告人は，被上告会社の右賃借権の無断譲渡を理由に契約を解除することはできず，無断譲渡を理由とする上告人の被上告会社に対する本件賃貸借契約の解除は効力を生じないものといわなければならない。」

裁判例44　建物の無断譲渡と信頼関係の破壊
東京地判昭和50年7月28日（判時807号61頁）

「ところで，借地上の建物所有権が借地人の意思によって，借地人以外の者に帰属するに至った場合には，建物所有権の移転と同時に借地権の譲渡あるいは借地の転貸があったものと推認するのが相当であるが，《証拠略》によると，本件建物についての被告Ａのための所有権保存登記は，被告らの意思に基づいてなされたこと，一方，右保存登記後も，被告Ｂは，原告との本件借地契約上賃借人たる地位にとどまっていることが認められるから，被告Ａは，本件建物を所有するためその敷地部分を転借し使用しているものと推認するほかない。しかしながら，被告らは，夫婦であって，昭和20年ころから，本件借地上の建物に生活をともにしてきた間柄であることは，当事者間に争いがなく，また右の転貸によって，本件借地の使用状況に著しい変更が生じ，賃貸人である原告に対して著しい不利益を招来したことを認めうる何らの証拠もないから，被告Ａに対する借地の一部転貸を一応認めうるとしても，右転貸については，賃貸人との信頼関係を破壊するに足らない特段の事情があるものといえるから，この点に関する被告の抗弁は理由がある。

裁判例45　土地賃借権の無断譲渡と信頼関係の破壊
東京地判昭和58年11月17日（判タ519号164頁）

「ところで，賃貸人である原告らの承諾がなくても，借地権の譲渡について背信行為と認めるに足りない特段の事情があり，無断譲渡を理由とする契約解除が許されないときは，賃貸人の承諾があったのと同様に，被告は借地権の譲受をもって対抗できるものと解されるので（最判昭和39年6月30日民集18巻5号991頁〔編注：裁判例33〕，同昭和44年4月24日民集23巻4号855頁〔編注：裁判例42〕参照），この点について検討をする。

前記認定のとおり，被告はＡの相続人ではなく同人が死亡する迄本件建物に同居したことはなかったが，Ａは被告の実父Ｂの後妻であること，本件建物はＢが資金を出して原告らの先代から購入し増築をしたものであること，原告らの先代はＡとＢの両名が使用することを承知のうえで本件土地をＡに貸渡していること，本件家屋とその借地権は死因贈与の方法によってＡから被告に譲渡がされているが，被告はＢの唯1人の相続人であるので借地権の相

続に近い譲渡の形態であること，また本件建物は従来から現在までアパートとして利用されていること，一方被告が借地権を譲り受けても本件土地の利用・賃料の支払等について別段変化のないことなどが認められ，これらの諸事情から考えると，本件譲渡は背信行為と認めるに足りない特段の事情のある場合にあたるものというべく，原告らは無断譲渡を理由に契約解除をすることが許されず，賃貸人である原告らの承諾があったのと同様に，被告は借地権の譲受をもって原告らに対抗できるものというべきである（昭和41年の借地法の改正により，譲渡の承諾に代る裁判の制度が創設されたが，右改正後も前記最高裁判決の見解の基調は維持してよいと考える。）。」

裁判例46　土地賃借権の無断譲渡と信頼関係の破壊
東京高判昭和60年2月28日（判タ575号49頁）

「本件土地は長野市の中心街に位置し，付近は飲食店が多く，歓楽街であること，被控訴人Aは本件居宅の持分を，従来から本件建物を賃貸している被控訴会社へ譲渡したものであって，右譲渡によって本件建物及び本件土地の利用形態に全く変化がないこと，そもそも控訴人が本件宅地を取得した時点において既に同土地上には本件居宅が存在し，控訴人の右土地取得の目的はともかくとして，控訴人の同土地に対する権利は事実上制約され，経済的には賃料債権を取得したにすぎないこと，被控訴人Aから被控訴会社への本件居宅の持分及び借地権の譲渡はもっぱら被控訴人Aの経済的事情によって行われたものであること，しかも被控訴人AがB，Cから控訴人に無断で借地権を譲り受けた際に控訴人はこれを特に問題とせず，結局これを承諾していること及び被控訴人両名の間で賃料の支払能力に特段の差があるとは窺われないことからすれば，本件借地権の譲渡（それがのちに解消されたことは前記のとおりである。）が前記信頼関係を破壊するには至っていないというべきである。

なるほど，控訴人主張のように被控訴人Aはしばしば賃料の支払が遅れてはいたが，これまで控訴人においても右支払の遅延を理由に強い態度に出ておらず，むしろ前記認定の程度の支払の遅延はこれを容認していたと見られてもやむをえない態度であったというべきであり，また被控訴会社による本件建物の改装も前記のような本件土地の立地条件，換気扇からの煙の排出期間が短期間であったことからすれば，これらを加味してもなお信頼関係は破壊されていないというのが相当である。

従って，控訴人の解除権の行使は許されないというべきてある。」

裁判例47　土地賃借権の無断譲渡と信頼関係の破壊
東京地判昭和63年11月14日（判時1324号61頁）

「本件調停の第4項に，賃借人が原告の文書による承諾を得ないで借地権を他人に譲渡したときは，原告は通知催告を要せず本件賃貸借を解除することができる旨の条項が存すること，原告が被告Aら5名に対し賃借権譲渡を原因として本件賃貸借を解除する旨の意思表示をしたことは，前記のとおり当事者間に争いがない。

賃貸人の承諾を得ない賃借権の譲渡が原則として当該賃貸借関係の信頼関係を破壊するものとして解除原因となることは民法612条の規定から明らかであるところ、右調停条項は、賃貸人の承諾につきその重要性にかんがみ書面によって慎重に行うべきことを定めたにすぎないものと解される。そうすると、右条項違反を理由とする解除についても、当該譲渡につき賃貸人に対する背信行為と認めるに足らない特段の事情が存する場合には当該賃貸借を解除することはできないと解するのが相当である（最高裁昭和39年6月30日判決、民集18巻5号991頁〔編注：裁判例33〕等参照）。

　そして、右二1及び2（二）においてみたとおり、本件の賃借権譲渡に関しては、その前後を通じ、賃借物の使用目的や利用形態、賃料の実質的負担者はいずれも変化がなかったこと（したがって、これらの点で賃貸人に対し譲渡により予期せぬ損害を及ぼす可能性はほとんど考えられない。）、このような事実関係は本件賃貸借の成立当初から30年にわたってほぼ同様であって、その間に原告の発行した賃料の請求書や受取証等の名宛人が被告会社として表示されていることもあったこと、被告会社は実質的には訴外Bの個人商店的会社として設立され、その後も株式のすべてを、訴外Bの生前は同人が、その死後は長男である被告Cが所持し、経営の実権も右両名により完全に掌握されてきた個人会社的な性格が濃厚な会社であること、等の事情が認められる。しかも、被告C本人尋問の結果によると、被告Aら5名は右賃借権譲渡ないし本件建物の所有権移転登記手続等に関し、何らの利益を得ているわけではないことが認められるのである。

　以上の事実関係にかんがみれば、本件における賃借権の譲渡には、信頼関係を破壊すると認めるに足らない特段の事情が認められるというべきであり、したがって、右譲渡を理由として本件賃貸借を解除した旨の原告の主張は理由がない。」

裁判例48　遺産分割に伴う借地権の譲渡と信頼関係の破壊
東京地判平成9年9月24日（判タ1011号234頁）

「2　乙1から5及び証人Aの供述によると、被告は、昭和47年から、父B及び母Cの世話をするために、本件建物に同居を始め、昭和53年9月25日にBが、昭和55年4月17日にCがそれぞれ死亡した後も、現在に至るまで継続して本件建物に居住していること、この間、一時DやEらも同居したことがあるが、現在では、被告及び従前から同居していた手伝いのFとが本件建物に居住していることが認められる。右のとおりであるから、本件土地の使用状況は、本件遺産分割協議による本件賃借権の譲渡の前後を通じて何ら変わっていないと認めることができる。

　また、証人A、証人G及び原告本人の各供述並びに弁論の全趣旨によれば、被告は本件土地の賃料を遅滞なく支払っていることが認められる。

　二　（一）甲九の一から三によれば、下水道配管の施工についての受益者負担金を借地人である被告が支払うべきところ、原告がこれを支払ったことが認められる。しかし、他方、被告は、原告が立て替えた金員を送金したのであるから（丙一二）、当初被告が右支払をしなかったことをもって、原告との信頼関係が破壊したとまで認めることはできない。

（二）本件土地の賃料が長年にわたって据え置かれて，これについて被告が話合いの機会を持たないとしても，原告としては賃料が低廉に過ぎると考えるのであれば，賃料増額を求めて然るべき法的手続をとることができるのであるから，賃料が長年にわたって据え置かれたことなどをもって，原告との信頼関係が破壊されたとみることはできない。

　三　以上のとおり，Gから被告への本件賃借権の譲渡は，遺産分割協議に基づくもので，相続の事後処理としてなされたものであり，しかも，本件土地の利用状況は右譲渡の前後を通じて変わっていないこと，賃料の滞納等格別の問題もないことなどからすると，本件遺産分割協議に基づくGから被告への本件賃借権の譲渡については，原告に対する背信行為と認めるに足りない特段の事情があるものと認めることができる。」

裁判例49　借地権の無断譲渡と信頼関係の破壊
東京地判平成14年12月24日（判例秘書）

「1　請求原因4（一）（1）及び（2）の事実は当事者間に争いがない。また，同事実に甲第2号証及び弁論の全趣旨を合わせて考えれば，(1) 本件賃貸借契約における共同借主であるA及びBは親族であって，相続により本件建物を取得したこと，(2) Aが平成12年3月17日に死亡したことにより被告が本件建物の共有持分2分の1を単独相続し，平成13年3月30日その旨の登記をしたこと，(3) Bは，同年1月14日に死亡したが，その相続人であるCらは，平成13年5月8日に本件建物の共有持分合計2分の1を放棄し，同月9日にCらの相続登記及び上記放棄の登記をしたことが認められ，以上の事実に反する証拠はない。また，被告が本件建物を単独で取得したことにより原告が不当な不利益を被っているような事情は窺われない。

　2　以上によれば，被告が本件建物を取得して借地権を承継するに至ったのは，B及びAが相次いで死亡したことによる親族間の話合いにより，被告が本件建物を単独で取得することになったためであると推認するのが相当であり，この点に加え，被告が元来本件建物の持分2分の1を取得し得る者であったこと，A及びBの死亡後，長期間を経ずに本件建物の取得者が1人に絞り込まれ，その旨の登記もされたこと，このような承継によって原告が不当な不利益を被っているような事情も窺われないことを総合考慮すると，被告のみが本件土地の賃借権を取得したことは，これが他の相続人の適式な相続放棄によるものではないとしても，賃貸人と賃借人間の信頼関係を破壊しないものであり，本件においては賃借権の無断譲渡を理由とする解除は，信義則上許されないものというべきである。」

裁判例50　借地権の無断譲渡と背信行為
東京地判平成15年1月30日（判例秘書）

「前記前提事実，丙2及び弁論の全趣旨によると，本件建物の所有名義は被告Y1から被告Y2に移転し，本件建物についての賃貸借契約における賃貸人も被告Y2となっていることが認められるから，本件建物の所有権は被告Y1から被告Y2に移転し，これに伴い，本件借地

権も被告Y1から被告Y2に譲渡されたものと認めることができ，これを覆すに足りる証拠はない。

しかし，前記前提事実及び弁論の全趣旨によると，被告Y1と被告Y2はそもそも本件建物に同居していた親子であり，本件建物の所有名義が被告Y1か被告Y2に移転したからといって，本件土地の使用状況等に変化が生じるとも思われないことに照らすと，本件借地権の譲渡については背信行為と認めるに足りない特段の事由を認めることが相当である。」

裁判例51　借地権の無断譲渡と背信的行為
東京地判平成15年2月27日（判例秘書）

「ところで，本件に提出されている証拠をみても，上記のA1の各区分所有者に対する借地権の譲渡について，原告が明確な承諾を与えていた事実や追認の意思表示をしていた事実を認めるに足りる証拠はない。

しかしながら，前記認定事実のように，P荘における区分所有建物の譲渡は昭和25年ころから開始されており，原告がH1を被告として前記平成7年（ワ）第17027号土地賃借権不存在確認等請求事件を提起するまでにおいても，すでに40年以上が経過しているのであり，B1が取得してから40年以上，被告Y5の取得からも約20年，被告Y6については約30年，被告Y7についても取得から30年以上がそれぞれ経過しているのであって，その間，区分所有者らは，地代について，その幅はともかく，原告の値上げの要請に応じてきたことが認められ，他方，借地権が準共有状態になったことによって，原告が地主として著しい不利益を受けてきたといった事実も認められない。また，原告は，P荘の近所に住み，増築や，食堂・喫茶の開店等，建物の外形的変化や，居住者の入れ替わりを容易に認識することができたにもかかわらず，特段，異議を申し入れた形跡はないのであって，P荘の構造からして区分所有になっているとは思いもつかなかったとしても，本件土地の現実の利用状況については，これを容認していたものと認められる。そして，原告において，被告らに早急に退去を求める必要性は特に見当たらない一方，被告ら，特に被告Y7は，71-52建物等に現に居住しているのであって，その生活状況からして，同建物から退去させられることになると，著しい不利益を被ることになる。

以上の事情にかんがみると，本件土地にかかる借地権が譲渡され，これが原告に無断で行われたものであるとしても，譲渡からすでに長期間が経過しているのであって，原告と被告らとの賃貸借関係の維持を著しく困難にするような背信的行為であったとまでは認め難く，また，被告らが被る不利益はやむを得ないとするような，原告が被告らに退去を求める格別の必要性も見受けられないから，原告が，借地権の無断譲渡を理由に，被告らの借地権の取得を否定することは，信義則に照らし，許されないといわざるを得ない。」

裁判例52　無断転貸と背信行為
東京地判平成15年5月13日（判例秘書）

「ウ　原告らは，本件土地上に賃借人でないD所有名義の建物が建築されていることから，本件土地は，Bから，その妻であるDに無断で転貸されたとして，本件賃貸借契約を解除したと主張する。

たしかに，甲2の1ないし3（土地登記簿謄本）及び甲6（土地賃貸借証書）によれば，本件賃貸借契約がなされた後に，本件土地上にD所有名義の建物が建築されたことが認められる。

しかし，転貸という場合には，転借人に独立の使用収益権が与えられるものであるから，賃借人が自己以外のものに賃貸物の全部または一部を使用させても，その者が独立の使用権を与えられているとみられないとき（例えば，賃借人と同居する妻の使用が，賃借人自身の使用と同視することができるとき）は，「転貸」に当たらないか，少なくとも賃貸人に対する背信行為とは認められないものといえる。

エ　本件の場合，昭和16年12月16日の本件賃貸借の開始以来，昭和48年1月に原告らが相続により賃貸人の地位を承継するまでの間，借地の使用について賃貸人側から異議が出されたことを認めるに足りる証拠はない。

さらに，乙1，2，9及び被告Y1本人によれば，Bは，戦時下の特殊事情から，借地上に建築する建物の名義を同居する妻のD名義とすることについて，Aの承諾を得ていたものと推認することができる（他にこれを覆すに足りる証拠はない。）。

オ　したがって，本件において，Bが賃借した本件土地上に，その同居する妻のD所有名義の建物が建てられたとしても，借地の転貸に当たらないか，少なくとも賃貸人に対する背信行為とは認められず，原告らは，本件賃貸借契約を解除することはできないというべきである。」

裁判例53　所有権移転登記と権利の濫用
東京地判平成15年10月8日（判例秘書）

「被告Y2が兄弟である被告Y1に対し真正な登記名義の回復を原因として本件建物の所有権移転登記手続を行ったことは当事者間に争いがなく，これと証拠（甲1，12，13，16）及び弁論の全趣旨を総合すると，原告らが被告Y2に対し，将来本件建物を買い受けたり，競売手続によって取得した新たな建物所有者に対しても，譲渡承諾料の受領を条件としてではあるが，本件土地を引き続き賃貸することにつき承諾を与えていたこと，上記所有権移転登記手続は兄弟間において真正な登記名義の回復を原因として行われたものであること，被告Y1は本件根抵当権に劣後する第三取得者であって，本件根抵当権の実行によって同被告の所有権移転登記も抹消される地位にあること，実際に，補助参加人の申立てにより本件建物の競売手続が進行中であることの各事実が認められ，これらの事情を総合すると，たとえ被告Y1が原告らに譲渡承諾料を支払っていないとしても，原告らが被告Y2に対し無断譲渡を理由に解除する

ことは権利の濫用に当たり許されないというべきである。」

裁判例 54　夫婦間の借地権の譲渡と背信行為
東京地判平成 16 年 10 月 18 日（判例秘書）

「(1) 本件借地権の譲渡は，30 年以上も本件建物に同居していた夫婦の間でなされたものである。その目的は，被告 Y1 の債権者から本件建物を守ることのほか，被告らの離婚の時期に照らすと，離婚を視野に入れた慰藉料ないし財産分与という側面もあったと推認されるが，いずれにせよ，賃貸人との関係において，背信的といえるものではない。そして，その後も，元の賃借人であった被告 Y1 が居住を続けるなど，その利用状況はほとんど変化していない。原告は，将来利用状況が変化する可能性をいうが，被告 Y1 は現在も多額の債務を負っており（甲 7，8，乙 13），本件建物以外に住む当てはなく，被告 Y2 も被告 Y1 が居住し続けることを容認してきたことに照らすと，そのような可能性を考慮できるとしても，それ自体高いとはいえない。

そうすると，本件借地権の譲渡は，原告に対する背信行為と認めるに足りない特段の事情があるといえる。

(2) なお，上記 1 の事実を総合すると，被告 Y1 は，本件建物の譲渡につき，正確な法的意味はともかく，原告に承諾を求めるべきものであることは認識していたとみるのが相当であり，そうでありながら，被告が平成 15 年になってその事実を知るまで，譲渡の事実を告げなかったと認められる。このこと自体は，原告に対する背信的行為といわれてもやむを得ない側面はある（借地借家法 19 条の申立てについては，被告 Y1 にそのような法的知識がなかったという主張を疑うべき事情はないし，本件において，原告に先買権を認めることが直ちに相当とはいえない）。

しかし，本件における事情を総合して考慮すると，被告 Y1 が事実を秘匿していたことにより，原告に具体的な不利益が生じたとまではいえないから，これをもって上記 (1) の評価を覆すには足りないし，その他，この評価を覆すに足りる事実は認められない。」

裁判例 55　無断譲渡・転貸等と信頼関係の破壊
東京地判平成 17 年 9 月 26 日（判例秘書）

「(2) 以上認定の事実，特に，本件土地が，原告にとっては多くの貸地の 1 つであって，契約当初から，被告甲山の設立する会社への賃借権の譲渡が承認されていたこと，被告 B 建設は，被告甲山が代表取締役を務める被告甲山の同族会社と認められること，被告 C ゼミナールも，被告 B 建設の事業の一部門を独立させ，承継させた会社であって，被告甲山の同族会社と認められること，本件建物②が被告 C ゼミナールに移転された後も，本件土地，建物の実際の使用状況に変化は存しないこと，原告も，賃貸借契約の更新時期までは，本件土地の使用状況について，問題にした形跡が窺われないことに照らせば，本件土地賃借権の譲渡，転貸には，信頼関係を破壊しない特段の事情があると認めるのが相当である。

〔略〕

　以上を前提に，本件建物②の区分所有登記と，建築基準法違反の増築によって，原告と被告甲山との信頼関係が破壊されたと評価できるかにつき検討する。

　原告は，本件建物②の区分所有登記は，執行妨害罪にも該当する違法行為であって，最も問題である旨供述する（原告本人）。しかしながら，本件建物②の登記は，実体にそぐわない虚偽の登記を作出したものではなく，実際に被告Cゼミナールの資産であった建物に，実体に合わせた登記をしたに過ぎないものであるから，本件建物②の区分所有登記をしたことをもって，原告と被告甲山との信頼関係が，前記（2）の事情が存するにもかかわらず，破壊されたと認めることはできない。

　また，建築基準法違反の増築についても，被告甲山が，平成14年11月26日当時から，原告に対し，全て壊して取り除きたいと述べていること（乙7），本件建物②は，約12万6000円の費用で容易に解体できる構造であること（乙13），原告は，平成元年に本件建物②の増築に気付きながら，以後本訴提起まで，その撤去を求めていないこと（甲20，原告本人），本件旧建物の1階部分の増改築は，現地に行って見れば，すぐに分かる内容のものであるが，原告は，平成元年になされた本件旧建物の1階部分と3階部分の増築についても，平成14年9月に至るまで気付いておらず（乙8，証人Q，原告本人，被告甲山本人），借地上の建物の建築面積等に関心を持っていなかったことが推認できることに照らせば，建築基準法違反の増築がなされたことをもって，原告と被告甲山との信頼関係が，前記（2）の事情が存するにもかかわらず，破壊されたと認めることはできない。

　(4) 以上を総合して考えると，本件土地賃借権の譲渡，転貸については，信頼関係を破壊しない特段の事情があると認められる。

　よって，その余の点につき判断するまでもなく，賃借権の譲渡，転貸を理由とする解除の主張は認められない。」

裁判例 56 　死因贈与等による無断譲渡と信頼関係の破壊
東京地判平成18年5月11日（判例秘書）

「被告Y2は，原告の承諾なしに，新建物を建築したこと，新建物は本件土地2に越境しており，かつ，被告Y2は本件土地2について現在においては何ら権限がないことは原告との間で正規の手続きを踏まないでなした被告Y2の責任であり，道徳的に宜しくないが，他方，原告は，新建物が建築された後，約10年もの間新建物が本件土地2に越境していることについて特段異議を述べずこれを放置したこと，本件土地2の借地権の買い取りを要請していること，将来的に被告Y1から被告Y2に対し，本件土地2についての借地権の承継が相当程度期待できることなどに照らすと，原告から，被告Y2に対し，本件土地2上に建築されている新建物部分の収去を請求することは権利濫用にあたると言うべきである。

　次に，被告Y1は，Cの他界後，A夫婦からの死因贈与等（乙3）を原因として本件建物1について，原告の承諾なしに所有権移転登記を経由し，原告に対し，本件土地2の新たな借地人として賃料を支払い始めたことなど正規の手続きを踏んでいない点で道徳的には問題がある

が，他方，原告は，新建物の建築により価値が減じた本件土地2の借地権について，Aに対し，特段異議を述べていないし，A夫婦と被告Y1との関係及び被告Y1がAの他界後にCと本件建物1に同居していた事情などを考慮すると，被告Y1のなした本件建物1についての所有権移転登記を以て原告との関係で直ちに本件土地2についての賃貸借契約における信頼関係を破壊したとまでは言い切れないから，原告の被告Y1に対してなした本件土地2についての賃貸借契約を解除する旨の意思表示は効力を有さず，引き続き原告と被告Y1との間で本件土地2についての賃貸借契約が継続しているものと解するのが相当である。」

裁判例57　借地権の無断譲渡と信頼関係の破壊
東京地判平成19年2月20日（判例秘書）

「前記認定のとおり，原告とCは平成16年3月22日に本件借地権付き本件建物に関する売買契約を締結したことが認められるが，証拠（甲11，12，14）及び弁論の全趣旨によれば，本件売買契約の約定は，Cは本件建物を建て替えて未登記のまま第三者に売り渡すことを条件に買い受ける，売買代金の決済時をCと第三者の間の新築建物請負契約締結時とするものであり，買主とされたCは，本件売買契約によっても，本件借地部分使用の意思もその対価となる地代を被告に支払う意思もないこと，本件借地権の譲渡代金は，Cが探してきた第三者に売却されてその代金が入った後でないと原告には支払われないこと，売主とされた原告にも本件借地権を売却したとの認識がないことが認められる。

また，確かに，平成16年3月22日付けの本件承諾願（甲10）は，一見すると，原告が売主，Cが買主となって，地主である被告らに本件借地権譲渡の承諾を求めようとする書面にみえる。しかし，本件承諾願において，本件借地権の譲渡承諾料は，本件借地部分が第三者（Cが探してきた本件借地権の買主）に引き渡された時までに原告が支払い，そのときにはその第三者についての名義書換料の支払はなされないこと（第1項，第4項），Cが原則1年以内に本件借地部分上に建物を新築して第三者に販売することを予定するものであること（第2項），土地所有者とCとの間ではなく，土地所有者と前記第三者との間の借地期間を定めていること（第3項），本件借地権の賃料は，Cが新築建物請負契約を前記第三者と締結するまでは原告が支払うこと（第9項）等が定められており，これらの規定を総合的にみると，本件承諾願の実質は，原告のCに対する本件借地権譲渡の承諾を求めるものではなく，原告のCに対する本件借地権の売買仲介の依頼についての承諾を求めるものにすぎないとみるべきである。

このように，原告は，実質的には本件借地権をCに譲渡していないから，原告と被告ら間の信頼関係は未だ破壊されておらず，被告らは，本件借地権の無断譲渡を理由に本件借地契約を解除することはできない。

したがって，被告らは，原告に対し，平成18年6月21日の本件弁論準備手続期日において，本件借地権の無断譲渡を理由に本件借地契約を解除する旨の意思表示をしたが（当裁判所に顕著），かかる解除の意思表示は無効というべきである。」

裁判例 58　土地賃借権の無断譲渡と背信行為
東京地判平成 19 年 4 月 25 日（判例秘書）

「前記前提となる事実，証拠（乙 5，6，8 の 1，被告本人）及び弁論の全趣旨によれば，本件譲渡は，当時 79 歳の高齢であり 1 人で生活していた A が，常時自己の身の回りの世話をしてくれていた長女である被告に対して贈与したものであること，本件譲渡がされた後も，被告は本件建物に居住せず，A が 1 人で居住しており，その状態は A が死亡する約 3 か月前の平成 16 年 3 月まで続いたこと，被告が本件建物に居住を始めたのは，A 死亡後の同年 9 月ころであったこと，その間の本件土地の賃料の支払は被告が A 名義でしていたことが認められる。このように，本件譲渡の実質は，A から被告への相続の先取りであり，本件譲渡によって，本件土地の使用状態や賃料の支払状況には何らの変化も生じていない。もっとも，被告は，本件譲渡の事実を原告に告知しておらず，名義変更料の支払等もしていないが，証拠（被告本人）及び弁論の全趣旨によれば，被告は建物の譲渡に伴って借地権が移転するということを知らず，借地権譲渡につき原告から承諾を受ける必要があることも知らなかった事実が認められ，その反面，原告において本件譲渡により不利益を受けた様子は特にうかがわれない。以上によれば，本件譲渡には背信行為とならない特段の事情があるものと認めるのが相当である。」

裁判例 59　包括遺贈による譲渡と背信行為
東京地判平成 19 年 7 月 10 日（判例秘書）

「1）まず，本件土地は，A から被告への本件借地権の譲渡の前後を通じ，本件建物の敷地とされており，その使用状況に変化はない。なお，A の生前は本件建物のうち A の居住部分以外のみが賃貸されていたのに対し，その死亡後は建物全体が賃貸に供されたが，本件建物が共同住宅であること（別紙物件目録参照）を勘案すると，上記の点をもって本件土地の使用状況に変化が生じたと評価することはできない。また，被告が本件借地権の譲渡を受けた後に賃料の支払に支障が生じたなどといった事情はうかがわれず，むしろ，原告の主張によれば A の賃料支払能力には不安があったというのであるから，本件借地権の譲渡後の方が賃料の支払も確実になったと解される。
　そうすると，本件借地権の譲渡により，原告には経済的な不利益が生じていないというべきである。
（2）被告は，A の甥であり，A の遺言によりその全財産の包括遺贈を受けた者である。また，A が全財産を被告に遺贈する旨の遺言をしたこと自体から，被告と A が親密な関係にあったことを推認することができる。そして，相続による包括承継であれば賃貸人の承諾は不要と解されるところ，包括受遺者は相続人と同一の権利義務を有すること（民法 990 条）に照らすと，本件において A から被告への本件借地権の承継につき原告の承諾が必要であると解すべき実質的理由は乏しく，むしろ，形式的に承諾がないことをもって原告の被告に対する建物収去土地明渡請求を認めることは相当でないと考えられる。

(3) 以上によれば，本件においては，本件借地権の譲渡が原告に対する背信行為に当たると認めるに足りない特段の事情があるから，原告による本件賃貸借契約の解除は認められないと判断するのが相当である。」

裁判例60　無断転貸と背信行為
東京地判平成19年7月12日（判例秘書）

「以上のとおり，被告Y1は本件転貸禁止条項に違反したと解すべきものである。

しかし，本件においては，前記事実関係によれば，①Bと被告Y1は夫婦，被告Y2の代表者である被告Y3はその子であって，被告Y2はいわゆる同族会社であること，②被告Y2の占有権原が転賃借権又は転使用借権のいずれであるとしても，本件土地の使用状況（被告Y1及び被告Y2が共有する本件建物部分の敷地であること）に相違はないこと，③原告が本件賃貸借契約所定の賃料を毎月受領することは，何ら妨げられていないこと，④原告は本件土地を競落により取得したことにより賃貸人の地位を承継したものであるところ，競売事件の物件明細書，現況調査報告書及び評価書には，本件土地及び本件建物部分の使用状況に関する記載があり，原告は，本件土地の取得に際し，被告Y2が転賃借権を主張することを予期し得たことといった事情がある。

これらを総合すると，被告Y1による本件転貸禁止条項の違反によって原告に具体的な不利益が生じていると解することはできず，賃貸人に対する背信行為と認めるに足りない特段の事情があると判断するのが相当である。」

裁判例61　借地権の贈与と背信行為
東京地判平成21年2月16日（判例秘書）

「イ　前記1のとおり，本件贈与については自白が成立していると解されるが，上記認定事実のとおり，①本件贈与は，別件代金請求訴訟係属中にされたものであること，②本件贈与は，Aら3名に共有持分を贈与するものであるが，本件建物を上記時期に3名の共有とする合理的な理由は見当たらないこと，③Aらは，別件代位請求訴訟が提起されて初めて本件贈与や本件移転登記を知ったこと，④被告Y1は，本件贈与後も本件建物や本件借地権に関与し続けていることなどに照らせば，本件贈与は，別件債権者からの追及を避けるための所有権移転登記を目的としたものと推認できる。そして，被告Y1は，平成4年に本件建物から出た後，妻であるA（平成9年に離婚）や長女である被告Y2に本件建物を使用させ，Aにおいて被告Y1名義で地代を支払ってきたものであるが，本件贈与の前後において，本件土地の使用状況や地代の支払状況にも変更はない上，本件紛争に至るまで原告と被告Y1，A及び被告Y2との間で特段の問題はなく（株式会社Fの件（ア（オ））も契約違反が問われるような問題ではない。），良好な借地関係が続いてきたことを併せて考えれば，本件贈与は，賃貸人である原告に対する関係では，背信行為と認めるに足りない特段の事情があると解するのが相当である。」

裁判例 62　財産分与に伴う借地の無断転貸と背信行為
最判平成 21 年 11 月 27 日（裁判集民 232 号 409 頁，判時 2066 号 45 頁，判タ 1315 号 79 頁，金法 1895 号 93 頁）

「(1) 前記事実関係によれば，第 1 転貸は，本件土地の賃借人である上告人 Y1 が，賃貸人である被上告人の承諾を得て本件土地上の上告人 Y1 所有の旧建物を建て替えるに当たり，新築された本件建物につき，C 及び上告人 Y2 の共有とすることを容認し，これに伴い本件土地を転貸したものであるところ，第 1 転貸による転借人らである C 及び上告人 Y2 は，上告人 Y1 の子及び妻であって，建て替えの前後を通じて借地上の建物において上告人 Y1 と同居しており，第 1 転貸によって本件土地の利用状況に変化が生じたわけではない上，被上告人は，上告人 Y1 の持分を 10 分の 1，C の持分を 10 分の 7，上告人 Y2 の持分を 10 分の 2 として，建物を建て替えることを承諾しており，上告人 Y1 の持分とされるはずであった本件建物の持分 10 分の 1 が上告人 Y2 の持分とされたことに伴う限度で被上告人の承諾を得ることなく本件土地が転貸されることになったにとどまるというのである。そして，被上告人は，上告人 Y1 と C が各 2 分の 1 の持分を取得することを前提として合意した承諾料につき，これを増額することなく，上告人 Y1，C 及び上告人 Y2 の各持分を上記割合として建物を建て替えることを承諾し，上記の限度で無断転貸となる第 1 転貸がされた事実を知った後も当初はこれを本件解除の理由とはしなかったというのであって，被上告人において，上告人 Y1 が本件建物の持分 10 分の 1 を取得することにつき重大な関心を有していたとは解されない。

そうすると，上告人 Y1 は本件建物の持分を取得しない旨の説明を受けていた場合に被上告人において承諾料の増額を要求していたことが推認されるとしても，第 1 転貸が上記の限度で被上告人に無断で行われたことにつき，賃貸人である被上告人に対する背信行為と認めるに足りない特段の事情があるというべきである。

(2) また，前記事実関係によれば，第 2 転貸は，本件土地の賃借人である上告人 Y1 が，本件土地上の本件建物の共有者である C においてその持分を上告人 Y3 に譲渡することを容認し，これに伴い上告人 Y3 に本件土地を転貸したものであるところ，上記の持分譲渡は，上告人 Y1 の子である C から，その妻である上告人 Y3 に対し，離婚に伴う財産分与として行われたものである上，上告人 Y3 は離婚前から本件土地に上告人 Y1 らと共に居住しており，離婚後に C が本件建物から退去したほかは，本件土地の利用状況には変化が生じていないというのであって，第 2 転貸により賃貸人である被上告人が何らかの不利益を被ったことは全くうかがわれない。

そうすると，第 2 転貸が被上告人に無断で行われたことについても，上記の特段の事情があるというべきである。」

2 個人経営から会社組織等への変更
(1) 解除を肯定した事例

裁判例 63 民法上の組合から会社組織への変更と無断譲渡又は無断転貸
最判昭和29年11月9日（裁判集民16号423頁）

「民法上の組合が，その事業組織を会社に変更するときは，本来その法律上の人格を異にするのであるから，原則として，前の事業関係をそのまま会社に移したというだけの理由で，賃貸借における当事者として前後の同一性を認めることはできないと解するを相当とする。本件について，原判決の認定するところによれば，前の賃借人である民法上の組合「外地引揚者D木工所」と組織変更後の「A産業株式会社」とは，その財産関係において，また組合員と株主の責任範囲及びその加入脱退の関係において，はたまたその業務執行代表の関係において，それぞれ著しい相違があるというのであるから，到底前後の同一性を認めるに由なく，本件賃貸借が前後そのまま継続すると解することはできない。原判決の判断は相当であって論旨は理由がない。」

裁判例 64 会社の実態の変更と無断転貸
大阪高判昭和39年8月5日（高民集17巻5号343頁，判時388号33頁，判タ166号138頁）

「(二)「元来民法612条は，賃貸借が当事者の個人的信頼を基礎とする継続的法律関係であることにかんがみ，賃借人は賃貸人の承諾がなければ第三者に賃借権を譲渡し，又は転貸することを得ないものとすると同時に，賃借人がもし賃貸人の承諾なくして第三者をして賃借物の使用収益をなさしめたときは，賃貸借関係を継続するに堪えない背信的所為があったものとして，賃貸人において一方的に賃貸借関係を終止せしめ得ることを規定したものと解すべきである。したがって，賃借人が賃貸人の承諾なく第三者をして賃借物の使用収益をなさしめた場合においても，賃借人の当該行為が賃貸人に対する背信的行為と認めるに足らない特段の事情がある場合においては，同条の解除権は発生しないものと解するを相当とする」（最判昭和28年9月25日民集7巻979頁）。したがって，土地の賃借人が，従来の個人経営を会社組織に改め，賃借物上の建物を，その賃借権とともに会社に現物出資したような場合，その経営の実態が個人と会社とでは特別異なるところなく土地の使用状況にさしたる変化を来さないため，右賃借権の譲渡又は賃借物の転貸が賃貸人に対する関係で背信行為ではないと評価され，賃貸人が賃貸借契約を民法612条で解除できないときは，賃借人は，賃借権の譲渡又は賃借物の転貸にもかかわらず，依然，賃借権を有する。そして，賃借人との関係で賃借権の譲渡又は賃借物の転貸を受けた転借人である会社は，賃貸人が右譲渡又は転貸を承諾しない以上，賃貸人との関係において，賃借物を転借し，又は賃借物の転借権を有するとはいえないまでも，賃借人の貸借権を正当に採用できる地位にあり，賃貸人は，これを受忍すべき法律関係にあると解するのが相当である。それゆえ，その限りにおいて，転借人の賃借物の占有は，正権原にもとづくといわなければならない。しかし，それは賃借権の譲渡又は賃借物の転貸を受けた会社の経営が，個人のそれと異なることなく，土地の使用状況に変化を来さない状態が存する場合にだけ

妥当する。もし，会社の実態が，たとえば，組織がえなどのため，賃借人である個人が会社から排除され全く別異になったときは，かりに当初からそうであったとすれば，賃借人は賃貸借を解除しえたものとしなければならず，又その会社は，賃貸人の所有権に対抗する正権原を有しないものといわなければならないから，それとも対比の上において，賃借権の譲渡又は貸借物の転貸を受けた会社は，もはや，賃借人の賃借権を正当に援用できない関係に立ち至り，そのとき以後賃借物の不法占拠者であると解するのが相当である。

　（三）今この視点から本件を観察すると，右認定のとおり，控訴会社設立当初のその営業は，実質において，Ａの個人営業と異ならず，本件建物の所有権は，名義上控訴会社のものとなったが，本件建物したがって，本件土地の利用状況は，前後を通じて変らなかったから，その当時の控訴会社は，Ａの本件土地の賃借権を援用して，それをもって，本件土地の占有権原とすることができ，そのことはとりもなおさず賃貸人である被控訴会社との関係において，民法612条にいわゆる賃借権の譲渡又は転貸がまだなかったといえる。しかしながら，Ａ死亡後の昭和35年11月27日からは，Ａ家の色を払拭し，控訴会社は，Ａないしその相続人を離れて独歩し，もっぱらＢの勢力下において経営されるところとなったわけで，したがって，このときから，控訴会社とＡとは，形式的にも，実質的にも無関係になり，別個のものになったとしなければならないから，前述の理に照らし，控訴会社は，Ａの相続人の賃借権を援用して本件土地の正権原とすることができなくなったとするほかない。」

裁判例 65　**所有建物の転貸と背信性（個人企業から会社組織への変更）**
大阪高判昭和42年3月30日（下民集18巻3〜4号321頁，判時489号54頁，判タ208号173頁）

「賃借人が個人として借入れた土地を同人が個人企業を会社組織に改め設立した会社に地上建物を所有させてこれに使用さすことは右賃借人が資本的にも人的にも右会社の支配的地位を占め，会社経営の実権を掌握している限り，賃貸人との間の信頼関係を破るものとはいえないから，背信行為と認めるに足りない特段の事情あるものとして民法612条2項による解除権は発生しないことに帰着するわけであるが（最判昭39年11月19日），後に株式の移転，賃借人の役員辞任等によって会社の実権が第三者に移行したような場合はおのずから事情が変更したものとして，そのときから民法612条を適用して賃貸借契約を解除することができると解するを相当とする。

　今これを本件についてみるに前認定の事実関係の下においては被控訴会社はおそくとも昭和31年5月7日以降は人的構成においても資本的構成においても多大の変化を来し，賃借人Ａは被控訴会社の経営についての実権を失ったものと認められるから，爾後の被控訴会社の本件土地使用関係（転借関係）は背信性あるものとして控訴人らに民法612条2項による解除権を発生せしめること明かである。」

裁判例66 借地権の譲渡ないし転貸と背信的行為（法人の代表者の変更）
福岡高判昭和49年9月30日（下民集25巻9〜12号796頁，判時784号73頁，判タ320号188頁）

「4　次に，控訴人はAが有限会社Xへの賃借権の譲渡につき承諾を与えた以上，有限会社Xの代表取締役が交替しても，これは会社内部の勢力関係の変更に過ぎず，控訴会社が右会社の組織及び商号を変更しても同一性を保持しているから，賃貸人たる地位の一部承継人である被控訴人に対し有限会社X当時に取得した賃借権をもって対抗しうる旨主張する，ので判断する。

しかし以上認定した事実関係のもとにおいては，BないしCの共同相続人が，本件建物で経営していたぜんざい屋「X」を有限会社組織に改め，本件建物を右会社に現物出資するに当ってAから受けた賃借権の譲渡承認は，賃借権の譲渡承認を受けた会社がBないし右共同相続人らの個人会社ないし同族会社としての実体を備え，同人らが右会社経営の実権を掌握している限りにおいて右譲渡承認が効力を有し，右会社は賃貸人であるAないしその賃貸人たる地位の承継人に自己の賃借権を対抗しうるものであり，Bないし右共同相続人らが右会社から完全に排除されるとか，その経営の実権を失うに至った場合は，賃貸人からこの点についての了解を得ていないと解される以上最早や，賃借権の譲渡承認を受けたことをもって賃貸人に対抗し得ないというべきである。

けだし，民法612条が賃借権の無断譲渡転貸を禁止しているゆえんのものは，賃貸借が当事者間の信頼関係に基づいて成立していることを当然の前提とし，無断譲渡，転貸がこの信頼関係を裏切る点をとらえて賃貸借契約の解除原因としているのであるから，賃借権の譲渡転貸につき賃貸人の承諾が認められない場合でも，背信的行為と認めるに足りない特段の事情がある場合は，民法612条の解除権が発生しない反面，法形式上同一法人格の賃借権の承継に過ぎない場合でも，賃貸人が当初の賃借人との間の信頼関係から賃借人個人と実質上選ぶところのない個人会社ないし同族会社であるからこそその設立する会社への賃借権の譲渡，転貸を承認したような事実関係のもとでは，当初の賃借人が右会社に対し全くその支配権を及ぼし得なくなった時点において，新たに賃借権の譲渡ないし転貸があったと解するのが相当であるので，賃借権の譲渡ないし転貸と目すべき会社経営権の異動について，改めて賃貸人の了解を得られない場合は，賃借権の無断譲渡ないし転貸といわざるを得ないからである。

控訴人は，賃借人が個人会社ないし同族会社を設立し，これに賃貸人が賃借権の譲渡，転貸につき承諾をなした場合，当初の賃貸人が右会社の経営権を掌握している限りにおいて，賃貸人の承諾が効力を有するという見解は，賃借権の譲渡転貸の承諾が単独行為であって解除条件を付することができないのと同様，法解釈上容認できないものである旨主張する。

しかし賃貸借が当事者間の信頼関係に基礎をおくものであること前叙のとおりで，賃借権の譲渡転貸を受くべき第三者を限定して承諾をなしうることに徴しても，賃借権の譲渡・転貸承諾の効力を，当初の賃借人がその個人会社ないし同族会社に対して支配権を掌握している限りにおいて有効と解することもできるといわねばならない。このように賃借権の譲渡・転貸承諾を限定的に解することは，右承諾に解除条件を付する場合と自ら異るもので，控訴人の右主張は採用できない独自の見解というべきである。」

裁判例 67　営業譲渡契約と土地建物賃借権の無断譲渡
広島地判昭和 50 年 3 月 27 日（判タ 325 号 252 頁）

「右事実によると，原告と被告会社設立発起人代表 A との間の前記賃貸借契約はできるかぎり速かに，被告会社を設立し，運送営業の免許をうけた後免許に関する権利を合併または役員交替等の方法で他に譲渡し，その変更認可手続を終るまでの同一時的に本件土地建物を使用することを目的とするものと認めるのが相当であり，これをもって通謀虚偽表示とする原告の主張は採用することはできない。さらに，右契約がその後設立手続を経た被告会社に当然承継されるかどうか問題がないわけではないが，右契約後の経過からしても，また，もともと，個人経営を会社組織にしたことのみでは必ずしも会社の占有を違法視できないことを考えると，右賃貸借は設立された被告会社に承継されたと認めるべきである。そして，被告会社代表取締役 A と B 間の前記営業譲渡契約は，営業免許に関する権利のみの譲渡を目的とすること前示認定のとおりであるから，右譲渡契約は本件土地建物の賃借権の譲渡を含むものかどうか必ずしも明らかでない。かりに，これを含むものとしても，被告会社は株式会社の形式はとられていても個人的色彩の極めて強い個人的会社であるうえ，営業免許に関する権利譲渡のためにのみ経営者の全面的交替をした本件の場合には，相互の信頼関係を前提とする賃貸借の特質にてらし，新経営者は賃貸人たる原告の承諾がないかぎり，原告に対し右賃借権を対抗することができないと解すべきである。形式的に法人格に変りがないということのみでは右賃借権の存在を原告に対し主張できないものである。」

裁判例 68　土地賃借権の無断転貸と信頼関係の破壊（個人営業から会社組織への変更）
名古屋高判昭和 52 年 5 月 18 日（判時 877 号 63 頁）
〈結果的に解除を肯定した事例〉

「控訴会社は，右転貸について，背信性がないから，被控訴人の承諾がなくても，対抗し得ると主張する。《証拠略》を合わせ考えると，つぎの事実が認められる。すなわち，名古屋市中川区柳堀町 1 丁目 64 番地の借家で，桶製造業を営んでいた A は，昭和 21 年，同町 1 丁目 70 番地に家屋を建築して，同所に移転し，同年 5 月 1 日被控訴人から本件土地を賃借し，昭和 22 年本件土地の一部に本件二の（一）（二）の建物を建築し，その余の空地部分を桶板の乾燥場などとして使用し，同時に税金対策のため，従来の個人営業を合資会社組織とすることとし，同年中，A 自身無限責任社員となり（出資金 5 万円），同人の弟 B，同じく C（両名の出資金いずれも金 2 万円），A の妻 D の妹婿の E，A の妹婿の F，従業員の 1 人であった G（以上 3 名の出資金各金 1 万円）の 5 名が有限責任社員となって，控訴会社を設立し，A が代表社員に就任した。右出資金は，すべて同人において出捐負担し，他の者は登記簿上社員たる名義を貸与したにすぎず，主たる営業所も，従前どおり前記柳堀町 1 丁目 70 番地にあり，営業の実体は個人経営時と何ら変わることなく，A が中心となって営業を継続したが，近くにある本件二の（一）（二）の建物は，控訴会社所有としたため，その結果として，控訴会社において，A からその敷地部分を含む本件土地の転貸を受ける形態をとることとなり，右敷地以外の部分も，従来どおり桶板の乾燥場として使用され，使用状況も A 個人経営時代と何ら異

なるところはなかった。なお，昭和23年9月14日，控訴会社における社員の出資額を変更し，A金18万円，B，C各金3万円，E，F，G各金2万円とし，さらに，昭和24年4月15日，B，C，Eがその各出資持分全部をAに譲渡した上退社し，Aの出資金を金26万円としてその変更登記がなされたが，その後控訴会社は，業績不振で昭和25年3月18日解散し，Aが清算人になった。また，本件二の（一）（二）の建物につき，同年7月1日付で国税滞納処分による差押に基づく嘱託による控訴会社名義の保存登記がなされた。以上のとおり認めることができる。以上の事実によれば，控訴会社は，Aの個人経営当時と実体において何ら異なるところはなく，右両者は実質的に同一視して差支えなく，かつまた，本件土地の使用状況においても，何らの変更もないといえるから，Aから控訴会社への本件土地の転貸については，信頼関係を破壊するに足りる背信行為がない特段の事由があるといえる。ゆえに，控訴会社は，被控訴人に対し，賃借権を対抗し得るから，この抗弁は理由がある。
〔略〕
　以上の認定事実によれば，前記賃貸借契約証書中の無催告解除に関する特約は，特に信頼関係を破壊する程度の債務不履行があった場合にのみ無催告解除ができる趣旨のものと解するのを相当とするところ，前記のとおり，Dは，被控訴人の承諾を得ることなく，本件土地の一部をT及び控訴人Sに転貸して，それぞれ本件三ないし七及び八の各建物の建築を許容して，右敷地部分の使用収益をなさしめ（右各建物が本件二の（一）（二）の建物に附合することは後記認定のとおりであるが，建物建築の結果附合したものであるにせよ，敷地部分を使用収益させたことに変わりはない。），かつまた，昭和43年2月から同年5月まで4か月分の賃料の支払を怠ったのであるから，信頼関係を破壊する背信性があるといわざるを得ず，被控訴人のした解除の意思表示は有効といわなければならない。控訴人Sは，右転貸につき背信性がないと主張するが，未だその主張事実をもって背信性がないとはいえない。また，《証拠略》中には，被控訴人が，控訴人SやTの増築を黙認していたとする供述部分があるが，《証拠略》と対比して，容易に信用しがたい。また，賃料債務は取立債務である旨を主張するが，前掲各証拠によれば，もともと持参債務であること，時に被控訴人がA方に出向いて賃料を受領したことはあるが，それは便宜なされたものであって，これにより取立債務となったものではないことが明らかであるから，この主張も理由がない。してみると，被控訴人とDとの賃貸借は，有効に解除されたといわなければならない。被控訴人の再抗弁は理由がある。」

裁判例69　借地権の無断譲渡と背信性（会社の経営主体の変更）
東京地判平成4年7月6日（金判943号34頁）

「1. 被告会社はかねて本件各土地の賃借権を第三者に譲渡する希望を有し，その旨の折衝などもしていたのであるが，被告Aより会社ごと売ってほしいとの申し入れがあり，平成2年5月頃，11億ないし12億円くらいで同被告に対し，経営権譲渡の形で被告会社の資産を売却し，その際，同被告の要望により，被告会社は駐車場契約をはじめ借地上の契約関係などは全部解約などにより清算し，いわば借地権だけを残して右売却を行い，前記のとおり同月24日同被告は無限責任社員として入社し，被告会社の経営一切は同被告の支配するところとなっ

た。なお，前記Bは有限責任社員として残ったがこれは形式的なもので社員として実質的な権利や義務を有するものではない（甲一九，証人C，原告本人）。

2. 前記争いない事実などによれば，右売却の頃，被告会社は借地の一部を自動車駐車場として賃貸する業務を営む程度の会社であったのであるから，右売却の対価の殆どは本件各土地の賃借権に対するもので，それゆえ被告Aも右駐車場契約などの解消を求めたものと推認され，同被告が被告会社を買収した目的は本件各土地の賃借権の取得にあったものと認められる。
〔略〕

　前記のとおり被告AはB一族とは無縁の第三者であり，このような者に賃借権を承諾なく譲渡することは，それ自体背信性があるというべきである。

　被告は単なる無限責任社員の交替であると主張するのであるが，そう評価できないことは前認定のとおりである。

　従って，原告の前記解除の意思表示は有効であり，被告会社に対し賃貸借の終了に基づき本件各建物の収去，本件各土地の明渡しを求める請求，被告Aに対し本件各土地の所有権に基づき本件各建物からの退去，本件各土地の明渡しを求める請求はいずれも理由がある。」

裁判例 70　土地賃借権の無断譲渡と信頼関係の破壊（合資会社の無限責任社員の交替）
東京高判平成5年7月22日（金判943号29頁）

「合資会社の無限責任社員は，会社債務につきその債権者に対し無限の弁済責任を負うとともに，その資格において当然に会社の経営に当たるものであり，その全人格をもって会社の経営に関与する社員であるところ，当該合資会社が1人の無限責任社員と有限責任社員から構成され，しかも有限責任社員の出資の価額が名目的でありその権利の行使が予定されていないか又は実効性のない場合には，右合資会社の事業は，実質的には，当該無限責任社員の個人的事業と異ならないものというべきである。そして，旧借地法に基づく土地の賃貸借契約は賃貸人と賃借人との信頼関係を基礎とするものであるから，右のような合資会社が他から旧借地法に基づき土地を賃借した後，賃借当時の無限責任社員が交替した場合には，社員の地位の相続を認めている当該定款に従い相続により無限責任社員の交替が生じた等のときは格別，そうでない限り，無限責任社員の交替により右賃借権の譲渡がされたものと解すべきである。

　そして，前示の認定事実に照すと，控訴会社の本件無限責任社員の地位の譲渡・交替は，本件各土地についての賃借権の譲渡に当たるものと解すべきであり，右譲渡につき被控訴人の承諾があったことについては控訴人らの主張・立証しないところであり，また，前示認定の事実関係に鑑みると，被控訴人と控訴会社との間の信頼関係を破壊するとはいえないような事情があるともいえないから，本件解除の意思表示は有効であるというべきである。したがって当審における控訴人らの主張（一）は理由がない。」

裁判例71　会社の営業権の譲渡
東京高判平成5年12月15日（判タ874号210頁，金判1009号6頁）

「(一)　Aは，昭和45年4月ころ，妹の娘婿であり人間的に信頼していたBの口添えもあったことから，Bの実兄であるCが代表者となる予定の設立中の控訴人会社に対し，本件土地を賃料1か月4万円，期間5年，使用目的を道路運送法による旅客又は貨物自動車運送事業経営施設に限り，書面による承諾なく賃借人が賃借権を第三者に譲渡し又は賃借土地の転貸をするとき及び名目の如何を問わず同様の結果を生ずる脱法的一切の行為をなすときは，賃貸人は契約を解除することができる旨の約定で貸し渡した。

(二)　Aは，その後数回にわたり，Cに対し，賃料の増額を申し入れ，Cがこれに応じた結果，Aが死亡した昭和60年6月当時，本件土地の賃料は月10万250円となっていた。Aを相続したDは，Cに対し，新しい賃貸借契約の締結及び賃料の増額を要求したが，経費がかかること等を理由としてCは容易に応ぜず，平成元年1月以降月約2万円の賃料増額に応じたものの，賃貸借契約書面の取り交わしには応じなかった。

(三)　Dは，平成3年6月ころ，Cに対し，再度賃貸借契約書の取り交わし及び賃料増額を申し入れたが，Cはこれを拒絶する一方，同年7月ころEを伴いD方を訪れ，本件土地のうち借地権分として半分位を現物で譲り受けたいと要望したことからDの心証を害し，Dは同年8月以降の賃料の受領を拒否し，同月中旬にCに対し，本件土地賃貸借契約を解除する旨の意思表示をした。

(四)　こうした経緯のなか，Cは，前記のとおり，平成3年9月20日，Fに対し，控訴人会社の持分及び営業の一切を9800万円で売り渡し，控訴人会社の経営から手を引いた。

2　以上に認定した本件土地賃貸借契約及び賃借権譲渡に関する各事実によれば，控訴人会社の代表者がCからFに変更した後において，従前と比較して本件土地の利用状況について概ね変化がないとしても，本件賃借権の無断譲渡について賃貸人に対する背信行為と認めるに足りない特段の事情の存在を肯認することはできないことは明らかであり，他にこれを肯認するに足りる事情の存在を認定するに足りる証拠は存しない。」

裁判例72　借地権の一部無断譲渡と信頼関係の破壊
東京地判平成15年3月25日（判例秘書）

「(1)　原告X1本人尋問，被告Y1代表者本人尋問，甲第13号証，甲第18号証の1から3まで及び本件弁論の全趣旨によれば，被告らは本件土地及び本件建物を共同して占有・使用しているものと認められる。

また，前記第2の1（争いのない事実等）(6)記載のとおり，本件弁論の全趣旨によれば，被告Y1は，平成13年2月初め，銀行取引停止処分を受けて事実上倒産したことが認められ，甲第11号証の1及び2，甲第23号証並びに本件弁論の全趣旨によれば，被告Y1と被告Y2とは，平成13年4月11日，関東運輸局に対し，被告Y1から被告Y2に対する一般貨物自動車運送事業の譲渡し譲受け認可申請書を提出し，同年5月25日ころ，その旨の認可を得

ていることが認められる。
　これらの事実によれば，被告Y1は被告Y2に対し，本件土地の賃借権の一部を譲渡し，本件土地を共同して使用するに至ったものと認められる。
(2) これに対し，被告らは，上記認可申請書（甲第11号証の1，甲第23号証）には，本件土地の賃借権の譲渡は記載されていないことを指摘し，本件土地賃借権の譲渡はなかったと主張するが，甲第13号証，甲第18号証の1から3までから窺われる本件土地及び本件建物の使用状況に照らすと，被告ら指摘の上記事実は，上記(1)の認定を覆すに足りるものではない。
　また，被告らは，被告Y1は，被告Y2の名義で営業をしているものの，その実質は被告Y1が営業をしているものである旨主張するものの，被告らが，一般貨物自動車運送事業の譲渡し譲受けの認可を受けたにもかかわらず，その営業の実質は被告Y1の営業であると認めるべき事情はない。したがって，この点に関する被告らの主張も採用できない。
(3) さらに，被告らは，被告Y1と被告Y2とは，渾然一体となった会社であり，借地権の無断譲渡・転貸をしても賃貸借契約の基礎にある信頼関係を破壊しない特段の事情があるとし，前記第2の2（争点）(2)（被告の主張）イ（土地賃借権の無断譲渡又は転貸について）(ウ)のaからdまで記載の事実がある旨主張する。
　被告Y1代表者本人尋問の結果及び本件弁論の全趣旨によれば，被告ら指摘のaからdまでの事実が認められるが，それぞれの代表取締役が親子の関係にあり，また，両者間で営業譲渡がされたことを前提とすると，このような事実から，両者が渾然一体となった会社であると認めることはできないし，その間の土地賃借権の譲渡が信頼関係を破壊しないものであるということもできない。
　むしろ，前記第2の1（争いのない事実等）(6)記載のとおり，被告Y1は，平成13年2月初め，銀行取引停止処分を受けて事実上倒産したのに，被告Y2がそのころ倒産したものと認めるべき事情はないのであるから，両者は，少なくとも，財産上は別個独立の会社として存在していたものと評価するのが相当である。
　以上を前提とすると，土地賃借権の譲渡が信頼関係を破壊しないと認めるべき特段の事情はないというべきであるし，被告ら主張の諸事情及びその他本件記録中に認められる諸事情を考慮しても，土地賃借権の譲渡が信頼関係を破壊しないと認めるべき特段の事情は認められない。」

裁判例73　土地賃借権の無断譲渡と背信行為
東京地判平成18年3月22日（判例秘書）

　「被告らは，被告Y1からBへの移転は，同じ企業グループ内の子会社同士の合併による統合によって形式的に人格の変更があったに過ぎず，両社の代表取締役，取締役，監査役も全く同一人であり，実質的に民法612条2項に規定しているような賃借権の譲渡又は転貸があったものとまではいえない旨主張する。
　そこで検討するに，証拠（甲3，乙2，3，5）及び弁論の全趣旨によれば，被告Y1は遊戯場の経営等を目的とする株式会社であり，平成14年12月に解散されるまでの代表取締役は

E，取締役の1人はF，監査役はGであること，Bも遊戯場の経営等を目的とする株式会社であるところ，その代表取締役はE，取締役の1人はF，監査役はGであり，被告Y1と同一であること，Bは，平成14年12月1日，被告Y1を吸収合併し，被告Y1は解散したこと，本件建物について平成15年8月7日受付で平成14年12月1日代物弁済を原因とするBへの所有権移転登記がされていること，以上の事実が認められるところ，これによれば，被告Y1とBとは人的に強いつながりのある会社であることがうかがわれ，しかも両社は合併して，被告Y1は解散したというのであるから，登記上の移転原因が代物弁済とされてはいるものの，被告Y1からBへの本件建物所有権の移転は，実質的には合併による承継であったとの事情がうかがえないではないから，これにより実質的に民法612条2項に規定しているような賃借権の譲渡又は転貸があったものとまではいえないか，あるいはこれに当たるとしても賃貸人に対する背信行為と認めるに足りない特段の事情があるとの被告らの主張には相応の根拠がないとはいえないと考えられる。

　しかしながら，本件建物については，それに続いて平成16年12月24日受付で同日売買を目的とする被告Y2への所有権移転登記がされているところ，被告Y2とBあるいは被告Y1との間に，人格の同一性ないし継続性を認めるに足りるような事情は主張も立証もされていない。

　この点について被告らは，被告Y2とBは，株式会社Cを親会社とするDグループと称する企業グループの子会社であり，かつ兄弟会社であるとか，被告Y2は，Dグループ内の子会社の不動産を管理するために設立されたものであり，本件建物についても実質的に取得しているわけではなく，単に上記グループ内の会社の不動産を名目上管理するために名目的に登記名義を得ているに過ぎないなどと主張する。本件において被告らが被告Y2について主張するような事情が立証されているとはいえないが，仮にそのような事情が認められたとしても，これをもって被告Y2とBとの間に人格の同一性ないし継続性を認めることができるわけでないことは明らかであり，そうであるとするならば，被告らの主張するような事情をもって，実質的に民法612条2項に規定しているような賃借権の譲渡又は転貸があったものとまではいえないとか，あるいはこれに当たるとしても賃貸人に対する背信行為と認めるに足りない特段の事情があるといえないことは明らかというべきである。」

(2) 解除を否定した事例

裁判例74　個人所有建物から宗教法人所有建物への変更と信頼関係の破壊
最判昭和38年10月15日（民集17巻9号1202頁，裁判集民68号401頁，判時357号36頁）

「所論は，判決に民法612条の解釈適用の誤りがあるというが，原判決は，所論第1審判決引用の理由説示を補足して，更にその挙示の証拠関係によって認定したところに従い，被上告人Aの父Bは寺門の出であって，同被上告人もまた僧職にあるところ，Bは上告人から借用した本件土地に住居兼説教所として本件建物を建てて住み，B死亡後は右被上告人がその跡を継ぎ，同被上告人は昭和27，28年頃右建物を本拠として被上告人X寺を設立し同寺の住職として引続き家族と共に同所に住んでいることから，宗教法人である被上告人X寺が本件土地

を使用するに至ったことは否定できないけれども，その使用関係は実質上終始変りがなく，したがって，仮に本件賃借契約中には被上告人寺の設立が予知し包含されていないとするも，被上告人寺の設立は上告人と被上告人Aとの本件賃貸借関係を断たねばならぬ程に信頼関係を裏切ったものと見るべきでないとし，よって，上告人主張の解除権は発生しない旨判断して居り，この判断は，首肯できる。」

裁判例 75　営業譲渡と背信性
東京高判昭和 40 年 10 月 26 日（金判 49 号 14 頁）

「右引用に係る原判決の認定するところによると，訴外 X 信用金庫から被控訴人に対し，本件建物及び本件土地賃借権を含めてその営業全部の譲渡がなされるに至ったのは，右訴外金庫又は被控訴人の単なる営利的な考慮からではなくして，むしろ，経営の破綻を来たした右訴外金庫を放置することによりその多数預金者に不測の損害を及ぼすことを憂慮した監督庁の公共的見地よりする要望勧奨によるものであり，他方右訴外金庫も被控訴人もともに信用金庫法の金庫であって，その性格，業態は全く同一であり，本件借地権譲渡の前後を通じ，土地の使用状況については何ら変化は見られず，賃料支払の確実性に至っては倒産に瀕した訴外金庫賃借当時よりむしろ遙に増大しているのであって，これらは，まさに，本件借地譲渡権をもって賃貸人たる控訴人に対する背信行為と認めるに足りない特段の事情というに妨げない。そして控訴人と訴外金庫との間の賃貸借契約においては，賃借権の無断譲渡を禁止する特約が存し，控訴人は民法第 612 条の規定のほか右特約違反をも理由として本件賃貸借契約解除に及んだことは，成立に争のない甲第 1 号証第 6 号証の 1 により明かであるところ，右特約をなした当事者の真意は一般に賃借権の譲渡が継続的な賃貸借関係における相互の信頼を破壊する故，これを禁止することに合意したもので，従って賃借権譲渡のなされた諸般の事情に照らし，全く背信性を欠く類のものまでもなお一律に排斥する趣旨であるとは解し難く，ひっきょうそれは民法第 612 条の法意と同一に帰するものと見るべきであるから，特約違背を理由とする契約解除も失当というべきである。（また別の見方によれば，本件賃借権の譲渡が前認定のような事情の下になされ，しかも譲渡の結果は賃貸人に取り益あって害なき場合であるに拘らず，ただ特約の存することを理由に賃貸借契約を解除しようとするのは，権利の濫用であるともいうことができよう）。」

裁判例 76　無断譲渡と背信行為（個人経営から会社組織への変更）
最判昭和 41 年 7 月 15 日（裁判集民 84 号 111 頁，判時 455 号 38 頁，判タ 195 号 78 頁）

「原判決によれば，本件土地は上告人の所有であり，昭和 27 年 8 月 1 日に被上告人 A 個人に対し建物所有の目的で賃貸したところ，上告人はその後にいたり，当該地上にある本件物件については昭和 27 年 7 月 26 日付で旧所有者 B から被上告会社（その代表者は被上告人 A）に所有権移転の登記がなされていることを知り，右は被上告人 A が本件土地賃借権を被上告会社に無断で譲渡（または転貸）したものと主張して賃貸借契約を解除したのであるが，原判

決は，右譲渡（または転貸）は賃貸人に対する背信行為とはいえないと判断して，契約解除を無効としていること論旨指摘のとおりであり，論旨は，右判断に違法があると主張するものである。

　しかし，原判決が確定した事実，すなわち，被上告人Aは先代時代からX商店の屋号で織物の製造加工業を営んでいたところ，税金対策と金融の便宜のため，昭和25年頃右営業を会社組織にし被上告会社を設立したものであるが，営業の実体は個人営業時代と変わらず，事実上被上告人Aが自由に支配できるいわゆる個人会社であること，被上告人Aは，1つには家族の住家とし，1つにはこれを担保に事業資金を借り入れようとの考えから本件建物を会社名義で買い受け，上告人と本件賃貸借契約を結んだのであるが，貸借の交渉にあたって特に真実をかくそうとの意図はなく，被上告人個人の所有も同然との考えから所有名義の点にふれなかったにすぎず，格別悪意も作為もなかった等の事情に照らせば，背信行為と目するに足りない特別の事情がある旨の原判決の判断は正当として是認できる。」

裁判例77　土地賃借権の譲渡と信頼関係の破壊
東京高判昭和43年4月16日（高民集21巻4号321頁，東高時報民19巻4号85頁，金判149号15頁）

「(2)　思うに，法が賃借権の無断譲渡または転貸を賃貸借契約の解除事由としているのは，賃貸借が本来当事者間の信頼関係を基礎として成立する継続的な関係だからである。すなわち，賃貸借は長期にわたり当事者を拘束する継続的な関係であるから，賃貸人には賃借人を選択するの自由を保持せしめる必要があり，したがって，その意に反して賃借人が交替しまたは実質上新たな賃借人の加入する結果を抑止しなければならないのである。この意味において，法律上賃借権の譲渡と目される行為がありながら，その行為が信頼関係を裏切らない特別の事情があるとして賃貸人の解除権の行使を許容しないのは，本来筋道の通らない論であるというのほかはない。けだし，無断譲渡または転貸自体には当然に賃借人の背信性が内在するものというべきだからである。

　しかし，法形式上賃借権の譲渡または転貸というのほかない場合であっても，その実質においては民法第612条にいわゆる賃借権の譲渡または転貸（無断譲渡または転貸禁止条項における譲渡または転貸も同じ）に該当しないと認むべき場合も存しうる。たとえば，引揚者たる親族を一時借家に収容する場合，借家人が親族の学生を下宿代りに同居させる場合または法定の推定相続人に借地上の家屋を贈与する場合などこれに属する。従来の実務例においては，これらの場合にあるいは賃借権の譲渡もしくは転貸の事実を否定し，または賃借権の譲渡または転貸の事実を認めながら賃貸借の解除を権利の濫用としてその効力を否定しているが，当裁判所の解するところによれば，これらの場合は原則として民法第612条にいわゆる賃借権の譲渡または転貸に当らないというべきものなのである。

　しからば，会社の合併による賃借権の移転の場合はどうか。被控訴人らは，合併は相続と異り当事者の行為によるものであるから，賃借権が合併によって移転する場合も民法第612条にいう賃借権の譲渡がある場合に該当すると主張する。一理ある論である。しかし，合併はいわば人格の承継であって個々の財産の移転ではないから，それが当事者会社の行為によってなさ

れるからといって同条にいう賃借権の譲渡を伴うものと解することはできない。これを実質的にみるも、存続会社または吸収会社は合併の当時者会社または被吸収会社の権利義務を包括的に承継する意味においてこれと同一性を有し、いわば体内の一部にこれを包容している関係にあるから、賃貸人との関係では依然として賃借人である合併の当事者会社または被吸収会社が賃借人であると解して差し支えなく、その間に信頼関係を裏切る賃借権の譲渡の存在を認むべき理由はない。合併により企業規模が拡大し、賃貸物件の使用の態様に影響を与えるおそれがあることは、個人企業を共同経営とした場合と異るところがなく、これを無制限に放任しては賃貸人の利益を害するとも考えられないことはないが（本件のような借地権にあってはそのおそれはないが）賃借物件の使用の態様に変化を生じうることは賃借人が存続会社または吸収会社である場合にも想像しうることであって、かかる使用態様の変化はそれが用法違反とならない限り賃貸人として認容せざるをえず、これを理由として人格の承継である合併による賃借権の移転を前記法条にいわゆる賃借権の譲渡と解することはできないのである。」

裁判例 78　個人企業から会社組織への変更と背信行為
最判昭和43年9月17日（裁判集民92号291頁、判時536号50頁、判タ227号142頁、金判129号5頁）

「被上告人Aは、昭和33年2月11日訴外Bから本件建物およびその敷地たる本件土地の借地権を譲り受けることとなり、同日、上告人との間で本件土地の賃貸借契約を締結した。しかし、本件建物は、銀行から譲受けに必要な資金を融資してもらう関係上、被上告人Aは、被上告会社名義で譲り受けることとし、同日その旨の所有権取得登記を経たものである。そもそも、被上告人Aは、昭和22年頃婦人服の販売等の営業をはじめ、同29年中には東京銀座5丁目の本件土地の向い側にXという店舗を設けるに至った。そして、税金、従業員採用等の対策から個人企業を株式会社組織に改めることにし、昭和32年1月被上告会社を設立した。同会社においては、設立以来今日まで被上告人Aが代表取締役で、その他の役員は同被上告人の妻子および親族であり、株主中被上告人以外のものはすべて妻子および親族の名を借りたにすぎず、実際の出資は全部同被上告人がしたものである。被上告会社はその設立後今日まで数回の増資をし、その増資資金はすべて被上告人Aがだしたものである。右増資にともない、本件建物以外にも店舗が設けられ、従業員数も相当に増加するに至ったが、被上告会社の運営および実権は、なおも実質的に被上告人Aの個人企業の時代と同様の状態であり、上告人から本件土地を賃借するにあたっては、貸主側においても、借主側においても、借主が被上告会社では不都合で、被上告人A個人でなければいけないというような事情はなかった。被上告人Aは、被上告会社設立後も個人企業時代と同じく営業の全般を自ら掌握していたので、個人と会社とを区別して考えることなく両者のいずれの名義であれ、本件土地を借りることができさえすればよいと考えて、同被上告人を借主とする右賃貸借を締結したものである。

右事実によれば、被上告人Aが本件土地を同被上告人の個人企業と実質を同じくする被上告会社に使用させたからといって、賃貸人との間の信頼関係を破るものとはいえないから、背信行為と認めるに足りない特段の事情があるものとして、上告人が主張するような民法612条2項による解除権は発生しないことに帰着するとした原審の判断は、正当である。」

裁判例 79	無断転貸ないしは無断譲渡と信頼関係の破壊（個人販売業から会社組織への変更）

最判昭和 47 年 4 月 25 日（裁判集民 105 号 829 頁，判時 669 号 64 頁）

「すなわち，第 1 審判決添付第二物件目録記載の本件土地は，もと被上告人の亡夫 A の所有に属したが，同人は，昭和 14 年頃本件土地を上告人 B に建物所有を目的として賃貸した。被上告人は，A の死亡により，昭和 35 年 2 月 29 日相続により本件土地の所有権を取得し，賃貸人の地位を承継した。上告人 B は，その地上に第 1 審判決添付第一物件目録（一）の建物を建築し，個人経営のコンクリート製造販売を業としていたが，昭和 25 年 1 月 28 日上告有限会社を設立して，同会社のために右建物を現物出資して所有権を移転し，その後昭和 31 年 7 月有限会社を解散して上告人 X 工業株式会社（以下「上告株式会社」という。）を設立し，上告株式会社も上告有限会社当時と同じく同第一物件目録記載の本件建物およびその敷地である本件土地を使用して，同じくコンクリート製造販売業を営んでいる。ところで，上告有限会社は，上告人 B によって設立されたものであって，その事業内容は，個人経営当時と少しの変化もなく，責任者は依然上告人 B であった。さらに，上告株式会社の設立後も事業の内容に変化はなく，責任者は依然上告人 B であった。すなわち，株式の 2 割は形式上知人名義になっているが，それは名義だけで上告人 B が出資しており，他の 8 割は上告人 B の個人出資であって，上告株式会社の代表取締役には上告人 B が，また，上告有限会社の解散後の清算人にも上告人 B が就任していた。してみると，個人企業を会社企業に転換しても経営の実態にはその前後をつうじて実質的な変動はないものとみられないわけではないが，いやしくも，会社が設立された以上は別個独立の人格を有するに至ったものであるから，上告有限会社が上告人 B の現物出資により，その地上の建物を自ら所有し使用収益する関係は，その賃借物たる本件土地の転借または賃借権の譲受のいずれかに該当する。そして，上告有限会社および上告株式会社の本件土地の使用関係が賃借人の変更によるものか単に転貸借にすぎないか明確でない本件の場合にあっては，賃借人は賃貸人の承諾を要すべきものである。ところが，上告人 B は，被上告人の承諾をえていない。

原判決は，以上のように判示したうえ，本件賃貸借契約は，賃借権の無断譲渡を理由として昭和 36 年 12 月 31 日に被上告人が上告人 B に対してした賃貸借契約解除の意思表示によって終了したと判断しているのである。

しかしながら，建物所有を目的とする土地の賃借人が，賃借土地を賃借人の個人企業と実質を同じくする会社に使用させたからといって，ただちに賃貸人との間の信頼関係を破るものとはいえず，このような場合には，通常は，背信行為と認めるに足りない特段の事情があるものというべきであるから，賃貸人は，民法 612 条 2 項により賃貸借契約を解除することは許されないものと解すべきである（最高裁判所昭和 39 年（オ）第 696 号・同年 11 月 19 日判決・民集 18 巻 9 号 1900 頁，昭和 41 年（オ）第 818 号・同 43 年 9 月 17 日判決・裁判集 92 号 191 頁参照）。それゆえ，これと異なる見解に立って，原判決の確定した事実関係のもとにおいて被上告人がした賃貸借契約解除の意思表示によって本件賃貸借契約は終了したものとする原判決の判断は，民法 612 条 2 項の解釈を誤り，審理不尽，理由不備の違法があり，この点に関する論旨も理由がある。」

裁判例 80　会社倒産後の商号，役員構成等の変更と無断譲渡ないしは無断転貸
大阪高判昭和 54 年 6 月 15 日（判時 943 号 64 頁，判タ 395 号 70 頁，金判 582 号 28 頁）

「(二) このように，株式会社において，株主の大部分が交代し，商号，目的ならびに役員構成がすべて変更され，且つ従業員も全く異なるに至った場合でも（もっとも，本件においては従業員は，既に全員退職後相当の期間が経過しているが），これを法人格の実質的変更と捉え，右変動後は，その変動前の会社とは法人格上別個の会社の設立があったものと看做すことは，いやしくも法律がすべて法人は法律の規定に依るに非ざれば成立せざるものとし，会社の設立登記を対抗要件ではなくその成立要件となしたる法意（民法 23 条，商法 57 条）並びに株式会社において株主および取締役の交代並びに事業目的の変更はともにその法人格の継続性を失わしめるものではないことから，たやすくこれを迎え入れることができず，前認定の事実関係の下においても，控訴人が旧商号を X とした会社とは別個の法人であるとの判断はたやすく下し得ない。

かえって，本件においては，前認定の事実によれば，A らは，会社の資産である本件建物と借地権とに着目して，これを活用し乍ら会社を存続させ，その再建を図ろうとしたもので（なおその場合，被控訴人らから前記のように賃貸借契約解除の通知がなされており，且つ約定存続期間も迫っていたけれども，右 A らは賃借人の立場において右解除の効果を争い且つ被控訴人らには自己使用その他正当の理由もなく，期間終了後の更新が可能なものとして借地権を一定に評価し，その活用を考えたものと認められるが，そのことに無理があるとは思われない。），同人らには法人格上別個の新会社を設立する意思はなく，あくまで X の法人格を継続させ，これを働かすことを考えたため，その法人登記の変更登記手続に依ったものと認められるのであって，実体上も，新会社を設立し，その設立登記手続に代えて既存の X の法人登記を流用して変更登記をしたものともたやすくは断定し難いのである。

(三) なお余論乍ら，被控訴人らの主張に依るときは，その実体を個々に判断すべきこととなるが，かくては，1 つの法人が或る場合には別個の人格に，或る場合には同一の人格との認定を受けることとなって，いたずらに法律関係の錯綜を招くのみならず，新会社の成立を肯認する反面，変更前の会社の存続の有無を如何様に処理すべきかの問題にも波及せざるを得ない。そしてその場合，旧会社（仮称）の存続を認めるとすれば，1 つの登記を 2 つの会社が利用することを認めるか旧会社につき登記のない会社の存立を認めるという矛盾を避けられないし，反対に旧会社が消滅するというのならば，法の定める解散の要件をまたずして解散がなされたことを肯認せねばならないほど，解釈上多くの困難が予想される。更にこの場合，別人格の成立を認め，それに対する賃借権の譲渡又は転貸として，借地法 9 条の 2 の申立を為すべきものとしたとき，その申立手続上，同条の第三者に該る新会社の人格を如何にして特定すればよいのかの疑問も生ぜざるを得ない。（本件如きを別人格に対する賃借権の無断譲渡・転貸とする以上，そこには当然，借地法 9 条の 2 の手続による救済の裏付けが保障されなければならない。）

以上の次第であるから，控訴人が X と法人格上別個の会社であることを前提とする被控訴人らの主張はたやすく採用できない。」

裁判例 81　経営主体の変更と土地賃借権及び建物の無断譲渡

最判平成 8 年 10 月 14 日（民集 50 巻 9 号 2431 頁，裁判集民 180 号 539 頁，判時 1586 号 73 頁，判タ 925 号 176 頁，金判 1009 号 3 頁）

「1　民法 612 条は，賃借人は賃貸人の承諾がなければ賃借権を譲渡することができず，賃借人がこれに反して賃借物を第三者に使用又は収益させたときは，賃貸人は賃貸借契約を解除することができる旨を定めている。右にいう賃借権の譲渡が賃借人から第三者への賃借権の譲渡を意味することは同条の文理からも明らかであるところ，賃借人が法人である場合において，右法人の構成員や機関に変動が生じても，法人格の同一性が失われるものではないから，賃借権の譲渡には当たらないと解すべきである。そして，右の理は，特定の個人が経営の実権を握り，社員や役員が右個人及びその家族，知人等によって占められているような小規模で閉鎖的な有限会社が賃借人である場合についても基本的に変わるところはないのであり，右のような小規模で閉鎖的な有限会社において，持分の譲渡及び役員の交代により実質的な経営者が交代しても，同条にいう賃借権の譲渡には当たらないと解するのが相当である。賃借人に有限会社としての活動の実体がなく，その法人格が全く形骸化しているような場合はともかくとして，そのような事情が認められないのに右のような経営者の交代の事実をとらえて賃借権の譲渡に当たるとすることは，賃借人の法人格を無視するものであり，正当ではない。賃借人である有限会社の経営者の交代の事実が，賃貸借契約における賃貸人・賃借人間の信頼関係を悪化させるものと評価され，その他の事情と相まって賃貸借契約解除の事由となり得るかどうかは，右事実が賃借権の譲渡に当たるかどうかとは別の問題である。賃貸人としては，有限会社の経営者である個人の資力，信用や同人との信頼関係を重視する場合には，右個人を相手方として賃貸借契約を締結し，あるいは，会社との間で賃貸借契約を締結する際に，賃借人が賃貸人の承諾を得ずに役員や資本構成を変動させたときは契約を解除することができる旨の特約をするなどの措置を講ずることができるのであり，賃借権の譲渡の有無につき右のように解しても，賃貸人の利益を不当に損なうものとはいえない。

　2　前記事実関係によれば，上告人は，上告補助参加人が経営する小規模で閉鎖的な有限会社であったところ，持分の譲渡及び役員の交代により上告補助参加人から C に実質的な経営者が交代したものと認められる。しかしながら，上告人は，資産及び従業員を保有して運送業を営み，有限会社としての活動の実体を有していたものであり，法人格が全く形骸化していたといえないことは明らかであるから，右のように経営者が交代しても，賃借権の譲渡には当たらないと解すべきである。右と異なり，実質的には上告補助参加人から C に賃借権が無断譲渡されたものとして被上告人らの契約解除の主張を認めた原審の判断には，民法 612 条の解釈適用を誤った違法があり，右違法が原判決の結論に影響を及ぼすことは明らかである。この点をいう論旨は理由があり，その余の点につき判断するまでもなく，原判決は破棄を免れない。」

裁判例 82　借地権の無断譲渡と信頼関係の破壊（子会社設立のための親会社からの現物出資）

東京地判平成 10 年 2 月 23 日（判タ 1013 号 174 頁）

「二　右認定のとおり，被告 X ビルは，被告 X 証券の不動産を管理するための会社で被告

X証券とは密接な関係を有しているとはいえ被告X証券とは別法人であるから、被告X証券から被告Xビルに本件建物等を現物出資として譲渡したことは本件借地権の譲渡に該当し、この譲渡に本件借地契約で定められた事前の協議や原告の承諾がないことは右認定のとおりであるから、本件借地権の譲渡は賃借権の無断譲渡に当たるということができる。被告らは、本件建物の実質的所有権が被告X証券であるなどと主張し、被告Xビルは所有権移転の仮登記しか有していないことは前記認定のとおりであるが、被告X証券は本件建物等を被告Xビルに現物出資して譲渡したことは前記認定のとおりであるからこれを採用することができない。

三　前記争いのない事実及び前記認定の事実によれば、本件建物は建築以来今日まで被告X証券の浜松支店として利用され、昭和49年の本件借地権の被告Xビルへの譲渡以降もその使用形態に変化はなく、地代の支払いも滞ることなく行われていた。

原告は、本件借地権の譲渡を平成8年に知るまで被告らから知らされなかったことに不信感を抱いているが、被告Xビルの設立は、被告X証券の不動産管理のためであり、乙第五号証によれば、本件借地権の譲渡について原告の承諾を得なかったのは、被告ら社員の感覚として両者が別会社であるという意識がなく、賃借権の譲渡に当たるという感覚が欠如していたこともその一因であったことを認めることができる。

以上の諸事情を総合考慮すると、被告らは本件借地権を現物出資として譲渡するに当たり原告の承諾を得るか、これが得られなかったとしても借地法の譲渡許可等をとっておけば今回のような紛争に至らずに済んだもので、本件紛争が発生した責任は被告らにあるということができるが、被告らが本件借地権を現物出資として譲渡したことを原告にことさらに隠してきたような事情もなければ、本件土地及び建物の利用状況に本件借地権の譲渡の前後で何ら変化はなく、地代も滞りなく支払われてきたのであるから、本件土地の明渡しが認められない場合の不利益は、本件建物を収去され、浜松支店としての営業の拠点が失われることになる被告らの不利益に比較すればさほど大きいものとは認められない。したがって、被告X証券から被告Xビルに対する本件賃借権の無断譲渡には、信頼関係を破壊しない特段の事情があるということができる。」

3　担保権設定等
(1)　解除を肯定した事例

裁判例 83　借地上の建物に対する抵当権設定と信頼関係の破壊
東京地判昭和44年3月27日（判時568号57頁、判タ237号284頁）

「被告は本件建物は自己の所有であり、これに抵当権を設定したが解除までに競落されていないから抵当権設定禁止の約定の不履行はあっても、賃貸借上の信頼関係は破壊されていないと主張し、本件建物が被告所有であること、解除までに抵当権実行による競落がされていないことは、当事者間に争いがない。

もともと土地の賃貸人が借地人に対しその所有の地上建物に抵当権を設定しない約定をなすのは、抵当権実行により建物の所有者が変更し、従って土地賃借権が移転することを防止するという点において賃借権の譲渡を禁ずる約定と同一の目的を有するものであり、従って右抵当

権設定禁止の約定の合理的存在理由は賃借権の移転により賃貸人が土地明渡請求のための手続を，また賃借権譲受者（建物競落者）よりなされる建物買取請求に応じて，意に反する建物の取得，出費を余儀なくされることの予防に求められるものであるが，賃借権の譲渡と異り抵当権の設定は必ずしも常に賃借権の譲渡を招来するものではないから，抵当権設定禁止の約定が存しても，右約定違反の程度が軽微な場合には，右約定違反により賃貸借上の信頼関係は破壊されず，従ってこれを理由に契約解除はなしえないと解することができる。

然し，被告が本件賃貸借後契約解除までの間に，本件建物につき，（イ）昭和30年12月8日付，（ロ）昭和31年11月22日付各登記をもって訴外X金融公庫に対し，（ハ）昭和33年6月18日付，（ニ）昭和34年12月18日付各登記をもって訴外Y金融公庫に対し，（ホ）昭和39年5月17日付登記をもって訴外Z銀行に対し，それぞれ抵当権を設定し，（ホ）の訴外Z銀行は競売の申立をなし，昭和40年2月23日当裁判所が競売開始決定をしたことは当事者間に争いがない。被告は，このように禁止約定に反し，多数回に亘り抵当権の設定をなしているうえ，成立に争いない甲第三号証によると，右抵当権のうち（イ）の抵当権は昭和31年11月26日付弁済により同月29日設定登記の抹消，（ロ）の抵当権は昭和34年6月18日付弁済により同年7月9日設定登記の抹消がなされてはいるが，原告の解除等には右（ハ），（ニ），（ホ）の各抵当権は消滅せずに残っていたことがうかがえ，しかも前記のように（ホ）の抵当権に基き競売開始決定までなされる段階に至っているとの事実を前提とすれば，被告の約定違反は軽微なものとはいえず，従って賃貸借上の信頼関係は破壊されてはいないということはできない。よって，被告の（ロ）の抗弁も採用できない。」

裁判例84　建物に対する譲渡担保設定と背信行為
水戸地判昭和49年11月19日（判時780号86頁）

「右認定事実によれば，AからX不動産に対する本件家屋の所有権の移転の実体は金100万円の貸金債権の譲渡担保であると認めることができる。

そして一般に借地上の家屋の所有権を他に譲渡した場合には，その家屋の解体を目的とするなどの特段の事情のないかぎり，当該借地権もそれに随伴して譲渡されるものと解され，この理は借地上の家屋を譲渡担保に付した場合でも，家屋の所有権はいったん有効に移転しその敷地の借地権も譲渡されるものとみなされるから，別異に解すべきではない。しかしながら，このことから直ちにその敷地の借地権につき民法第612条第2項所定の解除の原因となる無断譲渡があったものとも解せられない。すなわち，賃借権の無断譲渡がなされた場合には，原則として賃貸人は民法第612条第2項により賃貸借契約の解除をなし得るのであるけれども，当該賃借権の譲渡が賃貸人に対する背信行為と認めるに足りない特段の事情が存するときには賃貸人の解除は許されないものと解されるところ，借地上の家屋を譲渡担保に付する場合には終局的確定的に権利を移転する趣旨ではなく，かつ被担保債務を完済すれば該家屋を取戻し得るのであるから，別異に解すべき特段の事情のないかぎり，一応賃貸人に対する背信行為はないものと認めて然るべきだからである。これを本件についてみてみるになるほど控訴人ら主張のとおりAからX不動産に対する本件家屋の譲渡は譲渡担保としてなされたものであり，その前

後を通じ本件家屋の使用状況に変更はなく，地代もAから被控訴人に支払われていたことが認められるから，これらの事実からすれば，かかる時点においては未だ被控訴人に対する背信行為と認めるに足りない特段の事情があるものということができる。しかしながら，前記認定事実によれば，Aは昭和45年3月15日の弁済期を徒過するも被担保債務の返済ができず，同年11月10日いったん元利金合計を算出しこれを3口に分割して支払うことにしたものの，Aは昭和46年2月ころ右債務の返済をすることなくそれまで居住していた本件家屋から退去して行方をくらまし右債務の返済を怠ったのみならず，昭和46年6月分以降は本件土地の地代を被控訴人に支払わなかったのであり，その後本件家屋は控訴人Bが全部を使用するようになると共にX不動産は家賃を金6000円から金1万5000円に値上げして，同会社の社員である控訴人Cを通じてこれを受領していたのであるから，かかる事実関係のもとでは，被控訴人が昭和46年9月8日公示送達の手続によりAに対し無断譲渡を理由に本件土地の賃貸借契約を解除する旨の意思表示をした時点においては，Aが債務を返済して本件土地を取戻し得ることは到底期待できなくなっていたものであり，これに加えて右認定の諸搬の事情を勘案すれば，被控訴人に対する背信行為がなかったと認めるに足りる特段の事情があったものとは認め難いから，右解除は有効と解するほかない。」

裁判例85 【参考判例】借地上の建物に対する不動産質権設定と土地賃借権の無断転貸又は無断譲渡
東京地判昭和50年11月27日（判時826号67頁）

「右の事実によれば，本件旧建物はAの所有であったが，本件建物完成と同時に，同人のBに対する金1300万円の旧債権および金100万円の工事費立替金債権ならびにCに対する金200万円の工事費立替金債権の支払の担保として，右B，Cの両名に現実に引渡され，右両名はAに対する各債権の弁済を受け終るまで本件建物の使用収益をする権利を有すること（本件建物の使用収益をすることは，右両名にとって債権回収の唯一の手段であり，その権利の眼目である）が認められ，Aは，右両名との間に本件建物につき，不動産質権を設定したものというべきである。

思うに，担保権者が担保物の現実の引渡を受ける場合には，担保権者は，建物賃借人等の債権的利用者とは違い，担保物を物権的権原によって占有，支配しているものというべきであるから，借地上の建物に質権を設定することは，敷地賃借権につき「賃借物ノ使用又ハ収益ヲ為サシメタ」ものということになり，敷地賃借権の譲渡転貸に該当することになる。

本件についてこれを見るに，原告の主張は措辞適切を欠くきらいがあるが，要するにAがBらに本件建物の占有管理処分権限を委ねたのは，民法612条2項の「賃借物ノ使用又ハ収益ヲ為サシメタ」ものに該るというにあると解されるところ，前述のとおり，Aは原告ら先代Dに無断で，本件建物をBらに質入れしたものと認められるから，原告らは，右法条に基づき，本件土地の賃貸借契約を解除することができるものというべきである。」

裁判例86　建物の譲渡担保と信頼関係の破壊
大阪地判昭和51年3月5日（金判561号31頁）

「右認定事実に照らすと，被告Aから被告Bへの本件建物の譲渡は，債権担保の目的でなされたものではあるが，被告Aは，被告Bに対する千数百万円にのぼる債務をはじめ支払能力をはるかに越える多額の債務を負担し，債権者からの厳しい支払請求を逃れるため突然行方をくらまし，その後遂に死亡するに至ったもので，しかも関係者の調査によっても相続人の存否さえ判明しない実情にあり，仮に相続人の所在が判明したとしても，多額の債務を弁済して本件建物の所有権を回復する可能性は絶無といっても過言ではなく，本件建物の占有は，行方不明後は事実上被告Bの単独占有に帰しており，本件建物はすでに確定的に被告Bに譲渡されたか少なくともそれと同視し得る状況にあることが認められるから，本件賃借権の譲渡は，民法612条2項所定の解除事由たる賃借権の譲渡にあたるというべきである。

建物の譲渡に伴なう敷地賃借権の譲渡を理由とする解除が，事情の如何によっては右条項所定の解除事由にあたらない場合のあることは勿論であるが，それはなお債務者において債務を弁済し所有権を回復し得る地位にあり，敷地利用及び賃料支払状況が担保権設定の前後を通じて変化がなく，賃貸人との信頼関係に影響がない等の事由により，いまだ終局的確定的に所有権が移転されたものとは認められない場合を指すのである（最高裁判決昭和40年12月17日民集19巻9号2159頁参照）。

本件賃借権の譲渡が右の場合にあたらないことは，前記説示によって明らかであろう。したがって，本件賃貸借は，昭和49年3月6日解除により終了したものといわなければならない。

3．信頼関係の破壊について

被告らは，本件賃借権の譲渡は信頼関係を破壊するものではない旨主張するが，全証拠を検討しても背信行為にあたらない特段の事情の存在は認められないから，右主張は採用しない。」

裁判例87　建物の買戻特約付譲渡と土地賃借権の無断譲渡又は無断転貸
東京地判昭和52年10月4日（判時890号102頁，金判565号48頁）

「（一）Aは，昭和36年頃本件建物の築造にとりかかったが，途中で資金が続かなくなり，後は，債務者が資金を出した。Aは，他にも債務者に債務を負っていたため，債務者に本件建物及び土地賃借権を譲渡したかったが，賃借権の譲渡が禁止されていたため，債務者との間で次のような契約を結んだ。

すなわち，本件建物の所有名義はAとするが，債務者は，30年間同建物を所有者と同様に自由に使用収益しうるものとし，Aは右期間中建物の返還を求めることはできない。債務者は賃料を支払う必要はなく，同建物を第三者に転貸することも自由である。固定資産税及び本件土地の地代も債務者が負担し直接納める。

債務者に30年間使用を許すことにより，Aの債務を600万円に減額し，30年後に同人が債務者に右金額を支払った場合には同建物を取戻すことができるが，これを支払えない場合には確定的に所有権が債務者に移転する。

（二）本件建物についてはＡ名義の所有権保存登記がなされているほか，根抵当権者を債務者，債権額600万円，債務者Ａの根抵当権設定登記，権利者を債務者とする停止条件附代物弁済契約に基づく所有権移転仮登記及び賃借人を債務者，賃借権を移転し又は賃借物を転貸することができる旨の特約のある賃借権設定の登記がなされている。

（三）Ａは，本件建物の基礎工事の段階で，債権者に連絡することなく住所を移転し，その後，Ａの妻Ｂは昭和36年9月に千葉県市川市国府台に住所を定め，Ａは，昭和38年7月に茨城県稲敷郡阿見町に住所を定めたが，債権者に住所を通知することはしなかった。

（四）地代は債務者により，当初，差出人をＡ，差出人の住所をＡの旧住所とする現金書留で送られていたが，その後昭和40年頃から債務者を差出人とする現金書留で送られるようになった。

（五）債権者は，Ａから何の事情の説明もなく，また同人所在も不明であったため，昭和48年2月に債権者代理人がＡの住所を調査し，市川市でＡに面接するまで（一）に記載した内容の契約をＡと債務者が結んだことは知らなかった。

3　以上に認定した事情の下では，Ａと債務者との契約は，形式的には，本件建物の賃貸借契約及び停止条件付代物弁済契約であるが，当事者の意図したところに従ってその実質を見ると，本件建物の所有権を債務者に移転し，Ａに30年後に買戻す権利を留保したものと解するのが，相当であり，建物所有権を登記簿上も移転すると，本件土地賃借権の譲渡又は転貸の事実が明らかとなるので，それを避けるため，前記のような法形式をとったものと判断される。

賃借権の譲渡又は賃借物の転貸がなされたか否かは，単に当事者のなした契約の形式のみによって判断すべきではなく，その実質にも着目して判断すべきところ，前記認定の事情の下では（とくにＡは，地代の支払も自らなさず，30年もの間建物を取戻すことができない。），Ａと債務者との間の前記契約に伴い本件土地賃借権の譲渡又は本件土地の転貸がなされていると解さざるを得ない。

従って，債権者とＡとの本件土地賃貸借契約は解除により消滅している，と言うべきである。」

裁判例88　建物の譲渡担保設定と信頼関係の破壊
東京地判平成4年7月20日（判タ825号185頁，金判930号35頁，金法1370号38頁）

「しかして，右認定事実によれば，被告Ａは夫Ｂの被告Ｃに対する債務を担保するためとはいえ，原告の承諾を得ないまま，被告Ｃに譲渡担保として本件建物を譲渡したものであるから，被告Ａの右行為は第三者への建物の譲渡を禁止した原告と被告Ａ間の前記契約条項に違反するものといわなければならない。

二　被告Ａは，仮に，被告Ａが被告Ｃに対し本件建物を譲渡したものであるとしても，右譲渡はＢの被告Ｃに対する債務を担保するために譲渡担保としてなされたものに過ぎないから，本件土地の賃借権を譲渡したものとはいえない旨主張する。

しかしながら，前記認定のとおり，被告Ｃは被告Ａから本件建物の所有権移転登記を了した後，当時の賃借人から賃料を受領し，次いで有限会社Ｘ不動産を介し自らこれを他に賃貸

して賃料収入を得ているのに対し，被告Aらは本件建物を譲渡担保として被告Cに譲渡した後，被担保債務を弁済するなどの措置を講じないままこれを放置するなどしており，また被告A及びBは右債務を弁済するだけの資力を有さず従って本件建物の所有権を回復することは極めて困難な状況にあるが，かかる事実に鑑みると，被告Aにおいて，Bの被告Cに対する債務の弁済等により容易に被告Aと被告C間の本件建物にかかる譲渡担保契約を終了せしめ得ること等特段の事由を主張立証しない以上，被告Aの被告Cに対する本件建物の譲渡は，原告と被告A間の本件賃貸借契約の特約にいう本件建物の第三者への譲渡または土地賃借権の譲渡に該当するものといわざるを得ない。

したがって，原告の承諾を得ることなくなされた被告Aの被告Cに対する本件建物の譲渡は右特約に違反するものというべきである。

次に，被告Aは，被告Aの被告Cに対する本件建物の譲渡により本件土地の賃借権が譲渡されたものであったとしても，被告Aは現在被告Cに対し前記所有権移転登記の抹消登記手続を求めるべく準備中であり，被告Aと従兄妹の関係にある原告は右事情を知悉しているから，右賃借権の譲渡は原告との信頼関係を破壊するものではない旨主張し，《証拠略》には，昭和63年8月1日当時，被告Aは被告Cに対し前記所有権移転登記の抹消登記手続を求めるべく準備中であるかの如き記載が存し，また証人Bの証言中にも右主張にそう供述が存するけれども，本件全証拠を精査するも今日に至るまで被告AまたはBが右手続をとり，または近く右手続をとろうとしている事実を認めるにたる的確な証拠は存しないから右記載ないし供述は到底信用することができない。したがって，被告Aの右抗弁はその余の点につき検討するまでもなく理由がない。」

裁判例89　建物に対する譲渡担保設定と信頼関係の破壊
最判平成9年7月17日（民集51巻6号2882頁）

「1　借地人が借地上に所有する建物につき譲渡担保権を設定した場合には，建物所有権の移転は債権担保の趣旨でされたものであって，譲渡担保権者によって担保権が実行されるまでの間は，譲渡担保権設定者は受戻権を行使して建物所有権を回復することができるのであり，譲渡担保権設定者が引き続き建物を使用している限り，右建物の敷地について民法612条にいう賃借権の譲渡又は転貸がされたと解することはできない（最高裁昭和39年（オ）第422号同40年12月17日第二小法廷判決・民集19巻9号2159頁〔編注：裁判例93〕参照）。

しかし，地上建物につき譲渡担保が設定された場合であっても，譲渡担保権者が建物の引渡しを受けて使用又は収益をするときは，いまだ譲渡担保権が実行されておらず，譲渡担保権設定者による受戻権の行使が可能であるとしても，建物の敷地について民法612条にいう賃借権の譲渡又は転貸がされたものと解するのが相当であり，他に賃貸人に対する信頼関係を破壊すると認めるに足りない特段の事情のない限り，賃貸人は同条2項により土地賃貸借契約を解除することができるものというべきである。けだし，(1) 民法612条は，賃貸借契約における当事者間の信頼関係を重視して，賃借人が第三者に賃借物の使用又は収益をさせるためには賃貸人の承諾を要するものとしているのであって，賃借人が賃借物を無断で第三者に現実に使用

又は収益させることが，正に契約当事者間の信頼関係を破壊する行為となるものと解するのが相当であり，(2) 譲渡担保権設定者が従前どおり建物を使用している場合には，賃借物たる敷地の現実の使用方法，占有状態に変更はないから，当事者間の信頼関係が破壊されるということはできないが，(3) 譲渡担保権者が建物の使用収益をする場合には，敷地の使用主体が替わることによって，その使用方法，占有状態に変更を来し，当事者間の信頼関係が破壊されるものといわざるを得ないからである。

 2 これを本件についてみるに，原審の前記認定事実によれば，Cは，Aから譲渡担保として譲渡を受けた本件建物を被上告人に賃貸することによりこれの使用収益をしているものと解されるから，AのCに対する同建物の譲渡に伴い，その敷地である本件土地について民法612条にいう賃借権の譲渡又は転貸がされたものと認めるのが相当である。本件において，仮に，Cがいまだ譲渡担保権を実行しておらず，Aが本件建物につき受戻権を行使することが可能であるとしても，右の判断は左右されない。

 3 そうすると，特段の事情の認められない本件においては，上告人の本件賃貸借契約解除の意思表示は効力を生じたものというべきであり，これと異なる見解に立って，本件土地の賃貸借について民法612条所定の解除原因があるとはいえないとして，上告人による契約解除の効力を否定した原審の判断には，法令の解釈適用を誤った違法があり，この違法は原判決の結論に影響を及ぼすことが明らかである。」

裁判例 90　建物の譲渡担保と信頼関係の破壊
東京地判平成16年4月16日（判例秘書）

「(3) 以上の事情に前記1 (2) の諸事実を総合すれば，Dは被告Y2の委任を受けているものの，その背後には，被告Y1の指示があり，被告Y2はそれに従って委任をさせられただけであり，Dも被告Y1の指示に基づいて行動しているものと推認するのが相当である。すなわち，本件建物を賃貸して家賃を収受するという本件建物の使用収益は，本件譲渡後は，実質的には，被告Y1が行っているものと認められる。

 9年最判〔編注：裁判例89〕の事案では，譲渡担保権者が新たに担保財産である建物の賃貸をしたのに対し，本件では，もともと担保財産が賃貸がされていたという点が異なるが，本件においても，譲渡担保権者である被告Y1が家賃を収受して本件建物を使用収益しているのであるから，9年最判の法理は本件にも適用されるというべきである。

 そうすると，被告Y2は民法612条にいう賃借権の譲渡又は転貸をしたと解される。そして，このことについて，本件土地の賃貸人である原告らに対する信頼関係を破壊すると認めるに足りない特段の事情があるとは認められない。したがって，原告らの本件賃貸借契約の解除の意思表示は，効力を生じたものというべきである。」

(2) 解除を否定した事例

裁判例 91 建物の譲渡担保と信頼関係の破壊
大阪高判昭和 36 年 1 月 31 日（下民集 12 巻 1 号 182 頁）

「思うに土地の賃借人が賃借土地上に所有する建物を第三者に譲渡した場合には，特別の事情のない限り，賃借権の譲渡または賃借土地の転貸が行われたものというべきである。しかし，譲渡担保権者は原則として目的物の所有権を，第三者に対する外部関係においても当事者間の内部関係においても，取得するものであるけれども，譲渡担保権者は担保目的をこえてその所有権を行使することができないものであり，譲渡担保権設定者は債務を弁済してその所有権を回復することができるものであるから，担保権がその目的物をさらに第三者に譲渡しその対抗要件が具備されない限り，担保権設定者は確定的にはその所有権を失っていないものというべきである。

してみると，賃借土地上の建物が譲渡担保に供された場合，建物がさらに第三者に譲渡されない限り，土地賃貸人からみても土地の使用収益はその以前と少しも変らないのであるから，賃貸人に対する信頼関係が破られたものと認めることはできない。

本件についてこれをみるに，控訴人 A，B はそれぞれ本件第 1，第 2 建物を貸金担保のため譲り受けたものであり，しかもその貸金債務はすでに弁済により消滅し控訴人 C は本件第 1，第 2 建物の所有権を回復しているばかりでなく，控訴人 C が本件第 2 建物を，控訴人 D が本件第 1 建物を当初から使用占有していることに終始変りなく，控訴人 A，B が当初から本件第 1，第 2 建物を使用占有していないことは弁論の全趣旨によって明らかであって，控訴人 C が本件第 1，第 2 建物を譲渡担保に供した後も本件土地の前示賃料を支払ったことは前示認定のとおりである。したがって右譲渡担保によって被控訴人に対する本件土地の賃貸借における信頼関係は破られたものということはできない。すると，被控訴人が右転貸を理由として昭和 32 年 6 月 22 日右控訴に対する訴状送達をもつ賃貸借契約解除の意思表示をしたことは記録上明らかであるけれども，右解除の意思表示はその効力を有しないといわねばならない。」

裁判例 92 建物の譲渡担保契約と信頼関係の破壊
福岡高判昭和 38 年 5 月 17 日（下民集 14 巻 5 号 974 頁）

「ところで，もともと土地の賃借人が賃借地上に所有する家屋を第三者に譲渡した場合には，特別の事情のない限り，賃借権の譲渡または転貸がなされたものと解するを相当とするのであるが，本件の如き場合，すなわち，前認定の控訴人が X 株式会社に対し本件家屋を譲渡したのは，いわゆる譲渡担保契約に基くものであり，従って控訴人が被担保債権を完済すれば本件家屋の所有権は当然控訴人に復帰する関係にあり，しかも控訴人は依然として従前どおりその家屋を使用収益しそれに対して何らの対価も支払っていないというような場合には，特別の事情のない限り，賃借権の譲渡または転貸がなされていないものと解するを相当とする。しかも，仮に右のような場合にも賃借権の譲渡または転貸がなされたものといわなければならないものとしても，本件の場合は前認定のような関係にあるばかりでなく，本件譲渡担保契約は

被控訴人らより解除の意思表示のなされた昭和32年9月17日より前である同31年11月5日合意解除されて本件賃借権は既に控訴人に復帰していること前認定のとおりであるから，かかる場合において被控訴人らに対する本件宅地の賃貸借における信頼関係が破られたものということはできないし，信義則上からいっても契約を解除されてもやむを得ないと見られるような契約違反の事実も認められない。」

裁判例93　建物の買戻特約付売買と無断譲渡又は無断転貸
最判昭和40年12月17日（民集19巻9号2159頁，裁判集民81号595頁，判時434号35頁，判タ187号105頁）

「原審の確定した事実によれば，被上告人X会社は，上告人からその所有の本件土地を賃借し，地上に本件建物を所有していたが，昭和34年7月中，判示の事情から，被上告人Y会社より会社運営資金の融通を受けることとなり，その手段として，本件建物を代金235万円で被上告人Y会社に譲渡し，その旨登記するとともに，昭和37年8月31日までに右同額をもって本件建物を買い戻すことができる旨約定して，代金の交付を受けたというのである。

しかし，本件建物の譲渡は，前示のとおり，担保の目的でなされたものであり，上告人の本件土地賃貸借契約解除の意思表示が被上告人X会社に到達した昭和35年3月11日当時においては，同被上告会社はなお本件建物の買戻権を有しており，被上告人Y会社に対して代金を提供して該権利を行使すれば，本件建物の所有権を回復できる地位にあったところ，その後昭和36年6月1日，被上告人X会社は同Y会社に対し債務の全額を支払い，これにより，両会社間では，本件建物の所有権は被上告人X会社に復帰したものとされたことおよび被上告人X会社は本件建物の譲渡後も引き続きその使用を許容されていたものであって，その敷地である本件土地の使用状況には変化がなかったこと等原審の認定した諸事情を総合すれば，本件建物の譲渡は，債権担保の趣旨でなされたもので，いわば終局的確定的に権利を移転したものではなく，したがって，右建物の譲渡に伴い，その敷地である本件土地について，民法612条2項所定の解除の原因たる賃借権の譲渡または転貸がなされたものとは解せられないから，上告人の契約解除の意思表示はその効力を生じないものといわなければならない。

しかして，本件建物の譲渡についてなされた登記が単純な権利移転登記であって，買戻特約が登記されていなかったとしても，右の結論を左右しない。されば，上告人の契約解除の意思表示を無効とした原審の究極の判断は正当であって，所論の違法はない。所論は採用できない。」

裁判例94　建物の譲渡担保設定と背信性
東京高判昭和43年4月26日（東高時報民19巻4号102頁，判時527号53頁，判タ224号226頁）

「借地上の建物を担保という経済上の目的で譲渡したにせよ，建物の所有権は完全に譲受人に移るわけである（内部，外部の関係で所有権の帰属を別異にするというのは単なる形容的なものにすぎず，かようなものが法律上存在するとすれば，新な物権の創設として法の禁ずるところであろう。対抗関係からこれに類似した関係が生ずることはあるにしても，それは法理を

全く異にする。）から，建物の譲受人は建物敷地の賃借権をも譲り受けるか，又は転貸を受ける以外に敷地使用の権原はないわけである。

されば原則として建物の譲受人は，建物存続のため，同時に，譲渡人との間においては，敷地の賃借権を譲渡又は転貸を受けたものと解するのが当然である。のみならず，譲渡担保の結果，建物の現実の占有又は管理状態に変更がないとしても，譲渡担保関係からして権利関係の紛淆を来し，建物の敷地の賃貸人との関係にも困難な事態を来す虞れは十分にあるのであるから原判決理由二に掲記された事情だけからして直ちに，背信とはならないとは云えない。

ただ，本件の場合にあっては，右事情に加えて，（イ）（ロ）の建物はすでに担保の覊絆を脱し，亡Aの長男である被控訴人の所有に帰し，（（イ）の建物は昭和30年5月，（ロ）の建物は昭和37年11月）結局被控訴人が亡Aを単独相続（賃借権について共同相続との利害はともあれ）したと同一の結果に帰したとの当事者間に争いのない事情を考慮することによってのみ，わずかに昭和29年当時の譲渡担保を理由として約8年以上経過後の昭和37年8月ないし昭和38年10月の賃貸借契約解除の意思表示の効力を否定するのが，信義則上相当のものと解することができるのである。」

裁判例95 無断転貸，譲渡，担保権設定と信頼関係の破壊
最判昭和44年1月31日（裁判集民94号143頁，判時548号67頁，金判153号9頁）

「賃借人が賃貸人の承諾を得ないで賃借権を譲渡しもしくは賃借物を転貸した場合においても，賃貸人と賃借人との間の信頼関係を破壊するに足りない特段の事情があると認められるときには，賃貸人は，民法612条に基づいて賃貸借契約を解除することができないものと解すべきである。そして，この理は，土地の賃貸借契約において，賃借人が賃借権もしくは賃借地上の建物を譲渡し，賃借物を転貸または右建物に担保権を設定しようとするときには賃貸人の承諾を得ることを要し，賃借人がこれに違反したときは賃貸人において賃貸借契約を解除することができる旨の特約がされている場合においても，異ならないものと解するのが相当である。

原判決（およびその引用する第1審判決）は，本件土地賃借人訴外Aが賃借地上に所有していた第1審判決別紙目録第二（イ）記載の建物については，同人から訴外Bに売買による所有権移転登記がされているが，実体上そのような譲渡はなく，また，訴外CがAに対する債権の代物弁済として右建物の所有権を取得したこともなく，したがって，その敷地部分の土地につき右BまたはCに賃借権の譲渡もしくは転貸がされたものではないこと，その後右建物につき右Bから訴外Dに売買を原因とする所有権移転登記がされたが，その実体は，AがDに対し借受金債務のため右建物を譲渡担保に供したものにすぎず，その前後を通じて右建物はAとその家族の居住の用に供され，敷地利用の実体にほとんど変更がなく，しかも，上告人主張の契約解除の日より7年以上前である昭和30年5月中に，債務の弁済によってDの担保権は消滅したものであること，Aは右譲渡担保の解消により右建物の所有名義を回復するにあたり，右建物に同居する長男である被上告人に右建物を贈与し，便宜Dから直接被上告人に所有権移転登記をさせたものであること，次に前記目録第二（ロ）記載の建物については，Aがこれを建築したのち，右Dに対し借受金債務のため譲渡担保に供し，便宜Dの名義

をもって所有権保存登記を経由したが，Aが右建物を第三者に賃貸していて，Dにおいてこれを現実に使用収益したことはなかったこと，Aの死後の昭和33年5月，その共同相続人においてDに対する債務を弁済して右担保権を消滅させ，昭和37年12月，共同相続人の1人である被上告人へDからの売買名義により所有権移転登記をしたものであること，以上の事実を認定判示しているのであって，右判示に所論の違法はない。そして，右事実関係のもとにおいては，賃借地上の建物について所有名義の移転ないし担保権の設定があっても，敷地の賃貸借契約について賃貸人に対する信頼関係を破壊するに足りない特段の事情があるものと認めることができ，したがって，上告人は，賃借権の無断譲渡，転貸または前記特約違反を理由に賃貸借契約を解除することはできないものというべきであって，これと趣旨を同じくする原審の判断は正当であり，論旨は採用することができない。」

裁判例96　建物の譲渡担保設定と解除
東京地判昭和44年12月22日（判タ246号300頁）

「ところで，土地の賃借人が賃借土地上に所有する建物を他に譲渡したときは，特段の事情がない限り，それに伴い，借地権を譲渡ないし転貸したものと解すべきことは原告らの主張するとおりである。しかし，右認定のとおり，建物の譲渡が担保の目的で，いわゆる譲渡担保としてなされた場合は，目的物件たる建物の担保価値を確保するためになされるもので，目的物件の所有権もその目的の範囲内で制約を受けるに過ぎず，被担保債権の回収の目的で換価処分されるまでは，当事者間においては，目的物件の所有権は確定的に移転するものではないと解される。従つて，その敷地である土地の利用関係としての賃借権についても，目的建物の所有権が確定的に移転するまでは何ら変動を生ずるものではなく，賃借権の譲渡ないしは転貸を生ずるものとはいえない。してみると，原告の無断転貸を理由とする解除の主張は理由がない。」

裁判例97　【参考判例】建物の競売申立てと解除
東京地判昭和47年2月15日（金判317号15頁）

「（ロ）そこで，約定解除権行使による解除の点について検討する。
〈証拠〉によれば，A，Bが昭和38年1月16日，従前の賃貸借を確認約定した賃貸借契約の内容として，賃借人において，その所有の地上建物が競売に付された場合は，賃貸人において即時契約を解除し得る条項が存することが認められる。しかし，借地上に建物を所有する借地人は，通常多大の資金を建物に投入固定させているのであるから，確定的に借地権の譲渡又は転貸の事態が発生しない限り借地人が右建物を担保として資金運用に利用することは当然許さるべきであり，且つ，その段階においては賃貸人の権利になんら影響はないのであるから，特にこれを否とすべき合理的事情のない限り，右解除条項が地上建物につき競売申立のなされただけで解除権が発生するものと規定したものと解することは不合理であり，借地人に酷でもある。殊に，右条項が市販の書式用紙を利用した書面に不動文字として記載されていることに照らせば，右条項の趣旨はその用語にかかわらず，競落決定確定し，地上建物が第三者の所有

に帰し，敷地使用権が譲渡されたものと看做された段階において，はじめて発生するものと約した権利と解するのが相当と思料する。

そうとすれば，地上建物について競売開始がなされたことを理由として解除権行使を主張するＣらの主張は他の点について判断するまでもなく左袒できない。」

裁判例98　建物の買戻特約付売買と信頼関係の破壊
神戸地判昭和48年6月25日（判時720号79頁）

「ところで賃借地上の建物を第三者に移転する場合には，特別の事情が存しないかぎり，その敷地の賃借権は，建物の所有権とともに第三者に移転すると解すべきである。しかし，民法612条にいう賃借権の譲渡または賃借物の転貸とは，不信義性の類型としての譲渡または転貸をいうものであるから，土地賃借人が，その所有する建物の所有権を他に移転した場合であっても，右移転が，実質的に第三者の債権を担保する目的をもってなされたものであって，終局的確定的に所有権を移転する趣旨のものではなく，買戻権がなお土地賃借人である建物譲渡人に留保されており，また，土地の使用状況が所有権移転の前後を通じて変更のない場合には，右建物の敷地について，民法612条の解除に値する行為としての譲渡または転貸はなされなかったものであって，買戻期間が経過して建物所有権が終局的確定的に債権者である第三者に移転した場合等に始めて譲渡または転貸があったものと解するのが相当である。〔略〕

以上認定の事実によると，引受参加人が本件建物を被告に移転したのは，80万円を借受けたことから，被告の債権を担保する目的をもってなされたものであって，その際に終局的確定的に所有権を移転する趣旨でなされたものでなく，買戻権が引受参加人に留保されていたものである。また，本件建物の占有者は引受参加人ではなく債権者たる被告であって，債務者たる建物所有者が自ら建物を占有する場合とは異なるけれども，従前から本件建物を賃借居住していた被告が，債権者となった後も引続き居住を継続したにすぎず，土地の使用状況に変更がないばかりか，もともと建物を占有することによって土地を占有するのは建物占有の反射的ないしは付随的効果であって，建物を所有することによって土地を占有する場合と異るものであることを考えると，建物の占有は土地の使用状況を考えるにあまり大きな意味をもつものではない。

本件のような場合には，民法612条にいう賃借権の譲渡または転貸はなされなかったものと解するのが相当である。抗弁は理由がある。
三，抗弁3について，

なお，賃借権の譲渡または賃借物の転貸があっても，賃貸借契約の当事者間の信頼関係が破壊される程度の背信行為が認められない特別の事情がある場合には解除権は発生しないと解するのが相当であるが，以上の認定事実を総合してみれば，引受参加人の行為が本件土地賃借権の譲渡または本件土地の転貸となるとしても，賃貸人である原告に対する背信行為であるとは認めるに足らない特別の事情がある場合にあたると解することができる。従って原告に解除権が発生したということができないから，原告の前記解除の意思表示はその効果を発生しなかったものというべきである。抗弁は理由がある。」

裁判例 99　建物に対する譲渡担保設定と背信性
東京地判昭和 49 年 3 月 26 日（判時 752 号 59 頁）

「本件建物は，被告Ａの訴外Ｂに対する借入金債務を担保する目的をもって，右Ａから右Ｂに無償で譲渡され（以下第一担保という），次いで，訴外Ｘの被告Ｃに対する借入金債務を担保する目的をもって，右Ｂから右Ｃに無償で譲渡された（以下第二担保という）ものであって，いづれの借入金債務も右建物の無償譲渡によって消滅することなく存続し，弁済期（但し，第一担保にあっては期限の定はない）に債務（第二担保にあっては約定による債務の一部）を弁済するときは，右建物の所有権は，当該債務者に移転される合意がなされていたのであって，右はいづれもいわゆる譲渡担保にあたり，第二担保の買戻期間満了時以前においては被告ＡにおいてＢに対する借入金債務を完済のうえ，Ｂに，Ｃに対する債務を完済させることによって，或いは，Ａにおいて直接ＢのＣに対する債務を代位弁済することによって，本件建物の所有権を回復できる地位にあったこと，Ｂの所在不明により同人のＣに対する債務の買戻期間内に解決することができなかったが，昭和 47 年 9 月 30 日に被告ＡとＣとの間の和解により本件建物の所有権が被告Ａに復帰していること，および被告Ａは本件建物を譲渡担保に供した後も引き続きその使用を許されていたもので，その敷地である本件土地の使用状況には変化がなかったこと等の諸事情を総合すれば，被告Ａは本件建物に譲渡担保を設定したことによって敷地たる本件土地の賃借権を無断譲渡又は転貸をしたというべきであるが，これをもっていまだ賃貸借契約を解除しうる程度の背信性を認めることができず，昭和 45 年 4 月 13 日に原告のなした賃貸借契約解除の意思表示の効力を否定するのが，信義則上相当であると解する。

なお，本件建物につき原告の申請により昭和 45 年 4 月 25 日の東京地方裁判所の仮処分により譲渡その他の処分が禁止されていることは《証拠略》により明らかであるが，昭和 48 年 11 月 7 日に被告Ａが所有権移転登記を得たことは，前認定のとおり取得原因は新しい売買というよりはむしろ実質的にはＣに対するＢの債務を代位して弁済し所有権の回復を得たものと目すべきであり，上記の仮処分があることをもって，被告Ａの賃借権の譲渡又は転貸に契約を解除すべき背信性がないとする結論を左右するものとは云えないと解する。」

裁判例 100　賃借地上の建物の差押えと信頼関係の破壊
大阪地判昭和 60 年 2 月 8 日（判タ 611 号 75 頁）

「右認定の事実によれば，原告が賃貸借契約の解除事由として主張していた本件建物についての差押登記はその後すべて被告と債権者との話合がついて抹消されており，解除後になされた所有権移転登記についても被告はその抹消を求めて提訴中であって被告としても，本件建物が第三者の所有に帰することを極力防止する努力を尽していることがうかがわれるうえ，もともと賃貸土地上の建物についての強制執行，競売申立等を理由とする無催告解除の特約は，債権者からの右申立が必ずしも理由のあるものとは限らないことからも賃借人にとって極めて苛酷な特約であって，特約自体が当然無効であるとまではいえないとしても，右特約は，契約の

無催告解除の効力を認めることが合理的とはいえないような特別の事情のある場合についてまで，無催告解除の効力を認める趣旨のものではないと解されることなどの諸点を考慮すると，原告主張の右差押登記等がなされたからといって，直ちに被告に賃料不払のおそれが強くなったとか，本件建物が早晩他の第三者所有に帰する蓋然性が強い等とすることはできず，右事由による本件賃貸借契約解除が合理的であるとはいえない特別の事情が存在する場合に当るものというべきである。

　また，原告主張の解除事由すべてを総合して考えてみても，本件賃貸借契約は未だ解除を相当とする程度にまで当事者間の信頼関係が破壊されたものとはいえず，解除の効力を認めるのが合理的であるとはいえない特段の事情が存すると認めるのが相当である。」

裁判例 101 【参考判例】建物に対する譲渡担保
大阪高判昭和 60 年 9 月 11 日（金判 734 号 11 頁，金判 827 号 5 頁，金法 1141 号 33 頁）

「借地上の建物が譲渡担保の目的とされた場合には，建物の所有権は譲渡担保権者に移転し，それにともない敷地賃借権も債権担保の目的の範囲内で信託的に譲渡されることになるものというべく，したがって譲渡担保権者は，右建物につき所有権移転登記が経由された後に敷地所有権を譲り受けた新所有者に対し，自己の登記ある建物の存在により建物保護法〔編注：（旧）建物保護ニ関スル法律〕1 条に基づいて敷地賃借権を対抗することができると解するのが相当であり，また，譲渡担保権者が評価清算のうえ建物所有権を確定的に取得するまでは，債務者は債務を弁済して建物所有権を回復することができ，それにともない敷地賃借権も債務者に復帰するものというべきであるが，この場合，譲渡担保権者への建物所有権移転は確定的ではなく，右所有権移転及び債務者がこれを回復した前後を通じて通常は債務者の現実の建物使用状況についても変動がないことに照らすと，右敷地賃借権の移転及び復帰は，民法 612 条にいう賃借権の譲渡には当たらず，したがって，債務を弁済して建物所有権及びその登記名義を回復した債務者は，自己に復帰した敷地賃借権を新所有者に対抗することができると解するのが相当である。」

裁判例 102 借地上の建物に対する抵当権等設定登記と背信行為
東京地判平成 15 年 2 月 12 日（判例秘書）

「(2) そこで，本件無断担保権設定禁止特約違反を理由とする本件契約解除の成否について検討する。

　ア　土地の賃貸借契約のような継続的契約においては，賃借人が，借地上の建物に抵当権，質権などの担保権を設定するときは，賃貸人の承諾を受けなければならないとされ，賃借人が賃貸人の承諾なく担保権を設定したときには，解除事由に当たると定められている場合であっても，賃借人において背信行為と認めるに足りない特段の事情がある場合には，解除事由には当たらず，賃貸人は，賃借人の無断担保設定行為を理由として，賃貸借契約を解除することはできないと解すべきである。

イ　これを本件についてみると，①被告の本件抵当権等設定登記は，本件借地権及び本件建物の譲渡に伴い，被告において前賃借人の抵当債務の借換え，抵当権の付け替えをしたものであり，原告は，前賃借人である訴外会社が債務の整理をすべく，本件借地権及び本件建物を被告に譲渡すること並びに被告が本件建物を担保として資金調達することを十分に知りうる立場にありながら，被告の本件抵当権等設定登記について，本件訴訟提起に至るまで何ら異議を述べなかったこと（甲 19，20，乙 7 の 1，8，11，弁論の全趣旨），②本件土地は，東京の銀座という一等地に所在し，賃借人が本件土地上の建物に担保権を設定して金融を図るなど，これを有効利用することは通常予測され是認される経済活動であること（乙 7 の 1，8，弁論の全趣旨），③借地上の建物に抵当権が設定されたとしても，それだけでは賃借地の使用状況に変化は生じないこと，④本件建物に設定された各抵当権及び根抵当権について，実際に競売申立てがされたことはなく，土地賃貸人である原告に現実の不利益は生じていないこと（甲 17），⑤本件建物は，本件訴訟提起前に，被告によって取り壊され，本件抵当権等は目的物の消滅によりその効力を失ったものであり，原告が本件訴訟の第 1 回口頭弁論期日に本件契約解除を主張した時点において，抵当権等の実行により，原告に不利益が生じる可能性は考えられないこと（弁論の全趣旨）などを総合して判断すると，被告の本件抵当権等設定登記が賃貸借契約に及ぼす影響は重大であるとはいえず，これを背信行為であると言えない特段の事情があると認められるから，原告は，被告に対し，被告の本件抵当権等設定登記がなされたことを理由として，本件契約解除をすることはできないと言うべきである。」

裁判例 103　借地上の建物に対する根抵当権設定と信頼関係の破壊
東京地判平成 18 年 3 月 15 日（判例秘書）

「(1) 根抵当権の設定は，その設定だけでは，民法 612 条によって原則として禁止され，その違反が契約解除原因となっている賃借権の譲渡を伴う効力を生ずるものではないから，本件土地上の建物に抵当権を設定する場合に必ず書面による原告の承諾を得なければならないとの本件賃貸借契約の特約（前提事実 (5)）に違反したからといって，そのことのみをもってしては，その違反の程度は原則として軽微であり，直ちに同特約違反を理由とする契約解除が有効とされ，被告らに本件土地の明渡し義務が生ずるものではないと解すべきである（このこと自体は，原告及び被告らの共通の認識といえる。）。

その上で，原告は，本件契約の主位的解除の時点（平成 16 年 2 月 15 日）において，本件根抵当権 1 から 5 までの無断設定という被告 Y2 の度重なる特約違反の行為に照らせば，本件賃貸借契約上の信頼関係が破壊されていないということはできない旨主張するところ，確かに，上記被告 Y2 の抵当権設定行為は，その回数や本件借地非訟事件の係属中に行っているなどの点において，悪質な行為と評価されるというべきである。

(2) しかしながら，原告による本件契約の主位的解除の時点においては，本件根抵当権 1 から 4 までは既に解除されてその登記も抹消されており，本件根抵当 5 の設定登記だけが存在していたものであり，これについても，本件契約の主位的解除の 1 か月半後である平成 16 年 4 月 1 日には解除されてて抹消登記手続がなされていることからすれば，上記解除の時点において

も，その根抵当権が実行される危険性が高かったとは認めがたいこと，本件根抵当権1から5は（及びその後の本件根抵当権6も），いずれも実行（競売手続開始）すらされていないことなどに照らして考えると，本件根抵当権1から5の設定をもってしては，それが無断であったとしても，本件賃貸借契約の信頼関係を破壊するものではなく，原告の解除は認められないというべきである。」

第2 賃料等不払い

賃料不払いについて，最高裁（昭和43年6月21日第二小法廷判決・裁判集民91号441頁，判時529号46頁）は，

「被上告人が賃料の支払を拒絶するに至った事情に関する原審の事実認定は，原判決挙示の証拠関係に照らし首肯することができ，右認定判断の過程において，原判決には何らの違法も存しない。そして，右事実によるときは，右賃料不払の一事をもってはまだ賃貸借の基礎たる相互の信頼関係を破壊するものとはいい難く，これを理由に賃貸借契約を解除することは許されないとした原審の判断は，正当ということができる。」と判示し，賃料の不払いをもって信頼関係は破壊されていないとした。

そして，信頼関係が破壊されているかどうかの判断について，最高裁（昭和57年11月19日第二小法廷判決・裁判集民137号495頁）は，

「土地賃貸借関係における賃料不払の場合に，なお信頼関係を破壊するものとは認められない特段の事情があるかどうかの認定判断にあたっては，賃貸借期間の長短，賃料不払の程度，右不払に至った事情その他当該賃貸借関係における諸事情の一切を考慮すべき」と判示している。

以下は，賃料等の不払いや低額の賃料供託について，信頼関係の破壊や背信行為等を判断基準にして，契約の解除を肯定した判例と否定した判例である。

(1) 解除を肯定した事例

裁判例 104　賃料不払い（6か月分）と権利の濫用
東京高判昭和50年8月22日（金判482号7頁）

「(五) 控訴人らは，本件契約解除は信義則に違背し，あるいは権利の濫用であると主張するので，これを判断する。

引用にかかる原判決の説示するとおり，被控訴人Aは本件土地の隣接家屋に居住し，煙草等の販売を営んでおり，現実に本件地代の支払を担当した控訴人Bは被控訴人A方から月末払で煙草を購入している関係にあったが，被控訴人Aが一言の通知催告をしないで本件契約解除の意思表示をしたのである。右のような関係にあるとすれば，被控訴人Aとしては契約解除にあたり事前に一言の通知催告をするのが通常の場合には妥当であったともいえないでは

ないが，これまた引用にかかる原判決認定のとおり，前記調停にいたる前には控訴人Ｃは，あるいは３か月分，12か月分をまとめて支払う有様で，社会事情の変動に伴う地代値上の交渉も難航して，調停または訴訟によってようやく結末をみたことも１度にとどまらなかったのみか，延滞地代の取立に赴いた被控訴人側の者に対してもその取立先をあれこれと指示して速やかに取立に応じないので，結局調停申立となり，前記調停成立後も無催告契約解除の条件成就の前日しか地代を支払っていないなどの事情からすれば，控訴人Ｃの地代支払態度には長年にわたって誠意を欠くものがあり，事は結局調停または訴訟など公的手段によるのでなければ解決しないと被控訴人Ａおよびその家族らに思い込ませてきたことが容易に推察されるのであるが，このような状況下においては，賃料は毎月月末払いとし，その遅滞６か月に達したときは無催告で契約を解除しうる旨の調停条項が適法に成立している以上，被控訴人側から控訴人らに対しさらに改めて右調停条項の趣旨を説明通告し，または延滞地代の支払催告をするなど通常の場合に妥当とされる措置がとられなかったからといって，そのことを非難することはできず，前記無催告による契約解除の効力を否定することは許されない。

また，控訴人Ｃにおいて右調停成立にもかかわらず，その主張のとおり地代は盆・暮２回に支払えば足りると考えていたとするならば，そのこと自体右に示した従前の態度と併せると，賃借人としての誠実性に欠けていたことから，ひいては調停条項を軽視し，事を安易に考えていたことを示すものであり，さらに控訴人ら主張のように，その賃借地の経済的価値が高く，その営業収益が多く，同営業が控訴人らにとって重要であるのであれば，何ゆえに約定による地代の月末支払をしてこなかったのか，まして６か月分をまとめて不払をした後も６日間の（契約解除の意思表示が控訴人Ｃに到達したのが，無催告契約解除の条件成就である６か月分不払の日より６日目であったことは当事者間に争いがない）不払を続けていたのか，通常の賃借人の態度としてはとうてい理解しがたいところである。

したがって，本件契約解除によって控訴人らがその主張のように多大な財産的損害を蒙るという結果を招来しても，所詮それはひとえに控訴人Ｃがその原因を作ったのであり，むしろ同控訴人こそ賃貸関係における信頼関係の維持を軽んじた者として自らその責に任ずるほかはない。

そのほか，本件賃貸借契約成立にあたり控訴人Ｃが被控訴人Ａに権利金65万円を支払ったという当事者間に争いのない事実，あるいは控訴人Ｃ側で解除の意思表示到達前に延滞地代支払の準備をなし，あるいは右意思表示到達後即日同地代を提供し，これを拒絶されたので直ちに弁済供託したなど控訴人ら主張の事実を考慮してみても，前示のような本件契約解除にいたるまでの諸事情を総合勘案するときは，被控訴人が同契約解除の挙に出たことをもって，信義則に違背するといえないのはもとより，権利の濫用と目することもできない。」

裁判例 105　賃料の遅滞（約４か月分）と信頼関係の破壊
名古屋高判昭和56年10月27日（判タ460号111頁）

「右引用にかかる認定事実に徴して，被控訴人の賃料減額方の申入についてその法律的意味を考えるに，第１次的には賃料引下げの希望を表明して，その目的達成に必要なる控訴人側の

意思表示を獲得するための交渉申入を意味するとともに，第2次的には借地法12条に基づいて賃料減額請求権を行使したものと解される。すなわち，被控訴人が控訴人に対し賃料減額の申入をした昭和52年12月31日を始期として同日以降に発生すべき将来の賃料債務については，賃料額約定に関して契約内容変更の申込み若しくは右申込を誘因するための交渉申入を意味するとともに併せて形成権を行使して相当額に定める旨の法律効果を生ぜしめるものであり（参照最高裁判所昭和45年6月4日判決，民集24巻6号482頁），他方，昭和52年度賃料債務のうち12月30日までの間に発生した既存債務については，控訴人に対して債務の一部免除を求める旨の希望を表明し，控訴人から債務免除の意思表示を獲得するための交渉申入するという意味を有する。従って，当面の問題である昭和52年度賃料債務金5万5048円に関する限り，形成権行使としての減額請求の対象とされるのは僅かに12月31日における1日分の賃料債務（金158円相当）のみであって，その大部分を占めるはずの364日分の賃料債務（金5万4890円相当）に対してはもはや形成権を行使するに由ないものであって，この関係において被控訴人の右申入は控訴人から既存債務免除の意思表示を得たい旨の要請している以上の意味はない。しかして，被控訴人は，昭和52年12月31日限りで同年度における供用を満了しその対価にあたる年間賃料債務についても弁済期を迎えたのに履行を拒絶し，それから88日を徒過した昭和53年3月29日には控訴人から履行の催告を受けたのであるがこれに応ぜず，さらにその後34日目にあたる同年5月2日に控訴人から契約解除を受けるや同月4日に至り右債務について供託したものであるところ，被控訴人の行為を客観的に考察するならば，被控訴人は，債務者たる控訴人から総債務の半額以上にも及ぶ免除の意思表示を獲得することを目指して，控訴人に対し要請を重ねるにあたりそれが受容せられる情勢を形成すべく局面を自己の有利に展開するための攻撃防御方法として，4か月にもわたり，かたくなに債務の履行を拒絶したものである，と言わざるを得ない。かかる被控訴人の賃料債務不履行は，前記引用の認定事実を考慮に入れても著しく不誠実で債権者を脅かそうとしたものと判断されるものであって，とうてい賃貸借契約上の信頼関係を破壊しないなどとは言えない。そして，控訴人は，被控訴人に対し，3か月間近く終始一貫して債務免除の意思がない旨を表明したうえ，書面をもって相当期間内の履行を催告し，それでもなお被控訴人が翻意しなかったために，弁済期から122日後催告から34日後である昭和53年5月2日に至り解除の意思表示を告知したものであるから，その解除権行使は信義誠実の原則に従ってなされたというべきである。従って，控訴人の解除は効力を生じ，その結果本件賃貸借契約は同月2日付をもって消滅した。被控訴人の抗弁は採用できない。」

裁判例106 更新料の不払いと信頼関係の破壊
最判昭和59年4月20日（民集38巻6号610頁，裁判集民141号581頁，判時1116号41頁，判タ526号129頁，金判699号12頁，金法1073号42頁）

「ところで，土地の賃貸借契約の存続期間の満了にあたり賃借人が賃貸人に対し更新料を支払う例が少なくないが，その更新料がいかなる性格のものであるか及びその不払が当該賃貸借契約の解除原因となりうるかどうかは，単にその更新料の支払がなくても法定更新がされたか

どうかという事情のみならず，当該賃貸借成立後の当事者双方の事情，当該更新料の支払の合意が成立するに至った経緯その他諸般の事情を総合考量したうえ，具体的事実関係に即して判断されるべきものと解するのが相当であるところ，原審の確定した前記事実関係によれば，本件更新料の支払は，賃料の支払と同様，更新後の本件賃貸借契約の重要な要素として組み込まれ，その賃貸借契約の当事者の信頼関係を維持する基盤をなしているものというべきであるから，その不払は，右基盤を失わせる著しい背信行為として本件賃貸借契約それ自体の解除原因となりうるものと解するのが相当である。したがって，これと同旨の原審の判断は正当として是認することができ，原判決に所論の違法はない。」

裁判例 107　著しい低額の地代の供託と信頼関係の破壊
千葉地判昭和 61 年 10 月 27 日（判時 1228 号 110 頁）

「(3) そこで，これを本件についてみてみるに，被告 A は，昭和 45 年より 1 坪当たり月額金 90 円宛の地代を今日まで 15 年以上にわたって供託し続けているところ，《証拠略》によれば，すでに昭和 48 年の時点で，右供託額は，同年度における地代家賃統制令による統制月額地代（1 坪当たり金 349 円）の約 4 分の 1 という著しい低額であることが認められる（地代家賃統制令は，同令 23 条 2 項 2 号により，昭和 25 年 7 月 10 日以後に新築に着手された建物の敷地の地代については適用がないので，昭和 38 年に建築された本件建物を前示のように本件賃貸借契約の目的にとり込んで解釈する場合には，同建物の敷地部分の地代については，前記統制令の適用がないことになるから，前記被告 A の供託額と適正地代額との差額は，より一層甚だしいものとなろう。)。

以上のように，非常に長い期間にわたり，一見して「著しい低額」であると認識し得べき金額を漫然と供託し続ける被告 A の態度は，明らかに常識を欠いたものであり，賃貸借関係において要求される信義を欠いたものというべきである。もとより，この点について，原告側においても，昭和 46 年 8 月に市川簡易裁判所に対し賃料増額確認等請求調停事件を申立てたものの，何らの成果も見られないまま右申立を取下げ（《証拠略》によってこれを認める），以後増額を正当とする裁判を求める訴訟を提起する等の行為に出ていないのは，それなりの落度として非難に値しよう。しかし，このことを十分考慮に入れても，前記被告 A の供託は，その額があまりにも低額に過ぎ，適正地代額との差が極端に大き過ぎること，しかもそのような低額の金員の供託をあまりにも長期間漫然と続け過ぎてきたこと等を考えると，債務の本旨に従った賃料の支払と評価し難いものといわざるを得ず，このことと，本件建物の建築が，前記二 1 (二) に判示したとおり，請求原因 5 の (一) 及び (四) の特約に違反してなされたものであること，並びに弁論の全趣旨から窺われる被告側の態度等とを総合考慮すると，原告と被告 A との間においては，すでに賃貸借関係において要求される信頼関係が破壊されたものというほかはなく，契約解除の効力を認めるのが相当である。」

(1) 解除を肯定した事例　77

裁判例 108　著しい低額の地代の供託と信頼関係の破壊
福井地判平成 4 年 2 月 24 日（判時 1455 号 136 頁）

「借地法 12 条 2 項にいう「相当ト認ムル」地代とは，客観的な適正額ではなく，借主が自ら相当と認める額であると解すべきであるが，その供託額が適正額に比して著しく低額であるときは，同項にいう相当額の供託とはいえないものと解される。

　これを本件についてみるに，A ないし被告 B は，昭和 50 年 1 月分から平成元年 8 月分まで，14 年間余にわたって，月額金 2 万 1822 円（坪当たり金 150 円）宛の供託を続けたものであるところ，右供託額は，既に昭和 50 年度の時点で公租公課の約 57 パーセント（26 万 1864 円÷46 万 1934 円＝0.567），適正賃料額の 37.5 パーセント（26 万 1864 円÷69 万 8304 円＝0.376）という著しい低額であったほか，その比率は，順次低下していき（例えば，昭和 61 年度は，公租公課の約 30 パーセント，適正賃料額の 20 パーセントである。），平成元年 9 月分から供託額を倍増して月額金 4 万 3644 円としたものの，著しく低額であるという評価自体に影響はなく，結局，右一連の供託は，借地法 12 条 2 項にいう相当額の供託とは認められないものといわざるを得ない。

　三　信頼関係の破壊について

　右認定のとおり，A ないし被告 B は，著しく低額な供託を 15 年間余という長期間，漫然と続けていたものであり，その態度自体が背信行為というに足りるものであるが，更に，《証拠略》によれば，昭和 50 年 1 月以降，賃貸人側からの頻繁な適正賃料の支払請求や税額増加等の明細に関する説明を受けながら，前記供託を続けたこと，被告 B は，平成 2 年 2 月 26 日，原告らの代理人である有限会社 X に対し，（不足賃料 1328 万 9514 円を請求されていることにつき）それまでの供託分を除いて金 541 万 1856 円を支払うから残額は放棄されたい，同年 3 月分以降の賃料を月額金 7 万 2740 円とすることを承諾されたい旨の回答をし，これは最終回答であると通告するに至ったこと，右金額はいずれも税額に満たないものであったことがそれぞれ認められる。

　右 A ないし被告 B の態度は，賃貸人に対して根拠のない経済的損失を強いるものであり，賃貸借関係において通常要求される信義に著しく欠けるものというべきである。

　以上の諸点に徴すると，原告らと被告 B 間の本件賃貸借関係における信頼関係は，破壊されたものというほかなく，原告らの前記契約解除の効力を認めるのが相当である。」

裁判例 109　著しい低額な地代の供託と信頼関係の破壊
東京高判平成 6 年 3 月 28 日（判時 1505 号 65 頁）甲事件・乙事件あり

「（四）控訴人（編注：土地の賃借人）が，このような本件土地の従前の推定地代額について，どこまで正確な認識があったかは不明であるが，1 か月 600 円という金額は，昭和 37 年当時の本件土地の推定賃料と比較しても半分近い金額であるうえ，右のような昭和 57 年当時の推定賃料と比べれば約 10 分の 1 の金額なのであるから，少なくとも従前の供託金額から推定される本件土地の従前の賃料を大幅に下回ることは控訴人（編注：土地の賃借人）において

も明らかに認識していたと思われること，また，右金額は，昭和61年当時の本件土地に係る固定資産税等の公租公課の年額3万7610円と比較してもその5分の1以下であること，なお，控訴人（編注：土地の賃貸人）は，昭和63年7月分からは地代の額を一気に10倍の6000円に増額しているが，これは控訴人（編注：土地の賃貸人）においても従前の供託地代額があまりに低いと判断したからであると思われること等からすれば，右600円という月額地代は，控訴人（編注：土地の賃借人）が主観的に認めていた相当賃料をも下回っていたと認めるのが相当であるし，右のような公租公課との対比からしても，それは著しく，相当な地代額であり，これをもって債務の本旨に従った履行ということはできないと考えられる。

（五）右のような低廉な賃料の支払いが，増額請求のされた昭和58年11月以降昭和63年6月分まで4年半以上も続いていることからすれば，右のような賃料不払いは，賃貸借契約上の信頼関係を著しく破壊するものであることは明らかであり，被控訴人らは無催告で右契約を解除しうるものというべきであるから，前記契約解除の意思表示は有効であるといわなければならない。

（六）控訴人（編注：土地の賃借人）が右のように極端に低廉な地代の供託を続けたのは，控訴人（編注：土地の賃借人）らがAとの和解で本件借地上の建物につき120万円を払ってその改築等の承諾を得たにもかかわらず，Bらが本件1建物の改築に応じようとしないばかりか，本件1建物の賃料についての値上げ交渉にも応ぜず，その賃料は昭和53年以降，1か月1万6000円のまま供託されていることに対する報復的な感情等に基づくものと認められるが，右のようなBらの行為が借家人として著しく信義則に反するとか，権利の濫用であるとはいえないし，家賃については賃料増額の裁判等によって適正な家賃に改定することも可能なのであるから，そのような手段を尽くさないまま，自己の判断で一方的に公租公課の5分の1にも満たない極めて低廉な賃料額の供託を続けることが許されないことはいうまでもない。

したがって，右のような経緯を考慮しても，前記600円の供託が債務不履行を構成しないとか，賃貸借契約上の信頼関係を損なわないというのは困難であるし，その他，前記認定のような本件紛争の一連の経緯等を考慮しても，本件の建物収去，土地明渡の請求が信義則違反であるとか，権利の濫用に当たるということもできない。」

裁判例110 賃料不払いと（6か月分）信頼関係の破壊
東京地判平成14年11月28日（判例秘書）

「(1) 上記2の認定事実によれば，時期を明確に認定することはできないものの，半年分の賃料を6月ころと12月ころに支払うという取扱いが長く続いたことにより，契約書（甲3）の明文の規定にかかわらず，半年分を6月末日と12月末日までに支払うという合意が原告と被告Y1との間で黙示的に成立していたものと認めるのが相当である。

(2) しかし，被告Y1（ないし代理人としての被告Y2）は，そのように黙示的に成立していた合意もきちんと履行せず，平成11年1月分から6月分までの不足分を長く支払わないということもあった上に，平成12年7月から12月までの分については，予め葉書で支払方法を明確にして請求されていたのに，2か月以上もその支払を放置したものである。そして，催告

を受けても期間内にこれを支払わず，期限を徒過してから2回に分けて6か月分を送金したもので，さらに，平成13年1月から6月までの分も，期限をはるかに過ぎた同年11月7日にようやく支払ったという状況であった。

被告らは，平成12年7月分から12月分までの賃料は，原告が支払を猶予していたと主張しているが，そのように認めることはできない。

また，被告らは，催告期間を問題にし，この点で解除が無効であると主張しているが，金額と経過からして催告期間（4日間）が不相当であるということはできない。

(3) 以上のような事情によれば，被告Y1ないし被告Y2には，賃借人の最大の義務である賃料支払義務を誠実に履行しようという意識が希薄であるといわざるを得ず，問題になっている賃料不払が信頼関係を破壊するような不誠実なものではないと直ちにいうことはできない。
〔略〕

前記3にみたように，原告が主張する平成12年7月分から12月分までの賃料不払は，信頼関係を破壊するような不誠実なものではないということはできない。しかし，これのみによって直ちに解除を認めることは躊躇されるところである。

しかし，原告は，本件借地権の無断譲渡についても解除の意思表示をしているところ（請求原因(5)のイ），原告は，当然この意思表示において賃料不払の点も援用するものと解するのが相当である。そこで，両者を併せて考えると，被告Y1の行為ないしこれと一体と評価すべき被告Y2の行為は背信性が強いというべきで，したがって，これらを理由とする解除は有効と認めるのが相当である。よって，本件賃貸借契約は，原告による平成13年5月6日の解除の意思表示により終了したものというべきである。」

裁判例 111　再三にわたる賃料不払いと信頼関係の破壊
東京地判平成16年2月23日（判例秘書）

「(1) 本件解除の理由とされた賃料の遅滞は，平成14年11月分と同年12月分の2か月分であり，前記のとおり，被告Y1は，原告に対し，平成14年11月分から平成15年2月分までの賃料と遅延損害金を平成15年2月20日に提供しており，原告の受領拒絶を受けて同年3月5日にこれを供託しているから，これらの事実だけを取り出すなら，被告Y1の上記遅滞をもって原告との信頼関係を破壊するほどに重大な債務の不履行であると評価することはできないと考えられる。

(2) しかしながら，被告Y1は，それ以前にも，①平成8年4月分から同年7月分までの賃料の支払を怠ったため，原告から同年8月1日付けの書面でその支払を催促され，同書面到達後1週間以内に支払がないときは本件賃貸借契約を解除する旨通告され，同書面において，被告Y1が同年1月分から同年3月分の賃料を遅滞し，同年5月16日になってこれを支払っていることが指摘されている（甲5）ほか，②平成12年にも，同年7月分の一部と，同年8月分及び同年9月分の賃料の支払を怠り，原告から同年10月17日付けの書面で，被告Y1がこれまでにも何度か賃料の支払を遅滞したことがあり，上記①の催促を受けていることは遺憾である旨の指摘を受けた上，同書面到達後1週間以内の支払を催促され，今後このようなことが続

くと次回は内容証明郵便による催告と明け渡しの要求をすることになるなどと警告をされ，以後賃料の支払を遅滞することなく約束を厳守するよう強い口調で申し入れを受けていること（甲6）が認められるだけでなく，今回の遅滞についても，被告Y1は，平成14年11月分の賃料を遅滞した時点で原告から内容証明郵便により，同書面到達後7日以内の支払をきつく催促され，賃料の未払が2か月になったときは，本件賃貸借契約を解除する旨の予告までされていた（甲7の1，2）のに，平成14年11月分の賃料を支払わず，続けて同年12月分の支払もしなかったことが認められるのである。

このように，被告Y1は，原告から再三にわたって書面の送付を受け，賃料の支払を催告されるとともに，背信性を指摘され，本件賃貸借契約の解除があり得ることまで警告されていたにもかかわらず，賃料の支払をせず，それゆえ原告から本件解除の意思表示をされるに至っていることを考えれば，たとえ今回の賃料の遅滞が2か月分にすぎないとしても，原告との信頼関係を破壊するに足りる背信的なものであると評価せざるを得ない。」

裁判例112　賃料不払い（25か月分）と信頼関係の破壊
東京地判平成16年11月8日（判例秘書）

「3　被告らは，原告による平成14年2月の解除につき，信頼関係を破壊するに至っていないと主張する。

しかし，原告は，平成11年分の賃料を同年中に支払わず，原告からの催告を受けた末，平成12年10月2日に300万円，同年12月27日に残額の202万2240円を支払ったが，その後の分も支払がなく，たびたび支払を催告していたのであり（甲12，38，証人C），そのような状況で，平成12年1月分以降の賃料の支払が遅滞し，25か月分で，1000万円を超える額の遅滞が生じていたのであって，被告Y1も，平成13年12月26日付けの書簡（甲19の1）では「将来土地をお返しせねばならぬ事態になりはしないかと案じております」をいうほかない状況であり，原告からの解除通知に対して差し出された平成14年2月21日付け書簡（甲21の1）でも，「将来再び御迷惑をおかけする恐れなきにしもあらず……この際綺麗に借地をお返ししたい所存であります」と述べていることからすると，賃料支払の目途も立たない状況にあったものと窺われる。したがって，このような賃料支払が当面も困難な状況において多額の賃料の滞納が生じていた以上，これを信頼関係を破壊するに至らないものとすることは困難である。

被告らは，賃料が年払となっていたことを前提に，2回分の遅滞にすぎないと主張するが，年払の約定を認め難いことは前述のとおりであり，また，月払か年払かは，継続的に発生する賃料の支払期の問題にすぎず，遅滞にかかる支払期の回数が少ないことによって，信頼関係破壊の度合いが減少すると解することもできないから，上記主張は失当というほかはない。

被告らは，本件土地上の建物を使用している者である，被告Y1の弟の被告Y6をはじめとする他の被告らに通知をすることなく解除したことが不当であるかのように主張するが，本件各賃貸借契約の当事者は原告と被告Y1であるから，原告が解除に当たってそれ以外の者に対して何らかの手続を踏む必要はないというべきであるし，また，被告Y1の弟であり，本件土地上の建物に居住している被告Y6が重大な利害関係を有しているとするのであれば，賃料支

払が困難となっている事情については，被告Y1から被告Y6に伝えるべき筋合いであり，そのことを原告に求めることは筋違いというほかはない。

　被告らは，被告Y1の賃料支払の遅滞が5000万円の保証債務の支払や，被告Y2らの家賃不払によるものである旨をも主張するが，そのような事由により賃料の支払が困難となったものとすれば，これは，単に一時的な支払の遅延が生じたことにとどまらず，将来とも賃料支払への不安を与えるものであるから，これが信頼関係破壊を減殺する事由となると解することは困難である。

　また，被告らは，被告Y1が平成12年に1800万円もの更新料を支払っていること，本件土地の賃料が高額に過ぎることを信頼関係破壊に至らない事情として主張するが，更新料と賃料とは一応別個の性質を有するものであるから，更新料の支払があったからといって，賃料支払の遅滞が許されると解すべき根拠はないし，また，本件全証拠をもってしても，本件土地の賃料が高額であると認めることはできないから，上記主張もまた失当である。

　そして，その他原告による前記解除につき，信頼関係破壊に至らないものと認めるに足りる事情を窺うことはできない。」

裁判例113　建物の抵当権者による賃料及び更新料の立替払と信頼関係の破壊
東京地判平成16年12月3日（判例秘書）

「本件更新料を支払うに至った経緯，及び本件更新料の支払時期が本来の契約更新時期と異なることからすると，本件更新料は，建物の抵当権者が，債務不履行解除により担保目的物である建物が収去されることを避けるために支払ったものということができる。そして，その金額はもっぱら坪単価で決められたものであることに鑑みると，本件更新料は，債務不履行による解除を修復するものとして支払ったものと考えるのが相当である。

　被告は，更新料の法的意義は，更新後の賃料の補充，すなわち賃料の前払いであると考えるのが通説であるとする。しかし，更新料は，敷金や保証金のように契約終了時に返還することを想定しているものではなく，約定賃料の不履行という将来賃貸人に生ずる可能性のある損害を担保する性質を有するものではない。前記の賃料前払説は，約定の更新料の不払いも債務不履行にあたるとするため等に使用される理由の1つであり，更新料に敷金等に類似した性質を認めるものではなかろう。

　ただ，本件更新料の額が賃料額に比していささか高額であることに鑑みれば，本件については，特に，更新料を将来の不払いに備えて賃料の前払いとして支払ったものと解釈することができないわけではない。

　しかし，かりにX信用金庫のような金融機関がそのような趣旨で支払ったのであれば，更新料という名目を避け，賃料であることを明示すべきであるし，また，平成10年7月23日に将来の賃料について既に支払済みであれば，X信用金庫が同年8月21日及び9月29日に支払った平成10年7月ないし10月分の賃料について説明が付かない。

　なお，被告が弁論終結後に提出した準備書面及び書証について検討する。被告は，本件賃貸借契約では，元々更新料に関する約束はないこと等を理由に，本件更新料は支払う必要がない

債務であるとし，その返還請求権と未払賃料債務の相殺を主張する。しかし，既に賃料不払いを理由に解除された後に当該未払賃料債務と対立する債権を相殺したとしても，解除の効果までを遡及的に覆すことはできないというべきである。また，本件更新料の支払いは，前記（1）で述べたように，一定の理由からＸ信用金庫が原告と合意の上行われたものといえるから，非債弁済であるとの主張は採用できない。
（3）結局，本件では，信頼関係の破壊がないとはいえず，原告が行った本件賃貸借契約の解除の意思表示は有効である。」

裁判例 114　賃料不払い（15 か月分）と信頼関係の破壊
東京地判平成 18 年 5 月 25 日（判例秘書）

「イ　また，被告らの主張するとおり，原告らが，被告 Y1 が賃料の滞納を始めた後 15 か月に至って初めて被告らに滞納賃料の総額の支払を催告し，そのためにその催告時には滞納額が 69 万 7320 円に至った事実も認められる。
（ア）しかし，そもそも，前記ア記載のとおり，被告 Y1 一人が実際に賃料の支払を担当することになったのも，被告 Y1 が賃料を滞納したのも，専ら被告側の事情によるものであり，その滞納状態を他の被告らが放置していたことも事実である。
　また，原告らの本件賃貸借契約解除の意思表示が到達して約 4 日後あるいは 5 日後には，被告 Y3 は 64 万 4333 円を，被告 Y2 は 55 万 7856 円を調達し，支払得たことも併せ見れば，上記被告らの主張する事実をもって，信頼関係が破壊されていない事情と位置づけられるものとはいえない。
〔略〕
（3）前記 1 のとおり，原告らが，前記第 2，2（原告らの主張）で主張した信頼関係破壊の事情のうち，被告らは，本件土地を利用して利益を得るため，駐車場経営を考え，そのための造作工事につき原告らの承諾を得なければいけないことを十分理解していながら，その承諾を得ることなく工事を発注したこと，その工事につき，被告 Y1 及び同 Y2 は，原告らに対して文書による了解を要求する等の行為を行い，また，撤去工事は，自ら期限を設定していたのに，これを遵守せず，原告らの指摘後，撤去工事を行ったこと，被告 Y1 及び同 Y2 は，本件建物を第三者に賃貸し，月額合計 13 万 6000 円の家賃収入を得ているのに，それを本件土地の賃料に充てず，賃料不払に至ったこと，被告 Y2 は，原告らによる催告後，解除の意思表示を受領するまでに滞納賃料全額の支払をしなかったこと，原告らは，賃料不払について，被告ら全員に催告書面を送付したが，被告らは，被告 Y1 を除いて滞納賃料全額を単独で支払う資力があったと解されるにもかかわらず，上記催告書面を受領してから原告に直ちに滞納金全額を支払うという判断はせず，被告らの中で最も資力に乏しい被告 Y1 に一部賃料を支払わせ，かつ同人に残額を分割で支払わせることにし，被告 Y1 に，原告らとの交渉を全面的に委ね，その提案の結果確認も不十分であったこと，被告 Y1 は，原告 X1 に対して，一方的に分割案を提示して，原告らの承諾のないまま一部賃料を支払い，その旨を原告らに連絡することもしなかったこと等の事情が認められる。

「(4) 以上，(1) から (3) までの事情に，本件賃貸借契約が有効に解除され，被告らが本件建物を収去し，本件土地を明け渡さなければならないとすれば，被告 Y1 は，住居を失い，本件建物に居住している住民の生活の本拠が失われ，また，本件建物を収去することによる被告らの経済的損失も小さくないという事情があることを考慮しても，本件賃貸借契約における原告らと被告 Y1 及び被告 Y2（あるいは本件建物の持分権者である被告 Y4 及び被告 Y3 らとの関係を含めるとしても）との間の信頼関係が破壊されていないとする特段の事情があるいうことはできず，原告らによる平成 17 年 8 月 16 日付け解除通知による同契約の解除は有効であり，同通知書が被告 Y1 及び被告 Y2 に到達した同年 8 月 17 日に同契約は解除されたということができる。」

裁判例 115　賃料不払い（3 か月分，5 年の遅滞）と信頼関係の破壊
東京地判平成 19 年 3 月 8 日（判例秘書）

「(3) 前記争いのない事実等及び上記 (2) の事実関係に基づき，信頼関係破壊の有無につき検討する。

ア　まず，賃借人の債務不履行の状況についてみると，本件賃貸借契約は昭和 14 年 2 月ころから長期間にわたり継続されており，平成 13 年 8 月までは賃料不払等の債務不履行はなく，また，それ以降も賃料の遅滞も最大で 5 か月分であって，本件催告書により支払を催告された 3 か月分のうち 2 か月分は期限までに支払われ，解除の意思表示の時点で遅滞になっていたのは 1 か月分のみであったと認められる。しかし，賃料の支払は賃借人の基本的な義務であるところ，被告ら兄妹が，2 か月分程度とはいえ，約 5 年もの間にわたり，賃料の遅滞を継続しており，しかも，原告が度々催促したにもかかわらず，これが解消されなかったことからすると，本件における債務不履行が軽微なものであるとはいい難い。

この点に関し，被告 Y4 は，E との間で，毎月 1 か月分を支払えば足り，遅滞分は余裕のあるときに支払えばよいとの合意があった旨を供述するが（乙ロ 2，被告 Y4 本人），E は被告 Y1 や被告 Y4 に対して滞納分を支払うよう度々催告していたのであって，原告が被告ら兄妹に対して賃料の支払を猶予していたとは認められないから，上記供述は採用することができないというべきである。

また，被告 Y4 が平成 18 年 9 月に 10 か月分の賃料に相当する金員を支払い，原告がこれを受領したことにより，賃料の滞納が一応解消されたということができるとしても，被告 Y4 が支払をしたのは原告が本件訴訟を提起した後であって，これにより賃貸人と賃借人の間の信頼関係が回復されたとみることは困難である。
〔略〕

(4) 以上によれば，被告らに本件賃貸借契約上の賃料支払義務の不履行があると認められ，かつ，賃貸人と賃借人の間の信頼関係が破壊されていないと解すべき特段の事情があるということはできないから，本件賃貸借契約は，本件催告書による契約解除の意思表示により，平成 18 年 2 月 20 日の経過をもって解除されたと判断するのが相当である。」

(2) 解除を否定した事例

裁判例 116　賃料不払い（6か月分）と不信行為
東京高判昭和 34 年 10 月 27 日（下民集 10 巻 10 号 2238 頁，東高時報民 10 巻 10 号 234 頁）

　「右（イ）ないし（ハ）の事実関係に徴するときは，前記調停の成立した昭和 26 年 6 月 28 日後昭和 28 年 12 月迄の賃料につき被控訴人 A はこれを毎月の支払期日に支払うことなく数か月後になってその月迄の分を一括して支払っても控訴人において異議なくこれを受領する例であったので，当時，同被控訴人は爾後の賃料支払についても右前例に準じて差支えないものと思料し昭和 29 年 1 月以降の賃料についてもその支払を遅滞し遂に前記の如く 6 か月分の支払遅滞を生ずるに至ったのであるがそれ以外に他意はなく，別段賃料支払に対する誠意及び能力に欠けるところがあった為ではないと認められるのであって，同被控訴人に賃貸借関係を継続し難い程重大な不信行為があったものとみるのは酷に失するのみならず，他面において，控訴人は被控訴人側からの示談申入れに対し納得できるような理由も示されないで既往及び将来における賃料の大幅の値上と多額の権利金の支払を要求し，もし被控訴人側においてその要求に応ずるならば賃貸借を継続してもよいとの意向を表明しているのであって，このような交渉経過から判断すると控訴人の真意は土地の明渡請求よりもむしろ金員の要求に重点があるものと推測せざるを得ないのである。
　これを要するに，本件において控訴人は，賃借人である被控訴人 A に取り立てていう程の不信行為があったわけではなく，且つ支払期日経過後に同被控訴人が提供した賃料を何等異議なく受領することを例としていたに拘らず突如として同被控訴人の不注意による賃料の履行遅滞を捉えいわば虚に乗じて本件土地の明渡請求をするものであって，かかる請求はそれ自体賃貸人としての信義に反するものというべきであるのみならず，この請求の背後には前記の如き過当なる金員要求の意図が多分に存するものと認められる以上，控訴人の本訴請求は前記調停において認められた権利を濫用するもので，許されないことであると断ずるのが相当である。」

裁判例 117　賃料不払い（12 か月分）と信義則
東京高判昭和 42 年 2 月 27 日（下民集 18 巻 1～2 号 171 頁，判タ 207 号 86 頁）

　「（二）そうして，本件賃貸借契約条項として賃料の支払を 2 回以上怠ったときは催告を要せず契約の解除ができる旨定められていたことは前記のとおりであるが，成立に争いのない甲第 1 号証（本件賃貸借契約書）の第 5 条の記載に徴すれば，右 2 回というのは賃料の毎月支払いを前提として 2 か月分以上遅滞があったときという趣旨に解すべきであることは明らかなところ，右前提たる毎月払いの約定が合意により変更されたものと認めるべきこと前記のとおりである以上，右条項もこれに応じておのずから変形を余儀なくされ，少くとも 2 回以上なる文言はその存在の基礎を失ったものと解すべきである。
　しかして当事者間に争いない前記賃料の支払状況に本件口頭弁論の全趣旨をあわせれば，特に昭和 24 年 1 月分からは 6 月分ずつ一括支払と合意した後も控訴会社は必らずしもこれによらず 6 か月分ないし 1 年分を一括して支払い，しかも必ずしもその支払分の最後の月の末日ま

でにこれを完了するとは限らず常時数日から数か月おくれて支払ったにもかかわらず、被控訴人はこれを受領し、しかも後記のように被控訴人の屋敷内の一角にある被控訴会社に対し抗議するのは一挙手の労で足りるのにその間かくべつ異議を述べた形跡はなく、いわんや当初の契約条項にもとづき催告なく契約解除の挙に出るようなことは、少くとも本訴で主張する昭和31年1月10日までは1度もなかったことがうかがわれる。このような事実によって考えれば被控訴人は前記賃料の一括支払もその多少の遅延はこれを宥恕して直ちに解除権を行使する意思はなく、控訴会社もまた右被控訴人の態度に信頼し、その支払について多少の遅延はあっても、被控訴人から何らかその旨の念達があればかくべつ無警告で抜打ち的に解除されることはあるまいと期待し、その期待の上に事を運んで多年何事もなく経過したものというべきであり右事情にかんがみ会社がしかく期待したとしてもあながち無理ではないと認められる。してみると賃料支払を怠ったときは催告なくして契約を解除しうる旨の特約は当事者間の多年の慣行を通じその暗黙の合意により削除されたものというべきであるか、少くとも右特約によって催告なく解除するのは信義則上許されないと解すべきである。」

裁判例118　賃料不払いと信頼関係の破壊（裁判例119の原審）
東京高判昭和42年10月3日（判時529号49頁）

　被控訴人はその父（大正9年死亡）の代から本件土地を賃借しており、その地上に昭和9年に建築した建物が戦災で焼失したので、昭和29年に右建物の土台の上に本件建物を建築し、これに居住して引続き理髪業を営んできたが、それ以前から被控訴人主張の借地57.85平方メートルを全部賃借しているものとしてこれを占有使用している。控訴人は昭和38年10月、Aから本件土地を含む控訴人所有地とこれに隣接するAの所有地との境界の測定について協力を求められたので、被控訴人にもこれに立会ってくれるように頼んだが、被控訴人が、控訴人の土地であるから、控訴人が立会えばよいと言って、これに応じなかったので、その立会なしでAと境界の測定をした。測定の結果定められた境界によると、本件建物は、わずかではあるが、Aの所有地に越境していることになるので、被控訴人はその後控訴人方を訪れ、右境界の取決めに抗議するとともに善処を求めたが、控訴人はこれに対し何の処置も講じないで、同年12月18日Bを被控訴人方にやり、同年7月分から12月分までの賃料を請求させた。これに対し被控訴人は、境界取決めの結果、借地の面積が大分減ったから、測量してその面積をはっきりさせてもらいたい、今回に限って面積がはっきりすれば、考慮する旨を告げたが、同人が、賃料が安いし、測量には金がかかるから、測量などできないと言ってこれを拒絶したので、被控訴人も賃料の支払を拒絶した。被控訴人は、昭和21年に外地から帰国して、弟が管理人として本件土地に居住していた間に生じた延滞賃料を清算してからのちは、賃料は控訴人の方から半年分ずつまとめて6月ごろと12月ごろ取立てにきており、昭和38年6月分までは賃料の支払を怠ったことがなかった。

　右事実によれば、被控訴人が借地の一部であると信じていた土地がAの所有とされ、本件建物は同人の所有地に越境していることになった（越境部分の面積は僅かであるが、公道から向って左側の全側面に及び、万一この部分を収去しなければならない事態に立至ったときは、

建物の大改造に等しい工事を必要とするであろうことは明らかである）のであるから，被控訴人が境界の測定に立会うことを拒絶したか否かを問わず，被控訴人の右抗議，賃料支払拒絶は無理からぬことであり，また賃貸借における信頼関係を破壊するものとはいい難く，むしろ，賃借人たる被控訴人をして安じて借地を使用させる義務を負う控訴人において本件土地を測量して面積を確定した上，従前ありとされた面積に足りなければ，被控訴人と協議して賃料を減額するとか，本件建物の越境部分については被控訴人及びＡと協議して将来被控訴人が本件建物を改築するまではそのまま存置させてもらうようにするとか，それぞれ善処して被控訴人を納得させるように努力すべきである（そしてこのような善処の可能性があることは前記各証拠および弁論の全趣旨に徴して認められる）。このような努力をした上で，なお，被控訴人が賃料の支払を拒むならば，本件賃貸借を解除することもやむを得ないけれども，このような努力をしたことの認められない本件においては，わずか1回分の賃料の支払を拒絶しただけで本件賃貸借を解除し，被控訴人に本件建物収去本件土地明渡を余儀なくさせ，その生活に重大な脅威を与えることは，自分の非をたなに上げて相手方の非のみを責めるものであって，信義誠実の原則に反し，許されないものと解するのが相当である。

裁判例 119　賃料不払いと信頼関係の破壊
最判昭和43年6月21日（裁判集民91号441頁，判時529号46頁）

「被上告人が賃料の支払を拒絶するに至った事情に関する原審の事実認定は，原判決挙示の証拠関係に照らし首肯することができ，右認定判断の過程において，原判決には何らの違法も存しない。そして，右事実によるときは，右賃料不払の一事をもってはまだ賃貸借の基礎たる相互の信頼関係を破壊するものとはいい難く，これを理由に賃貸借契約を解除することは許されないとした原審の判断は，正当ということができる。」

裁判例 120　賃料不払い（5か月分）と信義則
東京高判昭和44年5月19日（東高時報民20巻5号101頁，判時558号60頁，判タ239号236頁）

「以上の認定事実によると，被控訴人Ａは控訴人の催告にかかる賃料を催告期間内に支払わないまま，1日後れて控訴人にその提供の申出をしたものであるが，前記認定の諸事情を勘案すると，被控訴人Ａには賃貸借の基調たる相互の信頼関係を破壊するほどの不誠意があったものというべきではなく，催告期間を1日後れたことの故をもって本件賃貸借契約解除の効果を肯定することはかえってかかる契約関係における当事者間の信義公平の原則にもとるといわなければならない。
他方，控訴人の前認定のような余りにも速急な催告および解除効果の主張の態度は当初より本件土地の明渡を企図したことによるものではないかと疑われても致し方ないことと思われるが，それはともかくとして，被控訴人Ａにおいて右説示のように催告期間内に賃料を提供しなかったことも別段誠実を欠くものといえない以上，控訴人がこれをとらえて解除の効果を主張することは信義に反し許されないものというべきである。してみれば本件賃貸借契約が有

効に解除されたことを前提とする控訴人の本訴請求の部分は失当として棄却を免れない。」

裁判例 121　賃料不払い（5か月分）と信頼関係の破壊
神戸地判昭和 52 年 8 月 8 日（判時 884 号 94 頁）

「以上の事実関係のもとでは，被告が昭和 49 年 5 月分以降の賃料を延滞したのは，被告に賃料支払の意思及び能力がなかったからではなく，原告はじめ A の相続人らにより銀行口座が解約されたためと，本件土地の相続人が被告には判明せず，賃料の二重払の危険にさらされるに至ったことが原因と解される。そして，銀行に振り込んだ賃料が返却され A 死亡の事実が被告又は B に判明した後に，同人らにおいて A の相続人を探索し新たな振込先の銀行口座の指定を受けるべく交渉するなどの措置をとらなかったことは，信義則上好ましくないが著しく反するともいえず，一方原告においても，自己が賃料債権者であるか，少なくとも賃料債権の準占有者にあたることを証明して被告の二重払の危険を解消させるべきであり，更に，新たな振込先の銀行口座を指定すべきであることを考慮すれば，前記の被告らの不払及び不作為は，40 年近くにわたる本件賃貸借の継続を困難ならしめる程当事者間の信頼関係を破壊するものではないと解される。

　次に被告が催告期間を徒過する結果となったことは，信義則に反するけれども，社会的経験の十分ではない留守番の C が本件催告を無視したのは，前記のとおりの誤解を生む素地があったことと催告の文言の平穏性によるものであることなどを考慮すると，酌量すべき事情があると解され，解除の意思表示後直ちに D が賃料延滞の状態の解消に努力し，被告もまた賃料支払の意思及び能力を継続して有していることも背信性の判断において被告に有利に考慮すべきである。

　これらの事情並びに本件審理に現われた諸般の事情を総合して判断すると，被告の履行遅滞及び催告期間の徒過は，信義則に照らし本件賃貸借の継続を困難ならしめる程著しく信頼関係を破壊したものということができないものと解するのを相当とし，したがって，原告の本件賃貸借契約解除は無効であって，これに基づく原告の建物収去及び土地明渡並びに遅延損害金の各請求は失当として棄却すべきである。」

裁判例 122　賃料不払い（5か月分）と背信行為
東京地判昭和 52 年 11 月 29 日（判時 894 号 92 頁）

「右認定事実によれば，被告は，本件契約を確認後，しばしば賃料の支払を 1 か月ないし 2 か月遅れの割合で延滞してきたが，原告から直接その遅延を咎められることもなく，これまで 2 度にわたる原告の賃料増額要求に対して全面的に応じてきたものであって，何らの反目もなく，本件の賃料不払分が 5 か月間の長期にわたるもので客観的には著しい義務違反といえるものの，右は賃料支払担当者の失念によるものであり，しかも，本件土地の収用開始の告示がなされた後のことであって，近い将来，本件土地が道路とされ，原告と被告が本件契約による地主，借家人の地位に基づき一定の割合をもって損失補償がなされる予定であったことが認めら

れ，このような事実関係のもとにおいては，被告の賃料不払は，背信行為と認めるに足りない特段の事情があるものというべきである。

　したがって，被告の賃料不払によって本件契約の解除権は発生しないものというべく，よって原告の本件契約解除の意思表示は無効といわざるをえないから，被告の抗弁2は理由がある。」

裁判例 123　賃料不払い（4か月分）と信頼関係の破壊
名古屋高判昭和53年2月23日（判時903号57頁）

「（一）本件賃貸借の地代は，当初の約定では毎月末日にその月分を持参又は送金して支払うこととされていたが，実際には始めから既に20年間に亘り控訴人方の集金人が出向いて取り立てていたこと，そしてひとり被控訴人の都合ばかりでなく集金人の都合もあって，その支払の模様は1か月くらい遅れて支払われたこともあれば，時には3，4か月遅れて支払われたこともあり，また数か月分が一括されて中間時点で支払われたこともあって，従前からまちまちであった。
〔略〕
3，ところで賃貸人にとっては，賃料（地代）を収受することが賃貸借契約をした最大の目的であるから，賃料が不払になるということは賃貸人にとって重大なこともちろんである。しかし，解除原因となるか否かを判断するに当っては賃料不払の事実の他に，契約当事者間の信頼関係を破壊するような特段の事情があったかどうかを併せて考慮することを必要とし，もし賃貸借の基礎たる契約当事者相互の信頼関係を破壊するような事情がなければ賃貸借解除の原因にはならないと解すべきである。本件の場合，右に認定説示した地代延滞の程度，その延滞に至った事情，及び従前からの地代支払の状況等諸般の事情を考慮すれば，先に認定説示したごとき地代の不払があったからといって，未だ本件賃貸借の基礎たる当事者間の信頼関係を破壊するものとはいいがたく，これを理由としてなした本件賃貸借解除の意思表示はその効力を生じない。」

裁判例 124　賃料不払い（5か月分）と背信行為
東京高判昭和53年12月18日（判時919号65頁，判タ378号98頁）

「〈証拠〉によれば，（一）前記のように昭和38年12月16日控訴人と被控訴人間の契約で賃貸借の内容が確認されたが，それは，被控訴人が相続により父Aの賃借権を承継したことを書面上明らかにしておくために申出たことによるのであり，右契約において賃貸借の内容として無催告解除の特約が確認されることになったのは，そのような特約を必要とする事情があって控訴人が主張，要求したことによるのではなく，被控訴人の代理人格のB（不動産会社社員）において前記のように無催告解除の特約が印刷された市販の契約書用紙を持参し，これを右契約に使用したことによるものであったこと，（二）被控訴人は昭和46年本件建物の賃借人からの賃料取立てと控訴人に対する本件土地の賃料の支払とを右Bに委託し，以後は専らB

が被控訴人の代理人として右取立賃料の中から本件賃料の支払をなすという方法でその支払に当って来たのであり、このことは間もなく控訴人も承知するに至ったこと、ところでBは控訴人に対する賃料支払について、屡々、期日に遅れることがあったものの、2か月以上遅れることは滅多になく、また毎月なすべき支払をまとめて行うことがあったが、それも3か月分までであって、このような支払について、本人たる被控訴人は勿論、Bも控訴人から特に異議、苦情を受けることはなかったこと、Bは昭和50年3月10日頃の午後2時頃に同年1月から3月までの3か月分の賃料を支払うべく控訴人方を訪ねたが、同居の控訴人兄C（食肉販売店経営）の使用人がいたので、賃料を受領すべき家人がいなかったため、そのまま辞去し（尤も、右は支払期日外のことであるから、適法な提供があったものとまでは認められない）、右支払は後日になそうと考えているうちに時日が経過したものであること、（三）控訴人は昭和48年5月賃料増額について直接被控訴人に葉書で通知しているが、それ以前にも賃料増額等に関し被控訴人方に電話で連絡したことがあったこと、被控訴人は昭和46年及び48年における控訴人の賃料増額請求について全面的にその請求に応じており、本件賃貸借関係が円滑を欠いていたということはなかったこと、昭和50年1月から5月までの場合の如き5か月分の賃料の支払遅滞は、従前の例にもなかったことであり、それが代理人に委ねられていることであるだけに、控訴人にとっても異常なことと映った筈であり、一方被控訴人としては、賃料の支払について一切Bに委せていたので、右の遅滞の事実を知らなかったのであって、もとより当時右のように賃料の支払を遅滞する程経済的に困窮していたわけでも、特別な理由があったわけでもなかったから、控訴人より一言その旨連絡を受ければ、直ちにその支払をなす意思もあり、かつその支払をなし得る状態でもあったこと、以上の事実が認められ、前掲証人C、控訴人本人の各供述のうち（二）の認定に反する部分は採用できず、他に前記認定を左右すべき証拠はない。そして以上の認定事実によれば、本件の場合、結果として被控訴人について5か月分賃料の支払遅滞を生じてはいるが、無催告解除の特約の適用の関係では、右特約による解除に値する背信行為と認めるに足らぬ特段の事情がある場合に当ると認めるのが相当である。してみれば、控訴人のなした前記解除の意思表示は効力を生じないものというべく、被控訴人の抗弁2は理由がある。」

裁判例 125　賃料不払い（約5年5か月分）と背信性
東京地判昭和56年7月15日（判タ465号139頁）

「3　原告より昭和54年5月25日に賃貸借契約を解除する旨の内容証明郵便が被告に届いたので、被告は同年6月11日昭和49年1月分から昭和54年12月分までの賃料8万4000円を供託した。

右認定に対する原告本人の供述は前掲各証拠に照らし措信することができない。

右事実によれば、被告の賃料支払の遅怠の切掛けとなったのが、本件土地の所有者が訴外Aであったことが判ったことであると認められる。このことは必ずしも賃料不払を正当化するものとはいえないが、かかる事情が認められ、且つ不払の総額を解除後ではあるが供託している点に照らし、無催告解除を理由あらしめる程度の著しい背信性を認めることができない。

従って，本件契約解除の効力はないものといわざるを得ない。」

裁判例 126　賃料不払い（2か月分）と信頼関係の破壊
東京地判昭和 56 年 12 月 16 日（判時 1042 号 109 頁，判タ 470 号 143 頁）

「そこで右事実及び一において認定した事実を総合すれば，原告は昭和 55 年 6 月末の段階で値上げ後の地代額で請求をしているのであるが，このことから直ちに被告が従前の地代を提供したとした場合，原告がこれを受領を拒絶するものともいえないのであるから，前記認定事実からは，未だ原告が地代の受領を予め拒絶していたとまでは認めることができない。また，前記認定事実から被告が旧地代を口頭の提供をしたものとも認めることもできない。従って，被告のした供託は，供託原因を欠くのでその効力を認めることができないものと言わざるを得ない。

しかしながら，被告が前記地代を供託するに至ったのは，原告の地代値上げ額について，税金の値上げ分について疑問を持ち，都税事務所に赴いて調査してもなお十分納得しかねたというのであるから，ひとまず，旧地代額を供託した被告の態度は無理からぬこととも言え，原告の増額が正当な額であると判ったときは差額を支払う意思もあったことからすれば，増額請求と遅行遅滞による解除について，増額が正当であるとする裁判確定まで，「相当ト認ムル地代」を支払うをもって足りるとし，賃貸借契約存続する方向で立法された借地法 12 条 2 項の趣旨からいって，供託にいたる要件の欠缺をとらえ，地代 2 か月分不払の場合の無催告解除を認めるのはいささか，酷に過ぎ，一方，被告は昭和 54 年 6 月分からの地代の値上げにも調停の申立をする等原告の地代値上げに容易に応じない態度がみうけられることを考え併せても，被告には前記地代債務の不履行につき賃貸借契約における当事者の信頼関係を破壊すると認めるに足りない特段の事情があるというべきであり，従って，原告の前記契約解除の意思表示はその効力を生じないものといわなければならない。」

裁判例 127　【参考判例】賃料不払い（約4か月分）と信頼関係の破壊
最判昭和 57 年 11 月 19 日（裁判集民 137 号 495 頁）

「しかしながら，土地賃貸借関係における賃料不払の場合に，なお信頼関係を破壊するものとは認められない特段の事情があるかどうかの認定判断にあたっては，賃貸借期間の長短，賃料不払の程度，右不払に至った事情その他当該賃貸借関係における諸事情の一切を考慮すべきところ，原審の認定する諸事情，ことに本件土地賃貸借は明治初期以来のものであって過去において相互の信頼関係を損うような事情もなかったこと，年払いの約定とされている本件土地の賃料不払期間が 4 か月程度であって，しかも上告人は，その間，これを放置していたというのではなく，本件土地の賃料が近隣の地代相場に較べて 2 倍以上になるため，その減額を申し入れて交渉を継続していたものであって，右交渉中に契約解除の意思表示を受けるに及んで直ちに被上告人の要求する賃料額を供託していることなどの事実関係を考慮すると，上告人の右賃料不払については，他に格別の事情の認められない限り，賃貸借関係の基礎をなす信頼関係

を破壊するものと認めるに足りない特段の事情の存在を肯認する余地があるものといわざるをえない。

しかるに，原審は，右格別の事情の存否について顧慮することなく，上告人の上告人に対する賃料減額の申し入れが，1日分のみの賃料についての借地法12条の規定に基づく賃料減額請求権の行使にあたり，その残余の既発生賃料債務については免除を求める要請を意味するにすぎないとの形式的な理由に基づいて右特段の事情が認められないとしているのであって，原審の右認定判断には，契約解除に関する法令解釈の誤り，ひいては理由不備の違法があるというべきであるから，論旨は理由があり，原判決は破棄を免れない。そして，本件は，契約解除の効力に関する叙上の点についてさらに審理を尽くさせる必要があるから，これを原審に差し戻すのが相当である。」

裁判例 128　賃料不払い（約4か月分）と信頼関係の破壊
名古屋高判昭和58年10月27日（判タ521号140頁）

「三　そこで本件賃料不払が，なお信頼関係を破壊するものとはいえないかどうかについて考えるに，右引用（第1審認定）にかかる諸事情，ことに本件土地賃貸借は明治初期以来のものであって，過去においてとりたてて相互の信頼関係を損うような事情もなかったこと，年払いの約定とされている本件土地の賃料不払期間が4か月程度であって，しかも被控訴人は，その間これを放置していたというのではなく，本件土地の賃料が近隣の地代相場に較べて2倍以上になるため，その減額を申し入れて交渉を継続していたものであって，右交渉中に契約解除の意思表示を受けるに及んで直ちに控訴人の要求する賃料額を供託していることなどの事実が存在するのに対し，本件賃料不払が信頼関係を破壊するものと認めるに足りるような格別の事情は当審における控訴本人の供述によっても認められず，他にこれを認めるに足りる証拠はない。

してみれば，本件賃料不払においては，未だ賃貸借関係の基礎をなす信頼関係を破壊するものと認めるに足りない特段の事情が存在するものというべきであるから，本件解除権の行使は信義則に反し許されないものといわなければならない。」

裁判例 129　賃料不払い（3か月分）と信頼関係の破壊
大阪地判昭和60年2月8日（判タ611号75頁）

「右認定の事実によると，被告は，従来から2か月ないし4か月分の賃料を一括して原告方に持参することがあったが，原告は右支払方法に対して特にこれを問題として紛争となったこともなく平穏に推移していたこと，被告が昭和56年7月分から同年9月分までの賃料の支払を遅滞していたのは，同年6月に原告から同年7月分以降の賃料の増額を求められて文書をやりとりするなどして交渉中であったためであり，しかも，被告が一旦同年9月中に同年7月分から同年9月分までの従前賃料合計5万4000円を原告に送付したのに，原告はこれを返送したものであるが，原告が返金したのは右支払が支払期日に遅れたことによるものではなく，賃

料増額に応じないことを不服として，賃料増額についての合意成立後に増額賃料をあらためて受領するつもりであったためであること，被告が右賃料増額申入に容易に応じなかったのは，被告としてはもともと本件土地も退職時に本件建物とともに退職金代わりにもらってしかるべきものであるとの気持をもっていたことにも一因があるのであって，原告代表者のＡが賃貸借成立後9年もの間賃料を全然改訂しようとしなかったのも賃貸借成立時の特殊事情を考慮していたためであることなどの事情がうかがわれ，これらの事情を総合すると，原告は，賃料増額の申入について被告の承諾が得られない場合にはまず，賃料増額請求訴訟等によって解決をはかるべきであって，かかる手段をとることなく，一旦被告より送付された従前賃料を賃料増額についての合意成立後に受領するとして返金しておきながら右合意が成立しなかったからといって一転して右賃料の不払を理由に賃貸借契約を解除することは相当でないと考えられるから，原告が解除事由の1つとして主張する賃料の2回分以上の不払の点については，無催告で賃貸借契約を解除しうる程の信頼関係の破壊が存在せず，賃料不払の場合の無催告解除の特約による解除の効力を認めることが合理的とはいえない特別の事情があると認めるのが相当である。

　したがって，原告の右賃料不払を理由とする賃貸借契約の解除はその効力を生じないというべきである。」

裁判例 130　賃料不払い（9か月分）と無催告解除特約
東京高判昭和61年9月17日（判時1210号54頁，判タ629号164頁）

　「たしかに，右に判示したところによれば，控訴人が昭和55年5月31日には同年9月ないし11月分の本件土地の賃料（3か月）を，同年11月30日には同年12月ないし昭和56年5月分の本件土地の賃料（6か月分）をそれぞれ支払う義務があるのにこれを怠ったことは明らかであるから，一応，控訴人が本件土地の賃料の支払いを「2回以上遅滞した」（請求原因事実第1項（三）無催告解除の特約）ことは否定できず，したがって，被控訴人のした解除の意思表示の効果を認めるべきもののようである。

　しかし，右の無催告解除の特約は，賃貸借契約が当事者間の信頼関係を基礎とする継続的債権関係であることにかんがみれば，右の2回以上の賃料の不払いを理由として契約を解除する際，催告をしなくてもあながち不合理とは認められないような事情が存在する場合に限り，その効力を肯定すべきものである。

　右のような立場に立って，さらに検討すると，控訴人の賃料の支払い状況はさきに認定したとおり（請求原因事実第3項）であって，その履行遅滞の程度は契約の当初から相当なものであるといわなければならない。しかしながら，控訴人が昭和54年8月31日重度障害者である労働者を多数雇用して印刷，製本の受注，加工，販売等の事業を営むことを目的として設立されたこと，被控訴人は当初から控訴人の取締役に就任していること，および，控訴人は右の事業の用に供する社屋兼工場を設置するため本件土地を賃借し，その上に本件建物を建築したが，いずれ雇用促進事業団から助成金の支給を受けるつもりであったことはいずれも当事者間に争いがない。そして，〈証拠〉を総合すると，被控訴人は控訴人の前記事業目的に賛同し，

その設立に参画したばかりでなく，控訴人の設立以来昭和56年1月中旬辞任するまでその取締役であったこと，控訴人は，重度障害者多数雇用事務所施設設置等助成金の受給資格認定の申請中である昭和55年7月ごろ，雇用促進事業団の窓口機関である身体障害者雇用促進協会の専門委員から，「事業の開始前に本件土地の賃料を支払うと，助成金の先喰いになり，不適当ではないか。」という指導を受け，被控訴人にもその旨を伝えたことおよび，控訴人は昭和56年3月ごろ，右助成金（1億円）の認定を受けたことがそれぞれ認められる。

以上の事実を総合すると，控訴人の賃料支払義務の履行遅滞の程度が契約の当初から相当なものであり，被控訴人が本件土地の賃料を生活費の一部としていた（当審における控訴人代表者，被控訴人各尋問の結果によって認める。）ことを考慮してもなお，本件の場合，催告をしなくてもあながち不合理とは認められないような事情が存在するというには躊躇されるのであって，結局，前記無催告解除の特約に基づく解除の意思表示はその効力を生ずるに由ないものといわなければならない。」

裁判例131　賃料不払い（17か月分）と信頼関係の破壊
東京地判平成元年12月27日（判時1359号78頁）

「確かに，本件は17か月分以上の賃料の不払いであり，その額も255万350円と多額であるから，被告の債務不履行の程度は軽いものではなく，原告の被った不利益も大きかったものといえる。

しかし，その遅延期間をみると，支払い猶予の時点から計算すれば5か月程度にすぎない。さらに，本件契約では，事実上は，原告が取立てに赴いたり，年末まで支払いを猶予したりする長年の慣行が存したことに照らすならば，被告が支払い猶予を申し込んだ時点の状況をもって，通常の場合のように，昭和60年分の不足額約1か月分加えて，昭和61年の12か月分の賃料滞納が毎月積み重なっていた状況とみることは妥当でなく，例年より1，2か月分の遅滞があったとみるのが，むしろ両当事者の認識に即するはずである。

また，支払猶予があったにもかかわらず，さらに5か月も支払わなかった点については，被告を強く非難すべきではあるが，しかし，Aの病状に関する一家の事情や前期長年の慣行に照らすならば，この一事をもって，数10年も続いている本件契約の解除を直ちに相当ならしめるほど高度の背信性を有するということはできない。

しかも，原告の催告に対し，Bは，催告期間内及び期間後，直ちに，原告宅及び事務所を訪ね，真摯な対応をしており，催告期間内に弁済の事実が認められない点も，催告金額と期間（3日間）及びその後の対応を考えると，やはり背信性が極めて高いとはいえない。

以上のとおり，被告の背信性はさほど強いのではなく，加えてまた，原被告間の賃貸借関係が長期に及んでおり，しかもその間正常な関係が保たれてきたこと，被告及びBはその不注意と法律の無知から紛争を引き起こしたものの，その後供託もし，経済的問題もなく，信頼関係の復旧に努めていることに照らせば，催告期間中ないしその直後に，原告が被告に対し，賃料支払いについてしかるべき協議に応じてやっておれば，正常な賃貸借関係の継続が十分可能であったと考えられる。そうすると，結局本件の解除については原被告間の信頼関係を破壊し

ない特段の事情があるということができる。
　よって，その余の点につき考慮するまでもなく，原告の解除の効力は認められない。」

裁判例 132　賃料不払い（約 12 か月分）と信頼関係の破壊
東京地判平成 2 年 12 月 14 日（判時 1397 号 40 頁，判タ 765 号 216 頁）

「抗弁 2 のうち，被告が昭和 62 年 1 月から同年 6 月まで月額金 19 万 500 円を原告らに支払い，同年 7 月以降月額金 12 万 7680 円を原告らに送金し，昭和 63 年 7 月以降月額金 12 万 7680 円を供託していること，原告らが本件土地の地代の算定に当たって本件土地の固定資産税等を基準としていることは当事者間に争いがなく，右事実に，前認定の事実によれば，被告は，本件土地の地代金 22 万 2200 円を昭和 63 年 7 月 1 日以降支払っていない状況が続いており，その原因も，被告が代理人 A を介して本件土地の地代を本件合意のように定めたにもかかわらず，これに不満を抱き，本件合意を争うに至ったことにあるということができ，前認定の本件合意がなされた後の被告の地代支払いの状況等に鑑みると，被告の本件土地の地代の不払いの責任は決して軽くはないというべきではあるものの，他方，被告は，その不払いの間も本件合意が成立する以前の地代の 2 割増しに相当する月額金 12 万 7680 円を，無効ではあるものの，供託することによって支払う意思のあることを明らかにしているのみならず，現在は原告らの主張するように本件土地の地代として本件土地の固定資産税等の 3.5 倍に相当する金額を地代とすることを承諾し，その金額により過去に支払われた地代との差額を遡って支払ってもよいとの意向を有していること，被告が本件合意にもかかわらずその支払いを争った本件土地の地代は，本件合意が成立する以前の地代の 2 倍を越えたものであり，本件土地の地代は本件合意により大幅に増額されたものであること，被告は昭和 22 年以来長年にわたり本件土地上に本件建物を所有していること，本件建物は被告の子である A が営業，居住に使用していることなど前認定の原告らと被告との間の本件賃貸借を巡る諸事情に照らすと，原告らの被告に対する本件賃貸借における信頼関係が賃借人としての基本的な義務を怠った被告の右のような一連の行為により揺らいでいることは否定できないとしても，これが破壊されるに至っているものとはいい難いところである。右認定，説示を覆すに足りる証拠はない。
　したがって，被告の抗弁 2 は，理由があり，原告らの本件賃貸借契約の前記解除は無効であるから，原告らの本件建物収去土地明渡請求は，その余の点につき判断するまでもなく，棄却を免れない。」

裁判例 133　賃料不払い（約 25 か月分）と信頼関係の破壊
東京地判平成 6 年 11 月 28 日（判時 1544 号 73 頁，判タ 886 号 183 頁）

「被告 A は，昭和 58 年に本件土地上の旧建物を借地権付で譲り受けた後，賃料の支払いを含め本件賃貸借契約上の義務を何ら問題なく履行してきていた。ところが，昭和 63 年に至り，本件土地につき課税標準の特例が受けられなくなり，本件賃料自動改定特約による改定賃料額が一挙に約 4 倍になることから紛争が生じ，被告 A は右支払いに応ぜず，従来の賃料の

2倍を支払うにとどめた。その後前記認定のとおり毎年固定資産税額が上がり、そのため、本件賃料自動改定特約による改定賃料額も毎年値上がりしたのに対し、被告Aは月額6万6400円ずつの賃料を送金するにとどまっていたが、平成4年4月に、原告に対し、右のような値上がりの実情から本件賃料自動改定特約をそのまま適用した賃料の支払いはできないが、近隣の地代等を勘案した上、同月分からは月額11万6855円まで値上げに応ずるとし、併せて本件賃料自動改定特約の改定を願い出て、本件を平和的に解決したいとする内容証明郵便を送り、同月から右金額を送金するようになった。これに対し原告は、昭和63年5月、8月、平成元年8月、平成4年4月にそれぞれ改定賃料による支払いを要求したものの、被告Aの送金に対し、賃料の一部の支払いに過ぎないことを明らかにして差額分を請求するとか、内容証明郵便により最終的な催告をすることもなく、また、本件賃料自動改定特約の改定の申入れについても何ら応対することもないまま、突然本件訴状により本件賃貸借契約を解除するに及んだ。被告Aは、本件解除後も平成5年3月分までは月額11万6855円を、同年4月分以降は原告が要求する19万2033円を支払い、原告が賃料の受領を拒絶した同年7月分以降は、右金員を毎月弁済共託している。被告Aは、借地権を譲り受けるに際して1億2000万円以上の金員を支出したほか、約8000万円を費やして本件建物を建てたため、本件借地権を失うとすれば、2億円以上に及ぶ損失を被ることとなる。そのため、本訴における和解期日においても、被告Aは、原告主張の増額賃料の未払分に遅延損害金を加算して即時支払う旨、さらには右金額の他にペナルティーとして1000万円単位の解決金を支払う旨提案したが、原告は本件賃貸借契約の終了を強く主張して、これに応じようとしなかった。

3　右認定の事実に、本件賃料自動改定特約は、前記説示のとおり最終的には有効と解されるものの、その効力に疑問を持つのもあながち無理とはいえないところがあることをも併せ考えると、確かに被告Aの遅延賃料額は多額に達してはいるものの、いまだ信頼関係を破壊するに至らない特段の事情があるものというのが相当である。」

裁判例134　賃料不払い（4か月分）と信頼関係の破壊
東京高判平成8年11月26日（判時1592号71頁）

「（五）　平成4年11月当時の本件土地の賃料は、月額18万円であり、当月分を毎月5日に支払う約束となっていて、賃料の不払いを2か月以上怠ったときは通知催告を要せず契約解除ができるとの特約があったところ、Aは、平成4年まで賃料の支払いを遅滞したことはなかったが、同年11月と12月の賃料は遅れて同年12月中にまとめて支払い、翌平成5年1月分と2月分は同年5月ころまとめて支払ったものの、同年3月分から6月分の賃料は支払わなかった。

そこで、Bは、同年7月2日到達の書面で、10日以内に延滞賃料を支払うこと、この支払いがないときは当然に本件賃貸借契約を解除する旨の意思表示をしたが、Aはこの支払いをしなかった。

Aがこのように賃料の支払いができなくなったのは、前示のとおり、Aにおいて次男Dの経営していたXサービスの借入金について保証をしていたところ、同社の資金繰りの悪化及

び倒産により本件Ａ・Ｂ建物の賃料が差押さえられてしまったことによるものである。
　なおＢは，右賃料延滞があること，そのため条件付解除の意思表示をしたこと等は参加人金庫にも参加人協会にも通知しなかった。
　そこで，参加人金庫は，平成6年4月20日に至って平成5年3月分から平成6年4月分の賃料を提供したが，受領を拒絶されたのでこれを供託し，さらにその後も現在まで供託を続けている。
2　以上の事実によって考えてみると，本件では，Ａは約定賃料の支払いを怠ったものであるが，他方，その履行遅滞は4か月分，合計72万円にとどまることや本件賃料借契約の従前の経過，借地権の価格等の前示の事実関係を総合してみれば，賃貸借契約における信頼関係を破壊するに足りない特段の事情があるものというべきであり，結局，Ｂによる本件賃貸借契約解除の意思表示はその効力を生じないものというべきである。」

裁判例 135　賃料不払い（20か月分）と信頼関係の破壊
東京地判平成18年1月30日（判例秘書）

「3　以下，前記前提事実及び上記認定事実をもとに，信頼関係の破壊の有無について検討する。
　原告が主張するとおり，本件は20か月分にわたる賃料の不払であり，しかも，被告が供託した時点では，2年以上にわたる期間の賃料が不払になっていたというのであるから，被告の債務不履行の程度を軽いということはできない。
　しかしながら，まず，その金額は，1か月2万288万円であるから，2年分としても50万円弱であり，本件土地の更地価格からすれば，その数パーセント程度のものと推認されること，これに対し，本件土地の賃貸借が50年以上継続し，本件建物が被告の生活の本拠であることからすると，本件契約の催告解除が認められた場合に被告が受ける不利益は，多大なものと考えられる。
　また，本件賃料の支払が従前は年2回払であり，上記滞納の前にも5，6か月分まとめて支払われていたことや原告が他の賃借人との関係では1年分の後払を許容しているところからすると，延滞期間を20か月ということはできないし，その延滞の発端が，振込口座指定の行き違いと被告が長年にわたる介護の後に母を失い，気力喪失状態にあったという事情にあること，被告は，原告の催告の意思を了知してからは，延滞賃料の支払について原告代理人弁護士に連絡して，支払の意思を明確に示し，かつ，事態を認識した後は，延滞分をすべて供託していること，その後の賃料についても，毎月供託しており，今後被告が賃料を延滞する可能性は低いと考えられることを指摘することができる。
(2)　前項の事項に，Ｃは，その職業を不動産貸付業といいつつ，被告から連絡がとりにくい状況にあり，貸付地の管理をしているとは言い難い状況にあるといわざるを得ないこと，原告及びＣは，弁護士から次は解除というアドバイスを受けて本件契約を継続し，本件催告前に20か月間催告していないことを総合すると，被告には賃料不払の債務不履行があるとはいうものの，いまだ信頼関係を破壊するに足りない事情があるというべきである。

そうすると，本件のおける解除の意思表示はいずれも効力がない。」

裁判例 136　賃料等の不払い（1か月分及び敷金分割金）と不信行為
東京地判平成 18 年 4 月 18 日（判例秘書）

「(エ) 以上を総合的に検討すると，被告は平成 16 年 3 月末日支払分の敷金分割金を 1 年以上遅滞し，平成 17 年 3 月末日支払分の敷金分割金を 1 か月以上遅滞した事実が認められ，支払の遅滞の程度は著しい。前記認定のとおり，本件賃貸借契約にはもともと敷金の約定がなく，本件和解に際して被告が譲歩することによって敷金の約定がされたものであるが，そのような事情は敷金分割金の支払遅滞を正当化する理由とはならない。

　しかし，証拠（甲 4，乙 6 ないし 11）及び弁論の全趣旨から認められる本件和解成立までの経緯に照らすと，和解交渉段階における両当事者には「和解成立時 50 万円，翌年から年 30 万円ずつ 10 年間」との認識があったことが推測されるところ，敷金分割金 50 万円の支払日である本件和解成立日と，敷金分割金 30 万円の最初の支払日である平成 16 年 3 月末日が極めて近接していることから，本件和解成立日である平成 16 年 3 月 3 日の 50 万円の支払後，次回の敷金分割金の支払日を翌年 3 月末日と勘違いすることは起こり得ることである。弁論の全趣旨によれば，現に原告側も，平成 16 年 3 月末日限りの敷金分割金のことを失念していたことが窺われ，原告の上記失念自体が被告の債務不履行の事実に影響を及ぼすことはないというものの，両当事者ともに支払日を誤解しやすい状態にあったということはできる。また，被告は，平成 17 年 3 月末日支払分の敷金分割金について，同年 4 月 30 日到達の内容証明郵便を受領した後，同年 5 月 6 日にその支払を行い，同年 7 月 19 日に本件訴状が送達されたことにより平成 16 年 3 月末日支払分の敷金分割金の未払を認識した後，平成 17 年 8 月 3 日にその支払を行っているのであり，未払期間が 1 年以上の長期に及んでいるものの，未払認識後の被告の対応は速やかになされており，被告に敷金を支払う意思がないとまで認めることはできない。

　更に，前記認定のとおり，前件訴訟における被告の債務不履行の態様・程度は著しいものとはいえず，これに加えて，本件訴訟上の請求は，既存の本件建物を収去して本件土地明渡しを求めるというもので，仮にこれを認容するとすれば経済的価値の損失が大きいことや，これまで認定した本件訴訟に顕れた被告の債務不履行の態様・程度等を総合的にしんしゃくすると，被告には本件賃貸借契約の継続を著しく困難ならしめる不信行為があるとはいえず，原告は本件賃貸借契約を無催告で解除することはできない。」

裁判例 137　賃料等の不払い（多数回にわたる支払遅滞）と信頼関係の破壊
東京地判平成 18 年 12 月 20 日（判例秘書）

「(2) しかし，前記認定事実によれば，被告は，平成 15 年 8 月分から同年 12 月分までの滞納額と平成 16 年 1 月分の賃料を平成 15 年 12 月 25 日に支払い，また，平成 16 年 4 月 23 日，同年 2 月分から同年 5 月分までの 4 か月分の賃料を従来の振込先である A 名義の口座に振り込んで支払い，さらに，平成 17 年 2 月 25 日，平成 16 年 5 月分から平成 17 年 2 月分までの賃

料を，平成17年6月22日，同年3月分から同年6月分までの賃料を，同年7月25日，同年7月分の賃料をそれぞれ供託し，原告の振込先を知った後は，原告あてに，同年10月7日，同年8月分，同年9月分の賃料を振込送金し，同年10月12日，同年10月分，同年11月分の賃料を振込送金したものであって，同年11月分以降の賃料については，期限を徒過することなく支払を継続しているものである。

(3) これに対し，原告は，被告のした供託は，原告が被告に対し，有効に賃貸人たる地位を主張できる時点以降に，あえてそれを無視して賃料を供託したにすぎず，供託の通知もなされておらず，被告としては，原告がAから本件土地の贈与を受け，賃貸人の地位を承継したことを容易に知ることができたのであるから，「過失なく債権者を確知することができない」の供託要件を欠くものであって無効である旨主張する。

しかし，前記認定事実によれば，被告は，本件賃貸人変更通知を見たことがなく，A名義の旧振込先に送金することができなかったことから，Aの息子である原告に連絡を取ろうとしたがこれもできず，同じ地主から土地を借りている隣人に尋ねたが，振込先を教えてもらえなかったことから，供託を行ったものであって，被告は，賃料支払の意思と能力を有していたものであり，原告は供託金の還付を受けることで賃料を取得することができるのであるから，被告の行った供託は，「過失なく債権者を確知することができないとき」に該当するものとして有効と認めるのが相当である。

(4) そして，前記認定事実によれば，被告の父の代の昭和33年ころから本件土地を賃借し，その上に建物を建築して住居兼呉服店として使用してきたものであり，本件建物に建て替えられてからも既に40年以上が経過していること，被告は，現に本件建物を住居兼呉服店として使用するとともに着付け教室の開催もしているものである。

(5) 以上の諸事情に照らせば，確かに被告には，多数回にわたる賃料の支払遅滞等，本件賃貸借契約における信頼関係を損ねかねない事由があったことは否定できない。

しかし，その後の賃料支払の状況に照らせば，本件賃貸借契約における賃貸人と賃借人の信頼関係が完全に破壊されたものとして，原告による解除の意思表示を有効と認め，被告が住居兼呉服店として長年にわたり使用してきた本件建物を収去して本件土地を明け渡すべきものとまで認めることは相当でないというべきである。」

裁判例138　更新料等の不払いと信頼関係の破壊
東京地判平成19年1月18日（判例秘書）

「(1) 本件賃貸借が更新料700万円の支払と合わせて合意更新されたことは前記のとおりであるところ，被告らは，本件更新料のうち400万円を支払ったのみで，残り300万円を支払っていない。

(2) しかし，以下の事情をも総合して考慮すると，更新料の残額300万円の不払の事実から直ちに，本件賃貸借契約を維持することが困難というまでに，賃貸人である原告らと賃借人である被告らとの間の信頼関係が失われたと解することはできない。

ア　本件賃貸借は昭和20年代から約50年も継続しており，その間の賃貸借契約関係にお

いて，賃借人たる被告らに特段の背信行為があったことは窺われないこと（なお，原告X2は陳述書（甲11）において，①被告らが平成2年ころに本件建物外壁の無断改変工事を行ったこと，②平成6年に賃料を増額した際，直後の5か月間は増額前の賃料しか支払わなかったこと，③平成12年に3か月の賃料滞納があったことを問題視しているが，本件賃貸借は土地を目的とするもので，賃貸人の承諾を必要とするのは「建物を改築または増築する」場合であるところ（乙3・第4条2項），①がこれに該当するかは疑問がある上，原告らがこれについて被告らに何らかの申入れをした様子も窺われないし，②及び③については，原告側が被告らにこれを指摘したところ，直ちに不足分ないし滞納分の支払があったことが認められる（甲11）から，上記①ないし③の点が本件賃貸借関係において問題とすべき事情とは解されない。）

イ 前記認定の経緯に照らすと，本件紛争の発端は，賃借人が賃貸人に更新料や借地権譲渡の承諾料として定まった額を支払う旨の特約条項を原告らが一方的に更新契約書に盛り込み，この契約書への調印を被告らに求めたことにあり，そのような原告らの行為がなければ，本件紛争は生じなかった可能性が高いこと

ウ 本件土地の平成17年1月1日現在の価格（更地価格）は8596万円であると認められ（鑑定の結果），借地権価格の3ないし7パーセント又は地価の2ないし5パーセントという更新料の一般的基準によると，本件賃貸借の更新料は最大でも430万円程度であり3,700万円という額は，これに比べると相当高額なものであること

エ 被告らは，法律問題に特段の知識がある訳ではなく，平成17年以降の更新料をめぐる原告らとのやりとりは，調停申立ても含めて，専ら法律の専門家である弁護士に任せていたと認められること（弁論の全趣旨）

（3）以上のとおりであって，原告らによる本件賃貸借の解除はその効力がない。そして，本件賃貸借が合意により期間を平成17年1月1日から20年間として更新されたことは前述のとおりであるから，期間満了による賃貸借契約の終了の主張を認める余地はない。」

裁判例139 賃料不払い（約2か月分）と信頼関係の破壊
東京地判平成19年4月25日（判例秘書）

「前記のとおり，本件増額合意がされている結果，原告が賃料不払を理由として最後に解除の意思表示をした平成18年5月25日の時点で，平成17年1月分から平成18年6月分まで月額3450円ずつの不足額があることになる。上記解除の意思表示の時点で，賃料の一部不払の期間は1年半であり，必ずしも短期間とはいえないものの，この不払の額は合計で6万2100円であり，約2か月分の賃料額にすぎず，支払の回数としても3回分にすぎないものである。

他方，証拠（甲7，乙3）によれば，被告は，6か月分の賃料を15万9300円に減額して振り込んだ際，原告からその理由の説明を求められたのに対し，平成16年12月28日，被告訴訟代理人から，上記支払は本件和解調書に従ったもので，従前6か月分の賃料として18万円を支払っていたのは間違いであり，本件和解調書作成後に賃料増額されたのであれば被告と協議するので，その旨の連絡をするよう伝えたこと，これに対し，原告は，被告訴訟代理人に対し，従前Aが月額3万円を了解して支払っていたと答えただけで，増額合意等についての具

体的な内容の説明や具体的な根拠となる合意書等の資料を呈示しなかったこと，そのため，被告においては，本件和解調書に従い，減額した賃料の支払を続けたが，その後本件訴訟に至るまで，原告から本件増額合意に関する具体的な事実の説明はされてこなかったことが認められる。これらの事情によれば，被告が6か月分の賃料として15万9300円しか支払っていない理由は，純粋に，当時，賃料の支払を事実上行っていた被告と賃料増額の交渉等が直接された経過がなく，原告から被告に対し，Aとの間における賃料増額に係る契約書等の明確な証拠が呈示されないため，被告において6か月分の賃料として18万円を支払うべき明確な根拠が見出せなかったということに尽きるものと考えられるのであり，被告において，本件増額合意の存在を認識していながら，合意書が存在しないことを奇貨として，一方的に賃料減額を迫っているものとは認め難い（本件賃貸借契約の継続を希望している被告が，無断譲渡を理由とする平成16年7月28日付け解除通知（乙4）を受けた直後と推定される同年8月2日に，殊更，事を荒立てようとして一部減額して支払ったものとは考え難い。）。そして，被告が平成12年7月分以降の6か月分の賃料として18万円の支払を開始したことが，いかなる理由によるものかは明らかではないものの，本件増額合意に自己が関与していなかったこと，本件増額合意に係る書面がなかったこと，以前に本件和解調書に従った金額を支払っていたことなどから，本件和解調書上の金額が正式な賃料額と思い込んだということも，十分に考え得るところであり，減額して支払ったことに被告に背信的な意図があったとは考え難いところである

さらに，最後に原告が解除の意思表示をしてから現在までの間に，賃料の一部不払分として平成18年7月分から平成19年6月分までの1年分が加わり現在では合計2年6か月間分の賃料一部不払があることになるが，その不足額は合計で10万3500円であって，1回の支払分である18万円にも，4か月分の賃料額12万円にも満たないものであり，被告において支払義務が確定した時点で直ちに支払うことが困難な金額であるとは考え難い。

加えて，証拠（乙6，被告本人）及び弁論の全趣旨によれば，本件建物は，被告が現在生活の本拠として居住している建物であり，これを収去して本件土地を明け渡すことによって受ける不利益は重大なものと考えられる。

以上のような事情からすれば，原告と被告との間には，信頼関係を破壊するに足りない特段の事情があるものと認めるのが相当である。」

裁判例140　賃料不払い（4か月分）と信頼関係の破壊
東京地判平成20年8月28日（判例秘書）

「(1) 賃貸借は，当事者相互の信頼関係を基礎とする継続的契約であるから，賃貸借の継続中に当事者の一方にその義務に違反し信頼関係を裏切って賃貸借関係の継続を著しく困難ならしめるような不信行為のあった場合には，相手方は民法541条所定の催告を要せず賃貸借を将来に向かって解除することができるものと解すべきである。

(2) これを本件についてみると，前記第2の3(2)（原告の主張）アからオまでの事由のうち，ア（Bに対する担保設定）イ（賃料の支払遅滞），ウ（国税局等からの照会）の事由をもって，信頼関係を破壊するものということができないことは，上記3の判示から明らかであ

る。
　エ（被告の営業停止）の事由については，平成19年7月ころ営業を休止したことは当事者間に争いがないが，その後，被告は，Dに原告との交渉を委任し，同年9月初めころ，借地権譲渡承諾の条件及び未払地代全額を支払うことを伝えて協議を申し入れているから，被告が営業休止したことをもって，信頼関係を破壊するものということはできない。
　オ（B及び被告による賃料供託）の事由については，B及び被告が賃料を供託したことは，前記1（6）及び（7）に認定のとおりであるが，前記1（6）に認定の経緯によれば，Bの供託をもって信頼関係を破壊するものということはできないし，被告の賃料供託が有効であることは，後記5に判示のとおりである。
　（3）そうであれば，平成20年3月27日の第3回口頭弁論期日において信頼関係の破壊を理由としてされた本件賃貸借契約の解除の意思表示も，効力を生じるに由ないものといわざるを得ない。」

第3　用法違反等

1　無断増改築等

　増改築の意義について，「ここにいう「増築」とは，既存の建築物を建て増す行為を，「改築」とは従前の建築物を取り壊して同じ場所に建物を建て直すあるいは建物としての同一性が失われる程度に工作を加える行為をいうものと解され，建物の通常の用法に従った維持保存に必要な程度の修繕は，本件増改築禁止特約にいう増改築には該当しないというべきである（東京地判平成19年3月28日）。」とされている。

(1) 解除を肯定した事例

裁判例141　無断増改築と信頼関係の破壊
最判昭和41年6月9日（裁判集民83号739頁）

　「原審の認定したところによれば，上告人は，本件土地上の所有建物につき地主たる被上告人に対し無断にてこれを増改築しない旨の特約が存在したのにかかわらず，被上告人に無断にて旧建物たる平家建バラックを支柱の一部のみを残して他を全部とりこわし，新たに2階建本建築をしたというのであって，原審はその認定した事実関係の下において，上告人の行なったことは，被上告人に対する信頼関係を破壊するものとして，土地賃貸借契約解除の原因となるものとしたのであり，この判断は正当である。」

裁判例 142　無断改修工事と信頼関係の破壊
東京高判昭和 47 年 9 月 20 日（東高時報民 23 巻 9 号 146 頁，判タ 288 号 326 頁）

「しかしながら，和解条項第三項の土地明渡義務は，同第四項の賃貸借契約上の義務ではなく，同第四項（二）の無断増改築禁止の特約も賃貸借契約の本質的要素に関するものではないから，右明渡義務の履行を怠り，右特特約に反する行為があったからといって，賃貸借当事者間に要請される信頼関係を破壊するに足らないと認められるときはこれを理由とする賃貸借契約解除権の行使は許されないと解するのが相当である。

よって，この見地に基づいて本件をみる。

〈証拠〉と弁論の全趣旨によると，訴外亡 A は控訴人に対し「同訴外人が控訴人に原判決添付別紙第一ないし第五目録記載の土地を賃貸していたところ，控訴人は定められた用法に反し右賃借地上に映画館を建築したから，同訴外人において右賃貸借契約を解除した。」と主張して建物収去土地明渡の訴を提起し（東京地方裁判所昭和 32 年（ワ）第 6183 号），右訴訟係属中控訴人が賃借地の一部を他に無断転貸または賃貸借の明渡したことを発見したとして重ねて賃貸借契約解除の意思表示をした旨の主張を追加したところ，前述のとおり右訴訟事件につき裁判上の和解が成立したこと，そして右和解においては従前の賃貸土地の一部を即時返還する（第二項），一部は期限を定めて明渡す（第三項），他の一部について改めて無断増改築等を禁止する特約をして賃貸する旨の合意がなされたことが認められるのであって，右特約に反し前述のごとき映画館の改修工事を無断ですることは信頼関係を破損するに足るものというべきである。」

裁判例 143　無断改修工事と信頼関係の破壊
最判昭和 48 年 4 月 13 日（裁判集民 109 号 97 頁）

「原判決の確定したところによれば，訴外亡 A の上告人に対する東京地方裁判所昭和 31 年（ワ）第 6183 号建物収去土地明渡請求事件につき成立した裁判上の和解において，右当事者間に新規に土地賃貸借の合意が成立し，その際特に無断増改築等を禁止する旨の条項が付せられたにもかかわらず，上告人は右特約に反し貸主に無断で右新規借地上の木造映画館に改修工事を施したものであり，しかも右改修工事の結果，右映画館の床はコンクリート敷となり，吹抜けの部分は鉄製梁を入れて 1・2 階に分けられ，建物全体が 1 階はスーパーマーケット用に，2 階はアパート用に，それぞれ改造されたものであるところ，右の事実関係のもとにおいては，上告人の無断改修工事は土地賃貸借当事者間の信頼関係を破壊するに足るものである旨の原審の判断は相当であって，所論指摘の当裁判所の判例に反するものとは認められない。」

裁判例 144　無断増改築と背信行為
広島地判昭和 50 年 2 月 17 日（判タ 327 号 243 頁）

「三　右認定事実によれば，（三）の建物はすでに朽廃により，その効用を失ったものとみる

べきであるから、原告らと被告Ａとの間の同建物の賃貸借契約は終了したものといわねばならない。また、原告ら側と被告Ａとの間の目録（一）の土地賃貸借契約は建物所有を目的とするものであることは前記認定のとおりであるが、前記成立の経過からして明らかなとおり、元来目録（一）の建物内の製材用具の賃貸借に伴って発生したものであり、本来の賃貸借契約たる目録一の建物の賃貸借契約（製材用具の賃貸借は該建物の賃貸借契約と不可分のものとみるべきである。）がすでに終了したものである以上、これに附随して発生した右土地賃貸借契約の賃借人は、当初より建物所有を目的としてなされた借地契約の場合とは異なり、賃貸人との間でより強度の信頼関係が要求されるものと解するのが相当であり、被告Ａが原告ら先代に無断で右土地上の建物に重量鉄骨を加えて改築したことは、両者間の前記無断増改築禁止の特約に違反し、賃借人として著しい背信行為といわねばならず、これを理由にしてなされたＢの前記解除の意思表示は有効といわねばならない。

　被告は、右無断増改築禁止の特約が借地法に反して無効である旨主張するが、借地法８条ノ２の規定に照らして右特約は有効であり、原告ら側の中止の申出にもかかわらず、同条に定める協議ないし承諾にかわる裁判所の許可の申出もなさないで、工事の続行をなした同被告の態度は、賃借人として背信性の著しいものといわねばならない。そして、他に右解除の意思表示が権利の濫用と認められる証拠は存在しない。」

裁判例145　無断改築工事と信頼関係の破壊
大阪地判昭和51年3月29日（金判502号32頁）

「三、前記認定事実によれば、被告Ａらは、本件賃貸借期間の満了を間近にひかえた時期において、被告Ｂをして単なる修繕の域を超え、近い将来朽廃に至るとみられる本件家屋の寿命と賃貸借期間の伸長を結果すべき補強工事を含むかなりの規模の本件賃貸借における増改築禁止特約の対象とされた改築工事を実施したものであるから、被告Ａらは、本件賃貸借に付随する無催告の解除権留保付増改築禁止特約に違背したことは多言を要しないところ、被告らは、前記のように原告らから、度々、工事着工の回避ないし中止の申出を受けていたのであるから、賃貸借の関係者としては、少くともその申出に対し被告Ｂに対し一時工事をひかえさせ、被告Ａらにおいて借地法８条ノ２第２項の裁判所の許可を求めるなど継続的契約関係にある者として相互の信頼関係を維持するに足る措置をとるべきであるのに、すべてこれを無視して前記のとおり妥協を認めない形で工事を強行したものであって、このような被告Ａらの態度は、本件家屋を自己の住宅や店舗として使用するのではなく、既に投下資本をほとんど回収したと推定すべき状況下で、これをもって利潤獲得の手段方法として経済的機能を果させている以上、むしろ、利益衡量の比較においては、賃貸借期間の満了、建物の朽廃、これらに伴う借地の返還ないし前記許可申立てのあった場合における受給付の期待など原告らにおいて期待しても止むをえないと思われる経済的利益を一方的に喪失せしめて、原告らに著しい影響を与え、賃貸借における相互の信頼関係を破綻させたものと認めるのが相当である。

　そうだとすれば、たとい被告Ｂの右工事が、土地の通常の利用上相当性があるものとしても、原告らがなした前記条件付契約解除の意思表示に基づき本件土地賃貸借契約は、工事完了

後である昭和46年4月末日をもって適法に解除されたといわなければならない。」

裁判例146　特約違反の改築工事と信頼関係の破壊
東京高判昭和54年7月30日（判タ400号163頁）

「（二）右認定事実によれば，控訴人のした建物工事は，保存行為の程度をこえ，建物の主要構造部分である柱・土台，屋根に及び，すでに朽廃した第1建物を朽廃しない状態にさせ，またその他の建物の使用期間を著しく延長させたものというべく，右特約にいう改築に該当する。〔略〕

本件土地中右道路に面した部分は都市計画上商業地域・防火地域・第三種高度地区（建ぺい率80パーセント，容積率400パーセント）に，その裏側部分は近隣商業地域・準防火地域・第三種高度地区（建ぺい率80パーセント・容積率300パーセント）に各指定されており，第1ないし第4建物はいずれも大正末期に築造された木造建築であって改築すべき時期に達していたので，控訴人らはこれらの建物を撤去してその跡地に鉄筋コンクリート造5階建建物（資金の都合により3階建とすることもある。）を築造する計画をたて，昭和49年3月東京地方裁判所に借地条件を堅固な建物に変更すべき旨の借地条件変更の申立てを行い，かつ右各建物の賃借人に退去を求め，同年4月建材第1建物の3区分のうち両端2区分，第2建物の北側半分を空家とした。

被控訴人は同年11月15日に右土地部分117.54平方メートルを売却し，控訴人らも同日都のため右土地部分の賃借権を放棄し，第4建物を昭和50年3月31日までに移築等をすべき旨約した。

控訴人らは右借地条件変更申立事件において鑑定委員会から借地条件を堅固建物所有に変更することは相当との意見を得たが，被控訴人より建物朽廃による賃借権消滅の反対主張を受け，さらに昭和50年9月本訴の提起を見，昭和51年9月27日被控訴人より建物朽廃状況の検証及び朽廃の有無につき鑑定の申立てに接し，その直後和解勧告を受け，昭和52年2月16日これが不調に帰し，右検証，鑑定等の証拠調が近く行われることが予測される事態を迎えた矢先，右建物工事を実施した。

右工事完成後，第1ないし第3建物は殆ど空家に近い状態のままである。

以上の事実が認められ，右認定を左右すべき確証はない。

（二）右事実によると控訴人らは本件賃借地が都市計画上の右地域地区の指定をうけ，高層建物築造のため，その前提として撤去を予定し，空家とした部分もある第1ないし第3建物につき，特別の必要あるとも認められないのに，本件証拠調直前に，前記3（一）において認定したように被控訴人に無断でしかもその工事中止申入れをも無視して右改築工事を敢行したのである。これらの事実とその他前記認定の各事実を考慮すれば，右改築工事は，借地人の土地の利用上相当であり，賃貸人に著しい影響を及ぼさず，信頼関係を破壊するおそれがないとは到底いえない。」

裁判例 147	無断改築と信頼関係の破壊
	東京地判平成19年3月28日（判例秘書）

「(1) 本件借地契約には，増改築禁止特約が付されているところ，ここにいう「増築」とは，既存の建築物を建て増す行為を，「改築」とは従前の建築物を取り壊して同じ場所に建物を建て直すあるいは建物としての同一性が失われる程度に工作を加える行為をいうものと解され，建物の通常の用法に従った維持保存に必要な程度の修繕は，本件増改築禁止特約にいう増改築には該当しないというべきである。

これを本件についてみるに，前記認定事実のとおり，本件工事においては，基礎コンクリートが全面的に打ち直され，土台や柱，間柱等，その躯体部分に重要な変更が加えられているのみならず，床および内壁についての全面的な更新であり，外壁の大部分および屋根の一部についても更新がなされていることからすると，建物の同一性は失われたというべきであって，維持保存に必要な程度の修繕を超えているというべきであり，増改築禁止特約にいうところの「改築」に該当すると認めるのが相当である。

(2) 次に人的信頼関係の破壊の有無について検討する。この点，被告は，平成18年8月29日付けで，被告自ら増改築許可申立を行ったが，裁判所による許可がない状況下において，平成18年9月13日以降，原告が再三，工事不実施の警告をしていたにもかかわらず，本件工事を強行したものである。上記増改築許可申立てにおいて審理が中断されたのは，本件訴訟において本件建物の朽廃の有無が争点となっており，朽廃に関する鑑定や検証等が予定されていたことから，それまでは工事を控えるべきであるという受訴裁判所の訴訟指揮によるものであったと窺われ（もちろん，当裁判所においても，被告に対し，鑑定，検証を早急に実施するので，それまでは本件工事を差し控えるよう要請していた。），そのような同裁判所の意向については，被告も十分認識，理解していたと思われるところであるが，それにもかかわらず，あえて本件工事を強行した。

被告が，長年にわたり本件建物を荒廃するに任せ，雨水が流れ込むことによりその土台や柱の一部が腐朽する状態に至るまで放置してきたことからすれば，いかに耐震補強といえども，それほどまでに急いで本件工事を強行すべき合理的な理由があったとは認められないし（前記耐震評価からすれば，本件建物は「倒壊のおそれがある」とされたにすぎず，被告において，本件建物が極端に耐震性が低いというものではなく，この程度の木造住宅が非常に多く存在していると聞いていたことは，陳述書において自ら認めるところである〔乙第14号証〕。），上記増改築許可の申立を行ったのも本件訴訟が係属した以降のことであり，実際に，本件工事が施工されたのも，裁判所による検証・鑑定実施の方針がほぼ固まり，右検証・鑑定等の証拠調が近く行われる時期であったこと（弁論の全趣旨），さらに，被告が，原告に対し，本件借地権に対する立退料名下に20億円以上もの法外な金員を要求していること（被告作成にかかる平成16年11月16日付け通知書，甲第14号証）に照らすと，本件工事は，朽廃に近い状態にあった本件建物の客観的状態を，意図的に糊塗する目的から出たものと推認するほかはない。この点，被告は，自らが本件建物に居住するつもりであった旨主張するが，既に認定したように，本件建物を長年の間放置するなどの従前の本件建物の使用に関する経緯に照らすと，かか

る主張を到底採用することはできない。
〔略〕
　(3) 以上の事実を総合すれば，本件工事は，本件借地契約上の増改築禁止条項に違反するものであり，かつ，原被告間の人的信頼関係は完全に破壊されていると認めるのが相当であるから，原告の本件解除は有効である。」

(2) 解除を否定した事例

裁判例 148　　所有建物の改造と信頼関係の破壊
最判昭和 41 年 4 月 21 日（民集 20 巻 4 号 720 頁，裁判集民 83 号 263 頁，判時 447 号 57 頁，判タ 191 号 82 頁）

「一般に，建物所有を目的とする土地の賃貸借契約中に，賃借人が賃貸人の承諾をえないで賃借地内の建物を増改築するときは，賃貸人は催告を要しないで，賃貸借契約を解除することができる旨の特約（以下で，単に建物増改築禁止の特約という。）があるにかかわらず，賃借人が賃貸人の承諾を得ないで増改築をした場合においても，この増改築が借地人の土地の通常の利用上相当であり，土地賃貸人に著しい影響を及ぼさないため，賃貸人に対する信頼関係を破壊するおそれがあると認めるに足りないときは，賃貸人が前記特約に基づき解除権を行使することは，信義誠実の原則上，許されないものというべきである。

　以上の見地に立って，本件を見るに，原判決の認定するところによれば，第 1 審原告（脱退）A は被上告人に対し建物所有の目的のため土地を賃貸し，両者間に建物増改築禁止の特約が存在し，被上告人が該地上に建設所有する本件建物（2 階建住宅）は昭和 7 年の建築にかかり，従来被上告人の家族のみの居住の用に供していたところ，今回被上告人はその一部の根太および 2 本の柱を取りかえて本件建物の 2 階部分（6 坪）を拡張して総 2 階造り（14 坪）にし，2 階居宅をいずれも壁で仕切った独立室とし，各室ごとに入口および押入を設置し，電気計量器を取り付けたうえ，新たに 2 階に炊事場，便所を設け，かつ，2 階より直接外部への出入口としての階段を附設し，結局 2 階の居室全部をアパートとして他人に賃貸するように改造したが，住宅用普通建物であることは前後同一であり，建物の同一性をそこなわないというのであって，右事実は挙示の証拠に照らし，肯認することができる。

　そして，右の事実関係のもとでは，借地人たる被上告人のした本件建物の増改築は，その土地の通常の利用上相当というべきであり，いまだもって賃貸人たる第 1 審原告（脱退）A の地位に著しい影響を及ぼさないため，賃貸借における信頼関係を破壊するおそれがあると認めるに足りない事由が主張立証されたものというべく，従って，前記無断増改築禁止の特約違反を理由とする第 1 審原告（脱退）A の解除権の行使はその効力がないものというべきである。」

裁判例 149　　増改築禁止特約と信頼関係の破壊
東京高判昭和 42 年 9 月 18 日（判時 499 号 41 頁）

「そこで右特約の効力につき判断するに，控訴人が主張するように増改築禁止の特約をすべ

て無効であると解すべきではなく，ただ借地人が既存建物を取こわして新たな建物を建築するとか，非堅固の建物に改築するとか，その他これに準ずるような工事を施し，建物に通常予想される程度を越えた不合理な増改築又は大修繕によって建物の朽廃の時期を不当に伸長したり或いは建物の買取価格を不当に増大させるようなことは土地所有者にとって余りにも酷であるから賃借人との特約により有効に禁止できるけれども，これと異なり一般に増改築が借地人の土地の通常の利用上相当であり，土地賃貸人に著しい影響を及ぼさないため，賃貸人に対する信頼関係を破壊するおそれがあると認めるに足りないときは右特約に基づき解除権を行使することは許されない（昭和41年4月21日最高裁判所判例〔編注：裁判例148〕）と謂うべきである。

〔略〕

前示認定の事実関係のもとでは，控訴人のした本件建物の増改築は既存の建物を取こわして新たな建物を築造したものと同一視すべきものでないことは明らかであり，また普通建物を堅固なる建物に改築し建物の命数を不当に伸長し，建物の買取価格を不当に増大したものとも認められずその土地の通常の利用上相当であり，賃貸人たる被控訴人の地位に著しい影響を及ぼさないから，賃貸借契約における信頼関係を破壊するおそれがあると認められないものというべきである。」

裁判例 150 無断建築と信頼関係の破壊
最判昭和44年1月31日（裁判集民94号143頁，判時548号67頁，金判153号9頁）

「建物所有を目的とする土地の賃貸借契約において，賃借人が新たに賃借地上に工作物を建設しようとするときはあらかじめ賃貸人の承諾を得ることを要し，賃借人がこれに違反したときは賃貸人において賃貸借契約を解除することができる旨の特約があるにかかわらず，賃借人が賃貸人の承諾を得ないで賃借地上に新たな建物を建築した場合においても，この建築が賃借人の土地の通常の利用上相当であり，賃貸人に著しい影響を及ぼさないため，賃貸人に対する信頼関係を破壊するおそれがあると認めるに足りないときは，賃貸人は右特約に基づき賃貸借契約を解除することはできないものと解するのが相当である（最高裁料所昭和39年（オ）第1450号，同41年4月21日第一小法廷判決，民集20巻4号720頁〔編注：裁判例148〕参照）。

原審の確定した事実関係のもとにおいては，訴外Aが前記目録第二（ロ）記載の建物を建築したことは本件賃借土地の通常の利用上相当な範囲を出ないものといえないことはなく，これによって賃貸人に著しい影響を及ぼさないものと認められ，賃貸人に対する信頼関係を破壊するおそれがあると認めるに足りない特段の事情がある場合にあたるものと解されるのであるから，上告人は，右建築が上告人の承諾を得ないでされたことをもって，前示特約に違反するものとして，賃貸借契約を解除することはできないものと解すべきであり，これと趣旨を同じくする原審の判断は正当であって，これに所論の違法はなく，論旨は採用することができない。」

裁判例 151 【参考判例】賃借地上の建物の機能及び美観を維持保存するのに必要な合理的範囲内の工事と増改築禁止特約
東京地判昭和 47 年 5 月 31 日（判時 681 号 55 頁）

「ところで借地人が借地上に一旦建物を建築した以上，当該建物が朽廃してその使命を全うするに至るまでは，可及的にその機能ならびに美観を維持保存すべきことは当然のことであって，そのためになされる合理的な範囲内の補修工事（必然的に大なり小なり当該個所の改良を伴なう。）はたとえその規模が大であったとしても許されるべきであり，これを特約によって禁ずることは借地法 11 条の趣旨に反し許されないというべきである。

このような見地に立って本件工事の内容をみるに，本件建物は長期間にわたって手入れを怠っていたために，前記認定のような大規模の補修工事を必要とするに至ったもの，と考えられるが，前記認定のように未だ朽廃の時期には至っておらず，これに対し前記認定のような補修改良工事を加えることは建物の機能・美観を維持保存するために必要な合理的範囲内の工事というべきであり，これをもって増改築禁止の特約に反するものとして賃貸借の解除をすることは許されず，したがって本件賃貸借の解除は無効というべきである。」

裁判例 152 無断増改築と信頼関係の破壊
最判昭和 51 年 6 月 3 日（裁判集民 118 号 1 頁，金法 803 号 31 頁）

「ところで，一般に，建物所有を目的とする土地賃貸借契約中に，賃借人が賃貸人の承諾を得ないで賃借地内の建物を増改築したときは，賃貸人は催告を要しないで賃貸借契約を解除することができる旨の特約があるにもかかわらず，賃借人が賃貸人の承諾を得ないで増改築した場合においても，この増改築が貸借人の土地の通常の利用上相当であり，賃貸人に著しい影響を及ぼさないため，賃貸人に対する信頼関係を破壊するおそれがあると認めるに足りないときは，賃貸人が前記特約に基づき解除権を行使することは，信義誠実の原則上，許されないものというべきところ（最高裁昭和 39 年（オ）第 1450 号同 41 年 4 月 21 日第一小法廷判決・民集 20 巻 4 号 720 頁〔編注：裁判例 148〕参照），本件における前記事実関係のもとにおいては，被上告人のした本件増改築は，前記特約違反に該当するものであるとはいえ，その態様において建物所有を目的とする賃借人の土地の通常の利用上相当というべきであり，しかも賃貸人である上告人に著しい影響を及ぼすものではなく，また，本件土地の使用目的の変更が一家の経済的苦況から脱するための一助としてされたものであることを考え合わせると，本件増改築をもって上告人に対する信頼関係を破壊するおそれがあるものとは認め難いというべく，してみれば，上告人が右特約を理由としてその解除権を行使することは，信義則上許されないものと解するのが相当であって，これと同旨の原審の判断は，正当として是認することができる。」

裁判例 153 無断改築工事と信頼関係の破壊
水戸地判昭和 54 年 3 月 16 日（判タ 392 号 124 頁）

「（四）ところで〈証拠〉によれば，本件建物をその構造上維持するためには，別紙図面表示

のア，イ，ウ，エ，(9)，カ，キ，ク，ケ，コ，サ，シ，ス，アを順次直線で結んだ範囲内（斜線部分）の土台を修繕することが必要であることが認められる。そこで，前記（三）認定の被告の工事と対比すると，右工事は別紙図面表示のエ，(9)間の土台が取替えられた点において，本件建物の構造上の維持に多少とも寄与していることは否定できないにしても，それは修繕必要部分のほんの一部にすぎないことは明らかであるから，被告の行った工事は，その規模及び内容からみて本件建物の構造及び機能を基本的に変更させるものではなく，又建物の存続期間を著しく伸張させるものであるともいえない。

　従って，被告の行った工事が本来朽廃すべき状態にあった本件建物の存続期間を著しく伸張したものであるとは，未だ認めることができない。

　3　してみると，被告が和解手続を引き延ばしている間に突然抜き打ち的に本件建物の改築工事を行い，本来朽廃すべき本件建物の存続期間を著しく伸張し，原，被告間の信頼関係を著しく破壊した旨の原告の主張は，採用することができないといわざるを得ない。

　三　次に，原告は，被告の行った工事は，その内容，規模からみて，無断増改築禁止特約に違反する債務不履行であるから解除事由に該当する旨主張する。しかしながら，借地人が借地上に一旦建物を建築した以上，当該建物が朽廃してその使命を全うするに至るまでは，可及的にその構造，機能並びに美観を維持保全すべきことは当然であって，そのためになされる合理的範囲内の補修工事は無断増改築禁止特約がある場合においても，許されるべきものである。そして前記認定事実によれば，被告の本件建物に対する工事は，その構造，機能を変更するものでないというのであるから，この点に関する原告の右主張も，また，採用の限りでない。」

裁判例 154　火災により焼失した場合の復元ないしは新築工事と信頼関係の破壊
名古屋高判昭和 54 年 6 月 27 日（判時 943 号 68 頁）

「ところで，《証拠略》を総合して考えると，本件土地上に従前存在し，前記火災によって焼失した建物は，木造瓦葺平家建て床面積は約 50 平方メートル（ただし，登記簿上は 30.57 平方メートル）であり，昭和 20 年ころこのうち床面積約 30 平方メートル部分が建てられ，昭和 33 年ころ床面積約 15 平方メートル部分が，さらに昭和 43 年ころ同約 5 平方メートル部分が各増築されてできたものであるところ，右火災当時なお賃貸借の残存期間をこえてさらにかなりの期間存続しうるものであったこと，右火災は，当時被控訴人から従前の建物の一部を借用していた訴外 A の失火によるものであったこと，被控訴人は従前の建物の焼失によりこれに住むことができなくなったものの，他に住居がないためやむなく，焼け残った屋根にシートをかぶせて一時雨露をしのいでいたが，その矢先の昭和 52 年 2 月 19 日ころ，控訴人から，その書面による承諾がない限り本件土地上に建物を新築することあるいは新築に等しい大修繕をすることを厳禁する旨及びこれに違反したときは賃貸借契約を解除する旨記載した内容証明郵便を受領したこと，そこで被控訴人は，同年 3 月 25 日ころ，控訴人に対し，焼け残った部分を利用して従前の建物に近い程度に復元工事をしたいとして承諾を求めたが，これを拒絶され，ただ，被控訴人において本件土地につき賃借権その他なんらの占有権原のないことを承諾したうえ，被控訴人のみが居住するための最少限の簡易な建物を建てることなら承諾する，なお，

その場合においても，その建物に他人を同居させず，また相続人にもこれを承継使用させないこと及び使用損害金として当時の賃料たる月額1万7727円を支払う等の条件を付する旨の返答を得たこと，被控訴人としては，この旨をうけ容れることは到底できず，やむなく名古屋地方裁判所において，控訴人による工事妨害禁止の仮処分決定を得たうえ，焼け残った，柱，壁をも利用して本件工事を完了したが，できた建物は従前の建物より小規模で，木造スレート葺平家建床面積28.53平方メートルであったこと，以上のとおり認められ，右認定を左右しうる証拠はない。

右事実関係に照らすと，被控訴人が本件工事をなしたのはまことにやむなきものであったし，これをなした経緯やその規模等においてもなんら不当とすべき点はないものといわなければならない一方，控訴人が被控訴人からの工事承諾の要求を拒絶したについてはしかるべき理由があるとすることはできないのであって，これを要するに，本件工事を目して当事者間の信頼関係を破壊するに足るものとなすことはできず，控訴人としては前記調停条項9項により賃貸借契約消滅を主張するをえないものというべきである。」

裁判例 155　特約違反の改築工事と信頼関係の破壊
東京高判昭和54年7月11日（東高時報民30巻7号194頁）

「2　右工事の態様をみると，被控訴人Aは腐った土台と2本の柱とを全部とりかえ，数本の柱につきつぎ足しを行い，屋根の下地板及び瓦，トタンをふきかえ，その他外壁面，室内床板をはりかえ，北西角の出入口をつけかえ，玄関の戸，その他の窓をあらたにする等，各種の改良工事を行っており，とくに土台や柱をとりかえたことは，建物の基本的構造部分を改め，これにより本件建物の耐用年数を延長させたものと推認される。このような事実関係にかんがみると，右工事は，全体としてこれを観察した場合，前記増改築禁止特約条項にいう建物の改築に該当するといわざるを得ない。

〔略〕

2　被控訴人Aは，本件建物の雨もり・すき間風を防ぎ日常生活の快適さを確保するためのいわば保存工事ともいうべき程度の工事を当初考えていたところ，建築業者のすすめにより工事の範囲を拡大して前記認定のような工事となったものであるから，本件工事は，改築禁止条項に触れるといっても，さして計画的になされたものでもなく，その動機も無理からぬところがある。

もとより，同被控訴人が裁判上の和解の際当事者双方が予想した範囲をこえて右条項に反する程度の工事を実施しながら，控訴人の同意も求めず，又これに代る借地法8条の2第2項所定の借地条件変更の申し立てもしなかったことは，控訴人との間の長年の確執を考慮しても決して好ましいことではない。

しかし，右改築工事は，借地人の土地の通常の利用上相当の範囲にあり，かつ建物の耐用年数を伸ばすとはいえ，工事の程度にてらし，賃貸人に及ぼす影響が著しいとまでは断定できない。これらの事実と前記の各事実を併せると，結局右工事は賃貸人に対する信頼関係を破壊するような背信行為には当らないというべきである。」

裁判例 156　無断増改築工事と信頼関係の破壊
東京高判昭和 57 年 1 月 28 日（判時 1038 号 293 頁）

「以上の事実関係によれば，被控訴人 A は，本件土地賃貸借契約において，無断増改築禁止の特約がある以上，建替え，増改築をなす場合，先ず本件土地賃貸人である控訴人ら側にあらかじめその旨意を通じ，土地利用増進による応分の金員を提供するなどしてその了解を取り付ける努力をすべきであったものといわざるを得ず，被控訴人らは，控訴人ら側と縁辺につながることに甘えてこの点の配慮を欠いた結果，本件土地賃貸借契約において賃貸人である控訴人らに不信の念を懐かせ，その信頼関係を相当程度損うに至っているものといえなくもないが，そもそも本件建物の新築については，結局控訴人側で異議なく容認したものというべきであって，本件の増改築工事についても，その規模，程度，態様が前記認定のとおり本件土地の通常予想し得る利用方法の範囲内であり，右工事に着手するもその完成前に中止して，本件土地賃貸人である控訴人らの承諾に代わる許可の裁判を申し立て，適法手続に依拠している状況に徴して，本件土地の賃貸借契約における控訴人ら賃貸人の信頼関係を破壊するに至っているとまで見るのは困難であるといわざるを得ない。」

裁判例 157　無断増改築禁止特約と単なる補修ないし改修工事
福岡地判昭和 59 年 7 月 4 日（判タ 537 号 191 頁）

「2〈証拠〉によれば，本件工事の内容は，

(1) 従来板壁で囲われ，4 畳半ほどの居室，便所及び石炭風呂の置かれた土間からなっていた本件建物西側の張り出し部分につき，右板壁を 8 ないし 9 段積みのブロック壁にトタン板張部分を乗せた外壁とし，内部の居室などを取払って新たに土間のままの車庫，ガス風呂をそなえた内壁タイル張りの浴室，洗面所及び物置を設置した工事。同張り出し部分のトタン葺き屋根も新たに張替えられたが，内部の天井部分は大部分従来のまま残され，また，張り出し部分の面積は本件工事の前後でほとんど変わっていない。

(2) 外壁張替工事。従来の木製板壁を新たにトタン板で張り直した。

(3) 玄関工事。従来の木造玄関の戸をアルミサッシ格子のガラス戸とし，土間部分をタイル張りとした。

(4) 座敷，縁側及び納戸の戸のサッシ工事。これらをすべてアルミサッシに取替えた。

(5) 北東側便所の屋根葺替工事。波型トタン板を新しく葺替えた。というものであることが認められ，この認定を覆えすべき証拠はない。

右事実によれば，本件工事は単なる部分的改修工事の域を出ず，前記特約によって貸主たる原告の承諾を要するとされた増改築工事には該らないと認められ，したがってこれにつき原告の承諾がなかったことを理由に契約を解除することはできないといわざるをえない。

すなわち，右 (1) の工事は，従来の張り出し部分と比べると，外壁の構造材質，内部の配置，使用目的，構造，設備などが一新され，この部分のみを見る限り，旧来の建物部分を解体して新たな建物部分を建築したとみることもできないではない。しかし，これは従来からあっ

たものを改良したにすぎず、改築には該当しても増築というのは不適当であり、しかも、右改良工事を施した張り出し部分は本件建物の建坪の約3分の1程度を占めるだけで、機能的にも根幹をなす部分ではなく、右改良工事の結果、本件建物の構造、材質、使用目的、耐用年数などに顕著な変化を生じたとも認められず、もとより建物としての同一性の有無にいささかでも影響を及ぼしたとも認められない。

その他の工事が単なる補修ないし改修工事にすぎないことは改めて検討するまでもなく明らかである。」

裁判例 158　無断増改築と信頼関係の破壊
大阪地判昭和60年2月8日（判タ611号75頁）

「原告代表者および被告本人各尋問の結果に弁論の全趣旨を総合すると、被告は、昭和51年ころ、本件建物の雨もりがひどくなったので、その修理をするとともにベランダの3分の2位に屋根をつけて部屋に改造し、1階の台所を約3.3平方メートル位増築したが、右工事はコンクリートやブロックを使用せず、木材を使用して行ったもので別段本件建物の構造を大規模に変更するとか建物の耐用年数を増加させるとかいう程の工事ではなかったことが認められ、右認定に反する証拠はない。

被告は、右工事の際電話で原告に通知し、原告の了解を得た旨主張し、被告本人尋問の結果中には右主張にそう供述部分があるが、右供述部分は原告代表者尋問の結果に照らして措信し難く、他に右主張事実を認めるに足る証拠はない。

しかし、右認定の事実によると、被告のした本件建物の増改築は小規模のもので、本件土地の通常の利用上相当であり、賃貸人である原告に特に著しい影響を及ぼすこともなく、原告に対する賃貸借契約上の信頼関係を破壊するおそれもないものと認められるから、原告は、建物の無断増改築等による無催告解除の特約にもとづいて賃貸借契約を解除することはできないものというべきである。」

裁判例 159　建築基準法違反と信頼関係の破壊
東京地判昭和63年5月31日（判時1300号68頁）

「(一)《証拠略》によれば、本件建物の新築工事は同〔編注：昭和61〕年6月末ころまでに完了し、旧建物の取壊工事着手後右新築工事終了までの期間は約3か月ないし4か月であり、本件特約但書で原告が許諾していた期間の終期から起算しても、その約4か月後には右各工事を終了していること、本件建物完成時点における本件契約の残存期間は、12年7か月余あったこと、旧建物及び本件建物の各構造・種類・床面積等は、別紙物件目録三、四記載のとおりであり、いずれも小規模の共同住宅であること、原告は、本件特約但書の7年間の期間内であれば、旧建物の増改築にとどまらず建替についても承諾していたものであり、また、本件更新の際に被告Aから原告に支払われた前記の150万円の中には、旧建物の建替等の承諾料の趣旨も含まれていたこと、なお、被告Aらは、昭和60年4月ころから、本件改築を計画・準備

していたことが認められる（《証拠判断略》）。

　右認定の右各工事のなされた時期・期間，これと本件特約において原告が増改築等を許諾していた期間との関係，旧建物と本件建物の構造又は種類等にみられる本件借地の利用状況，前記の150万円の趣旨，本件改築の原告側に及ぼす影響，被告側の事情を総合すると，本件改築は，被告Aの本件借地の通常の利用上相当とされる範囲内のものであり，賃貸人たる原告に対し著しい影響を及ぼすものでないことが認められる。

(二) 原告は，被告Aが本件建物の建築確認を受けずに建築工事をしたため，昭和61年4月3日ころ江東区役所から本件建物工事の建築停止命令を受けたにもかかわらず，これを無視して右工事を強行したもので，これを，原告との信頼関係を著しく破壊するものである旨主張する。確かに，被告Aが本件建物の建築確認を受けずに，建築工事をしたため，昭和61年4月3日ころ江東区役所から建築停止命令を受けたことは当事者間に争いがないところ，一般に賃借人が借地上に建築基準法違反の建物を建築することが，賃貸人と賃借人間の賃貸借契約上の信頼関係に影響を及ぼすことは否定できない。しかし，右の争いのない事実に，《証拠略》によれば，前記建築停止命令は，「(一) 本件建物の敷地が建築基準法所定の道路に接していないこと，(二) 本件建物の建ぺい率が60パーセントを超えていること，(三) 建築確認を受けていないこと」などを理由とするものであったこと，これを受けて被告Aは，右(二)の建ぺい率の点について60パーセントの範囲内となるように，当初の建築計画を変更したこと，しかし，右(一)の本件借地が建築基準法所定の幅員を有する道路に接するための要件を充たすためには，本件借地から区道部分に出るまでの私道部分（現況幅員約3.6メートル）の拡幅と区道との交差部におけるすみ切りが必要であり，他の借地人ら関係者の建物の一部などを取り壊す必要があったため，右要件を充たすことは事実上困難又は不可能であったこと，そのため，被告Aは，建築確認を得ることなく，設計変更した建ぺい率60パーセントを超えない範囲内で，本件建物を新築したことが認められる。

　右認定の事実に，前示のとおり，原告自身も本件借地の賃貸人として，7年間という期間は区切ったものの，本件借地上の旧建物の建替などを認めていた経過に照らすと，被告Aにおいて行政上の制裁等を受けるのはさておくとしても，少なくとも本件借地の賃貸人である原告との関係において，右建築基準法違反の事実をもって，本件契約上の信頼関係を破壊するものとはいえない（なお，原告は，右建築停止命令が原告側の密告によるものと邪推し，被告Bの夫であるCが昭和61年4月4日夜原告の長男であるD宅に押しかけ暴行に及んだ旨主張するが，本件全証拠によるも，右暴行の事実を認めるに足りる証拠はない。）。

　また，原告は，被告Aが本件改築にあたり借地法8条の2所定の増改築等の許可を求めることなく，原告に無断で本件改築をしたこと旨主張し，《証拠略》によれば，被告Aが本件改築にあたり借地法8条の2所定の増改築等の許可の手続をしなかったことが認められる。しかし，既に認定・説示した点に照らすと，被告Aが右の裁判上の手続をとらずに，本件改築をしたことをもって，未だ賃貸人に対する信頼関係を破壊したとまではいえない。」

裁判例 160　無断増築工事と信頼関係の破壊
東京地判平成3年10月30日（金法1322号42頁）

「1　成立に争いのない甲第一，第一二号証及び被告本人尋問の結果によれば，被告は昭和23年11月本件建物（2階建）を購入し本件土地の賃借人の地位を承継したこと，被告は，隣家の借地人が3階部分を増設したこともあって，昭和54年4月頃，子供の勉強部屋にするため本件増築をしたこと，その後，借地契約の更新時期を迎え，被告は，昭和55年12月，貸主のAとの間で，更新料を支払って本件賃貸契約を締結したこと，が認められ，右認定を左右するに足りる証拠はない。

　右事実によれば，被告の本件増築行為は本件賃貸借契約の締結前の出来事であるところ，本件のように，土地の賃貸借契約が期間の満了に際し，当事者の合意によって更新され，新たな賃貸借契約が締結された以上，特段の事情のない限り，旧契約期間中の違反行為（ちなみに，本件においては，更新前の契約に無断増築改築禁止の特約があったかどうか必ずしも定かでない。）をとらえて更新後の契約の債務不履行ということはできないというべきであって，被告の本件増築行為は本件賃貸契約の解除原因とはなりえないと解するのが相当である。

　2　仮に本件増築行為が本件賃貸借契約の解除原因となりうると解するとしても，本件においては，次に述べるとおり，原告の本件無催告解除はその効力を生じないものというべきである。

　まず，被告は，本件増築に際し貸主Aの代理人であるBの承諾を得た旨主張するが，被告本人尋問の結果によっても，このことを的確に認めることはできず，他に右事実を認めるに足りる証拠はない。しかしながら，成立に争いのない《証拠》及び弁論の全趣旨によれば，既に本件増築が行われてから10年以上を経過しており，その間，本件賃貸借に関し当事者間には何らの紛争もなかったこと，殊に，原告が本件賃貸借契約を継いだ昭和58年から本件解除まで，6年余もの間，特段の問題もなく賃貸借関係が円満に継続されてきたこと，本件増築部分は比較的簡易な作りのものであり，本件の建物自体に特段の手を加えたものではなく，建物全体の耐用年数が特に延長されたとは窺われないことが認められる（右認定を左右するに足りる証拠はない。）。このように，前記1で認定した事実に加え，本件増築がその規模，程度からみて賃貸人に特段の不利益を及ぼすものでなく，また，増築後既に10年余が経過していることなどを合わせ考えると，被告が貸主の承諾を得ることなく本件増築を行ったとの一事をもってしては，未だ賃貸借紛争における信頼関係を破壊したものということはできず，したがって，原告の無断増改築禁止の特約違反を理由とする本件無催告解除は，その効力を生じないものというべきである。」

裁判例 161　無断改築と信頼関係の破壊
東京地判平成18年1月26日（判例秘書）

「a　本件建物は，昭和25年に建築されたもので老朽化が進んでおり，平成16年2月20日には，本件建物の台所床下付近にガス漏れがあり，ガス管設置から45年以上が経過して取替

えを勧められるなど，その使用を継続するためには，修繕，改装をする必要性があった。

b 本件改修工事の内容は，別表記載のとおりであり，①ガス管及び劣化していた給排水管の取替えとそのために毀損した床や天井の復旧，②土壁のひび割れに対する板張りと壁紙の貼付け，③トイレの壁紙の貼替え，④タイル製浴槽のポリ製浴槽への取替え及びそれに伴う壁のタイル欠落箇所の補修，⑤木製窓のアルミサッシ製窓への取替え，⑥サビにより穴が空いた外壁のトタン板の一部張替え等であった。

c 被告Y3が本件土地で保管している建築資材や廃材は，Jが請け負っている工事現場で余った資材や本件土地上の物置を壊したときに生じた廃材であり，被告らの本件改修工事とは関係がないものである。

　（イ）被告らは，本件改修工事に着手するに当たって，隣地に居住する原告の承諾を予め得ていないばかりか，事前の通知もしておらず，賃借人としての対応には不相当な点があったというべきである。しかし，本件改修工事の内容自体は，本件建物の構造に手を加えるほどの大規模な改築工事とはいえず，いずれも本件建物の保存，使用収益に通常必要な程度に止まるというべきであるから，本件改修工事を施工したことが，原告と被告らとの間の信頼関係を破壊するものとまではいえないと判断するのが相当である。」

裁判例 162 　**無断改築工事と信頼関係の破壊**
東京地判平成18年8月10日（判例秘書）

「2 前記争いのない事実等及び上記1の事実関係によれば，本件工事は，その内容にかんがみ，本件増改築制限特約にいう「増改築・新築等」に当たり，事前に原告の同意を得ることを要するから，同意を得ずに本件工事を行った被告の行為は本件増改築制限特約に違反すると考えられる。

しかし，建物所有を目的とする土地の賃貸借契約において，賃借人は，その目的に反しない限り，自由に土地を使用することができるのが原則である。そうすると，賃借人が建物の増改築等をするときは事前に賃貸人の承諾を得ることを要する旨の特約がある場合であっても，賃借人が賃貸人の承諾を得ないで行った増改築等が，賃借人による土地の通常の利用上相当であり，賃貸人に著しい影響を及ぼさないため，賃貸人に対する信頼関係を破壊するおそれがあると認めるに足りないときは，賃貸人は上記特約の違反を理由に，解除権を行使することは許されないと解するのが相当である（最高裁昭和41年4月21日第一小法廷判決・民集20巻4号720頁〔編注：裁判例148〕参照）。

本件においては，前記事実関係によれば，本件契約は平成16年10月に法定更新され，更新後の存続期間が平成36年までの20年間となったこと，賃借人が借地上の建物を賃貸に供することも通常の利用に含まれるということができること，本件建物は，昭和40年ころに新築されたものであって，今後20年近くにわたり賃貸に供するためには，相当程度の修繕を要すると解されることに加え，被告が本件工事を行うと事前に通知したにもかかわらず，原告がこれに対し何らの回答もしなかったなどといった原告と被告の間の交渉経過等にかんがみると，信頼関係を破壊するおそれがあると認めるに足りる証拠はないというべきである。

したがって，原告は，本件増改築制限特約違反を理由に，本件契約を解除することはできないと解するのが相当である。」

裁判例 163　賃借地上の建物の取り壊しと信頼関係の破壊
東京地判平成 18 年 9 月 28 日（判例秘書）

「証拠（甲 5 の 1，2，6 の 1，2，8）によれば，本件取り壊しは，本件建物 1 階部分の東側の壁，戸，窓等を全面的に取り壊し撤去するものであり，これにより本件建物 1 階内部が完全に外部から見て取れる状況となっていることが認められ，その態様及び外観に照らし，わずかな範囲に限られるもの，あるいは軽微なものとは認めがたい。

しかしながら，本件賃貸借契約は，本件土地を対象とするものであり，本件建物をその目的とするものではなく，本件建物自体については被告の所有物として，本来的にはその管理等につき被告が権原を有するわけであるから，本件特約が規定する，書面による承諾を必要とするような本件建物の改築又は増築とは，本件土地の利用状況に影響を与えるような程度のもの，ひいては本件土地の所有者であり賃貸人でもある原告に何らかの不利益を与えかねないような土地利用状況の変更を意味するものと解すべきである。これを本件についてみると，本件取り壊しは，上述のとおり，現段階においてはいまだ本件建物 1 階部分の東側の壁等を取り壊し，撤去したのにとどまり，このような状況は，将来における被告の本件建物収去を容易にするものとはいえても，これ自体，原告に何らかの不利益を与えかねないようなものと評価することはできない。したがって，被告が，従前の壁等の替わりに，新たに堅牢な壁等を築造するなど，本件土地の利用状況に影響を与えかねない行為に出た場合は格別として，現時点においては，このような行為がない以上は，本件取り壊しが，本件特約に規定する，書面による承諾を必要とするような本件建物の改築又は増築に当たるとは認めがたい。

なお，原告は，本件取り壊しが原被告間の信頼関係を破壊する行為に当たる旨主張するが，この点に関し原告が主張するような事実が仮に認められたとしても，前示のような本件取り壊しの状況を勘案すれば，本件建物収去本件土地明渡を可能とするような信頼関係破壊行為がすでに存在すると認めることはできない。」

裁判例 164　【参考判例】内装工事等と信頼関係の破壊
東京地判平成 19 年 1 月 26 日（判例秘書）

「エ　本件工事の内容は，屋根瓦葺，外壁モルタル塗り色セメント吹き付けの木造 2 階建住宅で築後 30 数年を経過している本件建物について，1 階につき，浴室，洗面，便所の配置換え及びキッチン台の位置変更による内装工事，間仕切壁を撤去しての 2 室を 1 室への工事（うち 1 室については和室から洋室への変更を含む。）等，2 階につき，間仕切壁を撤去しての 2 室を 1 室への工事（うち 1 室については和室から洋室への変更を含む。），便所の配置換えによる内装工事，和室の一部をクローゼットに変更したことによる工事等であるが，その工事方法は，構造的に重要な柱はそのまま残した状態で，既存の間仕切壁の撤去，間仕切壁の新設，床

の張り替えが施工された。また，外部から見ると，老朽化した2階木造バルコニー及び1階玄関扉の取替え，並びに，1階浴室等の配置換えによる窓建具取付部及び玄関扉周囲の外壁補修が施工されている。上記補修部分以外の外壁はそのままで，所々に大小の亀裂が生じている状態である。以上によれば，本件工事は，老朽化した部品を交換し，現生活スタイルに合わせて部屋の改装工事をしたものであり，建物の改築というより修繕の範ちゅうに入るものと考えられるものである（乙2, 3, 8の2，乙10, 48, 49）。

(2) 以上認定の事実によれば，被告らが行った本件工事が，土地の形状を変更したり，建物を増築，改築又は新築してはならないとの本件増改築禁止特約にある増改築工事に該当しないことは明らかというべきであり，被告らが原告の書面による承諾を得ずに本件工事を行ったことをもって，本件増改築禁止特約違反の債務不履行と認めることはできない。」

2　その他の用法違反

最高裁（昭和47年11月16日第1小法廷判決・民集26巻9号1603頁）は，「賃貸借の当事者の一方に，その義務に違反し，信頼関係を裏切って賃貸借関係の継続を著しく困難ならしめるような行為があった場合には，相手方は催告を要せず賃貸借契約を解除することができるが（最高裁昭和29年（オ）第642号同31年6月26日第3小法廷判決・民集10巻6号730頁），ここにいわゆる義務違反には，必ずしも賃貸借契約（特約を含む。）の要素をなす義務の不履行のみに限らず，賃貸借契約に基づいて信義則上当事者に要求される義務に反する行為も含まれるものと解すべきである。」と判示し，賃貸借契約上の義務違反とは別に，「賃貸借契約に基づいて信義則上当事者に要求される義務に反する行為」も無催告解除の原因になるとしている（この点については，星野英一・借地・借家法605頁，廣谷章雄編著・借地借家訴訟の実務117頁を参照されたい。）。

賃貸借契約に基づいて信義則上当事者に要求される義務に反し，「信頼関係が破壊」されているかどうかが争われるのは，借地よりも借家の方が多いと思われるが，近時，借家では，「近隣迷惑行為」として訴訟提起や調停申立てがされている。

(1) 解除を肯定した事例

裁判例165　【参考判例】一時使用のための仮設建築物から本建築物への変更と信頼関係の破壊
最判昭和31年6月26日（民集10巻6号730頁，裁判集民22号533頁）

「賃貸借は，当事者相互の信頼関係を基礎とする継続的契約であるから，賃貸借の継続中に当事者の一方にその義務に違反し信頼関係を裏切って賃貸借関係の継続を著しく困難ならしめるような不信行為のあった場合には，相手方は民法541条所定の催告を要せず賃貸借を将来に向かって解除することができるものと解すべきであることは，すでに当裁判所の判示したとおりである（昭和24年（オ）143号同27年4月25日第二小法廷判決）。

本件において原判決は，上告人は本件土地をバラック所有のためにのみ使用し本建築をしないこと，上告人は同所に寝泊りをしないこと等を特約して一時使用のため被上告人より右土地を賃借して地上に木造木葉茸周囲板張りのバラックなる仮設建物を建築所有したのであるが，

その後に至り上告人は右地上に建築した前記建物を旧態を全然留めない程度に改築して木造瓦葺2階建の長年月の使用に耐え得べき本建築物にし，上告人夫婦において居住している事実を確定した上，上告人の右行為は賃貸人賃借人間の信頼関係を裏切ること甚しいものと解して，このような場合には賃貸人において賃貸借契約を解除し得る権利あるものとして被上告人のなした賃貸借契約解除の意思表示を有効と判示したものであって，原審の右判断は十分首肯することができる。それ故，原審が民法541条所定の催告のないのに拘らず被上告人の解除を是認したことには，なんら所論のような違法はなく，論旨は理由がない。」

裁判例 166 越境建築と用法違反
最判昭和38年11月14日（民集17巻11号1346頁，裁判集民69号193頁，判時359号20頁）

「しかし，原判決は訴外Aが昭和26年以来被上告人らの先代Bより同人所有の本件土地15坪を賃借し，その借地上に本件建物を所有していたこと，右賃借範囲には，係争の越境部分2坪余の土地が含まれていなかったこと，訴外Aの本件土地賃借当初における右地上建物の坪数は10坪5合であって，同建物は係争の2坪余の土地の部分にはかかっていなかったこと，Bは昭和30年5月頃右貸地に隣接する自己所有の宅地内に家業のそば店舗を建築するため，その敷地を測量したところ，賃借人A所有の本件建物がその借地15坪の賃借範囲を越えB方敷地に原判示の如く2坪余越境して建てられていることを発見したので，Bは直ちに右Aに対し越境の建物部分の収去を申入れたこと，右越境の部分がB方店舗2階客座敷への昇降口建設のため絶対必要な場所であったので，その後も再三右2坪余の越境部分収去の申入れがBからAに対してなされたこと，特に昭和31年6月25日A側に立つ訴外C立会の上測量した結果，Cも越境の事実を認め，その旨がCからAに通告されたこと，Bは翌6月26日付，同月27日到達の内容証明郵便による書面を以って，Aに対し同年7月20日までに本件建物の右越境部分を収去すべく，もし右期間内にその履行なきときは，本件15坪の土地の賃貸借契約を解除する旨の催告及び条件付契約解除の意思表示をしたが，Aはこれに応ぜず，右期間を徒過したこと，被上告人らは同年7月23日頃Aより本件建物を買受け，同年9月19日その所有権移転登記を経由したことを確定したのであって，以上の事実関係の下において考えるに，借地人Aの本件所有建物と地主Bの所有店舗とが右の如く極めて近接しており，本件借地上の借地人所有の建物の越境が地主Bの店舗経営上，非常な支障を及ぼすべきことの明白なこと，原判示の如き場合にあっては，右越境を目して結局本件借地15坪それ自体の用方違反，すなわち賃借人としての債務不履行ありというに妨げないとした原判決の判断は是認できる。」

裁判例 167

①木造の小規模な建物からコンクリートブロック造の堅固な石油貯蔵庫への変更と信頼関係の破壊
②上記用法違反は，2筆の土地の1筆の土地であるものの，2筆の土地全体を対象とした賃貸借契約であるから，2筆の土地について解除を認めた事例

最判昭和39年6月19日（民集18巻5号806頁，裁判集民74号127頁，判タ165号65頁）

「原判決が「本件賃貸借は所論2筆の土地を一括して賃貸借の目的としたものであり，かつ，上告人が本件第1の土地上に所論石油貯蔵庫を建築したのは本件第2の土地及びその地上の事務所その他の建物とともに石油類販売のため右2筆の土地を総合的に利用しようとするにあること」を認定し，この事実に原判示の本件賃貸借の本来の趣旨や被上告人の拒絶にもかかわらず上告人が右石油貯蔵庫を建築したこと等を考えあわせると，右石油貯蔵庫建築による用法違反は本件借地全体に対する解除原因とするに妨げないと判断したことは，原判決挙示の証拠関係に徴し首肯できるところであって，目的物が複数存する場合には，その数だけの契約の存在を認めるべきが経験則に合する旨をいう所論は，独自の見解として採用できない。
〔略〕
　所論は，本件石油貯蔵庫の建築が所論のごとく消防署の命令によってなされたものであるから，それが表面的に本件賃貸借契約の特約による用法違反にあたるとしても実質的には違法性が阻却されると解すべきところ，原審はこの点について法令適用の誤りをおかし，その違法は判決の結果に影響を及ぼすこと明らかである旨を主張するが，本件借地の約旨に基づく本来の用法は主として貯炭場を設けるためにあって建物としては木造の小規模のものの建築を認めたにすぎないところ，右借地上にコンクリートブロック造の堅固な石油貯蔵庫を建築して石油類を販売するということは，借地の本来の用法に牴触するものであり，かつ原判決認定のように被上告人の事前の明白な拒否にもかかわらずあえてこれを建築したという事情に徴すると，右建築をもって賃貸借における相互信頼関係を害せず用法違反としての違法性を阻却すると断定することは困難であるとした原判決の判断は，首肯できるところであって，所論は，原審認定外の事情をも加えて独自の見解に基づき，右正当な原審判断を非難するにすぎず採用できない。」

裁判例 168

【参考判例】堅固な建物の建築と用法違背
新潟地長岡支判昭和43年7月19日（判時553号67頁）

「堅固の建物所有を目的とする以外の借地契約が締結されている場合において，その借地上の一部分に堅固な建物を地主に無断で建築したとしても，それが主たる建物ではなく，主たる建物部分は依然として非堅固の建物であるというようなときには，なお右行為は契約違背とはいい得ないと解されるが，前示のとおり（三（一）1）本件土地上には本件建築物のほか3棟の建物があるところ，《証拠略》によれば，現在訴外株式会社Xに貸付中の木造瓦葺平家建工場1棟は89.91平方米（27.2坪）であるし，債務者の従業員宿舎として使用中の木造瓦葺2階建事務所兼仕上組立工場は1階84.92平方米（25.69坪），2階66.11平方米（20坪）であり，

他の一棟は 19.83 平方米（6 坪）の廊下にすぎないことがうかがわれるのであって，右建物と完成後は債務者の倉庫として使用することが予定される約 72.72 平方米（約 22 坪）の前示本件建築物とを対比するとき，その規模，利用状況からみていずれが主たる建物であるかを断定することは困難で，いわば本件建築物も主たる建物の1つであると認定するほかない。

そして，前示のとおり，本件土地の転借地契約は建物の種類及び構造の定めがないものであり，かつ本件建築物は堅固の建物であると認定されるところ，《証拠略》を総合すると，債務者が本件建築に着手するに際し，債権者の承諾を得なかったものであることが認められ，右認定に反する被告会社代表者の供述は措信し難い。しかも，債権者の本件仮処分申請が権利濫用に属するということも，現疎明資料からは認定することは困難である。

してみると，債務者の本件建築物の建築は，結局借地の用法違背の行為であると認定せざるを得ない。

五，そして，非堅固の建物所有の借地条件を変更して堅固の建物所有の借地条件とする裁判の制度を創設したところの借地法 8 条の 2 の規定が施行された昭和 42 年 6 月 1 日以後においては，借地契約の当事者間で右協議がととのわないときに，右裁判の制度を利用せずに用法違背（堅固の建物の建築）をなした場合には，原則として，用法違背による借地契約の解除が肯定されることになると解される。従って，《証拠略》によれば，債権者から債務者に対し，本件土地転貸借契約解除の意思表示が昭和 43 年 5 月 2 日附でなされ，それがその頃債務者に到達していることが認められるところ，前示のように債務者の本件建築物の建築行為は借地の用法違背であると疎明された本事件の場合においては，債権者の右本件土地の転貸借契約の解除は有効であると認定するほかない。従って，本件仮処分申請においては被保全権利の疎明があるものというべきである。」

裁判例 169 堅固な建物への無断改築と信頼関係の破壊
名古屋高判昭和 53 年 1 月 31 日（判時 902 号 72 頁，金判 549 号 45 頁）

「（一）叙上認定のとおり控訴人は借地上に存した従前の家屋の一部を取りこわし，地主たる被控訴人の承諾をえないでこれを主要部分が重量鉄骨構造の堅固な建物と認められる本件建物に改築したものであるが，そのこと自体賃貸借当事者間の信頼関係を損う重大な非違行為というべきである。加えて右従前の家屋は右改築当時控訴人の自陳するところによれば建築後 86 年そうでないとしても少なくも 70 年以上を経過し，前認定のとおりその耐用年数の限界に達していたとみられるものであるから，借地法 2 条 1 項にいわゆる朽廃の時期に至ったか少なくともこれに近接した時点にあったものというべきである。

したがって，かような場合の改築について何らの対価ないしは交換条件を伴わないで，地主の承諾がたやすくえられることは多く考えがたいというべきところ，前掲 H の証言によれば，右改築に際して承諾料の支払いないしは地代増額その他の話し合いは全くもたれていないばかりでなく，却って前認定のごとく控訴人は再三の被控訴人の工事中止の申し入れを無視して本件改築工事を強行したものであってその背信性は著しいといわざるをえない。

本件土地の賃貸借は貸借当事者の先々代からの少なくとも 70 年以上にわたる長期間の関係

が継続していたため借主たる控訴人においても本件土地の使用について安易な権利者意識が先行していた結果，堅固な建物を無断で建築しえないことを充分には知らず，本件改築工事時の紛争に当って前叙のような言動をとったものと推測されるけれども，これを法的にみるかぎり本件土地賃貸借契約の存続上の信頼関係を破壊するものとの評価を免れないものである。また本件建物の建築面積と従前の家屋の面積並びに本件建物の敷地面積と本件土地の面積との各比率，建築の事情，本件土地使用の必要性，その他の事情についてする控訴人の各主張は，たとえ主張のような事情が存したとしても，これをもって前記控訴人の無断改築を理由とする被控訴人の本件契約解除を無効ならしめるものとは認めがたい。

〔略〕

(三) 本件建物の敷地部分が本件土地の全体の面積に対してその約14.3パーセントを占めるにすぎないこと及び本件土地上の本件建物以外の他の3棟の建物はそのまま存在していて本件土地の南北にそれぞれ公道が存在することからすれば物理的には本件土地を区分して本件建物の敷地部分のみを明け渡すことも可能であるけれども，元来本件土地の賃貸借はその全体に及ぶものとして一体として契約されたものと認むべく，これを区分して使用するような格別の約定が存した形跡はないうえ，上来認定の諸般の事情を綜合すれば本件土地の賃貸借契約における両当事者間の信頼関係は全体として失われているものと解するほかない。また本件土地はその全体が1筆の土地として存在するものであって賃貸借当事者間の特約に基づくなど特段の事情のないのにこれを区分して権利関係の対象とすることも相当でない。

(四) 以上の次第で本件契約解除によって控訴人の本件土地に依拠してなしてきた生活の基盤が失われることになったとしてもまことにやむをえないところであり，被控訴人のなした本件土地全部についての解除権の行使が権利の乱用にあたるとの控訴人の主張は失当として採用することができない。」

裁判例170　使用貸借と用法違反
東京高判昭和56年10月13日（判時1027号49頁，判タ464号102頁）

「更に，控訴人は，借地人が借地上の持家を地主に無断で第三者に賃貸しても土地の転貸にならないことは異論がなく，この理は借地が使用貸借である場合でも異なるところはないから，本件建物の賃貸を目して借地の用法違反ないし無断転貸ということはできない旨主張する。

一般に建物所有の目的で土地を賃貸借した場合，借地人において借地上の自己所有の建物を第三者に賃貸し，建物敷地として借地の利用を第三者に許容しても，これを目して土地の転貸借とはいえず，従って，この場合，借地人に背信行為があったとはいい難いのが通例である。けだし，右の場合，土地の利用は特段の事情がない限り，建物の利用に伴う間接的なものであって，建物所有のための土地の利用に包含され，独立した意味を有しないと考えられるからである。そして，この理は，土地の利用関係が使用貸借である場合にも一般に妥当するものというべきであるが，他方，用法の違反の点について考えるに，土地の貸主において借地人に対し，地上建物の利用方法について，例えば借地人が右建物に居住して使用するという限定を加え，このことが土地利用の契約の内容をなしている場合に，借地人が右約定に反し貸主に無断

で地上建物を第三者に賃貸し，第三者にその占有使用をさせたときは，それが土地の転貸借に該るか否かを問うまでもなく，少なくとも借地の用法の違反になるものというべく，特段の事情がない限り，民法594条1，3項によって契約解除事由になると解するのが相当である。

本件の場合，前記説示（原判決引用）のとおり，Aと控訴人間の当初の契約において，控訴人が本件土地に居住して自らこれを使用するという用途が限定されていたものであって，控訴人が本件建物を第三者に賃貸するがごときことは，Aの全く予想しなかったところであり，従って，本件建物の賃貸を許さないことは，本件使用貸借において黙示的に契約の内容をなしていたというべきところ，控訴人において前記事情のもとに昭和46年7月本件建物を訴外Bに賃貸したのであるから，右賃貸行為は，それ自体で（被控訴人の主張する，本件（二）の土地に跨って本件建物を建築したことの背信性を考慮するまでもなく），借地の用法違反として，使用貸借の解除事由になるといわなければならない。」

裁判例 171 特定の形式の建物所有目的から堅固建物への変更と信頼関係の破壊
東京地判平成元年12月27日（判時1361号64頁，金判854号34頁）

「(一) 既に認定した事実に《証拠略》を合わせ考えれば，原告らは，本件土地の賃借権の譲渡に当たって，新しい賃借人が建築する建物に強い関心を抱いて承諾の可否につきこれを重視し，弁護士を依頼して，譲渡の承諾と建物の特定についての交渉に当たらせ，被告側の申出によるHD型に限定されることを再三確認し，これを公正証書にまで明記したことが認められる。したがって，原告らとしては，本件特約を被告らに徹底させ，守らせるために通常採り得る全ての手段を尽くしたものということができ，他方，被告らは，これを確約したものと評価される。かつ，本件賃貸借契約が，借地権の価値が既に社会的に高まり，土地所有者側の収益のため採り得る行動が限られてきている現代において締結されたものであり，土地所有者としては，建物の朽廃・建替との関係での耐用年数，買取請求等との関係での建物の価格及び地代・承諾料等との関係での建物の種類に関心を持たざるを得ない状況を考えると，原告らの本件特約への関心は，重大な利害関係のある事柄についてのものであって，不合理ではないというべきである。

しかるに《証拠略》を総合すれば，被告らは，原告らにHD型を建築しないことを何ら通知せず，HD型では建築確認を得るのが困難であることや，本件建物を建てることを説明しないまま本件建物を建築したことが認められる。

以上の経緯からすると，被告らの本件特約違反は，通常の用法違反とは異なり，極めて背信性の高いものといわざるを得ない。

(二) 既に認定したところによれば，本件建物とHD型との差異は，軽微なものではなく，その耐久性，堅牢性，解体収去の難易，価格等の点で，大幅に異なるものであり，本件特約の違反は，客観面から見ても，形式的なものではなく，重大な実質的違反といわざるを得ない。
〔略〕

5 以上の認定判断，殊にHD型と本件建物との差異の大きさ，原告側が弁護士を関与させ，公正証書等を用いてまで本件特約の趣旨の徹底を図っていること，他方，被告側が何らの

通知も協議もせずに本件建物の建築を強行したこと，そして，本件特約の違反が原・被告間に安定した信頼関係の生ずる前の契約関係の当初において行われたこと等に照らすと，原告らと被告Ｚとの間の信頼関係は，被告らの背信行為によって既に破壊されたものというべきである。」

裁判例172　地下掘削工事と用法違反
東京地判平成6年1月25日（判時1517号78頁，判タ872号229頁）

「1　前記認定したところからすれば，被告らの行った掘削工事は，本件土地のほぼ全域にわたって地面を深さ2メートル以上まで掘り下げ，大量の土を搬出するという大規模なもので，そのため湧水が生じ，近隣にも支障が生ずるといった事態を招いており，しかも，右工事の結果，これを埋戻しても，現状では地盤の軟弱化のため，建築には一定の補強が必要とされる程に，土地の性質に影響を及ぼしたものであって，右工事は，本件土地の形状を著しく変更するものというべく，原告の同意なくして土地の形状を変更してはならないとの約定に違反することは明らかである。

なお，被告らは，建物の建築においては，その基礎工事のため土地についての一定の掘削は避けられず，被告らのした掘削工事は土地の形状変更には当たらない旨主張する。しかし，既にみたように，被告らの行った掘削工事の規模，態様，程度等からすれば，右工事は建物の建築のために必要不可欠な掘削という以上のものであることは明らかであり，被告らの右主張は失当というほかない。

〔略〕

3　次に，被告らは，土地の形状変更を禁止する約定に違反しているとしても，被告らの行為は未だ原告との信頼関係を破壊するものとはいえない旨主張する（被告らの主張3）。しかしながら，被告らの行った掘削工事の規模，態様，近隣への影響など既に認定した諸事情に照らすと，被告らの行為（土地の形状の変更）について，賃貸人との信頼関係を破壊しない特段の事情があるということはできないし，また，本件解除後の紛争の過程で，当事者のいずれに行き過ぎた点があったかどうかということは，右特段の事情の有無に消長を来すものではなく，結局，被告らの前記主張は失当というほかない（ちなみに，被告らは，近時の土地利用の状況からすれば，地下部分を駐車場として利用することは許容されるべきである旨主張するが，土地の所有者と異なり，他人の土地を賃借した者には，自ずからその利用の態様に制限が伴うことは当然であって，地主の承諾のない限り，本件のように土地の形状を著しく変更することは到底許容されないものといわざるをえない。）。」

裁判例173　賃借地上の建物を暴力団事務所として使用させた行為と不信行為
大阪地判平成22年4月26日（判時2087号106頁，判タ1332号94頁）

「ア　原告は，地方自治法上の普通地方公共団体であるから，事務処理をするに当たり，住民の福祉の増進に努めなければならない（地方自治法2条14項）。したがって，原告には，公

有財産である市有地を第三者に賃貸するに際し，住民の福祉の増進という目的に適う内容の契約を締結すべき行政上の責務が存する。そうすると，本件土地の賃借人が，上記目的を阻害する態様で本件土地を使用することは，賃貸人である原告との信頼関係を大きく裏切る行為であるといえる。

　イ　ところが，被告Xは，平成4年から，約17年間もの長きにわたり，被告Yをして，本件建物を全国最大の勢力範囲を有する指定暴力団であるA組傘下組織の暴力団事務所として使用させてきた。

　ウ　暴力団事務所は，暴力団活動の拠点である。特に，暴力団事務所が他の暴力団組織からの攻撃目標，とりわけ銃器による攻撃目標となるときは，近隣住民に極めて大きな不安を与えることになる。このような土地の使用方法は，住民の福祉の増進に努める責務を負う原告にとって到底容認できない。

〔略〕

　以上を総合すると，被告Xが被告Yに本件建物を暴力団事務所として使用させた行為は，本件賃貸借契約上の用法遵守義務等に違反することは明らかである。そして，その行為は，賃貸借契約当事者相互の信頼関係を裏切って賃貸借関係の継続を著しく困難ならしめるような不信行為であるといえる。したがって，原告による本件賃貸借契約の解除は有効であり，これにより，同契約は，平成21年4月23日をもって終了したというべきである。」

(2) 解除を否定した事例

裁判例174　賃借地の半分をトラック置き場にすること等と用法違反
最判昭和47年11月16日（民集26巻9号1603頁，裁判集民107号179頁，判時689号70頁，判タ286号223頁）

「賃貸借の当事者の一方に，その義務に違反し，信頼関係を裏切って賃貸借関係の継続を著しく困難ならしめるような行為があった場合には，相手方は催告を要せず賃貸借契約を解除することができるが（最高裁昭和29年（オ）第642号同31年6月26日第三小法廷判決・民集10巻6号730頁〔編注：裁判例165〕），ここにいわゆる義務違反には，必ずしも賃貸借契約（特約を含む。）の要素をなす義務の不履行のみに限らず，賃貸借契約に基づいて信義則上当事者に要求される義務に反する行為も含まれるものと解すべきである。

　原判決（その引用する第1審判決を含む。以下同じ。）の確定するところによれば，被上告人Aは，本件借地194平方メートルのうち公道に面する99.28平方メートルの空地部分を利用してトラック置場とし，無免許で自動車運送事業を営んでいるうえ，そのトラック3台のうち2台は右置場に完全に格納できず，荷台後部約1メートルが公道（歩道）にはみ出しているというのであり，そして上告人は，被上告人Aの右行為は本件賃貸借の使用目的に違反するとともに，右無免許営業は道路運送法4条1項に違反し，また，トラックのはみ出しは公衆の通行を妨害し，これに危険をも与えているので，かかる被上告人Aの行為は土地賃貸借契約上の信義則に反し，本件賃貸借契約解除の原因となると主張している。しかしながら，右事実その他原審認定の事情のもとにおいては，被上告人Aが右行為につき行政上の取締や処罰（道路運送法128条）を受けたり社会的に非難されることがあるとしても，それがただちに賃貸人

である上告人において法律的，社会的な責任を負うべき事由となるものでないことはいうまでもなく，しかも，なんらかの理由でこれにつき上告人に責任が及び，同人が損害や迷惑を被るような特段の事情は，原審の認定しないところである（とくに原審は，被上告人Ａの行為につき歩行者や近隣から苦情が出たことはないと認定している。）。そして，以上の行為が本件賃貸借の使用目的に違反しないとした原審の判断は，首肯することができる。それゆえ，被上告人Ａが上告人に対し，本件土地賃貸借契約上の典型的義務はもとより，信義則上の義務に反する行為をしたとは認められず，上告人の前記主張を排斥した原審の判断は，結局正当である。原判決に所論の違法はなく，論旨は採用することができない。」

裁判例175 【参考判例】非堅固建物所有目的から堅固建物所有目的への変更と用法違反
東京地判平成4年10月29日（判タ833号228頁）

「前記一4に認定の事実によれば，旧建物は，実質3階建てで，重量物の保管や重量物を運搬するクレーンの設置運転にも耐えられるように，建物の基礎や1階部分の床にコンクリートを打ち，重量鉄骨造にするなど，耐久性，堅牢性，解体収去の困難性において，石造，土造などの建物と同程度のものと認められるので，堅固な建物というべきであり，これを覆すに足りる証拠はない。

そして，前記一4，5に認定の，Ａ側は，Ｂが本件土地上に旧建物のような堅固な建物を建築所有したことを知りながら多年異議を述べることなく地代を受領してきた事実，Ａ側は，Ｂが旧建物建築の頃から本件土地の賃貸借契約について堅固建物所有目的になったと公言していることを知りながら，放置してきた事実，昭和42年当時から本件土地を含む周辺の土地は防火地域・商業地域に指定されている事実，本件土地上に堅固建物である本件建物が建築されつつあることを知り，しかも昭和60年1月の時点で本件土地（底地）の売買の話が決裂状態になった後でも，Ａ側はＢに対し本件建物の建築が用法違反であると指摘したことはない事実などに，借地法7条の規定の趣旨からすると，借地契約が非堅固建物所有の目的のものであっても，借地権者が，非堅固建物を取り壊し，その跡に堅固建物を建築したにもかかわらず，地主が遅滞なく異議を述べないときは，借地契約は堅固建物所有を目的とするものに変更されると解するのが相当であることを考え合わせると，旧建物が完成した昭和42年10月30日頃（遅くとも昭和59年）までに，Ａは本件土地上に堅固建物である旧建物を建築することもやむを得ないものとして黙示に承諾しており，したがって，ＡとＢとの間において，本件土地の賃貸借契約について非堅固建物所有目的を堅固建物所有目的に変更する旨の暗黙の合意が成立したものと認めることができる。」

3 駐車場関連

　建物所有を目的とする土地の賃貸借契約において，借地の一部を駐車場として第三者に使用させることについて，賃貸借契約において定められた用法に違反するとした判例や，借地の無断転貸あるいは無断譲渡に当たるとした判例があるが，便宜上，駐車場関連の判例は，用法違反の項目に入れることにした。

(1) 解除を肯定した事例

裁判例 176　駐車場としての使用と信頼関係の破壊
東京地判昭和 50 年 3 月 31 日（判時 795 号 58 頁）

「2　次に，無断転貸の点につき検討する。
　《証拠略》によれば，本件土地自体が駐車場となったか駐車場の通路であったかはともかくとして（この点については後で認定する。），被告が一時的にもせよ，有料駐車場として本件土地を第三者に利用させたことのあることが認められる。しかしながら，《証拠略》によれば，右は，被告の依頼を受けた A が有料駐車場の管理人として本件土地上の適当な場所に一時第三者の車両を駐車させていたにすぎないものであることが認められ，右事実からすれば，本件土地は被告が A を通じて包括的に支配していたもので，第三者は本件土地を排他的に支配して独立の占有を有していたわけではないと認められる。したがって，被告が本件土地を第三者に駐車場として利用させたことは，土地の転貸にはあたらないというべく，他に被告が本件土地を無断転貸したという事実を認めるに足る証拠はない。
　3　次に，用法違反の点につき検討する。
　《証拠略》によれば，本件土地は，昭和 45 年 11 月頃以来，従前から本件土地と共に賃貸借契約の目的物となっている他の土地とは柵などで仕切られ，明確に区別されていること，そして本件土地には，車両の出入りに都合の良いようにコンクリート敷の道路が敷設されており，それが本件土地の南隣にある被告所有地上の駐車場と何の仕切もなく続いていること及び被告は本件土地の一隅に設置された水道を利用して本件土地の一部を駐車場の洗車場として使用していることが各認められ，右認定を覆すに足りる証拠はなく，右事実に前認定の被告が本件土地を一時的にもせよ第三者に駐車場として利用させたという事実を総合すると，本件土地は，被告所有地と一体となって駐車場として使用されているものと認められる。
　ところで，本件賃貸借契約において，本件土地の使用目的につき「被告の業務の為に社宅，工場敷地等を目的とする敷地として使用する」こととする約定のあったことは，前認定のとおりである。そうして，前認定の本件賃貸借契約成立の経緯に，《証拠略》により認められるところの，本件賃貸借成立の頃，本件土地を含む従前の賃借地が被告の社宅の敷地として使用されていた事実を総合すれば，右使用目的の約定は，被告の業務遂行の用に供される建物所有を目的とする趣旨であることが認められる。被告は，右約定の「被告の業務の為の社宅，工場敷地等」との文言を理由として，被告の業務の為であれば建物所有に限られるものではなく，駐車場の経営も含まれるとする旨の主張をするけれども，右認定事実のほか，《証拠略》によれば右約定当時には被告は未だ駐車場の経営をしてはいなかった事実が認められることに徴すると，被告の右主張を採用することはできない。
　そうすると，被告が本件土地のみを従前からの他の賃借地と切離して被告所有地と一体となった駐車場として使用していることは，本件賃貸借契約当時予定していた本来の使用目的とは全く異なった使用であるといわなければならず，被告に，本件土地につき用法違反のあることは明らかである。
〔略〕

四　そこで，右賃貸借契約解除の意思表示の効力について判断するに，前認定のように，本件土地は，右土地を含む1,050坪の土地に関する賃貸借契約の更新をめぐる紛争を経た挙句，双方の互譲の結果，64坪の土地を被告から返還した上で，残地につき被告の業務遂行の用に供されるべき建物所有を目的として更新の合意に到達した土地の一部であって，原告本人尋問の結果によると，当時，原告は賃貸土地全部の返還を強く要求していたことが認められるのであるから，右更新の合意成立後においても，被告において新たに社宅や倉庫等その業務上必要とされる建物を新築して賃貸借の目的を達するための土地の合理的利用を図ろうとするのであれば格別（その場合でも，前認定のように無断増改築禁止の特約があるから，原則として原告の承諾を要する。），その目論見も必要もなくなったような場合には，原告においてその部分の返還を期待するのも無理からぬものといいうべきところ，《証拠略》によれば，被告は原告に対し，本件賃貸借契約更新の合意成立後，1度も本件土地上に新たに建物を建築することについての承諾を求めたことはなく，かえって，突如，原告に無断で，前叙のとおり，本件土地を建物所有のための賃借部分とは切り離し，契約更新当時には予想もされなかった駐車場の一部にして営利の手段に供するに至ったものであることが認められる（しかも，前掲各証拠および検証の結果によれば，本件土地を使用しなくとも被告の所有する隣接地上の駐車場の経営は十分に可能であると認められる）のであるから，少なくとも本件土地部分に限っていえば，賃貸借の基礎をなす当事者間の信頼関係を破壊する重大な不信行為があったものとして，これを理由とする契約解除の効果が認められるべきである。

　検証の結果によれば，本件土地上にはコンクリート敷の道路，洗車場および他の土地との仕切の柵が設置されているのみで，原状回復が必ずしも困難ではないことが認められるけれども，このことは，被告が本件土地を前認定のような使用状況下におくことによって，これを契約で定められた目的に従って使用する意思のもはや存しないことを明らかにしている以上，前叙の判断を左右すべき事情とはなし難い。したがって，原告が被告に対してした本件賃貸借契約解除の意思表示は有効であるということができる。」

裁判例177　駐車場としての使用と信頼関係の破壊
東京地判昭和50年6月30日（判タ327号233頁）

「ところで，土地の賃貸借契約において，賃借人が一定の期限までに建物を建築する特約がある場合であっても，賃借人の建築資金の入手難や請負人の工事遅延など賃借人に宥恕すべき事情があって，この特約に違反したときは，直ちに賃貸借契約関係における信頼関係を破壊する事由があるといえないことは当然であるが，本件における前記の事実によれば，被告Y1は，何ら正当な事由がないのにかかわらず，建物建築期限内に約定の木造2階建家屋を建築しなかったのみならず，その期限の経過前に原告に無断で本件土地上に駐車場を建設し，本件土地を建物所有の目的ではなく，主として被告Y2の経営するボーリング場の来客用駐車場として永続的に使用しているものというべきであるから，社会通念上，被告Y1は，賃貸借契約において定められた用法に違背し，賃貸借契約関係における信頼関係を破壊し，賃貸借契約の継続を困難ならしめたものといわなければならない。

〔略〕

　2　次に，被告らは，被告 Y1 が本件土地に駐車場を建設し，被告 Y2 の経営するボーリング場の来客用駐車場として使用させたとしても，被告 Y1 と被告 Y2 との経営内容からみて，借地の譲渡，転貸には該らないと主張するので検討するに，〈証拠〉を総合すると，被告 Y2 は，その役員構成が被告 Y1 と同一であり，その本店を被告 Y1 の横浜営業所に置いていること，被告 Y2 は，会社設立後長らく休業していたが，昭和 46 年 5 月被告 Y1 がプロパン充填所を川崎市へ移転したので，その後その跡地に建築されたボーリング場の建物において同年 12 月からボーリング場を経営していることを認めることができ，また，〈証拠〉によれば，被告 Y2 がボーリング場に使用している建物は，被告 Y1 の名義で所有権保存登記がなされていることを認めることができる。しかしながら，〈証拠〉を総合すると，被告 Y1 は，その発行済株式の全部がその役員によって保有されているのに対し，被告 Y2 は，その発行済株式の約 4 分の 1 が，その役員以外の被告 Y1 の従業員らによって保有されていること，被告 Y2 は，被告 Y1 がその事業目的としていない遊技場の経営を事業目的の 1 つとしていることを認めることができる。そうすると，被告 Y2 は，経営上被告 Y1 と極めて密接な関係にあるということができるから，本件借地の使用が，譲渡，転貸に該るか否かについては疑問の余地がないわけではないが，しかし，かかる土地の利用は，やはり原告と被告 Y1 とが和解成立の当時予測していた土地の利用方法とは著しく異なるものであるといわざるをえず，したがって，賃貸借契約関係における信頼関係を破壊する一事由に該当するものと評価せざるをえない。のみならず，〈証拠〉によれば，和解契約の成立時において，被告 Y1 が本件土地を将来ボーリング場に来集する客の駐車場として使用する目的で賃借するものであることを原告が知っていたとすれば，原告は，そのような営業用駐車場は，騒音，排気ガス等によって，近隣に多大のめいわくを与えることになるため，本件土地を被告 Y1 に賃貸する意思は全くなかったことを認めることができる。したがって，被告らの右主張も採用するに由ないところである。なお，原告の契約解除が容認されず，原告と被告 Y1 との間に本件土地の賃貸借契約が存続するとしても，被告 Y1 は，前記建物新築期限の特約があるため，もはや本件土地上に建物を建築してこれを利用することはできなくなったものといわなければならない。

　四　そこで，以上を総合して判断すると，被告 Y1 の前記一連の行為は，本件土地の単なる用法違反行為であるにとどまらず，その賃貸人である原告との間の信頼関係を破壊する行為であると評価せざるをえず，原告は，これを理由として本件土地の賃貸借契約を解除することができるものというべきである。

　そして，本件のように，賃借人たる被告 Y1 に前記のごとき著しい義務違反があり，その契約関係の継続を困難ならしめる不信行為がある場合には，賃貸人たる原告は，民法 541 条所定の催告を要せず直ちに賃貸借契約を解除することができるものと解するのが相当であるから，原告のなした前記契約解除の意思表示は有効である。」

裁判例 178 無断転貸と信頼関係の破壊（駐車場）
東京高判昭和62年1月28日（判タ647号177頁）

「（一）〈証拠〉によれば，前記のとおり「X」が焼失した後はその跡地の利用が公法的に制約を受けていたところ，控訴人は，そのことのために右跡地を空地のまま放置しておくこともないと考え，これを貸駐車場として利用することを企画し，昭和50年初め頃その準備として右跡地内に自動車1台ごとの駐車位置を示す番号を付した標識札を設置したこと，右跡地はその全部が控訴人の所有地ではなく，一部に被控訴人から賃借している本件従前の土地が含まれていたが，控訴人は，自己所有地の占める割合が大きいこと，貸駐車場という容易に解消しうる利用関係を設定するだけであること，土地区画整理事業としての土地の形質変更工事が附近で進行中であり，その進捗を待つ間の一時的利用であること等から特に自己所有地と被控訴人からの賃借地とを区分せずに右跡地全体を対象として利用を企画したものであること，そして控訴人は同年5月15日株式会社スーパーYとの間において同店に右跡地の北側部分約2分の1を賃貸する自動車保管場所賃貸借契約を締結し，右部分を同店の買物客用の駐車場として使用させたこと，右賃貸部分のうち西側部分は控訴人自身の所有地であるが，東端から30ないし40パーセントの部分は本件従前の土地のうちの1174番3の土地に当ること，その後右契約は1年ごとに更新され，附近における土地の形質変更工事完成間近の昭和54，55年頃まで継続したこと，賃料は当初月額3万円であったが，昭和54年頃は4万2500円であったこと，以上の事実を認めることができる。

〔略〕

以上認定した事実によれば，控訴人は被控訴人の承諾を得ることなく本件従前の土地の一部を第三者に使用させたものといわざるをえない。

（二）控訴人は，賃借土地を一時的に右の程度第三者に使用させたことは賃貸借契約における信頼関係を破壊することにならない旨主張するので判断する。

たしかに，右転貸は，それが本件従前の土地の利用に公法上の制約が加えられた状況のもとにおいて，暫定的なものとしてなされたことを考慮すると，通常の無断転貸と多少趣きを異にするといえなくはない。しかしながら，控訴人としては，当面土地区画整理事業に伴う公法上の制約という不利益を被ってもなお賃借権が将来仮換地及び本換地上に存続することの利益を考え，本件賃貸借契約を継続させることを望んだものである以上，右状況のもとにおいても賃借人としての基本的義務は誠実に尽くすべきであり，経済合理性の見地から第三者に土地を転貸したことを容易に正当化することはできない。

これに加え，控訴人には前記認定の長期の賃料不払の事実があるところ，先に，右不払はそれ自体を解除原因とする限り，無催告解除が許される程には信頼関係を破壊するものでない旨判断したが，そのことは，無断転貸を理由とする解除に係る信頼関係破壊の判断においてさらに右不払の事実を斟酌することを妨げるものではない。そして，土地区画整理事業に伴う本来の土地利用の制約という共通の原因を契機として，一方では長期間にわたって賃料を支払わず，他方では転貸によって賃借物の別途利用を図るという自己本位の経済合理性の追求は，賃貸人の立場を著しく無視するものというべく，したがって，右転貸によって賃貸人と賃借人と

の間の信頼関係はなんら破壊されるものでないとする控訴人の主張は，採用しがたいものといわなければならない。」

裁判例179　駐車場としての使用と信頼関係の破壊
東京地判平成5年3月29日（判タ871号252頁）

「本件においては，前記認定のような契約内容及び利用形態であることに照らせば，本件駐車場部分をA及びBに駐車場として使用させたことは転貸に該当するものというべきである。たしかに，借地上に商店，飲食店，劇場等の，不特定多数の顧客の来訪を伴う建物を所有ないし管理する場合において，自動車を利用する顧客の来訪を容易ならしめるために，右建物に付属して不特定多数の顧客を対象とするいわゆる時間貸しの駐車場を設置するような場合には，第三者を対象とする駐車場として借地の一部を使用することが，社会通念上右建物所有ないし管理の目的の範囲内の利用行為と認められ，転貸に該当しないものと認められることもあり得るものといえる。しかし，本件においては，前記認定のとおり，特定の賃借人を対象として賃貸期間1年間しかも更新を前提とする駐車場契約を締結しているのであって，これらの点を考慮すれば，本件駐車場部分を第三者に駐車場として使用させたことについては，社会通念上本件建物所有の目的の範囲内の利用と認めることは到底できないものであり，転貸に当たることは明らかである。なるほど，前記のとおり本件駐車場部分は面積的には本件土地全体の12ないし15パーセント程度であるが，そのことをもって，転貸に該当しないということはできないし，また，契約上，貸主は1か月の事前通告により賃貸借を解約できることとされているが，そうだからといって転貸に該当しないということもできない。

3　信頼関係を破壊しない特段の事情の有無について

被告らが右特段の事情として主張する事実のうち，被告Cが経済的に困窮していたこと（前記三2（二）（2）（3）［被告Cの経済的困窮］参照）及びD弁護士から駐車場としての使用は無断転貸に当たらないとの回答を受けていたこと（前記三2（二）（2）（4）［法律家の回答］参照）については，いずれも，その主張する内容自体がそもそも信頼関係を破壊しない特段の事情に該当するものとはいえないことは明らかというべきである。すなわち，土地賃貸借自体が経済活動に属する法律関係である以上賃借人の金銭的窮迫が賃貸人との関係で無断転貸を免責する事由となり得ないことは明らかであり，また，賃借人の依頼した弁護士が独自の法律的見解を表明したとしても，その見解に従って行動した責任は依頼者である賃借人自身が負担するべきであって，これを賃貸人に対する免責事由とすることができないのは当然のことというべきである。

〔略〕

また，本件駐車場部分の利用形態等（前記三2（二）（2）（1）［本件「駐車場」の利用形態等］参照）及び平成四年四月をもって本件駐車場部分の駐車場としての賃貸を終了したこと（前記三2（二）（2）（2）［本件「駐車場」としての使用の終了］参照）については，なるほど，被告らの主張するように，本件駐車場部分は，本件土地全体の12ないし15パーセントの面積に過ぎず，しかも独立した区画もない状態で玄関先に自動車の駐車を認めたに過ぎない形

態であるうえ，利用者との契約は1か月前の一方的な事前通告で終了させることができるもので，原状回復が容易であり，また，本件駐車場部分の駐車場としての使用は平成4年5月以降行われていないことが認められる。

しかしながら，他方では，前記認定のとおり，本件駐車場部分を駐車場としてA及びBに賃貸して使用させていたことについては，平成2年8月に原告Eが口頭で中止を求めたところ，被告Cはこれをきき入れず，同年9月27日到達の内容証明郵便により原告ら代理人弁護士の名義で右転貸の中止を催告すると共に本件土地の賃貸借契約解除の意思表示をした後も，被告ら代理人弁護士名義の内容証明郵便によりこれを明確に拒否して，本件訴訟提起後も右賃貸を継続したうえ，平成4年4月末日に至ってようやくこれを終了したことが認められるのであって，右経緯に照らせば，前記のような被告ら主張に沿う事実が存在するとしても，本件において，被告らに信頼関係を破壊しない特段の事情が存在するものとは到底認められない。

また，本件にあらわれたすべての事情を考慮しても，本件において被告らに信頼関係を破壊しない特段の事情が存在することを認めることはできない。」

裁判例 180　賃借地を駐車場として使用することと信頼関係の破壊
東京地判平成16年5月28日（判例秘書）

「(1)　①　前記争いのない事実及び前記認定事実を前提に，本件賃貸借契約の解除事由の存否について検討するに，本件和解成立の経緯及び内容に照らせば，前記認定のとおり，被告が，本件和解の期限内に本件和解の内容に従い新建物を再築することなく，原告らの承諾を得ることなく，本件駐車場契約に基づいて，本件土地を訴外会社に駐車場として転貸することが，本件和解の内容に反するとともに，用法違反及び無断転貸として，本件賃貸借契約上の債務不履行に当たり，これが本件賃貸借契約の解除事由となることは明らかというべきである。

②　被告は，前記態様による本件土地の利用状況が，本件賃貸借契約ないし本件和解条項に違反しない，用法違反や無断転貸に該当しない旨主張するが，前記認定の態様に照らせば，被告の主張に理由がないことは明らかである。すなわち，本件和解成立の経過に照らせば，本件和解は，従前賃貸借契約が旧借地法の保護を受けることを前提に，本件土地の建物所有目的の借地権としての継続利用についての被告の強い希望を容れて成立したのは，明らかである。にもかかわらず，被告は，本件土地を更地とした平成14年1月以降，本件土地を利用することなく，本件土地以外に居を定めて何ら支障なく居住を継続し，本件口頭弁論終結時において，本件土地上に建物を再築する目処さえたっていないことは明らかであるとともに，平成14年9月以降，原告らの承諾を得ることなく，本件土地を営利目的で特定人に対し賃貸して駐車場として使用させ，本件口頭弁論終結時までこれを継続している。したがって，被告による本件土地の利用態様は，遅くとも本件和解における建物再築期限以降，旧借地法の保護を受ける建物所有目的の賃貸借契約としての実態を失うに至っているものと評するのが相当であって，これが本件賃貸借契約ないし本件和解条項に違反し，用法違反や無断転貸に該当することは明らかである。

(2)　被告は，前記認定の経過及び態様に照らし，本件土地の利用状況は，原告らと被告との

間の信頼関係を破壊するに足りない特段の事情がある旨主張する。その経過として主張するところは，専ら被告の内部的な経済的な事情をそれとは全く無関係な原告らに転嫁するものであって，容認し得ないものであるとともに，本件和解が被告の要望を容れた上で訴訟上の和解として成立した経過を踏まえれば，本件和解条項ないし本件賃貸借契約に反した利用をした上，駐車場として第三者に賃貸し賃料を収受している被告が，かかる主張をすることが，当事者間の信義に反することは明らかである。また，前記認定の駐車場の形状に照らせば，原状回復には相当の工事が必要であり，本件駐車場契約の内容に照らせば，訴外会社が独立の占有を有していることは明らかであり，また，長期間にわたる賃貸借を予定しているものとみるのが相当である。これらの事情を総合すれば，本件において信頼関係を破壊するに足りない特段の事情があるものと認めることはできない。」

裁判例 181　駐車場造作工事と信頼関係の破壊
東京地判平成 18 年 5 月 25 日（判例秘書）

「(3) 前記 1 のとおり，原告らが，前記第 2，2（原告らの主張）で主張した信頼関係破壊の事情のうち，被告らは，本件土地を利用して利益を得るため，駐車場経営を考え，そのための造作工事につき原告らの承諾を得なければいけないことを十分理解していながら，その承諾を得ることなく工事を発注したこと，その工事につき，被告 Y1 及び同 Y2 は，原告らに対して文書による了解を要求する等の行為を行い，また，撤去工事は，自ら期限を設定していたのに，これを遵守せず，原告らの指摘後，撤去工事を行ったこと，被告 Y1 及び同 Y2 は，本件建物を第三者に賃貸し，月額合計 13 万 6000 円の家賃収入を得ているのに，それを本件土地の賃料に充てず，賃料不払に至ったこと，被告 Y2 は，原告らによる催告後，解除の意思表示を受領するまでに滞納賃料全額の支払をしなかったこと，原告らは，賃料不払について，被告ら全員に催告書面を送付したが，被告らは，被告 Y1 を除いて滞納賃料全額を単独で支払う資力があったと解されるにもかかわらず，上記催告書面を受領してから原告に直ちに滞納金全額を支払うという判断はせず，被告らの中で最も資力に乏しい被告 Y1 に一部賃料を支払わせ，かつ同人に残額を分割で支払わせることにし，被告 Y1 に，原告らとの交渉を全面的に委ね，その提案の結果確認も不十分であったこと，被告 Y1 は，原告 X1 に対して，一方的に分割案を提示して，原告らの承諾のないまま一部賃料を支払い，その旨を原告らに連絡することもしなかったこと等の事情が認められる。

(4) 以上，(1) から (3) までの事情に，本件賃貸借契約が有効に解除され，被告らが本件建物を収去し，本件土地を明け渡さなければならないとすれば，被告 Y1 は，住居を失い，本件建物に居住している住民の生活の本拠が失われ，また，本件建物を収去することによる被告らの経済的損失も小さくないという事情があることを考慮しても，本件賃貸借契約における原告らと被告 Y1 及び被告 Y2（あるいは本件建物の持分権者である被告 Y4 及び被告 Y3 らとの関係を含めるとしても）との間の信頼関係が破壊されていないとする特段の事情があるいうことはできず，原告らによる平成 17 年 8 月 16 日付け解除通知による同契約の解除は有効であり，同通知書が被告 Y1 及び被告 Y2 に到達した同年 8 月 17 日に同契約は解除されたという

ことができる。」

(2) 解除を否定した事例

裁判例 182　駐車場としての利用と用法違背
東京地判昭和48年3月20日（判時724号50頁）

「右事実によると、被告らの本件土地の駐車場としての利用は旧建物取毀後新建物の建築資金等建築準備ができるまでの暫定的、一時的利用に過ぎず、右駐車場の施設である差し掛け式の屋根やフェンス等はいずれも収去して原状に復することが容易なものであり、コンクリートの全面舗装も本件土地の形状を著しく変更したものとはいえず、本件土地が一時駐車場として利用されることによって地主である原告に不利益を与えるとは考えられない上、本件借地の東側半分には被告ら所有の建物が依然として存在しているのであるから、全体的にみても、個別的にみても、右駐車場としての利用は本件土地の使用目的に本質的な変更を加えるものではなく、未だ約定の用法に違反するものとまでは認めがたい。

原告は、借地法によって保護を受け得るのは建物所有及びこれに伴って通常必要な範囲に限られ、借地上に建物が存在しないときやこれを他の用途に使用するときは同法の保護は及ばず、また借地を有料駐車場に使用しても借地法の保護を受けうるとするならば、資本投下なき借地人に対し地主と比べ法外な利益を是認することになると主張する。しかしながら原告の所論は、被告らが本件土地を恒久的・永続的に建物所有の目的ではなく駐車場として使用する目的であるときは考慮に値するかも知れないが、被告らの本件駐車場としての利用は暫定的・一時的なものに過ぎないから、本件においてはにわかに採用し難い。」

裁判例 183　駐車場としての使用と信頼関係の破壊
東京地判昭和50年7月28日（判時807号61頁）

「（一）被告Aは、昭和45年11月6日ころから、本件借地の東側部分に従来あったバラック建物を取り毀し、その跡地約18.5坪部分をコンクリート舗装し同月末ころまでに、有料駐車場として利用できるようにしたこと。

（二）右駐車場として使用されている部分は、本件借地の約3分の1であって残りの西側借地部分には前叙のとおりの本件建物が存し、被告らがこれに居住しており駐車場として使用している借地部分は、依然、賃借人である被告Aの管理占有下にあり、右駐車場としての使用は、建物所有のための借地利用形態から分離独立していないこと。

（三）コンクリート舗装（無筋）したほかは、駐車場としての設備は全くないいわゆる露天駐車場であって、駐車可能な台数も、普通車6台程度であり、被告Aは、近所の商事会社との間で、3台分として、1か月2万1,000円、期間を1か年とする駐車場賃貸借契約を締結したこと。

右認定事実によると、駐車場としての使用は、本件借地の約3分の1にすぎず、本件借地上には依然として、被告らの居住する建物が存し、しかもコンクリート舗装をなしたとはいえ、

本件借地の復旧を不可能ないし著しく困難にするような土地の形状変更があったとはいえないから，本件借地の使用形態を全体的実質的にみるかぎり，本来の普通建物所有の目的は失われておらず，右駐車場としての利用も右目的のため社会通念上認められるべき範囲を逸脱したものと断定することはできない。

さらに，前叙のとおり，駐車場として使用する借地部分もなお被告らの管理占有のもとにあるので，この借地部分を第三者に転貸したものとは認められない。

仮に，右のごとき駐車場としての本件借地の利用が所定の用方に反するとしても，《証拠略》によれば，被告Ａの収入がなくなり生活に困窮した結果，やむをえず借地の一部を有料駐車場として利用することになったことが認められ，これらの事実に，前示のとおり駐車場としての実質的利用形態とを考え合わせると，右駐車場としての使用には，原告に対する信頼関係を破壊すると認めるに足りない特段の事情があるというべきである。」

裁判例 184　駐車場施設の賃貸と無断転貸
東京地判昭和56年6月17日（判時1027号88頁）

「民法612条が賃借人のする転貸を賃貸人の承諾のない限り許さないとする趣旨は，転貸によって目的物につき転借人が独立の占有を取得し目的物の使用方法の変更をもたらすおそれがあること，賃借人が目的物の使用収益について直接的な関与をしなくなることから賃料の支払についても賃貸人の期待に反する結果が生じやすいことなど転貸借によって賃貸人の側にもたらされるおそれのある不測の不利益を防止しようとするにあるものと解される。

そこで，第三者に対する前記駐車場施設の賃貸がその敷地の転貸に該当するかどうかについて考えると，右駐車場施設は，前記のとおり本件土地上にブロックを敷きその上に柱，左右両側の壁，屋根などを設けた建物類似の構築物たる車庫であり，また右駐車場施設の賃貸借契約の内容も単に自動車を駐車するだけの使用を目的とするにとどまり，それ以上に出るものでないことが弁論の全趣旨によって認められる。右認定の事実によれば，右駐車場施設の賃貸借は地上建物の賃貸借に準じて考えることもできるものであり，これによってその貸借人に施設の敷地である本件土地について施設が所有者である被告の占有と別個に独立の占有を得させるものではなく，本件土地自体の使用関係は右賃貸の前後を通じ変わらないことが明らかであるから，第三者に対する本件駐車場施設の賃貸をもって本件土地の転貸に当たるものと解することはできず，この点に関する原告の主張は理由がない。」

裁判例 185　駐車場としての使用と信頼関係の破壊
東京高判平成2年4月26日（判時1351号59頁）

「右事実によれば，控訴人Ａは本件土地を有料の屋外駐車場として使用しているものと推認することができ（る。）《証拠判断略》そうすると，控訴人らの右行為は，本件土地の無断転貸に当たり，かつ本件賃貸借契約で定められた用法に違反するものといえる。

二　ところで，控訴人らは右約定違背は信頼関係を破壊しないと主張（抗弁）するので，検討

する。

1　前示一2の事実に，《証拠略》を総合すると，控訴人らは，本件土地上の建物を従前貸家として使用していたが，1年以上にわたり借手がつかず空き家のままであって，庭には雑草がはびこり，浮浪者が入り込んだりして火災の発生する危険もあったので，建物がかなり老朽化していたことも考慮して，とりあえず本件土地を駐車場として使用する目的で，前示のとおり建物の取壊し，整地及びアスファルト舗装をしたことが認められ（る。）《証拠判断略》

2　前示一2の事実に，《証拠略》を総合すると，被控訴人代表者は右建物取壊し後まもなく右事実を知り，本件賃貸借契約に関する処理一切を被控訴代理人B弁護士に委任し，同弁護士は昭和61年9月8日ころ控訴人Cに対し，同控訴人が右建物を被控訴人に無断で取り壊したことについて抗議するとともに，同控訴人の存念を聞きたい旨の書面を送付し，これに対し同控訴人は同弁護士に対し，右建物の取壊しは内部に浮浪者が入り込んだ形跡があり，付近に迷惑をかけることを恐れ，建物の老朽面も考慮してしたのであり，又アスファルト舗装は雑草の繁りが甚だしいためその対策としてしたのである旨の釈明の書面を送付し，以後両者間で交渉が行われ，同弁護士は本件土地の明渡を得ることを基本として話合いにより解決しようと試みたが，本件土地上に建物を新築することについての承諾を要請する同控訴人との間で折り合いがつかず，本訴提起に至ったことが認められる。

3　《証拠略》を総合すると，前示舗装はアスファルトによる簡易なもので建物敷地への復元は容易であり，駐車場といっても他になんらの設備ないし施設を伴うものでもなく，判明している駐車料金は月額5,000円程度であるから，控訴人らが本件土地を駐車場として利用することによって得られる収益は，本件土地賃料と大差のないこと，控訴人Cは昭和63年中に右駐車場の看板を撤去したことが認められる。

4　以上の事実によれば，控訴人らが右建物を取り壊したのはそれなりの合理的理由に基づいており，右有料駐車場としての利用は，利用者の利用関係の解消は困難ではなく，暫定的かつ小規模なものであってその原状への復元も容易であり，更に，右建物取壊し後の被控訴人側の対応を考慮すると，控訴人らが裁判所に改築の許可を申し立てるなどして速やかに本来の用法に復するよう努めなかった点を一概に強く非難することはできない。そうすると，《証拠略》により認められる，Dないし控訴人らが被控訴人から賃借している本件隣地及び他の土地について，依然その地上建物の建替え又は修理について紛争があった事実を斟酌しても，なお控訴人らと被控訴人との間の本件賃貸借契約関係は，控訴人らの前示行為によっては未だ解除を相当とするほど信頼関係が破壊されたものとはいえないというべきである。」

裁判例186　堅固建物所有目的に反し，19年以上の間，駐車場として使用した場合と用法違反
東京地判平成4年7月16日（判時1459号133頁）

「(一)　本件賃貸借契約が建物所有を目的とするものであること及び被告が本件賃貸借契約締結以降現在に至るまで19年以上の間，本件土地上に建物を建築することなく，本件土地を駐車場として使用していることの各事実は，いずれも当事者間に争いがない。

そこで右各事実に基づいて検討するに，一般に土地賃貸借契約が建物所有を目的とするもの

であっても、賃借人が賃貸人に対し契約締結時以降の一定期間内に建物を建築することを特に約する場合のほか賃貸人が賃借人の建築する建物につき一定の時期までに財産上の権利を取得し又は義務を負担することが当事者間で合意されている等の特段の事情がある場合を別にすれば、賃借人において、当然にその賃貸借契約上の債務として相当期間内に建物を建築すべき義務を負うものと解することはできないところ、これを本件について見ると、原、被告間に建物建築の特約があったことも、本件賃貸借関係において右の特段の事情があったことも、いずれもこれを認めるに足りる証拠はないから、被告が本件土地上に建物を建築すべき義務を負うものとはいえない。

(二) もっとも、原、被告間で、前示のとおり建物所有を目的とすることが合意されているから、本件賃貸借契約上、被告が本件土地を建物所有というその合意された目的以外の用途に使用しないという消極的な内容の債務を負担するものと解することができ、そうであるとすれば、本件土地を駐車場として使用する被告の右行為は、仮にそれが自己使用のためのものであるとしても、本件賃貸借契約により定められた用法にその限りにおいて違反するものといわざるを得ない。

しかしながら、《証拠略》によれば、被告は、本件土地を整地した以外には、何ら本件土地に変更を加えることなく、その整地済みの状態のままで駐車場として使用しているものであること及び原告は、被告が本件土地を駐車場として使用していることを認識しながら、前記の本件賃貸借契約解除の意思表示をするまでの間、被告に対して何ら異議等を述べたことがないことの各事実が認められるのであって、右各事実によれば、被告に右に指摘したような消極的な意味合いにおける用法違反の事実があっても、本件では、いまだ原、被告間の信頼関係を破壊するに足りない特段の事情が存在するものというべきであり、したがって、被告の右のような用法違反のみを理由としては、原告が直ちには本件賃貸借契約を解除することはできないものといわなければならない。

なお、原告は、建物所有目的の土地賃借人が長期間にわたって建物を建築せず、その後建物を建築する場合には、建物の朽廃時期がそれだけ先になって賃貸人が不利益を被る旨主張し、なるほど、借地法上、土地上に建物が存在している場合には賃貸人による更新拒絶が制限されるなどの規定が存することに鑑みれば、建物の朽廃時期が先になることによって賃貸人が事実上不利益を被る可能性があることは否定できないけれども、土地賃借人が長期間にわたって建物を建築しなかったというような事情は、普通には、当該事案に応じ、賃貸人による更新拒絶の際における正当の事由の有無の判断において斟酌されるにとどまる事情と解すべきであるから、本件賃貸借の賃貸人である原告が右のような不利益を被る可能性があるとしても、そのことも、被告の前記のような用法違反が原、被告間の信頼関係を破壊するに足りないとの前記の判断を左右するものとはいえない。」

裁判例 187 駐車場としての使用と背信行為（サブリース）
東京地判平成18年3月27日（判例秘書）

「1 前記前提事実に証拠（甲3、8、9の1・2、乙2、3、乙4、5の各1・2）及び弁論の全

趣旨を総合すれば、①本件建物は賃貸目的の共同住宅として建築されたものであり、サブリース方式により被告Y2と賃貸借契約を締結したX不動産株式会社が各貸室について個別に賃貸借契約を締結し、賃貸していること、②本件建物の敷地である甲土地は建ぺい率が70パーセントであったことから、被告らは空地となった乙土地部分を利用して本件建物の貸室賃借人に賃貸する目的で自動車4台分の本件駐車場を設けたこと、③本件駐車場は、本件建物に隣接する位置にあり、コンクリートを敷いて車止めを設置しただけの簡易なもので、土地の形質に特段の変更を加えるものでないこと、④被告Y2は、貸室賃借人のうち希望する者と駐車場使用契約を締結して本件駐車場を使用させており、平成17年7月23日に契約したD、同年8月5日に契約したEは、いずれもその当日に貸室の賃借人となった者であり、その駐車場使用契約上、使用料は1万8000円、期間は1年間とされ、契約書16条において「本契約は建物賃貸借契約に付随した契約であり、建物の契約が解約された場合、同時に本契約も解約となる。」とされていることが認められる。

　原告の主張中には、被告らが本件建物の貸室の賃借人以外の者に本件駐車場を賃貸したとする部分があるけれども、証拠上そのような事実は認められないから、これを前提とする請求は理由がない。

　2　原告は、本件土地の賃貸借は建物所有を目的とするものであるから、その一部である乙土地部分を原告の承諾を得ずに駐車場として賃貸するのは、それが建物賃借人に対する場合であっても用法違反であり、借地契約の解除原因となる無断転貸であると主張する。

　しかし、土地の賃貸借契約が建物所有を目的とするものであっても、当該建物が賃貸目的の共同住宅であることが借地契約当事者において予定されていた場合には、建物の賃貸借契約に付随するものとして、借地の一部を建物賃借人に駐車場として使用させることは、当該駐車場の構造、規模や使用の対価が通常の程度のものである限り、社会的にみて相当な借地の利用方法の範囲内のものというべきであるから、これを借地契約の解除原因となる程度の用法違反ということはできないし、そのような形態で建物賃借人に駐車場を使用させるものである限り、借地契約の解除原因となる転貸には当たらず、そうでないとしても、背信行為に当たらない特段の事情があるものとして借地契約を解除することは許されないというべきである。

　前記前提事実によれば、本件建物が賃貸目的の共同住宅として建築されることは原告にも改築許可申立事件の審理の過程で明らかであったと考えられ、上記認定事実によれば、本件駐車場の使用契約と本件建物の貸室の賃貸借契約とは別個のものではあるが、前者は後者に付随するもので、貸室の賃借人のみが本件駐車場を使用することができ、本件駐車場の構造、規模や使用料は通常の程度の範囲内のものということができる。そうすると、原告が用法違反又は無断転貸を理由として借地契約を解除することは許されず、このことは、借地契約解除による明渡しの対象を乙土地部分の範囲に限定しても同じである。

　原告は、被告らが改築許可申立事件において、借地の一部を駐車場とすることを申し出ていなかったことが悪質、背信的であると主張するけれども、被告らが改築許可申立事件においてその申出をすべき義務があったとは認められないから、そのことは上記の判断を左右しない。」

第4　賃借人の行為

(1) 解除を肯定した事例

裁判例 188　土地の賃借人が8年もの間，賃貸人に対して所在を明らかにしない場合と信頼関係の破壊
最判平成3年9月17日（裁判集民163号299頁，判時1402号47頁，判タ771号66頁，金判882号3頁）

「右事実関係によれば，上告人は，本件土地の賃貸人である被上告人らと面識のなかった訴外Ａに本件建物を賃貸して本件土地の地代の支払を委ね，その旨を被上告人らに通知することもなく本件建物から退去し，自ら本件土地の管理をすることなく，所在を明らかにしないまま原審の口頭弁論終結当時すでに8年を経過するというのであって，この間，上告人から被上告人らに対して，Ａを管理者に指定したことについての通知あるいは本件土地の管理方法についての連絡をしたこともなく，被上告人らは，上告人に対して本件土地の管理又は管理者の権原に関する連絡ないし確認をする方途もない状態に置かれ，上告人と地代の増額等の賃貸借関係に関する協議をすることもできず，地代の増額も訴えによらざるを得なかったものであり，また，本件土地の地代はＡの負担において支払われているというのであるから，上告人には本件土地の賃借人としての義務違反があったというべきであり，その所為は，土地賃借権の無断譲渡又は転貸におけると同様の不利益を被上告人らに与えており，賃貸借当事者間の信頼関係を著しく破壊するものといわなければならない。したがって，右と同様の見解に立って被抗告人らの本件土地賃貸借契約の解除を是認した原審の判断は首肯することができ，その過程にも所論の違法はない。」

裁判例 189　賃貸人に対する賃借人の暴行・名誉毀損等と信頼関係の破壊
東京地判平成15年4月7日（判例秘書）

「(1) 民法上，賃借人による信頼関係の破壊を理由とする賃貸借契約の解除を明示的に認める規定は存在しない。しかし，賃貸物の使用と対価の支払その他の関係が継続的に存続ないし繰り返される賃貸借契約においては，賃借人と賃貸人との間の信頼関係が契約関係の安定的維持，遂行に不可欠であるから，賃貸借契約の当事者の一方が，同契約に基づき信義則上当事者に要求される義務に違反して，その信頼関係を破壊することにより，賃貸借関係の継続を著しく困難ならしめたときは，他方の当事者は，催告なくして賃貸借契約を解除することができると解するのが相当である。
〔略〕
　そして，こうした事情の下で，被告らとの賃貸借契約を維持すること及び被告らの近隣で日常生活を送ることに強い不安と苦痛を覚えていた原告X1は，調停手続において円満な解決をすることができないのであれば，賃貸借契約を解除して本件土地の明け渡しを求めるほかない

と判断して本件賃貸借契約を解除したのであり，賃貸人の原告X1を含めた原告らと賃借人である被告らとの間の信頼関係は，被告らの前記行為及び調停における対応等により，本件解除の時点では既に完全に失われていたものと認められる。

(4) 他方，本件賃貸借契約が解除された場合，被告らは本件土地の借地権を失い，生活の本拠を失うことはもちろん，経済的にも多大な損失を被ることになる。しかし，原告X1が本件賃貸借契約の解除を決意するに至ったのは，原告X1が，度重なる工事妨害や暴行を繰り返す被告ら（現実には被告Y1）との賃貸借契約の維持と被告らの近隣で日常生活を送ることに強い不安と苦痛を覚えたからであり，また調停において被告らと穏便な解決をすることが到底叶わないと考えた結果である。実際，同原告と被告らとの間には過去に2回の調停が経由され，最初の調停の際には，原告X1も被告らの主張に歩み寄り，最終的には4000万円の明渡料を支払う気持ちを固めたことが認められるから，被告らにおいて現実的な対応をしていれば穏便な解決をすることが可能であったといえるのであって，被告らは過大な明渡料に固執して自ら解決の途を閉ざしてしまったということができる（特に，本件紛争が現実化した後に自ら申し立てた調停において，被告らがなおも高額の明渡料を主張したことは，まことに残念なことと言わなければならない。）。

(5) 以上を総合すると，本件解除がされた平成12年12月12日当時，賃貸人の原告X1を含めた原告らと賃借人である被告らとの間の信頼関係は，被告Y1の前記工事妨害，暴行等の行為が原因となって完全に破壊され，賃貸借契約の継続が著しく困難な状態に至っていると認められるから，原告X1は被告Y1の上記行為を理由として本件賃貸借契約を催告することなく解除することができるというべきである。」

(2) 解除を否定した事例

裁判例190 土地賃借人の賃貸人に対する暴行，傷害と信頼関係の破壊
東京高判昭和54年5月28日（判時935号42頁）

「1 本件土地賃貸借は大正10年から長きにわたって平穏に継続されてきたものであるところ，昭和44年7月控訴人が本件土地を購入して賃貸人となり，本件土地の隣地に住むようになると，被控訴人方で飼っているポインター犬の鳴声がうるさいといっては抗議をするようになり，犬好きである被控訴人は，当初犬が鳴くのは仕方がないといって感情的対立がおきていたところ，同年11月20日頃前記Aの夫が死亡したことを契機として，控訴人が無断転貸を理由に，被控訴人及び右Aに対し本件土地及び本件転貸地からの立退きを要求するに至ったこと，また，同年12月29日には被控訴人の妻Bが持参した本件土地の地代の受領を拒否され，以後，被控訴人において地代を供託していること，その後控訴人は昭和46年9月20日付で被控訴人に対し前記Aへの無断転貸を理由に本件土地賃貸借契約を解除する旨の内容証明郵便を出し，これに対し，被控訴人は無断転貸ではない旨の返書をするなどやりとりがあったこと，その後も，本件土地の明渡し及び犬の鳴声を巡って両者の反目が続いたが，昭和48年夏頃には被控訴人が控訴人の要請で犬小屋を控訴人との境から反対側に作りかえたり，口輪をつけたりするなどの措置もとっていたこと，しかし，控訴人はそれでも犬の鳴声がうるさいと

いって被控訴人に対し抗議を繰り返えし，控訴人との間に依然口論が絶えなかったこと，かくするうち，近隣の者から控訴人宅に犬のこと位であまりやかましくいうなとの電話があったので，控訴人は，右電話は被控訴人の差し金によるものと思って，同年9月30日午後10時頃飲酒のうえ，被控訴人方に電話をかけて，「なんて脅迫めいた電話をするんだ。」と怒鳴ったのに対し，被控訴人の妻Bが，「私のところではかけない。もう遅いから明日にしてもらいたい。」といって電話を切ったところ，控訴人は執拗に2度，3度と電話をかけたこと，そこで，被控訴人の息子Cが，「文句をいってくる。」といって，控訴人方に赴き，被控訴人もすぐに後から控訴人宅に至り，右両名共同して控訴人に対し，「表に出ろ。」といって控訴人を外に引きずり出し，控訴人方前路上において控訴人の襟首をつかみ路上に押し倒す等の暴行を加え（もっとも被控訴人らが樫の棒で控訴人を殴打したとの点は認められない。），よって，控訴人に対し全治約10日間を要する頭部外傷，背部挫傷，左下腿挫傷の傷害を負わせたこと，右傷害事件により被控訴人は金2万円の罰金刑に処せられたことが認められる。《証拠判断略》

　右認定の事実によれば，右暴行，傷害事件は，控訴人と被控訴人との間の本件賃貸借及び犬の鳴声を巡る双方の感情的対立が原因となり，控訴人の執拗な電話による抗議が直接の誘因となって，これに立腹した被控訴人が起した事件であって，控訴人がうけた傷害の程度も被控訴人の犯した罪も決して軽いとはいえない。

　しかし，不動産賃貸借ことに借地関係においては，解除によって被るであろう賃借人の経済的損失の大きいことに鑑み，賃貸借の信頼関係を破壊する背信行為に当るかどうかの認定に当っては，とくに慎重に判断すべきものと解するのが相当であるところ，被控訴人としても，控訴人が本件土地の賃貸人となるや，間もなく永年続けた平穏な生活を控訴人の度重なる抗議や明渡し要求によって害されてきたこと，本件暴行，傷害事件の発端には，前記のとおり，控訴人にも相当の落度があったこと，右事件後控訴人は被控訴人に対し全く宥恕の気持を示さないが，被控訴人は信頼関係維持回復の意向を有していること等諸般の事情を考慮すると，右暴行，傷害事件をもってしては，いまだ本件土地賃貸借契約の解除をなしうるほどに，被控訴人の側に信頼関係を破壊する背信行為があったと認めることはできない。したがって，控訴人が信頼関係が破壊されたことを事由とする本件土地賃貸借解除の主張は採用できない。」

裁判例 191　ゴミ収集車による悪臭騒音等と信頼関係の破壊
東京地判平成14年11月26日（判例秘書）

「1　賃貸借契約について，その基礎となる信頼関係が破壊されたというためには，契約当事者が契約締結時又は契約条件を確認した際に基礎とした事情に照らし，その後，当該賃貸借契約における信頼関係が破壊されたと評価するに足りる事情が認められることが必要である。前記のとおり，原告は，前訴において，本件土地を本件会社が主としてその事業のためのゴミ収集車の駐車場として使用するという状況を十分認識した上で，本件和解をしたものであるから，本件賃貸借契約における信頼関係が破壊されたかどうかは，本件和解の後，被告ないし被告会社の使用状況等に変更があるかどうか，それが信頼関係を破壊するものと認めるに足りるものかどうかという観点から判断すべきことになる。

2　騒音の点について

　そこで検討すると，認定事実によれば，本件和解の後，被告会社のゴミ収集車は，バックブザーを装着することとなったものであり，現在においても，バックブザーのスイッチを切ることを失念する運転手が存在することが窺える。しかし，バックブザーは，本来，東京都の行政指導により，ゴミ収集作業中の安全という公益目的で装着したものであり，本件土地における出入庫の安全にも資するものと考えられる。また，駐車場としての使用を認めている場合において，駐車車両がバックブザーを装着したとしても，もともと賃貸人としてはこれを容認すべきものということができ，これを直ちに信頼関係破壊の事情とすることは相当ではないというべきである。また，被告会社は，既にバックブザーのスイッチを切ることのできる装置を採用しており，仮にこの点が今後とも問題となるのであれば，本件賃貸借の存在を前提として，被告会社が従業員教育を徹底する等の努力をすることにより改善を図ることも十分可能と考えられる。

　また，原告は，ゴミ収集車が早朝から稼働していること等を指摘するが，ゴミ収集車は，業務の性質上，もともと早朝から稼働し，一定の騒音を発するものであって，時刻の変更はあれ，この点において本件和解時に比して大きな事情の変化があるわけではないと考えられる。

　以上の事情を勘案すると，騒音の点をもって信頼関係破壊の一事情とすることには理由がないというほかはない。

3　本件擁壁部分の設置について

　本件土地から原告宅側に流入する臭気が，本件擁壁部分の設置前と比較して顕著に増悪したことを認めるに足りる証拠はないことは，認定事実のとおりである。仮に，本件土地内において発生した臭気が，本件擁壁が設置された後，風向き等の影響によって原告側に流れてくることが増えたのであれば，被告としても，原告宅側に同様の擁壁を設置する用意があると述べているのであるから，かかる方法により解決すれば足りることであり，本件擁壁の設置を理由として本件土地全体の明渡しを求めるのは，行き過ぎという外はない。また，排気ガス自体については，駐車場として使用される以上，必然的に排出されるものであり，本件和解時に比して，この点において特に変更があるわけではない。さらに，本件土地で使用される車両の数は，本件和解当時に比して，むしろ減少しているのであって，低公害車も徐々に採用されてきているのであるから，排気ガスの排出自体を捉えて信頼関係破壊の事情とするのが相当でないことは明らかである。」

裁判例 192　営業妨害行為等と信頼関係の破壊
東京地判平成18年1月18日（判例秘書）

「原告は，被告が東側借地部分と西側借地部分との借地権境界が明確ではないにもかかわらず，頻繁に，自動車修理工場に出入りする原告の顧客らに対して文句を喚き散らしたり，にらみつけたりして，原告に対する営業妨害を行っている旨主張し，顧客ら作成の書面（甲17ないし甲20）等を提出する。

　しかし，前記1（3）において判示したとおり，本件隣接地における自動車の通行について

は，原告及び被告ともに，両借地部分の一部を互いに利用せざるを得ない状況にある以上，被告が，原告の顧客の利用状況について関心を持ち，不適切な駐停車がされた場合にこれを注意することがあったとしても，必ずしも不適切な行為とまではいえず，それだけをもって被告が原告に対する営業妨害行為を行ったとすることはできない。

そのほか，原告は，被告がハンマー状の器具を持って自動車修理工場付近に現れ，原告の家族が外に出ると，あわてて被告宅に戻ることがあった旨主張するが，同事実を認めるに足りる証拠はない。

8　以上の全判示に基づいて考えると，原告が被告において信頼関係を破壊する背信行為を行ったとして主張する個々の事実については，一部にこそ，被告に過剰な対応があったと認められるものが存するにせよ，殆どの事実については，原告の主張を肯認することができないものである。

そして，現在まで，原告と被告間では，原告による本件遺産分割協議の内容の遵守の有無，Bの死亡後における遺産分割協議の内容，さらに，本件土地の使用そのものではなく，本件隣接地における借地の利用等をめぐって対立が生じているのであるが，以上のような対立状況について，被告のみに一方的な落ち度があってその責任を負うべきものとは認められない以上，本件では，そうした対立状況が存在するからといって，被告について本件賃貸借契約における信頼関係を破壊するに足りる背信行為があったとは認められないというべきである。」

裁判例 193　賃借人の不誠実な言動等と信頼関係の破壊
東京地判平成19年1月26日（判例秘書）

「2　争点 (2)（被告らに他にも原告との信頼関係を破壊する行為があったか）について

(1) 原告は，被告Y1が，賃貸人たる原告に対して，借地人としてあるまじき乱暴な言動に及び，当事者間の信頼関係を破たんさせるような不誠実な振る舞いをしたとして，るる主張し，その主張に沿う陳述（甲10），供述をする。

しかし，原告が主張する事実のうち，Eの言動については，原告本人は，Eが，原告宅に怒鳴り込むことについて，被告Y1から指示された旨の発言をしていた旨供述するが，被告Y1本人は，Eから，原告に通行止めをされたことについて原告に抗議をしてもよいかと尋ねられたので，本件建物の居住者として不便があるのなら言いに行っても構わない旨答えた旨供述しているのであって，Eの言動自体から，Eが原告の意を受けて原告に対する暴言に及んだものと認めるには足りず，他に原告のかかる主張を認めるに足りる的確な証拠はない。したがって，原告が主張するEの言動をもって，被告らと原告間の信頼関係を破壊する行為と評価することはできない。

また，その余の原告の主張事実については，被告Y1は，これを否定する陳述（乙50），供述をしているところ，その内容は，平成14年3月ころに，本件土地の南側隣接地の借地人との間にトラブルがあって，そのことで原告宅に怒鳴り込んだということは身に覚えがなく，そのころ，被告Y1の父の49日の法事があったが，その最中に原告から原告宅に来るようにとの電話があり，被告Y1は，法事の後におじと共に原告宅に赴いたが，その際，おじが原告に

対し非常識であるとして怒鳴ったことがある，被告Y1は，代理人弁護士から地代を持っていくよう指示され，原告の家の玄関先から，地代を受け取ってほしいと述べたことは2，3回ある，被告Y1は，仕事柄朝早く夜遅いので，原告に会うことは年に2，3回くらいしかなく，ストレスを感じさせるほど会った記憶はなく，原告に対するあいさつを無視したことはない，自転車の駐車については，原告から自由に置いていいと言われたので，駐車していたところ，その後，駐車場所を指示されるなどしてこれに従ったが，駐車代をもらっていないので置くなと言われ，本件土地内に駐車するようになったというものである。

そして，原告自身が，原告と被告Y1はめったに会うことがなかったことを肯定する供述をし，また，被告Y1の自転車の駐車については，不満とかではなくて，近所の人が通るのに邪魔だという話しを聞いたことがある旨供述しているにすぎず，これに加えて，原告が当時委任していた代理人弁護士から，被告Y1ないしその代理人弁護士あてに，原告が主張するような被告Y1の言動や振る舞いについての苦情等が申し入れられたことを認めるに足る証拠がないことに照らせば，原告の陳述，供述は，被告Y1の陳述，供述に比し，たやすく採用することができないというべきである。

なお，原告は，被告Y1が，本件建物から退去していることが原告との信頼関係が無くなったことを自ら示している旨主張するが，被告Y1が本件建物から退去したことをもって，原告との信頼関係を破壊する行為と評価することはできない。」

裁判例194 賃貸人と賃借人の長年にわたる紛争等と信頼関係の破壊（反訴請求）
東京地判平成19年8月31日（判例秘書）

「(2) 以上認定の事実を前提として，以下，被告が主張する信頼関係破壊を基礎付ける事実について検討する。

ア　長期にわたり賃貸借契約をめぐって紛争が継続されてきたことについて被告は，原告らと被告の間には約35年の長期にわたり紛争が継続し，その間原告らは，極めて低額の賃料支払を繰り返したと主張し，この点を信頼関係破壊の一事情とする。

しかし，このうち前訴判決の基準時である平成12年8月25日以前についていえば，前記(1)アないしカ認定のとおり，原告らと土地賃貸人ら間に長期にわたり紛争が継続している事実，原告らが平成6年度以降平成8年度まで公租公課を下回る賃料支払をした事実を前提とした上で，前訴判決において，原告らが公租公課を下回る賃料であることを承知の上で悪意で不当に低額な賃料の継続をしたとまでは認められず，本件賃貸借契約の解除を認めるに足る原告らの背信行為があったとはいえないとの判断がされたものである。

そして，前記(1)キ認定のとおり，前訴判決の基準時以後も，原告らと被告間では，賃料減額請求とその拒絶，賃料減額調停の申立てとその不成立を経て，本訴の提起に至ったものであり，そのような紛争が継続したことは認められるが，その間，原告らが賃料の支払をしないとか，また原告らの支払う賃料の額が公租公課実額を下回り著しく低額となったとまでは，本件全証拠によっても認めるに足りない。

したがって，この点をもって，原告らの行為によって賃貸人と賃借人の間の信頼関係が破壊

されたということはできない。」

第2編

借家契約における信頼関係の破壊

第1 無断転貸・無断譲渡

　昭和20年代，30年代は住宅事情が悪かったこともあり，間貸しや留守番，さらには親族等を同居させた場合などが無断転貸や無断譲渡に当たるのではないかが問題になったが，その後は，個人経営から会社組織への変更や経営の委託などが無断転貸・無断譲渡に当たるかどうかが争われた事例が多く見られる。

　借地契約に関するものであるが，**最高裁（昭和28年9月25日第二小法廷判決・民集7巻9号979頁）**は，「元来民法612条は，賃貸借が当事者の個人的信頼を基礎とする継続的法律関係であることにかんがみ，賃借人は賃貸人の承諾がなければ第三者に賃借権を譲渡し又は転貸することを得ないものとすると同時に賃借人がもし賃貸人の承諾なくして第三者をして賃借物の使用収益を為さしめたときは，賃貸借関係を継続するに堪えない背信的行為があったものとして，賃貸人において一方的に賃貸借関係を終止せしめ得ることを規定したものと解すべきである。したがって，賃借人が賃貸人の承諾なく第三者をして賃借物の使用収益を為さしめた場合においても，賃借人の当該行為が賃貸人に対する背信的行為と認めるに足らない特段の事情がある場合においては，同条の解除権は発生しないものと解するを相当とする。」と判示し，「信頼関係の破壊」の法理によって，解除権の発生を制限している。その後，借家において，同様の判決内容が，最高裁第一小法廷の昭和30年9月20日の判決，同第三小法廷の昭和31年5月8日の判決で示されている。以下は，賃貸借契約の解除を肯定した判例と否定した判例に大別して掲げた。

(1) 解除を肯定した事例

裁判例 195　留守番と無断転貸
東京地判昭和26年2月22日（判タ12号73頁）

　「Aは昭和22年6月頃B（原告らの被相続人）から右建物の階下6畳1室を借り受けて弟夫婦と一緒に居住していたが，2箇月位経ってその近所の家を買い受けて移転し，弟夫婦を本件

家屋に住まわせていたが，昭和25年7月に弟夫婦も近所の家に移転したので，Aはその雇人である訴外Cをそのあとに居住させることにしたので同人の兄である被告が一緒に本件家屋に居住するに至ったこと，Aはその頃飴の製造を始めることになり，被告の妻（被告は大工である）とCに本件家屋で飴を製造させることにしたこと，Aは本件家屋にラジオ，火鉢，衣類，家具一組を置いているだけでその他の家財道具は移転先に運んで本件家屋には寝泊りせず，ここに何時帰るか決めていないことが認められる。この認定事実と弁論の全趣旨を総合すれば，被告は本件建物のその使用部分を自己の生活場所として自己のために使用するものであって，これをAより転借したものと認むべきである。」

裁判例 196　間貸しと無断転貸
最判昭和26年6月26日（裁判集民4号915頁）

「賃借家屋の間貸について特別の事情があるため間借人の使用関係は事実上のものにすぎず法律上の権利関係が設定されたものとは認め得られないような場合がないわけではないが，それだからといって現下の住宅事情の下においてもすべての間貸が民法612条の転貸借に当らないということはできない。本件転貸借に関し右のような特別事情があることについては原審において上告人等の少しも主張しないところであるばかりでなく，原判決の認定した事実によれば「被控訴人上告人A1は昭和22年4月頃被控訴人（上告人）A2に対し本件家屋（建坪16坪2階10坪）の造作を代金1万円で譲渡すると共に右家屋のうち2階10畳1室を除きその余の家屋全部を賃料1か月40円にて転貸した」というのであるから，原判決がこれをもって民法612条にいわゆる転貸に外ならないものとし，右転貸借につき賃貸人の承諾のない事実を確定した上被上告人に賃貸借の解除権のあることを判示したのは正当であって論旨は理由がない。」

裁判例 197　間貸しと無断転貸
最判昭和26年10月19日（民集5巻11号619頁，裁判集民5号655頁，判タ16号41頁）

「原判決の確定した事実によれば，本件家屋の賃借人たる上告人は，賃貸人たる被上告人の承諾を得ずして昭和23年3月中訴外Aに，又本件家屋に対する仮処分後の同24年3月中には訴外Bに，又同年9月中には訴外C，同Dの両人にいずれも相当の権利金を取って本件家屋の各1室を転貸居住せしめた外昭和25年3月以降は訴外Eより保証金名義で金3万円を差し入れさせ，瓦斯，電燈，水道の各料金をも含めて月々少くとも1,000円の賃料を徴して同訴外人一家4人を同居させ家屋全体に亘りその使用を許容して居るというのであるから，原判決が上告人の右無断転貸を理由とする被上告人の本件賃貸借の解除を容認したのは正当であつて，論旨は採用することはできない。」

裁判例 198　間貸しと無断転貸
最判昭和 28 年 1 月 30 日（民集 7 巻 1 号 116 頁，裁判集民 8 号 121 頁，判タ 28 号 46 頁）

「賃借家屋の間貸について特別の事情があるため，間借人の使用関係は事実上のものにすぎず，法律上の権利関係が設定されたものとは認め得られない場合がないわけではないが，それだからといって現下の住宅事情の下においても，すべての間貸が民法第 612 条の転貸に当らないということはできない。原判決認定の事実によれば，本件間貸が単なる事実上のものとは認められないとする趣旨の原判示は相当であるから，原判決が右間貸をもって民法第 612 条にいわゆる転貸借に外ならないものとしたのは正当である。そして家屋の一部の無断転貸を理由として家屋全部の賃貸借を解除しても，右解除権の行使を目して権利濫用とはいえないから，右転貸借につき賃貸人たる被上告人の承諾のない事実を確定した上，無断転貸を理由とする被上告人の本件家屋賃貸借解除を容認した原判決には何等違法はない。」

裁判例 199　【参考判例】間貸しと無断転貸
最判昭和 28 年 5 月 8 日（裁判集民 9 号 91 頁，判タ 31 号 61 頁）

（要旨）「賃借人が寡婦として独りで居住する家屋につき，使用料を生活の資に充てる目的で，X 協会に対し，2 階 10 畳，7 畳の各室及び離れ座敷を返還時期を定めず貸与し，同協会は右家屋の門柱に同協会倶楽部の標札を掲げ，右室を協会員の集会，宿泊等に使用し，利用会員の応待及び室の管理のため協会職員を離座敷の階下に居住せしめ，使用料については，利用会員において，その都度本件家屋賃借人に対し謝礼名儀で適宜の金額を支払う約定があったときは，右間貸は民法第 612 条の転貸に当る。」

裁判例 200　無断転貸と背信行為等
最判昭和 32 年 11 月 12 日（民集 11 巻 12 号 1928 頁，裁判集民 28 号 637 頁，判タ 76 号 34 頁）

「論旨は本件 2 棟の建物は独立した建物であり，その敷地番も異なるのであるから，1 棟の建物につき民法 612 条の解除原因が発生した場合には，解除原因の存在しない他の建物についてまで解除権の行使を認めるべきではないのに，本件 2 棟の建物全部に対する解除を認めた原判決は，民法 612 条の解釈を誤ったものであると主張する。

しかし，1 個の賃貸借契約によって 2 棟の建物を賃貸した場合には，その賃貸借により賃貸人，賃借人間に生ずる信頼関係は，単一不可分であこというまでもないから，賃借人が 1 棟の建物を賃貸人の承諾を得ないで転貸する等民法 612 条 1 項に違反した場合には，その賃貸借関係全体の信任は裏切られたものとみるべきである。従って，賃貸人は契約の全部を解除して賃借人との間の賃貸借関係を終了させその関係を絶つことができるものと解すべきである。されば原判決が，賃貸借関係は賃貸人と賃借人との相互の信頼関係に基づいて成立するものであるから，賃借人が 1 個の賃貸借契約で各独立の 2 棟の建物を賃借し，そのうち 1 棟についてのみ無断転貸をした場合でも，他に特段の事情のないかぎり，賃貸人に対して著しい背信行為が

あるものとして，賃貸人は民法612条によって右賃貸借契約全部の解除権を取得するものと解すべきであると判示したことは正当であって，原判決には所論の違法はない。」

裁判例201　無断転貸終了後の解除と信頼関係の破壊
最判昭和32年12月10日（民集11巻13号2103頁，裁判集民29号199頁，判時137号7頁，判タ78号51頁）

「原判決は，所論のように転貸の事実があれば背信性如何に拘わらず常に解除権が発生すると判断しているのでなく，上告人のなした転貸については，「同居を余儀なくした」事情は認められないとして，背信的行為と認めるに足らない特段の事情はないものとし，よって解除権が発生した旨判示しているのであり，なんら所論の判例に違反するものではない。論旨は原判示を正解しない謬論である。

同第二点について。

しかしながら，無断転貸が背信行為にあたるものとして解除権が発生した場合であるときは，その後その転貸が終了したからといって，その一事のみにより，右転貸が回復し得ない程信頼関係を破壊したものではないとし，解除権の行使を許すべからざるものと断定しなければならぬものではない。

本件において，原判決は，上告人がA，Bらに対する無断転貸に至るまで無断転貸を反覆累行した経緯のほか，Aらが退去したのは賃貸人の苦情に由来し，同人らの発意に基いたものであつた事実をも認定した上，Aらに対する無断転貸をもって「賃貸借の相信性を破壊するに足る背信行為であるというに妨げなきは勿論」であるとするとともに，「解除当時たまたま転貸が終了していても，それがため信頼関係が回復され将来の不安が去ったものと認めがたいことはいうまでもないところ」であると判定しているのであり，その判定は首肯するに足るものであって，かかる場合につき原判決が，「本件解除当時における転貸終了の事実はなんら解除の効力を阻却しない」と判断したのはもとより正当であり，その間解除に関する法理法則を誤った違法は存しない。」

裁判例202　【参考判例】1か月に満たない無断転貸と背信行為
最判昭和33年1月14日（民集12巻1号41頁，裁判集民30号83頁）

「そして右事実関係によれば，原審が本件賃貸借契約は，上告人のなした無断転貸により解除せられたものと判断したのは正当であって，本件においては，第一点所論の如き背信行為と認めるに足らない特段の事情があるものとは認められず，又第二点所論の如く被上告人の解除権の行使が権利の濫用であるということもできない。」

裁判例203　留守番と無断転貸
東京地判昭和36年7月13日（判タ124号45頁）

「以上認定の事実によると，被告Aは自己のためにする意思で独立の所持者として本件建物

に居住するに至ったのであって，単に被告Bの所持の機関として本件建物にはいったのではない，とみなければならない。本件建物に対する被告Bの賃借権がなくなったわけではなく，被告Bが本件建物に戻る意思を放棄したとも認められないから，被告Aが本件建物に居住していることは被告Bの留守番をしていることになる，といえるかもしれない。しかし，世上いわゆる留守番と称せられるものの中には，留守番をする者が独立の所持者たる地位を有せず，全く本人の所持の機関として建物にはいっていると認められる場合と，独立の所持者として建物にはいっていると認められる場合とがあることが明らかであり，被告Aが本件建物にはいったのは右の後者の場合にあたるわけである。してみると，被告Bが被告Aを本件建物に居住させたのは，被告Bが被告Aに本件建物を転貸したことになるといわなければならない。」

裁判例204　テーブル貸しと転貸
東京地判昭和38年1月30日（下民集14巻1号134頁，判時326号22頁，判タ145号69頁）

「そこで右認定の事実から判断すると，被告は本件室内一定個所に設置されたテーブル物入等を使用することによって本件室内に出入し，室内空間の一定部分を継続して占有使用し，これに対して定期に一定の対価を支払っているものであり，その関係は必ずしも通常の室の賃貸借とはいいがたいもののあることは否定できないが，さりとてたんに動産たるテーブルの賃貸借というべきでなく，その関係は全体として本件室（及びその使用のためにする踊場）を目的とする賃貸借に準ずる実体を有するものと解してさしつかえないものというべきである。テーブル2脚をA及びBがそれぞれ使用していた間は同人らも本件室内に出入し右テーブルを使用することによって室内の一定部分を使用していたものというべく，その意味では被告は本件室（及び踊場）の排他的支配を有しないもののようにも見えるけれども，これは被告がその限りにおいては同人らと共同して占有していたものと解すれば足り，そのことの故に前記認定を左右するには足りない。また本件ビル附近における室の通常の賃貸借については相当多額の権利金等の授受がなされるので，それをさけるためにテーブルの賃貸借ということにするものであることがうかがわれ，Aは本件103号室の右側半分についても同様テーブル貸をしているが，それについては必要の場合は3か月以内に無条件で返却する旨特約があることが認められるけれども，これらの事情は本件が室の賃貸借に準ずるものとすることを否定せしめる本質的なものではない。」

裁判例205　賃借人の弟家族の同居と無断転貸ないしは無断譲渡
東京高判昭和38年2月14日（下民集14巻2号209頁，東高時報民14巻2号22頁，判タ144号43頁）

「しかし，原判決の認定しているように，被上告人Aが要扶養者であって，その弟で法律上の扶養義務者である被上告人Bと扶養の方法について協議が整い，被上告人Bは被上告人Aの賃借する本件家屋に同居して同人を扶養することになり，被上告人Aと共同生活をするに至ったものであるとしても，後段判示のような諸事情をも斟酌して判断しないと，右のような

親族間の扶養のために共同生活を営むということ自体が当然に賃借人の有する使用収益権の範囲内で転貸に該当しないとは軽々に解することができない。すなわち，被上告人Ａが被上告人Ｂ及び被上告人Ｃ等の家族に本件家屋の使用収益をなさしめたことが，賃貸人に解除権を生ぜしめる転貸に該当するかどうかを判断するについては，上段判示のように，上記事情のほかに，さらに本件家屋の使用収益の状況について変動があったかどうかをも判断しなければならないのに，原審はこの点について，ことに被上告人Ｂ同Ｃ等が引き移る以前における被上告人Ａの本件家屋の使用状況についてなにも判断していない。そればかりではなく，被上告人Ａが老齢で，多少目も悪く，独立の生活能力を有しなくなったものであること及び被上告人Ｂ夫妻，その子である被上告人Ｃ並びにＤの各夫妻は大船市の住居を引き払って，本件家屋に同居したもので，右同居後被上告人Ｂは本件家屋においてクリスマス電球の製造に従事し，被上告人Ａはその手伝をしていたに過ぎないものであることは，原判決の確定しているところである。右の事実関係からすれば，他に特段の事情が認められないかぎり，上記被上告人等の同居後においては，本件家屋の使用収益の主体が変更され，被上告人Ａと被上告人Ｂとは本件家屋の使用収益については主従の関係を転倒するに至ったもので，転貸或は賃借権の譲渡があったものと解するを相当とする。」

裁判例 206　留守番と無断転貸
大阪地判昭和 38 年 6 月 26 日（判タ 151 号 91 頁）

「しかして以上の認定事実からすれば，被告甲は昭和 26 年 10 月 Ａ 会社の東京本社勤務となるにともない，その家族と共に本件建物から東京の現住所に転居し，それ以後同被告は本件建物には居住しておらず，却って右東京の現住所を生活の本拠として暮しており，又一方そのあとの本件建物には，被告甲のはからいで昭和 26 年 10 月頃から被告乙が一家をあげて居住するようになり，かつそれ以後現在に至るまで乙が甲とは独立に本件建物を生活の本拠としてこれに居住しているものといわなければならない。してみれば，被告乙は被告甲が東京に転居した昭和 26 年 10 月頃以降引き続き現在に至るまで本件建物全部を甲とは独立に直接占有しているものであって，被告甲は昭和 26 年 10 月頃原告に無断で本件建物を被告乙に転貸したものといわなければならない。尤も被告等は，被告甲が東京に転勤した後も引き続き本件建物に居住してこれを，直接占有しており，被告乙は甲が本件建物を不在にした場合の留守番として無償で本件建物に居住しているに過ぎないから，甲は乙に本件建物を転貸したものではないと主張するが，さきに認定した通り，甲は昭和 26 年 10 月頃から引き続き 10 年以上に亘り本件建物を離れて東京の現住所を本拠として生活をしており，又一方乙は甲が東京に転居した後一家をあげて本件建物に居住し，本件建物をその生活の本拠としてこれを独立に占有しているのであるから，乙が本件建物に居住するに至った動機の 1 つとして本件建物の管理があったにしろ，乙は，甲が前記東京に転居後引き続き現在に至るまで，本件建物の転貸関係を伴わない純然たる留守番として甲の占有に従属して一時的に本件建物に居住しているものとは到底いい難いのであり，又民法第 612 条に所謂転貸借は有償たると無償たるとを問わないと解すべきであるから，乙が甲に本件建物の使用料を支払っていないことから直ちに右転貸の事実を否定し得ない

ことは勿論であって，他に甲が乙に本件建物を転貸したとの前記認定を覆すに足る証拠はない。
次に原告が昭和35年8月22日到達の内容証明郵便を以て，前記無断転貸を理由として甲に対し賃貸借契約解除の意思表示をなしたことについては争いないところに，被告等は，原告が昭和26年10月頃より引き続き10年間に亘り乙から事実上本件建物の賃料を受け取っているのであるから，右転貸につき黙示の承諾をしたものであるというのであるが，証拠によると，原告は被告甲が前記の如く昭和26年10月東京の現住所に転居し，そのあとの本件建物に被告乙が居住するようになった後も，引き続き主として乙の妻を通じ，又時には甲の妻を通じて，甲から本件建物の賃料を受領し，又更に昭和31年頃から乙の妻を通じて賃料の値上げを要求し，その結果本件建物の賃料を1か月金5,000円と定めて，これを昭和35年5月頃まで従前通り乙の妻又は甲の妻を通じて受け取っていたことが認められる。しかしながら他の証拠によると，原告は前記の如く昭和26年10月頃，甲が東京に転居してそのあとの本件建物に乙が居住していることを知り，直ちに乙の妻を通じて被告等に異議を述べたが，当時被告等方から乙は甲の単なる留守番として本件建物に居住しているのであって，甲と別個独立に本件建物に居住しているのではないとの趣旨のことを云われたので，当時法律的知識に乏しかった原告はそのまま乙は本件建物の転貸関係を伴わない単なる留守番であると考えて前記の通り本件建物の賃料を受け取っていたものであり，又被告等側においても乙を甲の単なる留守番と称して前記の如く賃料を支払っていたこと，したがって原告は甲と乙との前記転貸関係を認めた上で右賃料を受け取っていたものではないこと，しかるにその後原告は昭和35年に至り，乙方から本件建物の居住権があると主張されてこれに驚き，本件原告の訴訟代理人弁護士に相談した上，同弁護士を通じて甲に対し前記昭和35年8月20日前記認定の無断転貸を理由に本件建物の賃貸借解除の意思表示をなすに至ったことが認められる。してみれば原告が昭和26年10月頃以降も引き続き本件建物の賃料を受領していたことから，直ちに原告が甲の前記転貸行為につき，黙示の承諾を与えたものとは認め難く，他に原告が右黙示の承諾を与えた事実を認め得る証拠はない。次に甲は本件建物の修繕を自費でなし，かつ家賃も滞りなく支払っており，経済的，人的信頼関係において何等背信行為をしていないから，原告において右無断転貸を理由に本件建物の賃貸借契約を解除することはできないと主張するが，右甲がその主張の如く本件建物の修繕をなし，或はその後の賃料を滞りなく支払っていたことがあるとしても，そのことのみから甲の前記無断転貸行為が賃貸人たる原告に対する背信行為にならないと認むべき特段の事由があるものとは解し難く，却って上記認定の経過，事情の下に甲が原告に無断で本件建物を乙に転貸したことは，賃借人として著しい背信行為があったものというべきであるから，原告が右無断転貸を理由として本件賃貸借契約を解除することは法律上許された当然の権利行使というべく，したがってこの点に関する被告等の主張は失当である。」

裁判例207　無断転貸終了後の解除の意思表示
最判昭和38年7月16日（裁判集民67号67頁）

「賃借人が賃貸人の承諾を得ないで賃借物を第三者に転貸使用させた場合賃貸人がこれを理由に賃貸借契約を解除する意思表示をした当時転貸による使用関係が終了していたからといっ

て，その一事により，該無断転貸を背信行為にあたらないと判断しなければならないものではない。本件において，原審は，上告人が家屋周旋業者の周旋を受けて前記室を転貸（賃貸借）したもので，親戚Aに対し厚意的に一時使用を許すのと趣を異にするものであること，上告人はすでに昭和23年頃から昭和31年7月頃まで本件建物の階下をBの承諾なしに訴外X合名会社に権利金5万円を徴し賃料1か月5,000円の定めで転貸し，Bの厳重な抗議を受けながら，これを改めなかったのみならず，同人に対する月額3,000円の賃料の支払も滞り勝ちで，その増額請求にも応諾しなかったというように，本件建物使用収益の態様につき契約の本旨に反するものがあったこと，昭和31年7月Bから右訴外会社退去後は何人にも家屋転貸をなすことのないよう上告人に警告がだされたが，すでにCに対する本件室転貸の挙に出ていたこと，剰さえ，昭和31年8，9月頃には前記訴外会社の退去跡を訴外Y株式会社に転貸する交渉をしていること等の事実を認定したうえ，Cに対する無断転貸は，たとえそれが建物の一部であり，かつ，3か月の短期間であったにせよBに対する背信行為というべきであると判断したのであり，右判断は是認することができ，その正当性は，本件建物賃貸借解除の意思表示がされた当時，右転貸による前記室の使用関係がすでに終了していたかどうかによって直ちに左右される筋合ではないから，原審がその点につき判示しなかったからといって，これを判断遺脱の違法を冒したものと非難するのは失当というべきである。所論は採用できない。

　同第二点について。

　原判決が所論（1）ないし（4）の諸点を含む前掲諸事情のもとにおいて，本件無断転貸を背信的行為と認めたことは正当であり，なんら理由不備の非難を容れる余地はないというべきである。所論は採用できない。」

裁判例208　**無断転貸と催告**
最判昭和39年4月16日（裁判集民73号97頁）

「論旨は家屋賃貸人が無断転貸を理由に賃貸借契約を解除するには賃貸人において賃借人に対し転貸を中止すべき旨催告し，賃借人が催告期間内に転貸を中止しない場合に限り，右賃貸借契約の解除をなし得るものであるに拘らず原判決がかかる催告の有無を認定しないで契約解除の効力を認めたのは，法律の解釈を誤った違法があるというのである。

　しかしながら，民法612条は賃借人が賃貸人の承諾なくして賃借物を転貸したときは，賃貸人は賃貸借契約を解除できる旨規定しているのであり，所論の催告は必要ではない。原審が無断転貸の事実および賃貸人がそれを理由として賃貸借契約解除の意思表示をした事実を認定した上，所論の催告の有無を判断することなく賃貸借契約解除の効力を認めたことには，何等法律の解釈に誤りがなく，所論は畢竟独自の見解に立って原判決を非難するに帰する。論旨は採用できない。」

裁判例 209　無断転貸と背信行為
最判昭和 41 年 6 月 3 日（裁判集民 83 号 699 頁）

「原判決は、訴外 A は昭和 20 年 1 月ないし翌 21 年 1 月頃被上告人先代 B から本件建物（一）を賃借し、そこに居住してシャツ製造業に従事していたが、その後附近に家屋を新築し、そこに移住して家業を営むも右営業を会社組織にして X 株式会社を設立してその代表取締役となり、昭和 30 年頃以前から本件建物（一）の 2 階を右会社の従業員である C に、またその階下を同 D に、それぞれ使用させるに至ったこと、C はその妻と 2 人で右建物（一）の 2 階を使用して生活し、D はその妻子と 3 名で右建物（一）の階下を使用して生活し、右各使用はいずれも独立の用益者たる地位を取得する程度のものであったこと、右のように C、D に使用させるについて訴外 A において被上告人先代 E またはその代理人から明示もしくは黙示の承諾を得た事実はなかったことを認定したうえ、訴外 A は賃貸人に無断で C、D にそれぞれ賃借物を転貸したものであり、右無断転貸について賃借人の背信行為と認められないような特殊事情はないものであると判示している。右認定判示は、原判決挙示証拠関係に徴してすべて肯認できる。従って、右無断転貸を理由とする賃貸借契約の解除を有効とした原審の判断に、民法 612 条の解釈適用の誤りはない。

所論は、いずれも原審の正当な右事実認定に反することを前提とするものであって、採用できない。

同一の 4 について。

原判決は、上告人 F は昭和 14 年 3 月頃被上告人先代 B から本件建物（二）を賃借し、それ以来そこに居住して洋服仕立業を営んでいたが、昭和 34 年 11 月頃附近に家屋を新築し、そこへ妻子を伴って移住して家業を営み、右 11 月頃以降本件建物（二）を同上告人の娘婿で同上告人の下に右業務に従事している上告人 G に使用させるに至ったこと、G はその妻子 3 名と右建物に居住し、そこで生活し、右使用は独立の用益者たる地位を取得する程度のもので単に上告人 F の占有補助者に過ぎないものではないこと、右のように上告人 G に使用させるについて上告人 F において B またはその代理人の明示もしくは黙示の承諾を得た事実はなかったことを認定したうえ、右が賃借人 F の無断転貸行為にあたるとし、右無断転貸について賃借人の背信行為と認められないような特殊事情はないものであると判示している。右認定判示は、原判決挙示の証拠関係に徴してすべて肯認できる。従って、右無断転貸を理由とする本件建物（二）についての賃貸借契約解除を有効とした原審の判断に違法はない。所論は、ひっきょう原審の認定に沿わないことを前提とするものであって、採用できない。」

裁判例 210　【参考判例】内縁の妻の賃借権の承継
最判昭和 42 年 2 月 21 日（民集 21 巻 1 号 155 頁、裁判集民 86 号 325 頁、判タ 205 号 87 頁、金判 51 号 5 頁）

「原判決（引用の第一審判決を含む。以下同じ。）が確定した事実関係のもとにおいては、上告人 A は亡 C の内縁の妻であって同人の相続人ではないから、右 C の死後はその相続人である上告人 B ら 4 名の賃借権を援用して被上告人に対し本件家屋に居住する権利を主張する

ことができると解すべきである（最高裁昭和34年（オ）第692号，同37年12月25日第三小法廷判決，民集16巻12号2455頁参照）。しかし，それであるからといって，上告人Aが前記4名の共同相続人らと並んで本件家屋の共同賃借人となるわけではない。したがって，Cの死亡後にあっては同上告人もまた上告人Bら4名とともに本件家屋の賃借人の地位にあるものというべきであるとした所論原判示には，法令の解釈適用を誤った違法があるといわなければならない。原判決には右のような違法があるが，本件家屋の賃貸借関係について他の共同賃借人3名の代理権を有していた上告人両名に対して被上告人の先代Dがした該賃貸借契約解除の意思表示が有効であること後記（上告理由第二，第三についての判断説示参照）のとおりであるから，右の違法は上告人らに対して本件家屋の明渡を命じた原判決にはなんら影響を及ぼすものでないことは明らかである。また，原審確定の事実によれば，右賃貸借の終了後は上告人らはいずれも本件家屋を法律上の権原なくして占有し賃料相当額の損害を加えつつあるというのであるから，上告人らに対してその不法占有期間について右損害金の連帯支払を命じた原判決にも影響がないものというべきである（被上告人の損害金の請求は，債務不履行に基づくものと不法行為に基づくものとが選択的になされているものと解される。）。

　しかしながら，上告人Aは，前記のとおり，Cの死亡後本件家屋の賃借人となったのではなく，したがって，昭和33年1月1日から本件賃貸借の終了した昭和35年8月2日までの間の賃料の支払債務を負わないものというべきであるから，原判決中同上告人に対して右賃料の支払を命じた部分は失当として破棄を免れず，右部分についての被上告人の本訴請求は棄却すべきものである。」

裁判例211　無断転貸と信頼関係の破壊
最判昭和43年9月12日（裁判集民92号271頁，判時535号52頁，判タ227号139頁）

「所論は，本件転貸によって賃貸人たる被上告人が経済的利益を害されることがないから，右転貸が賃貸人と賃借人との間の信頼関係を破壊するものではない旨主張するが，本件賃貸借は，原判決摘示の事情のもとに，裁判所の調停によって成立したものであり，右調停条項中には無断転貸禁止の条項があったばかりでなく，上告人は右転貸によって本件賃貸借の賃料をはるかにこえる賃料を収受しており，被上告人は本件解除前あらかじめ転借人たる訴外X株式会社に対し無断転借は承認できない旨を告知している等原審認定の諸事実に徴すれば，賃借人たる上告人の義務違反の程度は強く，本件転貸が所論の信頼関係を破壊するものではないとは到底いえないのであって，論旨は理由がない。

　また，賃貸人が賃借人の無断転貸を理由として，賃貸借を解除した場合において，右転貸が背信行為と認めるに足りないとする特段の事情については，右解除の効力を否定しようとする賃借人の側においてその存在を主張，立証すべきものであることは，当裁判所の判例とするところである（最高裁昭和40年（オ）第163号同41年1月27日第一小法廷判決民集20巻1号136頁〔編注：裁判例6〕参照）。」

(1) 解除を肯定した事例　155

裁判例212　賃借人の履行補助者の無断転貸と背信行為
東京地判昭和48年8月31日（判時732号73頁）

「二　ところで，前記認定のとおりAは本件店舗を他に転貸する権限までは与えられておらず，また，被告Bも被告Cが本件店舗を使用している事実を知らなかったのであるから，被告Bが被告Cに本件店舗を無断転貸したといい得るかどうかは疑問である。しかし，賃貸借は，賃貸人と賃借人の信頼関係を基調として成立し，それなればこそ，賃借人は賃貸人に無断で賃借権の譲渡，賃借物の転貸をすることができず，また，賃貸借終了にいたるまで善良な管理者の注意をもってこれを保管する義務を負うものというべきところ，被告Bが，履行補助者であるAが前記のような無断転貸と認められるような行為に出て同被告の支配の及ばない第三者（被告C）に本件店舗を使用させるにまかせたことは，前記のような諸義務を負う賃借人として，賃貸人に対する背信行為であるといわざるを得ない。

　三　原告が，昭和46年12月16日到達の内容証明郵便で，被告Bに対し，被告Cに対する無断転貸を理由に，本件店舗の賃貸借契約を解除する旨の意思表示をしたことは当事者間に争いがない。ところで，被告Cの本件建物の使用関係が法律上被告Bがなした無断転貸であるとは認められないのであるから，右の意思表示に示された解除原因と真の解除原因とは法律上異なることになるが，契約解除の場合にその理由を示すことが常に解除の有効要件であるとは解しがたいだけでなく，前記二に述べたとおり，被告Bの履行補助者であるAがなした被告Cに対する転貸行為が被告Bの賃借人としての背信行為を構成し，これが解除原因となると解せられるのであるから，これと右意思表示に示された解除原因とは法律上の見解の相違にとどまり，解除の実質上の理由は右意思表示に明示されているということができる。いずれにせよ，右意思表示により本件店舗の賃貸借契約は昭和46年12月12日の経過と共に解除されたものということができる。」

裁判例213　【参考判例】賃借してから3か月後の家屋の無断転貸と賃借人からの権利金の返還請求
東京高判昭和51年7月28日（東高時報民27巻7号185頁，判時834号64頁，判タ344号196頁）

「右認定事実によれば，被控訴人は，本件賃貸借の当初から本件建物部分についての転貸を禁ずる旨をつよく表示していたものであり，前示のとおり，控訴人が飲食店経営を他人に委託することを承諾し，或いはAが本件（三）建物部分において自己の名義でバー営業に従事することに同意を与えたうえ，その営業許可を得ることに協力したことも，いずれも控訴人の巧みな説明によってそのいわゆる委託経営の趣旨を誤解し，建物部分の転貸にはあたらないとの見解のもとに行われたものであって，控訴人ら主張のように転貸を承諾したものと認めるには充分でなく，他に被控訴人が転貸を承諾したものと認めるに足りる証拠はないから，控訴人の抗弁は採用できない。

　四　控訴人はまた，仮りに控訴人がB，Cに本件（二），（三）の各建物部分を無断転貸したとしても，被控訴人は本件賃貸借契約にあたり，控訴人の経営委託を承諾し，かつ本件建物部

分を区画してマーケットまたは飲食店として使用することを承諾し，Ｃの風俗営業に同意を与え，控訴人に権利金等の出捐をさせたうえで本件賃貸借契約を解除したものであり，控訴人の転貸には背信性がなく，また被控訴人の解除権の行使は権利の濫用であるから許されない旨主張し，被控訴人が，Ｃ名義の風俗営業に同意し，権利金等を受領した事実は当事者間に争いがない。

　しかして，本件賃貸借の経緯，ならびに被控訴人において，控訴人が本件建物部分を区画してマーケット又は飲食店経営をなし，右飲食店の経営を他人に委託することを承諾し，Ｃのなす風俗営業に同意した事情は前認定のとおりであり，《証拠略》によれば，被控訴人は，Ｃの風俗営業には同意したものの，再三にわたる要望にも拘らず同人との間の契約書を見せようとしない控訴人の態度に不信の念を抱き，依然としてＣが本件建物の一部を転借しているのではないかとの疑いは消えなかったが，確証がない以上賃貸借を継続するほかはないものと考え，控訴人から支払われた権利金等を受領し，更にその日である同年10月11日控訴人に電話し，再度Ｃとの関係をただしたところ，電話に出た前記Ｃから誠意ある回答は得られず，かえって，面倒なことをいうなら解約して損害賠償を請求する，などと高圧的ともいうべき応待をうけ，益々控訴人に対する信頼感を失っていたところ，その後になって，前記Ｂから同人と控訴人との間で結ばれた前記賃貸借契約書（甲第二号証の一，二）を示され，かつＣと控訴人との間の契約内容も同一であることを聞知するに及び，同訴外人らに対して本件建物部分を転貸したものとの確信を抱き，控訴人に対して本件賃貸借契約解除の意思表示をなすに至ったものである事実が認められる。《証拠判断略》

　右認定事実によれば，被控訴人には，権利金等を全額滞りなく受領ができるようにするため殊更に本件解除権の行使を遅らせていたような事情はなく，当初からつよく転貸を禁ずる意思を明示していたものであって，控訴人主張の諸事実があるからといって直ちに本件転貸につき背信性がないものとする特別の事情あるものとは認められず，また解除権の濫用というにも足りず，他にこれを認めさせるに足る証拠はない。

　五　よって，被控訴人のした本件建物部分に対する賃貸借契約解除の意思表示は有効であり，本件賃貸借は昭和47年10月17日終了し，控訴人は本件建物部分を被控訴人に明け渡す義務を負うものというべきである。

〔略〕

　（一）《証拠略》を総合すると，本件建物は池上線荏原中延駅から徒歩3分位の繁華な商店街に位置し，食料品マーケット等にも利用できる立地条件良好な約30坪の店舗建物であり，本件賃貸借は，期間は5年，賃料1か月金10万円，期間満了時には更新料として賃料2か月分を支払って更新できる，賃借権の譲渡又は転貸を禁ずる，との約定であって，権利金の返還については特段の合意はなく，本件建物部分の賃貸借に伴う権利金は，賃借権の譲渡転貸を認めるかどうかに拘らず金230万円が相当であったこと，の各事実を認めることができ，これを覆えすに足りる証拠はない。

　してみれば，控訴人が被控訴人に交付した権利金は，本件建物部分の立地条件，賃貸借の期間，賃料等からみて，本件建物部分の賃借権設定によって控訴人が取得享有すべき特殊の場所的利益の対価として交付されたものと認めるのが相当である。かような権利金は，その賃貸借

が有効に成立して賃借人において相当期間賃借物を使用収益し，その対価を回収し得たものと認められるような通常の場合には，賃貸借終了の際においてもこれを返還することを要しないものと解すべきであるが，前認定の経過から明らかなように，控訴人は，被控訴人に対する権利金の交付により，有効に本件建物部分の賃借権を取得したものの，殆ど使用収益の機会のないうちに無断転貸を原因として賃貸借を解除されて賃借権が消滅するに至り，その賃借権設定によって享受すべき場所的利益を受け得ないままに賃借権を失い，その対価を回収し得なかったものであるから，このような場合にあっては，控訴人は被控訴人に対し，その支払った権利金の返還を求め得るものと解するのが相当であって，その返還請求権は，契約解除に伴う原状回復義務の一場合として特段の事情のない限り，賃借物返還義務と同時履行の関係にたつものと解するのを相当とするから，権利金230万円の返還と，建物明渡義務との同時履行を主張する控訴人の抗弁は理由がある。」

裁判例214

【参考判例】無断転貸と背信行為：隣接する2棟の建物について，それぞれ別個に賃貸借契約を締結している場合に，一方の賃貸借契約が，無断転貸により信頼関係が破壊されたとして，契約が解除されたときの，他方の賃貸借契約の帰趨

東京地判昭和59年11月27日（判時1166号106頁）

「被告Aの抗弁4の内，（一）の事実，（三）の内修繕に関する事実，（四）及び（五）の各事実は，ただちに本件転貸の背信性を減殺する事情になるとは解されず，（二）の事実及び（三）の内賃料が割高であったとの事実については，被告本人Aの尋問の結果はただちに信用しがたく，他にこれを認めるに足る証拠はない。また，同（六）及び（七）の事実についてみるに，被告Aが，同Cとの間の転貸借契約を解除し明渡請求訴訟を提起していながら，Dに対しては転貸の事実を否定する回答をしていたことは前記認定のとおりであり，《証拠略》によれば，第1建物には依然被告Aの表札のみが掲げられていることが認められ，更に，《証拠略》によれば，被告Eは，本件転貸にあたり，訴外Fとの間に，同人から転借権を譲り受ける合意をしたうえで（同人がいつから転借していたかは明らかではない。），Gとの間にあらためて賃貸借契約書を取り交わしたが，その際，被告CとGとは，両者が「レストランX」を共同経営する旨の同意書及び右同意書は家主に対する便宜上の書類で，実際には共同権利は無効であることを証する旨の念書を作成して，原告に対する関係で転貸の事実を隠蔽する行為をしたことが認められ（《証拠判断略》），この事実によれば，抗弁4（七）の共同経営的な使用の実体である旨の主張は事実と異なるものであり，転貸当初から転貸の事実を秘匿する工作があったもので，その背信性は著しいものというほかはない。そのほかに，背信行為と認めるに足りない特段の事情の存在を裏付けるべき事実は，全証拠によってもこれを認めることができず，したがって，この点の抗弁も採用しない。
〔略〕
　請求原因6の内，原告が第2建物の賃貸借契約解除の意思表示をした事実は，当事者間に争いがなく，G及び被告Aにおいて，第1建物の賃貸借契約における信頼関係を破壊する行為があったことは，すでに認定したとおりである。しかし，第1建物の賃貸借契約と第2建物の

それとは別個に締結されたもので，両建物は隣接してはいるが，使用目的も異なるものであるから，前者についての賃貸借契約関係における信頼関係の破壊が当然に後者についての契約解除理由になると解することはできず，この点の原告の主張は失当である。」

裁判例215　無断転貸等と信頼関係の破壊
東京地判平成15年2月28日（判例秘書）

「2　前提事実及び前記認定事実によれば，被告Y1は，理由なく平成11年及び平成13年の2回の更新手続に応じず，また，原告の承諾なしに人員の増加，賃借権の譲渡・転貸をしてはならないとの本件賃貸借の契約条項に違反し，本件建物を，被告B及びCこと被告Y2に使用させており（被告Y1は，被告B及びCは，被告Y2の経営するものであって，被告Y1と実質上同一であるから，上記契約条項に違反しない旨主張するようであるが，仮にそうであっても，上記2社が被告Y1とは異なる会社として営業を行う以上，本件建物の使用状況が変わることは明らかであり，そのような変化が生じるときは原告の承諾を要するとした趣旨のものと解される上記契約条項に，形式上のみならず実質上も違反するというべきである。），しかも，やむを得ずされた本件建物の玄関の鍵の交換について，刑事告訴を辞さない旨の構えを見せ，さらに，更新義務はないと主張し，更新する場合には，更新手数料の削減，家賃の減額，更新期間延長という一方的条件を突きつけていることが認められ，これら事実に照らせば，原告と被告Y1との間の信頼関係は，被告Y1の対応が原因で破壊されたというべきであり，原告のした本件賃貸借契約の解除は有効であって，それにより本件賃貸借契約は終了したと認められる。」

裁判例216　無断転貸の終了と背信行為
東京地判平成15年12月8日（判例秘書）

「被告が，訴外Aに対し，本件建物を使用させたことは当事者間に争いがない。

そこで，これが，被告の訴外Aに対する転貸に基づくものであるかについて検討する。

証拠（甲14ないし16，37，及びこれらにより真正に成立したものと認められる甲12，13（以下特に枝番を摘示しない場合は全枝番を含む。），並びに原告本人）によれば，被告は，昭和56年3月17日，本件建物を，期間同年3月26日から昭和61年3月25日まで，賃料月15万5000円，保証金1000万円の約定で，訴外Aに賃貸したことが認められる。

この点に関し，被告は，訴外Aは，被告の従業員にすぎない旨主張し，これに沿う証拠として，飲食店の営業許可を受けたのが，被告名義である旨の営業許可証（乙33）を提出する。

しかしながら，前掲証拠によれば，訴外Aは，本件建物で「△△△」という名称で飲食店を営んでいたこと，被告は，訴外Aから毎月一定額の賃料を受領していただけであったことが認められるから，営業の実質的主体は訴外Aであったと推認され，訴外Aの使用権原が賃貸借であったとの前記認定を覆すことはできない。

よって，被告は，訴外Aに，本件建物を転貸し，それに基づき使用させたものと認められ

る。
〔略〕
　前記認定事実によれば，訴外Ａへの転貸借は，20年以上も前に行われたことが認められ，また証拠（甲16，37）によれば，訴外Ａと被告との賃貸借契約は終了したことが認められる。

　しかしながら，前記２（２）ウに認定した事実に照らせば，被告は，本件転貸を原告に無断で20年以上もの長期間にわたり行ってきたのであり，しかも原告に対し本件転貸の事実を秘匿しようと，訴外Ａに口止めするなどしてきたのであるから，被告には，背信行為と認めるに足りない特段の事情があったとは認められない。」

裁判例217　**無断譲渡と背信行為**
東京地判平成16年4月23日（判例秘書）

「３　もっとも，上記のとおり，被告Y1自身は本件建物内に商品等を放置したまま所在不明となっており，本件建物を自ら使用する意思はないことは明らかであり，被告Y2が本件賃借権を譲り受けた旨供述していることや前記手紙（乙5）の記載内容を併せ考えると，被告Y1は，被告Y2に対して本件賃借権を譲渡したものと認められ，同認定を覆すべき証拠はない。また，原告が，上記賃借権の譲渡を承諾せず，上記争いのない事実等記載のとおり，賃借権の無断譲渡を理由として本件賃貸借契約を解除する旨の意思表示をしたことは明らかである。

　そこで，本件賃借権の譲渡が背信行為に当たらない特段の事情があるか否かについて検討するに，被告Y2は，背信行為に当たらない事情として，同人がＡの実質上の経営者であり，本件賃借権の譲渡により，その状態に何らの変化も生じないことを主張する。

　確かに，証拠（乙4）によれば，被告Y2は，ＡことY2として所得税を納付していることが認められるが，そのことから直ちに被告Y2が実質上の経営者であるとは到底言えないし，また，被告Y2の供述からは，同人が，被告Y1からＡの営業による売上げを取得していたことは窺えるが，同人は，被告Y1の名前で借金をさせるなどしていたとも述べていることに照らせば，当該事実からは，被告Y2が，夫という立場を利用して，事実上，被告Y1から売上金を取得していたという以上に，Ａの実質上の営業主体が被告Y2であったとまで認めることはできず，むしろ，前記認定のとおり，当初の賃貸借契約締結時には，被告Y1がリサイクルショップを経営する旨説明し，契約締結時にも被告Y1が1人で訪れて契約書を作成したと認められること，古物商の営業許可も被告Y1が持っていること等の事実からすれば，Ａの経営者は被告Y1であったと認めるのが相当である。

　そうすると，Ａの営業が継続する限りは従前とその使用状況に変化はないとしても，営業主体が異なることによって，今後営業態様等に変化が生じる可能性もあるし，殊に継続的契約関係である賃貸借契約においては，賃借人の人となり等は極めて重要な要素であるところ，上記認定のとおり，被告Y2は，暴力団組員であり，同人は，既に暴力団を脱退した旨供述するけれども，これを裏付ける客観的証拠はなく，かえって警察においては未だに暴力団幹部であると認識されている状況にあり（甲8），上記認定の離婚に際しての暴力事件からも粗暴性が窺え，そのため，本来の賃借人である被告Y1が離婚を決意し，以後の接触も拒絶しているよ

うな状況にあること，証拠（証人B，証人C）によれば，本件賃借権の譲渡に際しても，被告Y2は，予め原告に承諾を求めることもせず，原告の家族に対し，一方的に本件建物の鍵を付け替えたことを責め，開けるように威圧的に申し向けたこと，被告Y2は，今後の賃料を確実に支払える状況にないこと（被告本人）などが認められるのであって，かかる状況の下においては，原告が賃借権譲渡を承諾しないことにも相応の理由があるというべきであり，他に本件賃借権譲渡が背信行為に当たらない特段の事情があると認めるべき証拠はない。」

裁判例218　無断転貸と背信行為
東京地判平成17年6月6日（判例秘書）

「(1) 被告は，予め原告の承諾を得ることなく，平成14年11月12日，Bに対し，賃料を17万5000円，期間を平成14年11月12日から平成17年11月11日までの3年間として，本件建物の2階部分を転貸し，引き渡した（甲3，4，弁論の全趣旨）。

(2) 被告は，平成15年9月25日，X株式会社との間で，たばこ自動販売機の使用貸借契約を締結したが，本件建物と前面道路との間にほとんど隙間がなかったため，予め原告の承諾を得ることなく本件建物の1階部分の壁面を自動販売機の幅（約45センチメートル）だけくり抜いて，自動販売機を設置した（甲5ないし7，弁論の全趣旨）。

(3) 本件建物の在する練馬区〈省略〉内の約3ヘクタールにおいては，建築物の壁面を後退させるなど地区計画の内容に沿った建て替えを行うことにより，容積率や斜線の制限が緩和される旨の地区計画の条例改正手続が進められていた（甲15，16）。

2　争点について

(1) 被告は，Bに対する転貸が暫定的なものであったこと等を理由として，原告に対する背信行為と認めるに足りない特段の事情がある旨主張するが，Bに対する転貸借期間が3年間である上，転貸料が賃料を上回る17万5000円とされていることからすれば，転貸が暫定的なものと認めるのは困難である。

また，本件建物を含む付近一帯において再開発計画が存在することは，前記1(3)に認定とおり認められるものの，本件建物が上記事業の実施によって近々買収されることが確実な状況にあったことを認めるに足りる証拠はないから，被告による2階部分の転貸が原告に対する経済的損失をもたらさないということはできない。

さらに，本件賃貸借契約の契約内容を定めた公正証書（甲1）によれば，本件賃貸借契約で認められている賃借権の譲渡は，賃貸人の承諾する第三者に対する譲渡を予め承諾したものであって，譲渡の際に賃貸人の承諾が必要とされていることは転貸の場合と変わらない上，譲渡がなされた場合には，譲渡総額の1割を名義書替料として賃貸人に支払うこととされていたから，原告に無断でなされたBに対する転貸と同視することは困難である。

よって，被告によるBに対する転貸が，賃貸人である原告に対する背信行為と認めるに足りない特段の事情があるということはできない。

(2) そうすると，たばこの自動販売機設置について判断するまでもなく，原告が被告に対してした平成16年11月11日限り本件賃貸借契約を解除するとの意思表示は有効と認められ

裁判例 219　無断転貸と背信行為
東京地判平成 17 年 9 月 21 日（判例秘書）

「(2) 上記事実と前記本件建物の使用料とを対比すれば，その額が平成 6 年 1 月から 3 月までの極めて限られた一時期を除き，一般の賃料水準よりも相当少額とされていたことが明らかである。

しかしながら，これらの賃料額は，賃料水準に比して少額であるとはいえ，相応の額ではあり，そのように定められた事情について，双方は種々主張するが，被告 A が原告の取締役であったため，その地位に基づく居住の便宜（いわゆる社宅）の供与であったことが最も大きな理由であることは明らかであり，したがって，本件合意が使用貸借ないしこれに類似のものということはできず，賃貸借契約と認めるべきであるが，いわゆる社宅であることは，本件賃貸借契約関係上考慮されるべき事由であるということができる。
〔略〕
　被告 A は，本件建物をいわゆる社宅として低廉な賃料で使用し始めたものであり，その後原告の取締役を退任していることは前記のとおりであって，このような事情に照らせば，被告 B が被告 A の女婿であったとしても，本件建物の貸借関係が，社宅として原告の取締役としての被告 A 固有の地位に着目して始まったものであること，その後同被告は，解任された事由が不当なものであったとしても，その地位を喪失し，取締役としての地位にともなう住居の利便を受けるべき理由を失っていること，被告 B は被告 A の女婿ではあるが，上記のような賃貸借関係成立に至る本件特有の事情からすると，被告 B には利便を享受すべき理由がないことなどからすると，無断転貸につき背信行為と認めるに足りない特段の事情があると認めることは困難である。」

裁判例 220　無断転貸と背信行為
東京地判平成 18 年 8 月 28 日（判例秘書）

「被告 Y1 は，仮に被告 Y3 及び被告 Y4 への転貸が無断転貸に該当するとしても，それが背信行為とはいえない特段の事情があると主張し，それを基礎づけるものとしていくつかの事実・事情を指摘するが，そのうち権利金の支払についてはこれを認めるに足りる的確な証拠がなく（仮に権利金が支払われた事実があったとしても，その支払から既に 30 年以上を経過していることを考慮すると，それがごく最近の無断転貸行為を正当化することのできる重要な事情とまでは認め難い。），被告 Y1 がした改修工事等も，それに対する A 又は A の妻の承諾があったか否かはさておき，築後 47 年を経過している本件建物について改修工事による価格の増加が現存しているかは疑問の余地があって，現在に至ってはこれも無断転貸を正当化する事情としては重視し難く，現在被告 Y1 が本件建物には居住しておらず，平成 3 年以降は家族も住居として使用せず，その必要性も証拠からは認められないことからは，無断転貸が背信行為

といえない特段の事情があるとは到底認められないというほかはなく，他に被告Y1の主張を根拠づけるに足りる事情も見当たらない。」

裁判例221　無断転貸と背信行為
東京地判平成19年2月2日（判例秘書）

「(1) 被告らは，原告は被告Y1が自らは本件店舗に立たないことを知っていたはずであると主張しているが，仮にそうであったとしても，このことが直ちに，原告において，被告Y1とFないし被告Y2との間の転貸関係を容認していたことにはならない。

(2) 被告Y1が賃料の支払を怠ったことがないことは当事者間に争いはないが，他方で，上記1で認定・判断したとおり，被告Y1は，少なくとも，平成10年8月ころから長期間にわたってFないし被告Y2に本件建物を無断転貸し，この間，原告に支払う賃料とFないし被告Y2から支払を受ける賃料の差額分として毎月100万円以上の収益を挙げていたのであり，このような行為は，賃貸人である原告から見れば，極めて背信的な行為ということができる。

(3) 被告Y1が原告に本件賃貸借契約の保証金として2000万円を預託している事実は，無断転貸の背信性の有無を判断する要素とはならない。

(4) 被告らは，転借人であるFないし被告Y2は平成17年12月15日までに本件建物を被告Y1に明け渡し，現在は，被告Y1が直接店舗を経営していると主張しているが，この事実は，本件解除後の事情であり，無断転貸による解除が有効か否かの判断要素とはならない。

(5) 被告らは，原告が，無断転貸を理由に本件賃貸借契約を解除した後，無断転借人である被告Y2と直接賃貸借契約を締結しようとした点を問題としているが，無断転貸における転貸人と転借人とは必ずしも立場は同一ではなく，原告において結果として転借人である被告Y2の利用を容認する事情があったとしても，このことが直ちに無断転貸人である被告Y1の背信性を否定する理由となるものではなく，本件においても，特段，被告Y1の背信性を否定する具体的な事情は認められない。

(6) 被告らは，被告Y1が本件建物で現在営業しているピザレストランは，公共性を有すると主張しているが，被告が主張している程度の「公共性」の事情は，何ら無断転貸の背信性を否定する事情となるものではない。

(7) 被告らは，被告Y1が本件建物を利用することができなくなると，資金的に困窮し，経済的破綻を来してしまうおそれがあると主張しているが，証拠（乙10）及び弁論の全趣旨によれば，被告Y1は，東急東横線綱島駅の近くにおいて2つの歯科医院を経営している事実が認められるのであり，本件店舗の営業ができなくなっても経済的に破綻するとは認めがたい。

(8) 以上によれば，個別的に見ても，総合的に考えても，被告Y1の無断転貸について背信行為と認めるに足りない特段の事情があるとはいえず，争点(3)に関する被告らの主張は採用できない。」

・共同経営，経営委託，法人の実体の変更等

裁判例 222　共同経営契約と転貸
最判昭和 28 年 11 月 20 日（民集 7 巻 11 号 1211 頁，裁判集民 10 号 513 頁，判時 15 号 13 頁，判タ 37 号 44 頁）

「しかしながら，原判決の認定する右の事実関係によれば，A は，被上告会社との共同経営の契約に基いて，共同経営者の 1 人として，被上告会社と対等の立場において，右建物の 1 階を飲食店経営のため占有使用していることが分かるのであって（殊に本件共同経営契約においては，被上告会社は場所什器を提供する外会計に関与するというのみで，飲食店経営の本体をなす調理販売は A が担当するというのであるから，右場屋の占有使用は寧ろ主として A の担当圏内にあるものといわなければならない。）被上告人の使用人その他被上告人の占有補助の機関として占有使用しているのではないことはもとより，何ら，被上告人に対する従属的の関係において占有使用しているものでないことは明らかである。してみれば，かかる占有使用の関係をとらえて，原判示のごとく，「被上告会社の権限の範囲内」で占有使用せしめているものとして，民法 612 条第 2 項の場合に該当しないものとすることはできない。右のごとき占有使用関係の設定は民法 612 条第 2 項所定の「賃借人ガ」「第三者ヲシテ賃借物ノ使用ヲ為サシメタルトキ」に該当するものと云わなければならないのであって，この点に関する原判決の解釈は誤りである。しかして，被上告会社が A をして右占有使用せしめるについては，賃貸人たる上告人の承諾を得なかった旨上告人が原審において主張したことは原判示のとおりであるから，原審としては進んでこの点について審理し，上告人主張にかかる賃貸借解除が正当なりや否や更にすすんで右 A の地位を承継したとする被上告人 B の本件建物の占有が正当の権原に基くものであるかどうかを判断する筋合いである。しかるに，如上違法の解釈に基いて上告人の主張を排斥した原判決は違法であり上告人の上告はこの点において理由あるものであるから，原判決は破棄を免れない。」

裁判例 223　共同経営契約と転貸
最判昭和 29 年 10 月 26 日（民集 8 巻 10 号 1972 頁，裁判集民 16 号 261 頁，判時 38 号 11 頁，判タ 44 号 21 頁）

「案ずるに，原審の判示する処は「被控訴人 A は従来本件建物においてカフェーを営んでいたが，営業が振るわなくなったので，昭和 26 年 1 月中 B の世話で，被控訴人 C との間に，右カフェーのホールにしていたところをパチンコの営業所に使用し，被控訴人 C においてパチンコ遊技器その他必要な設備の費用を出資し，営業の名義人は同被控訴人とし，営業所の管理は被控訴人 A があたるという内容の遊技場共同経営の契約をし，これに基づいてパチンコ営業をしているものであって」というのである。右の「名義人」とか「営業の管理」とかいう語は，如何なることを意味するのか不明である。原判文にいう「出資」「管理」等の語及被上告人 C が営業の名義人となったという事実等から見て，只単に被上告人 A が同 C から消費貸借として資金を借り受け自ら設備をして営業をして居る関係と解することは出来ない。C が設備費を出資して名義人となり A が管理して居るという字句は，論旨にいう様に C が営業の主人

であり，AはCの為めに管理する占有機関に過ぎないものと見る余地も十分にあり，又それ程でなくとも共同使用，共同占有等の関係あるものと認むべき場合であるかも知れない（原審の引用した第1審判決事実摘示によれば被上告人等自身「共同で営業をする」云々といって居る。）。原審は被上告人両名の関係が如何なるものであるかについてなお詳細の審理判断をしなければたやすく上告人の請求を排斥することは出来ない筈であり審理不尽理由不備の違法を免れない。」

裁判例224　共同経営契約と転貸
最判昭和31年2月17日（裁判集民21号149頁，判タ57号35頁）

「原判決は，所論共同事業経営の目的を以てした本件家屋使用関係を転貸に当るものと認定し，無断転貸を理由とする被上告人の解約申入を有効と判示したのであって原判決の判断は正当である（昭和26年（オ）第11号同28年11月20日第二小法廷判決，〔編注：民〕集7巻11号1211頁参照）。

　賃借人は賃借家屋で菓子，土産品等の小売販売を営んできたが営業不振のため，甲および乙との間に，賃借人は本件家屋の一部を店舗として提供し，甲は製靴を商品に提供して右店舗でこれを販売し，乙はその陳列棚を提供すると共に会計監査に当り，右営業より生ずる売上金の内3.5％を賃借人に，1.5％を乙に配当するが，右売上金より仕入原価，営業上の交際費，電気料金その他必要経費を控除し残余あればこれを甲の収得とし以て三者共同してX製靴店の名を掲げて製靴販売業を経営する旨を約し，右約束に基き開業するに至ったが，賃貸人から賃借人に対する本件家屋についての造作の禁止等の仮処分がなされたため，甲は賃貸人と示談により賃貸人から7万円の立退料を受けて退去したので右共同事業は廃業の止むなきに至った。その後間もなく賃借人は，丙との間に，賃借人は本件家屋の前記部分を店舗に提供し，丙は右店舗において賃借人が丁から提供を受けるミシン機械類の販売を担当し，右事業の売上金中より商品原価，交際費，電気料（月額の半額），家賃その他の必要経費を差引き，残余を賃借人と丙において折半する約旨でミシン類の委託販売業の共同経営を約し右事業を継続したが丙の所在不明により廃業の止むなきに至った（中略）右のように本件家屋の賃借人がその家屋の一部の使用権を共同事業経営のために他の共同経営者に提供し，以て右共同経営者との間に毎月該共同経営より生ずる売上金の内から一定の割合の金員の配当を受くべき旨を約した法律関係は，即ち家屋の賃借人がこれを他に転貸してこれが賃料の支払を受けると何等択ぶところがなく，賃借人は，甲乙及び丙に対し転貸したものと認むべく，これにつき賃貸人の承諾がない以上，無断転貸を理由とする賃貸人の解約申入の効力を認むべきである。」

裁判例225　個人事業から会社組織への変更と無断転貸
最判昭和31年4月3日（裁判集民21号629頁，判タ56号57頁）

「所論は，原判決は法令の解釈を誤った違法があるというが，賃借人が賃借家屋を会社に使用せしめたときは，個人と会社とはその人格を異にするのであるから，たとえ賃借人がその会

社を設立し自己の事業を会社の事業に移したにすぎないものである場合においても，他に特段の事情がない限りその間に転貸借が成立するものと解すべく，このことは組合の事業組織を会社に変更した場合に関し当裁判所がした判例の趣旨に徴して認められるところである（昭和27年（オ）第1165号同29年11月9日第三小法廷判決参照）。原判決の措辞稍々妥当を欠きその字句必ずしも明確ではないが，その趣旨は畢竟訴外Aがその主張のような事業を営む上告会社に本件家屋の一部を使用せしめたことは他に特別の事情がない限り転貸になると判断したものと認むべく，そしてその趣旨の正当なることは前段説示に徴し明白である。論旨は要するに独自の見解に基くものであり，原判決には所論の違法なく採用の限りでない。」

裁判例226　経営委任と転貸
東京地判昭和34年2月4日（判時180号46頁）

「バーXの経営は一切Aに任せられ，Aは前記店舗をもっぱらバーの営業に使用し，その店内の設備，模様替，酒類等の仕入，販売並びに雇人の給料，諸税，電気，ガス，水道料等の諸払はすべてAが同人の負担において行った。営業上の損益はすべて同人に帰属していた。

一方，Bは前記営業については一切関与せず，ただ歩合金名義で当初は1か月金5万円，本件調停成立後は1か月金6万5千円を受け取っていた。

前記Cの供述中この認定に反する部分はたやすく信用し難く他にこの認定を妨げる証拠はない。

三，してみるとBはバーXの営業名義人にすぎず，AはBの支配人その他の従属的地位にあるものでなくてバーの実質上の経営者であるといわなければならない。従ってAの前記店舗に対する占有使用はBから独立したものであることはもちろんであって，このことは本件調停においてAが店舗を他に転貸することを禁じられてこれに違反した場合は店舗から退去してこれをBに明け渡すことが定められていることが当事者間に争がないことからしても明白なことである。

ところで，民法第612条にいわゆる転貸とは，賃借人が自己の有する権利の範囲内において第三者をして独立してその物を使用収益させることを約する契約を指すのであって，その契約がこのような実質を備える以上，その法律関係が賃貸借であると，経営委任契約であると，その他の法律関係であるとを問わないと解するのが相当である。従って，前記経営委任契約に基づくAの前記店舗に対する使用占有は，転貸借にあたるものといわなければならない。」

裁判例227　別会社による建物及び経営管理と無断転貸
最判昭和39年5月1日（裁判集民73号459頁）

「しかし，原審は，原判決挙示の証拠にもとづき，上告人X株式会社は東京における業務が思わしくないため上告人株式会社Yの管理のもとに整理することとなりそのため昭和35年4月中から被上告人に無断で本件建物を両者共同して占有使用するに至ったという事実を認定し，右は民法第612条に定める転貸に該当し，かつ，右行為が賃貸人に対する背信行為に当た

らないとするに足る特別の事情は認められない旨判断しているのであり，右判断は，当裁判所においてこれを是認しうるところである。」

裁判例 228　会社倒産後，債権者による会社設立と無断転貸
大阪地判昭和 42 年 3 月 31 日（判時 511 号 64 頁）

「《証拠略》によれば，被告 X は，昭和 38 年 2 月中旬頃から，原告らに無断で，本件建物を被告 Y に使用占有せしめていることが認められる。《証拠判断略》

被告らは，両被告が実質的に同一である旨主張するのであるが，右諸証拠によると，「被告 X は，昭和 38 年初め頃倒産したが，その債務者らが協議の上，債権回収の方法として，被告 Y を設立し，被告 X から引渡をうけた機械類をこれに貸与し，従業員もそのまま引き続いて使用して営業を続けさせ，その収益を債権の弁済に充当していること，右被告 Y の実際の営業面には中尾仁司があたっているが，役員はすべて被告 X の大口債権者であること」が認められ，右事実によれば，両被告の関係は，単に営業上の都合で名称や組織（株式会社から有限会社へ）を変更したようなものではないことが明らかで，被告 X が A の個人会社であった（このことは前述二，（二）で説示のとおり）のに反し，被告 Y の支配権は X の債権者が握っているもので，実質的な経営主体も両者異なっているから，両者を同一体とみることは到底できない。したがって，被告 X から被告 Y への転貸の事実を否定することはできないのみならず，右諸事実によれば，本件転貸が，賃貸人に対する背信行為にならず解除権を生ぜしめない特段の事情がある場合に該るということもできない。」

裁判例 229　店舗委託契約と無断転貸
東京地判昭和 47 年 6 月 30 日（民集 29 巻 4 号 562 頁，判時 684 号 69 頁）

「被告は，背信行為と認めるに足りない事情の 1 つとして，原告においては，階上の本件店舗で A が従前の B・C・D と同一の営業をしていることを知りながら，解除通告に至るまで被告から家賃を受け取っていた事実を主張する。しかし，解除通告に及ぶまでは，原告は，A が被告の従業員とばかり思っていたのであり，ルームクーラー設置に苦情を言った際初めて被告・A 間の転貸の事実を知ったのである。

このことは，すでに前記第一の三で認定したとおりである。しかも，同じく第一の二で認定したように，被告・A 間の本件店舗に関する契約は，実は賃貸借でありながら，原告との間で無断転貸にならないように，ことさら「店舗委託契約」という形式をとったのであり，前掲第 11893 号事件原告本人の供述によると，このような形式をとったという点で原告は被告に不信をいだいたことが認められる。

そうすると，被告の右主張事実だけでは，被告に背信行為と認めるに足りない特段の事情ありとすることはできないし，ほかには，右事情の存在を認めるべき的確な証拠はない。

　三　以上のとおりであるから，本件店舗賃貸借契約は，無断転貸を理由とする原告の解除によって，昭和 43 年 4 月 24 日限り終了したものというべきである。」

(1) 解除を肯定した事例／・共同経営，経営委託，法人の実体の変更等　167

裁判例230 　**貸机業と無断転貸**
東京地判昭和49年8月8日（下民集25巻5～8号697頁，判時770号66頁，判タ315号280頁）

「（二）　右のような貸机の実態からみると，会員は，いずれも，室内において机を使用し，出入り，連絡その他所用のため室内を通行することにより，本件建物の3階部分を使用しているものということができる。そして，会員は，室内のどの部分を使うという室内における使用場所（机の設置場所）よりも，要はその1室及び室内にある机を事務用連絡用に利用することを主眼としているものということができる。従って，会員の本件建物の3階部分に対する利用関係は共同占有と認めるのが相当である。

　また，右のように，場所の利用を伴なう机の使用につき対価を徴している以上，貸机は賃貸物（本件建物の3階部分）の転貸と認めざるを得ない。

　そうであれば，被告X及びAが原告の承諾を得ることなくその余の被告らに本件建物の3階部分を貸机という形で転貸したことは，無断転貸を禁じた右3階部分の賃貸借契約に違反する。

（三）　被告X，A及び株式会社Yは貸机行為により原告はなんらの損害を蒙っていないから，貸机は賃貸借における信頼関係を破壊するものでない旨主張する。いうまでもなく，賃貸借関係は賃貸人と賃借人間の信頼関係を基調とするものであり，賃貸人の全くあずかり知らない者が賃借権を譲受け又は賃借物の転借により賃借物を占有するに至れば，賃借人としてその占有者が賃借物を善良な管理者の注意をもって賃貸期間中保管するかどうか，また，賃貸借終了の場合円満にこれを原状に復して返還するかどうかにつき不安を抱くことが当然予想される。賃借権の譲渡又は賃借物の転貸につき賃貸人の承諾を要するとした趣旨のひとつはこの点にあると解せられる。

　本件のように貸机という形で賃借建物を利用するとなれば，相互に全く無関係の数多く者にその使用を委ねることになる。そうなれば，賃貸人として前記のような不安を持つに至っても不思議ではない（もっとも，規模の大きい企業に利用を認めれば数多くの従業員が出入することにはなるが，この場合は貸机と異なり，従業員は順次上下の系列を通じて企業の指揮命令に服する関係にあり，秩序ある行動が期待されるのである。）。ことに，貸机業のような貸借人の変動の激しい業態では賃貸人としてその把握が必ずしも容易でなく，今後いかなる賃借人があらわれるとも知れず，また，賃貸借契約終了の際にその返還が円滑に行なわれるという保証もない。従って，単に現在賃貸人たる原告に損害を与えていないというだけでは信頼関係が破壊されていないとはいえない。むしろ，賃借人，転借人が賃貸人に対し損害を加えてならないのは当然であり（そうなれば，貸借物の保管義務違反の問題も生ずる。），そのような損害の発生のない場合であっても，貸机という形で賃借建物を賃貸人に無断で利用することが賃貸借契約上許されるか否かというのが問題なのである。

　しかも，本件において重要なことは被告X及びAは貸机をする予定で本件建物の3階部分を賃借したのであり，賃借物を現実にだれが使用するかは賃貸人にとって重大な関心事であることは何人にとっても明らかなところであるから，契約にあたり当然原告にその旨を告げて承諾を求めるべきであったのである。この点からも貸机に背信性がないという右被告らの主張は

理由がない。」

裁判例231　法人の実体の変更と無断転貸
東京地判昭和50年8月7日（判時816号71頁）

「1　Aが昭和21年3月頃本件建物を建築し，これをBに賃貸し，Bはここでカメラ，眼鏡店を経営してきたこと，Bは，昭和39年1月23日右カメラ，眼鏡店を法人化して，株式会社Xを設立し，本件賃借権をこれに譲渡したことについては，当事者間に争いがない。

2　被告は，Aが右賃借権の譲渡をその頃明示又は黙示的に承諾したと主張するが，右主張事実を認めるに足る証拠はない。

3　Cが昭和41年3月28日Bより被告会社の全株式を譲受け，被告会社の代表取締役に就任して，その経営権を取得したことについては，当事者間に争いがなく，《証拠略》によると，Cは，Bが経営していた当時の被告会社に対し，多数の融資をしていたが，経営不振のため右貸金の回収ができず，Bよりその代物弁済として前記株式の譲渡をうけ，被告会社の経営権を取得したものであることが認められ，右認定に反する証拠はない。

4　被告は，Cが代表取締役に就任後Aに対しその旨を告げて，Aの承諾を得たと主張し，《証拠略》中には，一部これと符合する部分もみられるが，右各証拠はいずれも採用できず，他に右主張事実を認めるに足る証拠はない。

却って《証拠略》を総合すると，

　（一）　Aは，Bが経営するカメラ，眼鏡店の商号がXであったところから，家賃の領収証の名宛人をXと表示したこともあったが，被告会社の設立された後もその事実を全く知らなかったこと，

　（二）　弁護士Dは，Aの委任をうけて，昭和41年以降，借家人に対する賃料の値上交渉等を行ってきたが，本件家屋の借家人はBであると考え，同人が昭和43年4月25日死亡した後は，Eの相続人を名宛人として賃料の増額請求をし，又Aが昭和46年12月21日本件家屋を原告に譲渡した時も，Eの相続人宛に，その旨の通知をしていること，が認められ，右認定に反する証拠はない。

5　以上の認定事実によれば，昭和39年1月23日株式会社Xの設立とともになされたBより被告への本件賃借権の譲渡は，右会社がBの従前より経営するカメラ，眼鏡店を法人化したいわゆる同族会社であった故に，Aとの間の信頼関係を破壊するものとは認められなかったけれども，Cが昭和39年1月23日被告会社の全株式を取得して，その経営権を掌握した後は，被告会社はBとの関係を一切清算してその実態を一変し，Aの承諾が認められない以上，被告はA又はその承継人である原告に対し，本件賃借権をもって本件家屋に対する占有権原を対抗することができなくなったというべきである。」

(1) 解除を肯定した事例／・共同経営，経営委託，法人の実体の変更等　169

裁判例232　法人の代表者の変更と無断転貸
東京地判昭和51年8月23日（判時849号93頁，判タ352号234頁）

「1　前示のように，本件契約においては，代表者の変更があったとき，資本構成に重大な変更を生じたとき，本店の所在地を変更したときには，被告会社は遅滞なくその旨を文書で原告に届出なければならず，これを怠ったときは，原告は催告を要せず本件契約を解除することができる旨の約定があるが，右の被告会社の義務自体はその履行が容易なものであり，しかも義務を履行しさえすれば，それで事は終わり本件契約に何らの影響を及ぼすものではないから，義務を課すること自体は信義則に反し，又は権利の濫用にわたる約定とはいい難い。ただ不履行の場合に，直ちに解除原因となるとするならば疑問の余地なしとしないであろう。しかし，この約定は，原告と被告会社との間の信頼関係を破壊するような特段の事情が存しないときは解除原因となりえないと解するのが相当であるから，このような歯止めのある以上，この約定をもって信義則に反し，又は権利の濫用にわたるものとして無効視することはできないというべきである。

2　前示のとおり，AからXに対して被告会社の株式が譲渡されたが，右株式の譲渡は全株式であり，しかも役員全員が交替している。この点は，本件契約に定める資本構成に重大な変更を生じたときに該当するというべきであるが，〈証拠〉によれば，被告会社自身発足以来実質的な経営者であるAのほとんど意のままに運営されてきたいわゆる個人会社であって，目的たる事業の開始前に右株式の譲渡に及んだものであり，Xに株式が譲渡された後は完全にBの意のままに運営されていることが認められ，この事実と右株式の譲渡の態様とを併せ考えると，賃借人として被告会社が存続するものの実質的には賃借人の交替と何ら径庭はないとみることができる。しかも，〈証拠〉によれば被告会社の右事項についての届出は，原告からの解除の通告又は本訴における主張による指摘がなされた後初めて，代表者の変更については昭和49年5月7日に，株主の変更については同年6月25日に，それぞれなしたことが認められる。右各事実及び前示2の本件契約締結の経緯にかんがみると，原告と被告会社との間の信頼関係は破壊されたものというべきである。なるほど，前示のとおり，被告会社が原告に対し昭和49年2月28日までに保証金と同様の機能をもつ金員の貸付を終えており，〈証拠〉によれば，被告会社が開店当時から今日まで，本件建物の他の店舗と見劣りしない状態で営業を継続していることが認められるが，これらの事実を斟酌しても前記判断をくつがえすに足りない。」

裁判例233　経営委託と無断転貸
東京地判昭和53年7月18日（判タ371号105頁）

「（六）　こうして，Aは，被告に代わって前記Xを経営することになり，当初の予定ではその時期は同年7月1日からとされていたが，同月中旬，被告から，早くXの経営を代わってほしい旨の要望を受けたため，急遽予定を変更し，同月15日からXの経営を始めることとなった。

（七）　こうして，Aは，右日時以降，本件店舗において，小料理屋Xの経営を始めたのであ

り，営業許可名義はその後も被告名義のままで変更されることはなかったが，その後における毎日の仕入，販売，アルバイトの雇傭，電気，ガス，水道の使用料等の支払は一切，Aの計算，負担で行われ，Xの営業上の損益はすべてAに帰属していた。Aが，被告から，その後におけるXの営業に関し，指揮監督を受けたことはなく，右のような状態は昭和51年11月末日，Aが本件店舗を退去するまで続いた。

なお，Aは，前記合意に基づき，被告に対し，昭和50年6月分は同月15日からの分として金4万円を支払ったほか，同年7月以降，毎月1か月金8万円を昭和51年10月分まで支払い，被告はこれを受け取った。

以上の事実が認められ，〈証拠判断略〉他に右認定をくつがえすに足りる証拠はない。

そして，右認定事実によれば，Aは，被告との合意に基づき，昭和51年6月15日以降，単なる従業員としてではなく，Xの実際の経営者として，被告から独立して，本件店舗を使用占有していたものであって，被告のAに対する本件店舗の使用許諾は，同店舗の転貸にあたるものと認めるのが相当である。」

裁判例 234　経営委託契約と無断転貸
東京地判昭和56年1月30日（判タ452号129頁）

「右事実によると，被告と訴外Aとの間の契約は，被告において右Aから経営委託料名下に一定金額及び保証金の支払を受けてこれを受領し，Aにおいて飲食店営業のため本件建物を使用収益することを目的とする契約であり，実質的には本件建物の賃貸借（原告との関係では転貸借契約）にほかならないものと認められる。

2　〈略〉

3　そこで原告の契約解除が認められるか否かにつき検討する。

〈証拠〉によると，被告は訴外Bに代わり訴外Aに本件店舗の経営を任かせるにつき，右Aに対しては被告が原告から賃借している事実を秘して自分の店であると称して店の経営を勧誘し，後日被告が原告から賃借していることが判明するや，右Aに対してはAが被告から賃借していることを話さないよう口止めし，原告からもし聞かれたら雇われマダムであると答えるよう指示したこと，以上の事実が認められ，右事実に，前記で認定した，被告が原告より転貸につき事前に承諾を得ていない事実並びに原告が契約を解除するに至った前記認定の経過を併せ検討すると，被告は経営委託という形態をとるにせよ，それが転貸借にあたるかぎり原告の承諾しないものであることを十分に知りながら，かつ，原告から再三転貸を中止するようにとの要請があったにもかかわらずこれを無視し，訴外Aに転貸した後，訴外C，同Dへと順次転貸していったものと認められ（訴外C，同Dに対する転貸は，原告代表者尋問の結果によりこれを認めることができる。），もはや原，被告間には信頼関係は破壊されたものとみるのが相当である。」

(1) 解除を肯定した事例／・共同経営，経営委託，法人の実体の変更等　171

| 裁判例 235 | 経営委託契約と無断転貸
東京地判昭和60年4月17日（判時1174号85頁，判タ604号124頁） |

「また，前記認定事実によると，訴外Aは，本件建物の転貸借契約について，当初からこれをことさらに秘匿し，また，被告も本件建物が原告の所有に属すること（したがって，被告が本件建物を転借していること）を知った後も昭和56年までは，原告には，何らの連絡をしなかったばかりでなく，更に，自分は単に訴外Aに雇われているだけだなどと虚偽の事実を述べているものであり，これらからすると，被告の転借について被告の側に背信性の強い事情があるものというべきである。

　そして，前記認定事実によると，原告の側において，原告と直接契約をすればもっと賃料が安いと述べていかにも本件建物につき原告が直接被告に賃貸するかのような示唆をし，このいわば一種の利益誘導もきっかけの1つとなって，訴外Aから立ち退きを迫られていた被告が原告に対し本件建物の転借を，証拠資料を持参した上開示するに至ったこと，そして，本件訴訟は，被告が原告に開示した資料が基となって提起されたものであること，原告は被告に本件訴訟を提起しておきながら，被告に対し例えば弁護士の選任を要しないかの如きこと等を述べていることなど原告にも，必ずしも適当とはいえない対応が見られるし，また，前記二で認定したように，被告は，訴外Aに対し保証金を支払うとともに本件建物の1階に相当の費用をかけて改装を施し，その2階を住居としていること，前記三で述べたように，本件賃貸借契約においては，賃借権の譲渡又は賃借物の転貸が頭から否定されておらず，賃貸人に協議応諾義務が課されていること，弁論の全趣旨により認められる。原告は，本件建物の明渡しを受けたとしても結局は他に賃貸するものと考えられることといった諸事情があるけれど，これらの事情をもってしても，先に述べた，被告の側の背信性の強い事情を考えると，被告の転借につき，背信行為と認めるに足りない特段の事情がありと評価することは到底許されず，他に，右事情を認めるに足る証拠はない。」

| 裁判例 236 | 経営委任契約と無断転貸
東京地判昭和60年9月9日（判タ568号73頁） |

「二　そこで，まず，控訴人とAとの間で本件店舗の使用に関して締結された本件契約の性質について判断するに，〈証拠〉によれば，控訴人が本件店舗におけるバー営業をAに委ねるに当たり，控訴人が作成してAの署名押印を求めた本件契約の契約書の表題は「経営委任契約書」となっており，その契約条項の冒頭には，控訴人は本件店舗における「バーX」の経営に関する一切の業務をAに委任するとの記載があり，その末尾には，Aは本件店舗内の装飾品，置物，その他備品は現在のままとし，内改装の場合は事前に控訴人に通知し，承諾を得るとの記載のあることが認められ，形式上控訴人が，本件契約が本件店舗の転貸に当るとみられることを避けようとの意図の下に作為していた跡のあることは歴然としており，また，原審における控訴人本人尋問の結果によれば，本件店舗における風俗営業の許可は昭和42年9月控訴人が控訴人の名で受けて以来，B，CからAへと営業に従事する者が変わっても，その営業

名義人には変動がないこと，本件店舗における営業の店名である「バーＸ」は，控訴人が本件契約前から使用していたものをＡがそのまま引き続き使用したこと，本件店舗の什器備品は控訴人が所有しており，本件契約後においても控訴人が本件店舗のクーラーやカウンターの取替を行ったことがあることが認められ，実質上も，Ａによる本件店舗の使用が本件店舗の転貸ではなく経営委託にすぎないとみうる余地を多分に残すものであることは否めないところである。

　しかしながら，〈証拠〉によれば，(1) 本件契約の締結に際しＡから控訴人に対し，かなり高額というべき 100 万円が保証金として，理由の如何にかかわらず返却しないとの約定の下に支払われていること，(2) Ａは控訴人に対し，店舗使用料として毎月末日までに定額の 1 か月 15 万円を支払うものとされ，右支払を 1 か月以上滞納した場合には本件契約は解除され，即刻本件店舗を明け渡すとの約定の下にその支払がなされてきていること，(3) 本件店舗におけるバーＸの営業即ちその仕入れ，販売，水道光熱費，必要経費の支払は，すべてＡの計算と危険負担においてなされ，その営業実績の報告はなされていないし，その報告も義務づけられておらず，控訴人は右営業に関する帳簿類の管理点検などもしたことはないこと，(4) また，本件店舗におけるバー営業に伴う飲食税の納付もＡがその負担において行っていたこと，(5) 控訴人は，時折本件店舗に姿をみせることはあったが，本件店舗におけるバー営業に関し容喙することはなかったこと，(6) その他，本件契約書上には，Ａが本件店舗を他に転貸することを禁止し，これに違反した場合は，契約を解除し，即刻本件店舗を引き渡すとの約定があったことが認められ，右認定に反する原審及び当審における控訴人本人尋問の結果は信用できないし，他に右認定を覆すに足りる証拠はない。

　右認定事実に照らして考えると，本件契約上のＡの地位を控訴人の単なる使用人又は経営受託者とみることには無理があり，本件契約は，Ａの本件店舗におけるバー営業を目的とする本件店舗の賃貸借契約であると認めるのが相当である。

〔略〕

　控訴人は，被控訴人が控訴人の本件店舗使用の実態を熟知していた旨主張するが，右主張が肯認し難いことは前記判示のとおりである。

　かえって，前記認定判示のとおり，控訴人は，本件店舗を転貸しながら，これを経営委託と装い，右委託名下に本件賃貸借の賃料にほぼ 3 倍する利を得ていたのであり，控訴人の制肘の及ばない経営者による本件店舗の使用の態様には，その使用者の変動に応じて自ら差異あるものとみるべきことに加えて，原審における被控訴人本人尋問の結果によれば，本件賃貸借契約における賃料増額，契約更新の際の控訴人の対応にはやや誠意を欠くとみられるところがあったことが認められることを考慮すると，信頼関係の破壊があると認めるに足りない特段の事情があると認めることはできないものというほかはない。

　四　以上のとおりであるから，本件賃貸借契約は被控訴人のなした前記契約解除の意思表示により遅くとも昭和 57 年 10 月 19 日には終了したものというべきである。」

裁判例 237　法人の実体の変更と無断譲渡
東京地判平成2年3月9日（判タ723号251頁）

「一　どのような場合に，法人の実体の変更を理由とする契約の解除ができるか。

　本件建物部分の賃貸借の当初の契約書（甲一）では，賃借人が事前に貸主の承諾を得ずに賃借権を譲渡することが禁止されるとともに，賃借人が「法人の組織，代表者，役員，株主若しくは社員等の変更又は合併により法人の実体に変更を来した」ときは，貸主は契約を解除できるものと定められている。

　そうすると，この条項の趣旨は，賃借人としての被告の法形式上の同一性が継続している場合であっても，その役員の変更等によって，被告会社の経営の実権を保持している者が変更し，実質的にみて賃借権の譲渡が行われたのと同視できるような事態が生じた場合には，原告は契約を解除できるというものと考えるのが相当である。

　このように解釈する限り，この条項は，本件の賃貸借契約の解除理由を定める規定として，合理性を持つものと考えられる。

　二　被告会社に，契約の解除理由となる法人の実体の変更が生じているか。

　被告会社代表者Aの供述及び原告会社代表者Bの証言並びに以下の各項目の末尾に記載した各証拠によると，Cが被告会社の取締役に就任した経緯は，次のとおりである。

　1　Aは，昭和44年ころから本件建物部分を賃借し，そこで個人で喫茶店「X」を経営していた。その後，昭和52年には，自己が代表取締役となって被告会社を設立し，喫茶店の経営の主体を被告に移し，当時の貸主の承諾を得て，本件建物部分の賃借人の名義もAから被告に変更した。（甲四，甲八）

　2　Aは，昭和58年ころ，右「X」の近くでスナックを経営していたCと知り合い，同60年ころには，「X」の営業をCに譲渡しようということになった。そこで，同61年3月ころ，被告から原告に対して，被告会社の代表者をCに変更することによる本件建物部分の借家権の譲渡の承諾を求めた。しかし，原告の方では，Cとは一面識もなく，将来同人との間で契約上の信頼関係を築いていけるかどうかに不安があるとして，被告の申し出を拒否した。（甲三，甲七，乙五，乙六）

　3　そのため，Aは，Cを被告会社の代表者にすることは断念し，原告に対して，前記の借家権の譲渡承諾の申入れを撤回するとの通知をした。しかし，Aは，自分と妻及び義父の所持していた被告会社の持分の一部を，Cとその妻に譲渡した。その結果，被告会社の持分は，Aが2分の1，Cとその妻が合計2分の1所持する形となり（もっとも，甲九及び甲一三によれば，Aの持分は3分の1だけになってしまったのではないかとの疑いもある。），昭和61年3月末日付けで，Aの妻と義父は被告会社の役員を退き，Cとその妻が新たに被告会社の取締役に就任した。なお，その際，Aは，Cから，会社の持分の譲渡の対価として約800万円を受け取った他，会社の財産をAからCに移転することの対価というような趣旨で，更に約800万円を受け取っている。（甲四，甲六，乙三，乙四）

　4　その後の本件建物部分での喫茶店の営業では，Aに代わってCが「マスター」と呼ばれるようになり，仕入れ，売上の管理，従業員の採用等の事務はすべてCが行うようになって

おり，食品衛生責任者や電話の名義人も，AからCに変更されている。Aは，週に1度くらいは店に顔を出し，定額による給料を支給されているが，特に担当する業務はないという状況にある。(甲一二，甲一三)

以上の事実関係からすると，被告会社の経営の実権は，既にAからCに譲渡されており，これによって，実質的にみると借家権の譲渡が行われたのと同視できるような事態が生じているものと認められる。

したがって，原告のした契約解除には，理由があることとなる。

三　右のような法人の実体の変更を「背信行為と認めるに足りない特段の事情」があるか。

右に認定したような事実関係からすれば，右の被告の法人の実体の変更を「賃貸人に対する背信行為と認めるに足りない特段の事情」があるものとは認められない。確かに，Cが被告会社の取締役に就任した後も，現在のところは，これによって本件建物の貸主たる原告にとって不都合と思われる事態が現実には生じていないことが認められる（原告代表者B）。しかし，それだからといって，直ちに右の特段の事情があることとなるものではない。」

裁判例238　時間貸しと無断転貸
東京地判平成4年2月24日（判時1451号136頁）

「2　同2（一）の事実（本件時間貸し）は当事者間に争いがなく，《証拠略》によれば，被告が本件時間貸しをした各借主は，自らバレエ，タップダンス，ヨガ，太極拳等の教室を開いて生徒を募集し，独自のカリキュラムに基づいて授業を行い，所定の授業料を徴収していたもので，被告はこれに全く関与していなかったこと，被告は，各借主との間において賃貸借契約証書を取り交わしていたが，それには，賃貸日時として毎週の特定の曜日，開始及び終了時間，1時間当たりの賃貸料，賃貸料の支払方法，契約金及び解約手続き等についての具体的な約定が記載されており，現実に右約定に従って賃貸借が行なわれていたこと，本件時間貸しを受けていた各借主は，当該時間帯は，被告から預かり放しの複製の鍵を使って本件建物に自由に出入りして使用し，その間，被告や被告の関係者が立ち会うようなことはなかったことが認められる。右事実によると，各借主は，当該曜日の時間帯は継続的に本件建物を独立して使用収益していたものと認められるから，本件時間貸しが民法612条にいう転貸に当たることは明らかであり，被告の主張は理由がない。

〔略〕

しかしながら，本件建物の賃貸借において，転借人（各借主）が独立に使用収益して賃借人（被告）の支配が及ばない時間帯が継続的に少なくとも毎週20時間あるというのは，信頼関係を基本とする賃貸借契約の利用関係に重要な影響を及ぼすものであって，賃貸人（原告ら）による本件建物の維持管理上も軽視することができない事情の変更であるといわざるを得ない。

これに加えて，《証拠略》によれば，原告らは，被告が離婚して1人でダンス教室を主宰して頑張っていることに同情し，賃料も前記のとおり長期間にわたって1か月15万円のまま据え置き，水道料も請求しないなどの便宜を図ってきたこと，ところが，被告は，原告らに何ら報告も相談もすることなく，本件時間貸しをして，右賃料をはるかに超える1か月20数万円

の転貸料を取得してきたことが認められ，これらの諸事情を考慮すると，本件時間貸しについて背信性を認めるに足りない特段の事情があるとは認められないから，被告の右主張は理由がない。」

裁判例239　役員の全面的な変更と無断転貸
東京地判平成5年1月26日（判時1467号69頁）

「2　右事実及び争いのない事実等によれば，訴外Aによる本件株式譲渡の動機が同人の年齢や体力的な事情等によるものであることは被告主張のとおりであることは認められるが，被告は従前訴外A及びその家族を中心とした同族会社であり，このような会社にあっては株式会社として法人格は同一であってもその株主や役員の構成によってその会社経営の方針・内容が変動することは容易に予測しうるところ，従前の被告と平成2年11月16日以降の被告との実質的同一性が喪失しているとの判断にいたったこと，本件賃貸借契約は最低基準賃料の定めがあるとはいえ歩合性賃料を採用しており，居酒屋という職種及びその営業形態をも考慮すると，経営者の変動によって営業収入の変動が生ずると予測しうること，不動産業をしていたBが株式譲受人として関与していながら契約上の義務である承認を求める手続きを直ちにとらず，しかも調査に際し虚偽事実が述べられていたことなどの右認定の諸事情を総合勘案すると，原告が承認義務等の約定に定める承認をしなかったことが不相当であるとは認められず，また，被告において行った組織変更につき信頼関係を破壊しない特段の事情の存在を認めることはできないものといわざるをえない。」

裁判例240　業務委託契約と無断転貸
東京地判平成7年8月28日（判時1566号67頁）

「これらの事情からすると，原告が本件業務委託契約をするに至った目的には，業務による利益に関与するということが含まれていないとみざるを得ない。

このことは，また，被告Aによる美容院業務開始後において原告が本件建物での売上状況をまた把握していないこととも符合する。

したがって，本件業務委託契約によって原告に委託業務の内容や量に相応した法律関係が形成される余地がなく，原告と被告Aとの間は，もっぱら原告による運営費名義の毎月の固定額の受領と被告Aによる本件建物の店舗使用という法律関係に尽きるものというべきである。

5　さらに，《証拠略》によれば，原告が本件業務委託契約を締結するに際して，訴外会社Pに対し，同契約の締結が本件建物の転貸借になるのではないかとの懸念を示していたことが認められる。

右の事情によれば，本件業務委託契約は，契約の呼称こそ業務委託契約となっているが，その実質は本件建物の転貸借というべきである。

6　なお，被告Aは，被告B及びその妻に対し，原告経営の美容院の店長であるとの言動に及んでいるが，後記認定のとおり，右言動は，あくまで被告Aによる本件建物の使用が無断

転貸借であることが被告Bに判明しないようにするためのものであったと認められるから，右言動が認められるがゆえに前記認定が覆されることにはならず，他に，右認定を覆すに足りる証拠はない。

7　右のとおり，本件業務委託契約による被告Aの本件建物の使用は無断転貸借に該当する。

三　転貸借に関する背信性の有無

1　原告は，業務委託が無断転貸となるとしても，本件には背信性を認め得ないという特段の事情があり，本件解除は無効であると主張する〔略〕。

2　しかし，まず，前記認定のとおり，本件賃借権には譲渡権利が付与されていないものであるところ，本件業務委託契約の実質が，転貸借契約であり，かつ，同契約に関する客観的事実を原告が認識している以上は，原告が同契約なり被告Aによる本件建物の使用が転貸借にあたらないと考えていたとしても，そのこと自体は，背信性を認め得ないという特段の事情があるとはいえない〔略〕。

3　また，前記認定のとおり，本件業務委託契約締結により現実に本件建物を使用する店舗経営者に変更が生じるものである以上，同契約の前後を通じて同一の業務，同一の利用目的であるとしても，そのことが，本件における転貸借につき背信性を認め得ないという特段の事情になるとまでいうことはできない〔略〕。

4　次に，原告は，被告Bによる本件解除の目的が，新たに被告Aと本件建物につき賃貸借契約を締結し，権利金及び保証金を取得し，かつ賃料を増額させるためであるとして，この事実が本件の転貸借につき背信性を認め得ないという特段の事情になると主張するが，右のような目的をもって被告Bが本件解除に及んだことを認めるに足りる証拠はない以上，原告の右主張〔略〕は採用できない。

5　さらに，原告は，本件建物で美容業を営むことで生計を維持してきたものであり，本件解除により収入の途を失うこととなり生活に窮し，その影響及び被害は甚大であると主張する〔略〕が，《証拠略》によれば，本件業務委託契約締結当時，原告は本件建物以外の2店舗において同種の美容院を経営していたことが認められ，原告の生計が本件建物における美容院経営のみに依存していたという事実は認めがたいから，原告の右主張も採用できない。

6　その他，原告は，前記争いのない事実1記載の賃借権譲受けの折り，Cに対し権利金等として金530万円を支払い，被告Bは，右の譲渡に際し，名義書換料とし金30万円を受領していたことを指摘する〔略〕が，この事実によっても，本件の転貸借につき背信性を認め得ないという特段の事情になるものとは到底いえない。

7　右のとおり，本件の転貸借について背信性を認め得ないという特段の事情を認めるに足りる証拠はいまだ存しないというべきである。

かえって，《証拠略》によれば，原告が，本件業務委託契約の実質が転貸借であることを被告Bに知られまいとして，事実に反し，被告Aが原告の経営する美容院の店長である旨を被告Bらに告げ，あるいは被告Aをして同様の発言をなさしめたことが認められる。

四　右のとおり，本件解除は有効であるから，本件解除の無効を前提とする原告の被告Bに対する各請求は，その余の点について判断するまでもなく，いずれも理由がない。」

(1) 解除を肯定した事例／・共同経営，経営委託，法人の実体の変更等　177

裁判例241　業務委託契約と無断転貸
東京地判平成15年9月26日（判例秘書）

「①　上記認定事実によれば，被告とBとの間の本件契約は，名称こそ雇用契約となっているものの，被告は，「C」の経営状態を把握しておらず，また，被告がBに対し，「C」の営業について指揮命令している形跡は全くないうえ，本件契約の内容も，Bが被告に16万5000円を預託した上で毎月16万5000円を前払いし，「C」の損益は上記16万5000円を被告に支払うほかBに帰属するという賃貸借契約に典型的な内容になっていることからすると，その実質は，内装備品付の本件建物の賃貸借契約であるというべきである。
〔略〕
　⑤　被告は，原告の本件建物明渡しの目的は，Bと通謀し，被告を排除した上でのBとの賃貸借契約を望む不法性が明白なものであるし，被告は，本件賃貸借契約開始以来，他人に業務を委託して飲食店を経営してきたのであり，「C」もそれを踏襲したにすぎず，本件建物の使用収益状況の実態はいささかの変更もないことから，原告の本件賃貸借契約の解除は，権利濫用に該当し，あるいは，被告の転貸は背信的行為にあたらない特段の事情があると主張する。
　しかし，原告がBと通謀していると認めるに足りる証拠はない。また，被告は，本件建物において当初，内装工事，空調工事，什器備品の購入をして固定給で人を雇ってフランス料理店を経営し，その後も改装工事をするなどして，自ら本件建物において飲食店を営業していたが，いずれも閉店するに至ったので，平成10年7月17日にBに本件建物を内装備品付で転貸したのであって，本件建物の使用収益状況は変更されているというべきである。したがって，原告の本件賃貸借契約の解除が権利濫用に該当するとも，被告の転貸は背信的行為にあたらない特段の事情があるとも認められない。」

裁判例242　委託契約と無断転貸
東京地判平成16年5月31日（判例秘書）

「証拠（甲6，乙11ないし13，証人C，原告及び被告Y1各本人並びに被告会社代表者）によれば，被告らは，被告会社が本件建物部分での営業を開始するに当たり，平成12年3月21日，本件委託契約書を取り交わしたこと，本件委託契約においては，被告Y1が被告会社に被告Y1が経営する中華料理店のXの営業を委託することが約されていたものの，被告会社においては店名を変更することができ，受託者である被告会社が被告Y1に対して委託料として月額40万円の定額を支払うこととなっており，営業に要する電気，ガス等の光熱費はすべて被告会社が支払い，所得税，事業税，料理飲食税，消費税等も被告会社が支払うことになっていたこと，さらに，被告Y1は，本件委託契約において，被告会社が本件委託契約に違反，不履行がない限り，被告会社の営業方針等に関与しないと定められていたこと，被告らは，本件委託契約を締結した際，Gに本件建物サブリース紹介料として，被告会社側が40万円，被告Y1が20万円の合計60万円を支払ったが，その領収書には「借主40万　貸主20万」の記載があること，被告らは，同年4月28日，確認書を取り交わしたが，その中では，被告Y1

は，被告会社の店舗経営には関与しないと定められていたばかりか，「当契約はあくまで共同経営としての名目で有るため双方認識しトラブルのないよう充分注意する事」と定められていたこと，前記確認書では鍵を取り換え，1本を原告に預託することを約しており，現実にも鍵が取り換えられ，原告にその1本が預託されたが，被告Y1は，これを所持していなかったことがそれぞれ認められる。

こうした事実に照らして考えると，被告ら間の本件委託契約は，中華料理店の営業を被告Y1が被告会社に委託する体裁をとってはいるものの，その営業は被告会社の計算で行われ，被告Y1がこれに関わりを持たず，一定額を収受するに留まっており，しかも被告らにおいて本件委託契約を共同経営の名目のためになされることを合意しているのであるから，その実質は本件建物部分の転貸借にほかならないというべきである。

〔略〕

(1) 被告Y1は，本件委託契約締結に際し，被告会社とともに共同経営としての名目を仮装したばかりか，先に認定したとおり，光熱費の支払方法に対する不満を契機に，被告会社代表者であるBと種々の紛争状態になり，原告が被告会社との関係の解消を求めたにもかかわらず，長期間にわたって，これを実現していない。その上，原，被告らは，本件建物部分の漏水原因の調査及びその修理の必要を認めながらも，その費用負担等について意見が一致せず，漏水原因の調査について，ようやくそれが実現したのは，本訴提起後，相当期間が経過した後である。そして，本件委託契約を契機とする本訴が係属していることもあって，原告は本件建物部分の賃料収入も収受することができていない。

(2) こうした事実に鑑みると，本件について，原告と被告Y1との間の信頼関係が破壊されていないと認めることは，およそ困難である。」

裁判例243　サブリース・営業譲渡と無断転貸
東京地判平成18年9月15日（判例秘書）

「本件転貸借は，地下2階付11階建店舗である本件建物を対象とするものであって，転貸借によりXの事業における運営主体の変更を伴うものであり，転貸人たる原告と転借人たるAは，いずれも親会社たるBとの関係で深い関係にあって，共通する事業目的を有するところがあるものの，両社は，あくまで別法人で，個人事業主が法人成りするなど法人格の実質的同一性が認められるわけではなく，まして，親会社・子会社の関係にあるわけでもない。そして，運営主体がAに変更すれば，本件建物の店舗事業に相当の変容をもたらすことが予想され，それが本件建物の資産価値の低下をもたらす結果となることも根拠のないものともいいがたい。

本件転貸借は，このように，それ自体で本件賃貸借契約における信頼関係を破壊するものである。

確かに，本件転貸借によって，原告が本件賃貸借契約に基づく賃料支払義務や本件建物の返還義務等を免れるものではないが，これが非背信性を基礎付ける一事情を構成するものということはできないし，本件転貸借に至る過程において，上記イのとおり，被告の対応に問題がな

いとはいえないものの、上記ウのとおり、原告においても同様に問題を指摘することができるのであるから、この点も非背信性を根拠付けるには足りない（なお、平成16年から平成17年にかけての1年間の財務状況は、原告よりもAの方が好状況である（1（1）エ）が、これだけで非背信性の一事由を構成するものということはできない）。

（4）したがって、原告が主張し、その事実を認めることができる前述の諸事情（原告が本件転貸借契約について事前に被告に説明し承諾を求めていたこと、本件転貸借契約締結後、被告に対し遅滞なく同転貸借の事実について通知したこと、本件賃貸借契約の解除の意思表示があった後も賃料相当額の供託を継続していることといった事実関係等）をすべて併せて考えても、本件転貸借につき、本件賃貸借契約の信頼関係を破壊するに足りない特段の事情があるとまでは認めることはできない。」

裁判例244　会社分割及び株式譲渡と無断転貸
東京地判平成22年5月20日（判例秘書）

「(1) 前記争いのない事実等及び弁論の全趣旨によれば、本件禁止事項の文言上、会社分割ないし株式譲渡は実質的な賃借権譲渡の事由として列挙されていないが、本件禁止事項の趣旨は、法人格の異なる第三者への賃借権の特定承継・移転に限らず、大幅な賃借人の人的・物的要素の変更があった場合にも、賃貸借契約の当事者間の信頼関係に重大な影響を与えうることから、実質的にみて賃借権を譲渡した場合と評価できるような大幅な人的・物的要素の変更も信頼関係を破壊する行為としてこれを禁止するところにあると解するのが相当であり、これによれば、本件禁止事項により列挙された禁止事由は例示列挙にすぎず、会社分割ないし株式譲渡も、これによる賃借人の人的・物的要素の変更の程度が重大といえる場合には実質的な賃借権譲渡に当たりうるものというべきである。

(2) そこで本件における会社分割及び株式譲渡について検討するに、前記争いのない事実等及び前記認定事実並びに弁論の全趣旨によれば、被告Y2は、代表者であるEの医師法違反被疑事件を契機とした取引先からの取引停止等による運営困難を打開するとともに、違法の嫌疑が掛けられた被告Y2による従前どおりの脱毛エステ事業の運営を廃し、医師法に適合し同様の嫌疑を受けないような新たな運営方針に転換して脱毛エステ事業を存続させるべく、被告Y1の新設分割を行って同被告の役員からEを外すなど組織の一新を図った上で、医師を取締役に就任させて事業に関与させることとし、さらに、事業運営資金を得るため同被告の全株式をFに売却して同社の関係者であるGが代表者に選任されたことが認められ、これらを総合すると、被告Y2は、脱毛エステ事業をE主導の違法なものから同人が外れた適法なものに運営主体及び態様を転換しながら存続させるため、これを被告Y1に承継させてFに売却したものと評価するのが相当であり、これによって、被告Y1は、被告Y2から人的構成及び資本構成が大幅に変更されたものというべきである。

(3) この点、被告らは、被告Y1は被告Y2が運営していた脱毛エステ事業をそのまま承継したもので本件各建物の使用目的及び態様に変化はなく、会社分割及び株式譲渡による役員変更も重要な意味を持たないから、実質的な賃借権の譲渡に当たらないと主張するが、前記認定

事実のとおり，被告Y2から被告Y1への会社分割及び株式譲渡は，脱毛エステ事業が医師法に適合するよう運営主体及び態様を変更する必要があったことなどからなされた一連の事業売却と認めるのが相当であり，脱毛エステという事業内容や本件各建物の使用態様等に変更がないからといって，単に企業の一事業部門を会社分割により独立させたものと同視することはできないし，Fが資金を拠出して会社所有者となった以上，Gをして経営方針の決定に関与するのは当然であって，従前どおりの運営方針を維持したからといって役員変更が重要な意味を持たないとはいえず，資本構成及び役員の変更が軽微とはいえないから，この点の被告らの主張は採用できない。

（4）よって，被告らによる会社分割及び株式譲渡は，本件禁止事項により禁止されている実質的な賃借権の譲渡に該当するものというべきである。
〔略〕
（1）前記争いのない事実等及び前記認定事実及び弁論の全趣旨によれば，Eらが逮捕された医師法違反の被疑事実は，被告Y2の直営店ではなくフランチャイズである千葉店における脱毛行為に関するものであったとはいえ，被告Y2は，同被疑事実と同じ態様で同じ脱毛機を使用した脱毛エステ事業の運営を本件各建物において実施していたことが認められ，これによれば，原告にとって，Eら被告Y2の役員の逮捕事実は，単に賃借人の役員が違法行為に及んだというものにとどまらず，賃貸している本件各建物の使用目的及び態様そのものに直接関係して違法行為がなされたというものであり，それ自体でも賃貸借契約の当事者間における信頼関係を大きく動揺させるに値するものというべきものである。

また，前記認定事実及び弁論の全趣旨によれば，被告らは，それに起因してさらに争点（1）及び（2）において認定説示した各契約条項に違反する行為を続けて惹起した上，その後も会社分割による賃借権承継の説明が十分なされたとはいえず，銀座Xビルの使用態様も，取締役に就任した医師が店舗を巡回するだけで脱毛施術は今なお医師免許を持たない従業員が行うという実態が継続しているというのであり，これら一連の状況に鑑みれば，原告が被告らに対する不信感を募らせるのも無理からぬものというべきである。

（2）これらの諸事情を総合すると，被告Y1により賃料が遅滞なく支払われていることや上野Xビルが任意に明け渡されたこと等の被告ら主張の各事情をもってしても，当事者間の信頼関係を破壊しないと評価しうる特段の事情が存するものとはにわかに認められないというべきである。

その他，前記特段の事情を認めるに足りる証拠はない。」

(2) 解除を否定した事例

裁判例 245　**間貸しと無断転貸**
最判昭和 24 年 1 月 11 日（裁判集民 2 号 1 頁）

「たゞ原判決は，上告人A1は訴外E支部が被上告人から賃借した家屋に罹災者として入寮していたという事実を認定したことは所論のとおりであるが，その入寮するに至った経緯については原判決は前記E支部は昭和20年4月18日事務所用として被上告人から本件家屋を賃

借したが手狭のため2箇月位で向側のF方に事務所を移転したが依然として本件家屋内に金庫等の家具を置き役員の会合場所ともし，又組合員中戦災に罹った者を一時収容する寮として使用することとしたこと，上告人A1は同年5月戦災に罹ってE支部の許可を得て，当時，同上告人の仕事に従事していた上告人A2と共に同月中右家屋に避難し来り，同年6月中上告人A1と同一事情によって本件建物に移転して来たE支部の役員訴外Gと共に住むに至ったと認定しているのであって，右によれば本件家屋の賃借人E支部が自ら該家屋を使用するとともに，かたわら，罹災者を一時収容する寮としてもこれを使用し，上告人A1，A2も罹災者として一時これに収容せられたという事実関係であって，原判決の趣意とするところは右A1等の本件家屋の使用関係はただ事実上その使用を一時的に許容されたものに過ぎず，賃借人たるE支部との間に，賃貸借，使用貸借等の法律上の権利関係が設定せられたものではないことを判明したものであることは原判文上，十分に看取せられるところである。しからば，原判決の右の認定は前示のごとく，転貸借の存在を否定したことと何ら矛盾するものではなく，上告人等は，被上告人に対して，法律上対抗し得べき何らの占有使用の権原をもたぬことをあきらかにしたのであって，原判決には，所論のごとき違法は，存在しないのである。論旨はいずれも理由はない。」

裁判例246 【参考判例】留守番と無断転貸
大阪地判昭和27年5月30日（下民集3巻5号753頁）

「従って，本件事実関係においては一応控訴人とA間の本件家屋の賃貸借は控訴人の右解除の意思表示により消滅に帰したかの感があるのであるが，しかし右民法の規定による賃貸人の賃貸借解除権も信義則に反してこれを行使することは許されないのであり，これに反して行使せられた解除権はその効力を生ずるに由なきものと解しなければならぬ。今これを本件について考えて見るのに，Aの浜田移転は真実一時的のものであり（本訴の繋属及び仮処分の為その浜田居住は相当長期のものとなってはいるが，これはAの予定の外のことであり，またこの為その後同人が同市において相当の営業をしているとしても，これも事後の事情に応じたものと認むべきであり，仮処分に異議の申立をしなかったからといってこれを以て右Aの浜田移転を一時的のものとする前示認定を覆すことはできない。），被控訴人の本件家屋への転入亦真実Aの留守番たらんとしてのものであって（被控訴人がその弟妻子等と共に本件家屋に居住したことは聊か留守番の域を脱したるかの感がないでもないが，当時の住宅事情から考え，これもそう深く咎むべきものでもないであろう。），Aの当初の予定は変更せられたにもせよ，遅くとも数か月の内には本件家屋に復帰する予定であり，被控訴人亦Aの復帰に具え移転先についても真面目にこれを考慮し，誠意を以て留守番の任に当たっていたものであって，当時の住宅事情から見れば，法律的にはこれを転貸と認めるとしても，これを捉えて僅々3か月にも満たずして賃貸借を解除することは如何にも酷であるの感を免れないのであって，右賃貸借の解除は信義則に反し無効のものと解しなければならない。」

裁判例 247 賃借人の実弟家族の同居と無断転貸
東京高判昭和28年2月9日（判夕31号72頁）

「控訴人Aが控訴人Bに本件八畳間を使用させていることが，転貸といえるかどうかについて検討するに，成立に争のない乙第一，第二号証の各記載，当審における控訴人A本人尋問の結果に本件口頭弁論の全趣旨をあわせ考えると，控訴人Bは控訴人Aの実弟であって，控訴人Aはもと海軍技術将校で本件家屋に老母及び妻子らと居住していたが，戦争中海外に出るにあたり一時控訴人Bを本件家屋に同居させて家族のめんどうを見てもらったこともあるが，その後控訴人Aが帰還してからは，控訴人Bは自ら東京都千代田区神田多町に家屋を借り受けここに居住するようになったのであるが，右神田の家屋はその後家主が変わり，新しい家主から自己において使用する必要があるとの理由で明渡を求められ，訴訟の結果第1審で敗訴し，控訴審で昭和26年2月10日，同年5月31日限り右家屋を明け渡す旨その他の条項で裁判上の和解が成立したこと，ところが右明渡の期限が迫っても移転先が見つからないので，控訴人Bは兄控訴人Aに頼んで一時本件家屋に同居させてもらうこととして，前記日時ここに移転し，神田の家屋は和解条項どおり明け渡したものであること，本件家屋においては別紙図面（省略）斜線部分の八畳間を主として控訴人Bがその妻及び2人の子供とともに使用し，控訴人Aは同図面6畳間をその子供2人とともに（控訴人Aの妻は控訴人Aの帰還前に，老母は昭和23年3月にそれぞれ死亡した。）使用しているのではあるが，その他の台所，廊下，洗面所，便所等はすべて共用であることが明らかであり，控訴人両名の身分関係からすれば右各部屋もいちおうそれぞれの家族の居室として使用しているにすぎず，日常互いに往来のあることはみやすいところである。控訴人Aが控訴人Bから権利金，賃料その他家屋使用の対価を取得している事実はもとより認めるべきものがない。

以上の事実によってみれば控訴人Aはその実弟である控訴人Bが従来の住居を裁判上の和解の結果，明け渡されなければならないという差し迫った必要上，肉親の情誼として同人を一時本件家屋に同居させたものであって，これに独立の占有を与えたものとは解せられず，控訴人Bは控訴人Aの占有の範囲内で事実上その使用を許されているにすぎないと認めるべきものであって，これをもって民法第612条にいわゆる転貸と解すべきものではない。原審における証人C，同Dの各証言及び原審における被控訴人本人尋問の結果によれば，控訴人両名は本件家屋においてそれぞれ炊事を別にし，別世帯を構成していることは認めうるところであるけれども，右両名が前記のようなそれぞれの家族をかかえていることからすれば，あえて異とするに足らず，これをもって前認定を左右しなければならないものではない。また控訴人Bが本件家屋に移転してきたのは，被控訴人が控訴人Aに対し明渡の調停申立後のことであることは弁論の全趣旨から明らかであるけれども，前記認定の事情に照らせば，控訴人Aが故意に被控訴人の明渡の請求を妨げる目的でしたものとは解せられず，これによって被控訴人と控訴人Aとの間の信頼関係を破るものとも認めることはできない。」

裁判例 248　賃借人の姉の夫の同居と無断転貸
大阪高判昭和 28 年 4 月 2 日（下民集 4 巻 4 号 474 頁）

「控訴人は，本件賃貸借契約には本件建物を第三者に転貸したり，他人を同居させない特約があったのにかかわらず，被控訴人は控訴人の承諾を得ないで昭和 21 年 11 月以降 A に本件建物の 2 階全部を賃料月 18 円で転貸し，同人とその家族を同居させているので，控訴人は昭和 23 年 12 月 31 日被控訴人に対し，無断転貸と同居の特約違反を理由として本件賃貸借契約を解除したと主張し，成立に争のない甲第二号証及び当審における控訴人本人尋問の結果によれば，本件賃貸借契約締結に当たって，被控訴人は本件建物を第三者に転貸し又は他人を同居させないことを約束した事実を認めることができ，A が右建物に同居していたこと及び同人が堺市北三国ケ丘町 8 丁 576 番地の借家から本件建物に移る際 6000 円を受け取ったことは当事者間に争いがないけれども，被控訴人が A から 1 か月 18 円の賃料を受け取っていたとの点については，原審証人 B，当審証人 C の各証言によってもこれを確認することができず，かえって当審証人 D，E の各証言，当審における被控訴人本人尋問の結果によると，A は被控訴人の姉の夫に当り，他に住居があるまで一時的に本件建物の 2 階に同居しているものであって，被控訴人に対し賃料を支払っていなかった事実を認めることができる。

なお原審証人 B，F，原審及び当審証人 G の各証言，原審における被告 A 本人尋問の結果によると，A は昭和 21 年 11 月堺市北三国ケ丘町 8 丁 576 番地の借家の賃貸人から戦災にあった親族に使用させるため明渡を求められ，やむなくこれを承諾し，立退料として 6000 円を受け取ったものであるが，A は昭和 25 年 8 月本件建物から他に移転した事実を認めることができる。

右認定事実に基づいて考えるに，第三者に対する転貸同居を禁止する特約や民法第 612 条の規定は，賃貸借が信頼関係を基礎とするものであり，賃借人がこの信頼を裏切るような行為をした場合に賃貸人に解除権を与えたものである。従って，賃借人が自己の不自由を忍んで住宅を失った近親者が住宅を得るまで一時的に同居させたようなことは，終戦後の住宅不足の著しい当時においてまことにやむを得ないところであり，社会通念上何人をその立場においてもその行為をするの外なかったであろうと考えられるから，賃貸人の信頼を裏切ったものと認めることはできない。被控訴人の右行為を理由として賃貸借契約を解除することは許されないものといわなければならない」

裁判例 249　一時的同居と無断転貸
東京地判昭和 28 年 11 月 10 日（判タ 37 号 59 頁）

「訴外 A は被告の弟の遠縁に当たる者で，先ず東京都所在の大学予備校に入学，次いで東京都所在の大学に入学のため上京し，経済的事情から本件家屋に同居を求めたので，被告において昭和 27 年 5 月末頃から同居させるようになったが，大学の入学試験に失敗して昭和 28 年 5 月頃本件家屋から退去したこと，訴外 B は被告の知人で昭和 27 年 9 月頃上京し，大学予備校に入学して A と同じ事情から本件家屋に同居するようになったが，同じく大学の入学試験に

失敗して同 28 年 4 月末頃本件家屋から退去したこと，右両人はいずれも本件家屋 2 階 8 畳間に被告の子供達と起居を共にし，その出入につき常々監督を受けていたこと，被告において間代を徴することなく，ただ食費として実費支弁の趣旨の下に毎月金 3500 円の支払を受けていたに過ぎないことが認められ，他にこれを左右するに足る証拠は存しない。これ等事実に徴すると被告は右訴外両人を臨時に同一の世帯の一員として比較的短期間本件家屋に収容していたに過ぎないと解するのを相当とする。」

裁判例 250 【参考判例】 賃借権の譲渡と背信行為
最判昭和 30 年 9 月 22 日（民集 9 巻 10 号 1294 頁，裁判集民 19 号 503 頁，判時 192 号 145 頁，判タ 52 号 42 頁）

「原審は，被上告組合が本件家屋を占有する正権原を有せざるものと認定したのではなく，組合は譲渡した賃借権をもって上告人に対抗しうると判断したものである。そして組合は本件訴訟の当事者となっており，原審の認定したところによれば，右組合はいまだ清算中であり，組合と被上告会社との間に別に本件家屋の使用区分を定めていないというのであるから，原審の右判断は正当である。原判決には所論のような違法は認められない。

同第四点について。

民法 612 条 2 項が，賃借人が賃貸人の承諾を得ないで賃借権の譲渡又は賃借物の転貸をした場合，賃貸人に解除権を認めたのは，そもそも賃貸借は信頼関係を基礎とするものであるところ，賃借人にその信頼を裏切るような行為があったということを理由とするものである。それ故，たとえ賃借人において賃貸人の承諾を得ないで上記の行為をした場合であっても，賃借人の右行為を賃貸人に対する背信行為と認めるに足りない特段の事情のあるときは，賃貸人は同条同項による解除権を行使し得ないものと解するを相当とする。しかるに本件においては，原審の認定した事実関係の下においては，賃借権の譲渡に関する諸般の事情は，まさに上記賃貸人に対する背信行為と認めるに足りない特段の事情と認めうるのであって，従って本件の場合に，原審が民法 612 条 2 項による解除権の行使を認めなかったことは正当である。」

裁判例 251 賃借人の娘らの同居と無断転貸
東京地判昭和 30 年 10 月 24 日（判時 69 号 15 頁）

「(三)(1) 先ず原告等が被告 A において被告 B 及び訴外 C に対し本件家屋を無断転貸をしたとして昭和 26 年 7 月 3 日附内容証明郵便を以て，被告 A に対し賃貸借契約を解除する旨の意思表示を発し，右は翌 4 日被告 A に到達したこと，及び被告 A が被告 B を本件家屋の賃貸借契約締結当時から C を昭和 28 年頃から何れも本件家屋に居住させている事実は当事者間に争いがないところ，(2) 何れも成立に争いのない乙第 2，第 3 号証甲第 3 号証の 2 に証人 D，同 E の各証言及び被告 A，同 B 各本人尋問の結果を総合すると，被告 B は被告 A の長女であり，昭和 7 年頃他家に嫁いだが，夫に死別して子供と共に実家たる被告 A 方へ帰り，爾来，被告 A と世帯を共にして生活してきたこと，昭和 16 年 8 月 16 日頃被告 A が本件家屋を賃借するに当たっては，被告 B が貸主 F と直接交渉した結果，本件家屋についての賃貸借が成立

し（被告Ａ，右Ｆ間の賃貸借契約成立については，当事者間に争がない。），爾来，被告Ｂ及びその子供２人は被告Ａと共に本件家屋に居住してきた事実を認めるに足り，原告Ｇ本人尋問の結果中右認定に反するが如き趣旨の部分は措信し難く他に右認定を覆すに足る証拠はない。してみると被告Ｂは本件家屋の賃貸借契約締結当時から被告Ａの家族の一員として本件家屋に居住しているに過ぎず，本件家屋を独立して占有しているものではないから，被告Ａは被告Ｂに対して本件家屋を転貸したものとなし得ないこと勿論である。(3) 次に被告Ａが訴外Ｃに対し，本件家屋を無断転貸したとの原告等主張につき按ずるに，証人Ｄ，Ｅ（但し両証人の供述中措信しない部分を除く）同Ｇの各証言，被告Ａ同Ｂ，Ｃ各本人尋問の結果を総合すると，訴外Ｃは以前山形県方面で高等学校の教師をしていたことがあり，上京後，都内世田ヶ谷区経堂町からＸ電気玉川製造所に通勤していたが，右通勤の関係で，東横線方面に下宿することを望んでいたところ，その意向を知った訴外Ｇは予て知合の被告Ｂに対し，同被告方に右Ｃを下宿させてくれるよう依頼した。ところが被告Ｂ同Ａは予てから被告Ｂの次男Ｇ（当時中学２年生）が学業成績がかんばしくなく，ために同人の家庭教師を求めていたが，謝礼を払ってこれを傭入れることは経済的に許されない状態にあった折から，右Ｃを自宅に住み込ませて右Ｇの勉学指導をしてもらおうと考え，右Ｃもこれを了承し，かくしてＣは昭和28年５月１日以降被告Ａ方に下宿し，右Ｇの家庭教師をするに至ったこと，右下宿をさせるについては特に間代を被告Ａに支払う約定は全然なく，ただ下宿後Ｃから被告Ａ等に申し入れてＣは食費として月4000円程度の実費のみを支払っていたが，間代は全く支払っていなかったこと及び本件家屋内でＣの常時居住する部屋としては，別に特定していなかった事実を認めることができる。前記証人Ｄ同Ｅの各供述中右認定に反する趣旨の部分は措信し難く，他に右認定を覆すに足る証拠はない。

　而してＣが昭和30年２月１日本件家屋を退去した点については，原告等は明らかに争わないから自白したものと看做すべきである。

　以上認定の事実に基づいて考察すれば，訴外Ｃは本件家屋に居住したときから，被告Ａの世帯にとけこみ，これと生活を共同にしていたものとみるべきであり，本件家屋に対する占有支配をＣに移転したものでなく，自らの占有の下にＣに本件家屋を使用させたに過ぎないものでＣは独立して本件家屋を占有したものではないから，これは転貸に該当しないものと解するのが相当である。」

裁判例 252　無断転貸と背信行為
最判昭和31年５月８日（民集10巻５号475頁，裁判集民22号51頁）

　「賃借人が賃貸人の承諾を得ないで賃借物の転貸をした場合であっても，賃借人の右行為を賃貸人に対する背信行為と認めるに足りない特段の事情あるときは，賃貸人は民法612条２項による解除権を行使し得ないことは当裁判所の判例とするところである（昭和25年（オ）第140号同28年９月25日第二小法廷判決，〔編注：民〕集７巻９号979頁〔編注：裁判例27〕。昭和28年（オ）第1146号同30年９月22日第一小法廷判決，〔編注：民〕集９巻10号1294頁〔編注：裁判例250〕各参照）。そして原審の認定した一切の事実関係を総合すれば，被上

告人の本件無断転貸は賃貸人に対する背信行為と認めるに足りない特段の事情があると解するのが相当であって，原判決が右解除を無効と判断したのは正当である。」

裁判例 253　留守番と無断転貸
東京地判昭和 31 年 10 月 30 日（下民集 7 巻 10 号 3056 頁）

「そこで，次に問題となるのは，右に認定したような貸借関係を含む管理委託契約が賃貸人に対する関係で民法第 612 条に規定する転貸に該るかどうかという点である。いったい，民法第 612 条が第 1 項において賃借人に対して賃貸人の承諾なくして賃借権を譲渡し又は賃借物を転貸することを禁止したのは，目的物を占有使用する者が何人であるかということが，目的物の保存の良否や賃料の支払及び目的物の返還が期限に履行されるかどうかについて影響するところ大である点において，賃貸人にとって重大な利害関係のある事柄であるからであるが，同条第 2 項が特に第 1 項に反して賃借人が第三者に賃借物を使用収益させたときに賃貸人に契約を解除する権利を認めた趣旨は，右のように賃貸人にとって重大な利害関係の存するところの目的物を占有使用する者の如何について変更を生ずるような行為を賃貸人が賃貸人に無断ですることは，通常賃貸人の賃借人に対する信頼を裏切るような重大な義務違反であるから，そのような行為が一旦なされた以上は一般の契約解除の前提となる催告をなすことなく即時に契約を解除して賃貸借の継続を絶つことを賃貸人に許して賃借人に対する制裁とした趣旨であると解せられる。

　そうだとすると，賃借人が賃貸人に無断で第三者に対し賃借物を使用収益させることを主たる目的としてこれを占有せしめた場合には，たとい附随的に管理をも委託したとしても，そのような賃借人の行為はこれを通常賃貸人の信頼を裏切る行為であると見て民法第 612 条に規定する転貸に該ると解すべきこと勿論であるが，管理委託を主たる目的として賃借人が賃借物を第三者に占有せしめた場合には，たとい附随的にこれを使用収益せしめたとしても，右の転貸には該らないものと解するのが相当である。何となればそのような場合には賃貸人として利害関係に影響がないとはいえないが，たとい右のような管理委託が賃貸人に無断でなされたとしても，それを賃貸人の信頼を裏切るような行為であるとは認め難く，例えばどうしても留守番を置く必要がある場合に同時に家屋を使用収益せしめるのでなければ留守番として信頼するに足りる適当な者が得られない場合もあり得るからである。これを本件に照らして一層具体的に見るならば，被告 A としては被告 B 等を本件家屋に居住せしめることについて一言原告に断っておいたならば或いは最も適切な措置であったかも知れないが，もしも原告の承諾を得られない場合には他に留守番だけを依頼できるもので信頼のおけるものを探すことは恐らく困難であったであろうし，そうすれば本件家屋に子供を残して一時夫から身を隠すこともできなかったかも知れないし，さもなくば反って明からさまに原告の意向に反対してそれを押しきらなければならなかったかも知れないのであって，被告 A が被告 B 等を本件家屋に居住せしめることについて原告の承諾を求めなかったからといって，原告の信頼を裏切るような行為であると見るのはあまりにも酷である。よって，右の被告 A が被告 B 等を本件家屋に居住せしめたことをもって民法第 612 条の規定する転貸にあたるとすることはできないから，原告はそれ

が原告に無断でなされたことをもって本件賃貸借契約の解除原因とすることはできなかったものと判断せざるを得ない。
〔略〕
　しかし，前記認定のところからいって，被告Bの賃貸行為自体については被告Aは全く与り知らなかったのであり，これを放任して成行にまかせていたわけでもなく，殊に被告Cが本件家屋の一部を使用している事実を知った後は，原告の信頼に応ずるような適切な処置を採っているのであって，被告Aに原告の信頼を裏切るような行為乃至態度があったと認めることは到底できない。よって，原告より被告Aが原告に無断で本件家屋の一部を被告Cに転貸したとの理由で本件賃貸借契約を解除することもできないものといわなければならない。」

裁判例254　賃借人の娘夫婦の同居と無断転貸
東京高判昭和31年12月27日（東高時報民7巻12号327頁）

「仮にAが，被控訴人Bの本件建物使用を知らず黙示的に承諾したものと認められないとしても，同被控訴人は，被控訴人Cの二女Dと婚姻して以来，事実上右Cの家族と同様にあって，右Cと共同で事業を経営していることは当審証人Dの証言及び原審における被控訴人両名尋問の結果を総合して認められるところであり，この事実と，当裁判所に顕著な昭和20年11月当時，同被控訴人が本件建物を使用し始めた頃東京都における住宅払底の事情とを併せて考えてみるに，被控訴人Cが被控訴人Dに本件建物を使用せしめたことは決して右建物の賃貸関係における賃貸人と賃借人との間の信頼関係を破るものとは解し得られないところである。しからば右事実を目して無断転貸であるとなされた本件賃貸借解除の意思表示は無効といわねばならない。」

裁判例255　間貸しと無断転貸
東京地判昭和32年10月10日（判時141号24頁，判タ78号67頁）

「Aは被告と親しい間柄の巡査で，昭和24年中月島警察署から深川警察署に転勤になったが，深川警察署の寮に住んでいた先任巡査が立ち退かないので，行き先にこまり，被告に事情を話し，右の寮の部屋が間もなく空くからそれまで一時被告方においてもらいたいと頼んだ。被告は気の毒に思い，わずかの間ならといって，一時Aを2階においてやることにした。ところが右寮の部屋の明渡が意外にのびたのでAの滞在もまたのび，その期間は昭和25年4月頃までとなった。その間被告はAから賃料などもらっていない。
　Bもまた被告の知人であったが，勤務先の会社がつぶれて失職するとともに住居を失い，一時同人をおいてやることにした。Bは自動車学校に通い，間もなく自動車運転手の免許をとり，就職して，昭和25年2月頃去った。被告はBからも賃料など取っていない。
〔略〕
　以上認定したような事情のもとに一時的に借家人が他人を借家に入れることは，これによって特に建物をいためたというような事情のない限り（そういうことは本件では認められな

い），社会観念上借家人に許されたことであり，家主との関係でも不信行為にはならない，とみるのが相当である。

　無断転貸の場合，家主に解除権を与えたのは，それが家主に対する不信行為として家主との関係で非難に値するものであるからである。A 等を本件建物に入れた行為の評価が前記のとおりである以上，無断転貸を理由とする原告の契約解除の主張は採用することができない。」

裁判例 256　賃借人の娘らの同居と無断転貸
東京高判昭和 33 年 3 月 17 日（東高時報民 9 巻 3 号 37 頁，判タ 80 号 69 頁）

　「被控訴人ら主張の解除につき案ずるに，被控訴人らが昭和 30 年 12 月 16 日控訴人 A に対し，転貸借を理由とする解除の意思表示をなし，これが同日右控訴人に到達したことは，当事者間に争のないところであるが，原審における証拠によれば，控訴人 B は昭和 29 年控訴人 A の長女と結婚したが，住居がなくて夫婦とも控訴人 A 方に同居しその後一子が生れたこと及び控訴人 B は部屋代その他を支払わず，食事も控訴人 A の家族と共になし，全く家族の一員として同居していることを認めることができ，右認定を左右するに足る何らの証拠もなく，かような使用関係は，民法第 612 条にいう転貸借に当らないものと解するのが相当であるので，被控訴人ら主張の解除の意思表示はその効力を生ぜず，この点の被控訴人らの主張は採用の限りでない。」

裁判例 257　【参考判例】賃借人の事実上の養子と居住する権利
最判昭和 37 年 12 月 25 日（民集 16 巻 12 号 2455 頁，裁判集民 63 号 887 頁，判時 327 号 34 頁，判タ 141 号 51 頁，判タ 148 号 88 頁）

　「原審が確定したところによれば被上告人は，昭和 17 年 4 月以来，琴師匠の A の内弟子となって本件家屋に同居してきたが，年を経るに従い子のなかった A は，被上告人を養子とする心組みを固めるにいたり，晩年にはその間柄は師弟というよりはまったく事実上の母子の関係に発展し，周囲もこれを認め，A 死亡の際も，別に相続人はあったが親類一同了承のもとに，被上告人を喪主として葬儀を行わせ，A の遺産はすべてそのまま被上告人の所有と認め，同人の祖先の祭祀も被上告人が受け継ぎ行うこととなり，A の芸名の襲名も許されたというのであり，叙上の事実関係のもとにおいては，被上告人は A を中心とする家族共同体の一員として，上告人に対し A の賃借権を援用し本件家屋に居住する権利を対抗しえたのであり，この法律関係は，A が死亡し同人の相続人等が本件家屋の賃借権を承継した以後においても変わりがないというべきであり，結局これと同趣旨に出た原審の判断は正当として是認できる。」

裁判例 258　無断転貸と背信行為・無断転貸した場合の法律関係
大阪地判昭和 43 年 5 月 8 日（判タ 224 号 233 頁）

　「次に〈証拠〉を総合すれば，被告 A は昭和 37 年 5 月 30 日附賃貸人名義同被告本人，保証

人名義Ｂと表示し，各名下に押印し，名宛人を原告と表示した「家屋賃借契約証書」と表題した書面を原告宛郵送し，当時，原告がこれを受領したこと並びに同書面記載契約条項第３条として賃借物件を第三者に転貸し又は賃借権を譲渡し或は他人を同居せしむる等の行為は一切なさざるべき旨の記載がなされていることを認めることができ，被告Ａ本人尋問の結果中，右認定に反する供述部分は弁論の全趣旨に照らして信用することができず，他に右認定に反する証拠はない。

　しかしながら〈証拠〉を総合すれば，被告Ａの夫Ｂは一時本件家屋の階下の一部を事務所として不動産の貸借等取引の周旋業を営んでいたが死去したので，被告Ａが爾後単独で本件家屋を使用して飲食関係の営業を継続するにつき，将来亡Ｂの親族との間に本件家屋利用権の帰属をめぐって利害の紛争を生ずることを虞れ，いち早くＢ没後の本件家屋賃借人名義を確保し，形式上もこれを明確にしておくことによって前記のような紛争を未然に予防することを主意として，賃料集金に来訪した原告に対し，従前Ｂとせられていた賃借人の名義を自分に切りかえるよう要望したところ，原告から改めて被告Ａを賃借人と表示した賃貸借契約書を作成するようにいわれた。そこでＡはＢの生前，その前記営業上に使用すべく用意していた各種条項を印刷済みの家屋賃貸借契約書用紙が手許に残存していたのを幸いに漫然これを使用することにしてこれに署名もしくは記名して押印のうえ原告に郵送したものであって，被告Ａとしては実質上従前と全く同一の内容を維持して本件家屋賃貸借関係を将来に継続してゆくにつき，もっぱらその賃借名義が同人に存することを明確にすべき形式を整備することをのみ意図していたものにすぎず，右書面の作成交付にあたり，特に改めて原告との間に，書面記載の内容をもって本件家屋賃貸借関係の実質を律すべきものと定める旨協議協定した事実もなく，その意思もなかったものであることが推認せられ右認定を覆すに足りる証拠はない。

　したがって，被告Ａの原告に対する叙上契約書差入れの一事を捉えて直ちに同被告の被告Ｃに対する本件家屋の転貸借が基本賃貸借関係上の背信性を示すものと解することができない。そして原告と被告Ａとの間における本件家屋賃貸借関係における前記認定の如き経過ならびに被告Ａと被告Ｃの間における本件家屋転貸借契約の内容およびこれに基づく被告Ｃの本件家屋の現実の占有使用状況等を総合考察するときは，被告Ａの被告Ｃに対する本件家屋一部の上記転貸借の行為には未だ，原告をして引き続き被告Ａとの賃貸借契約関係の拘束に服せしめることを不当と認めしめる程の背信性はないものと解するのが相当である。

　そうだとすれば，原告は右転貸借を理由として被告Ａに対し本件家屋賃貸借の解除権を取得したということはできないのであって，原告主張の被告Ａに対する解除の意思表示はその効力を生ずるに由なく，原告と被告Ａの間においては本件家屋賃貸借は引き続きなお有効に存続するものであって，その解除消滅を理由とする同被告に対する原告の本訴請求は理由がないものといわなければならない。

　第二，次に原告の被告Ｃに対する請求につき判断する。同被告が昭和39年10月５日被告Ａから同人が賃貸借中の本件家屋の中階下部分を，その際特に原告の承諾を受けることなしに，賃料１か月金３万円と定め敷金70万円を授受して転借しその占有をしていることは当事者間に争がなく，被告Ａの右転貸行為につき，それが原賃貸人たる原告に対する賃貸借関係上の背信性を意味するものと認められない特段の事情の存することは，先に原告の被告Ａに

対する請求の判断につき説示したとおりである。そしてこのように賃借人の転貸借行為につきそれが基本賃貸借関係上背信性を欠き，原賃貸人において右転貸借を理由として基本賃貸借契約の解除権を取得したものとなすを得ない場合には，その反射的効果として当該転借人はその転貸借に基く目的物の使用収益権能を賃貸人に対抗し得べきものと解するのが相当である。

けだし転借人の目的物に対する使用収益権能は基本賃貸借契約により先ず原賃貸人から適法に賃借人に委付せられ，次で転貸借契約によって転借人が更に賃借人から伝来分与せられた原賃貸人の目的物所有権の一内容たる権能と認められるところ，当該場合の転貸借をもって基本賃貸借関係上の信頼関係を破る程の不当性なしとして転貸借を理由とする原賃貸人の契約解除の効力を認めないことは，とりもなおさず原賃貸人につき，賃借人から転借人への再度の目的物使用収益権能移転の行為を理由としては基本賃貸借契約の効力を否認することを法律上認めずして原賃貸人から賃借人への目的物使用収益権能の委付の効果を引き続き賃借人の手に維持保留せしめるべきものとなすに帰し，このような結果を容認することは，目的物の使用収益能の特定の転借人への現実的帰属状態をもって基本賃貸借関係そのものの正当な実現と同一視することを意味するものに外ならないからである。したがって原告の被告Cに対する請求も爾余の点の判断をするまでもなく理由がないというべきである。」

裁判例 259　賃借権の無断転貸と信頼関係の破壊
東京地判平成4年7月29日（判時1462号122頁）

「争いのない事実及び前記認定の事実によれば，本件建物は営業を目的とするが，被告Y1と被告Y2の交代の前後を通じて営業内容に大きな変化があった事実はなく，実質的な経営についてはY3が稼働を継続し，弟である被告Y1から夫である被告Y2に代わる際も身内のことで何らの対価の授受もされておらず，賃料増額の交渉も被告Y2らが実施してきており，多少増額幅に争いがあり，賃料増額がスムーズに決まらなかったことがあるとしても，特に問題を生じることなく約20年の歳月が推移しており，その間，賃料の支払いは月末までのところを数日遅れることはあっても滞りなく支払われてきたことが認められる。

ところで，原告らは，被告Y1は譲渡転貸が禁止されているのに早い時期に被告Y2に転貸し，その事実を秘匿してその後一貫して被告Y2はY1の従業員である旨を主張してきたもので，昭和60年3月にも転貸の疑いを抱いて指摘したのに対し転貸はない旨回答して原告らを欺いたもので，また，本件建物の賃料は，被告Y2の激しい抵抗により，他の賃借人と比較し低く抑えられてきたと主張し，被告らは無断転貸の事実を認識しながらこれを隠して原告らを欺いてきた点を指摘しているので，更に検討すると，前記認定のとおり，被告らが原告らを故意に欺いてきたと推測させる事実としては，第一に賃料の支払い，賃料増額の交渉，合意（調停，訴訟上の和解を含む。）はすべて被告Y1の名称で行われてきていること，第二に賃料増額調停には被告Y1自身が出頭し交渉をしていること，第三に昭和60年3月に原告ら代理人が賃借人は被告Y1であり被告Y2は従業員であると考えていることを伝え，無断転貸がないかを確認した際に事実を述べなかったことを挙げることができる。しかし，第一の点は被告Y1の名義で借り受けていたために，その後の交渉も深く考えることなく被告Y1の名義で行

うようになったものとの理解が可能であり，特に被告 Y1 に対しては賃貸してくれるが，Y3 や被告 Y2 には貸してくれないと考え，そのために原告らを欺こうと敢えて虚偽の事実を表明していたとまでは認定できないこと，第二の点は，調停及び訴訟においては被告 Y1 が相手方又は被告とされているためにそのまま被告 Y1 が応じる形で進んでいったものであると解され，被告 Y1 から積極的に自らを賃借人であるとして調停を求め，訴訟を提起したような事実は認められず，このことをもって背信的とは必ずしも言えないこと，第三の点は，Y3 自身は前記のとおり A 弁護士に事実を話すように述べたと供述しており，その後現在の被告ら代理人である B 弁護士には事実を述べ，同弁護士を通じてそのまま原告ら代理人に伝えられており，特に秘匿していたとすれば，積極的に Y3 の方から右事実を伝えたりしなかったであろうと考えられることからすると，これらの事実から被告らに背信的な意図があって原告らを欺いてきたとまでは認めることができない。

〔略〕

　以上の諸事情を総合考慮すると，確かに，被告らは早期に被告 Y2 を賃借人として契約を締結しておけば原告らの疑念を招かずに済んだものであり，本件紛争の責任は被告らにあると言えるのであるが，さりとて，原告らに虚偽の事実を告げてこれを欺いてきたとは認められず，被告 Y1 の名義で始め成行き上これが継続されてきたと考えられるのであり，本件建物の利用状態に変化はなく経過し，賃料は滞りなく支払われ，明渡しが認められない場合の原告らの不利益は，さほど大きいものではなく，他方，明渡しが認められた場合，被告 Y2 ら家族は生活及び収入の拠点が奪われることになるのであり，右の事実関係のもとでは，被告 Y2 に対する本件賃借権の無償譲渡には，信頼関係を破壊しない特段の事情があると解するのが相当である。」

裁判例 260　無断転貸と信頼関係の破壊
東京地判平成 24 年 12 月 20 日（判例秘書）

「(3) 被告 Y2 については，前記 1 のとおり，被告 Y1 が本件通知書を受領してから相当期間経過後も本件建物の占有を継続していたとは認められず，被告 Y1 が，従業員 1 人の会社に過ぎない被告 Y2 の事務所として数か月間本件建物を使用させたことによって，原告に対して何らかの不利益を生じさせたとは認められない。

　これに対し，被告 Y3 については，被告 Y1 が本件通知書を受領した後も，平成 24 年 1 月 20 日ころまで少なくとも約 8 か月間，原告の承諾がないまま本件エステサロンを営業していたことが認められる。

　確かに，本件建物を本件エステサロンとして使用することは，「事務所」として本件建物を使用したとは認められないが，エステサロンという業務の性質上，不特定多数の顧客が常時出入りするような一般的な店舗とは異なり，来客数も 1 日に数人と限られており，エステティックの施術をするためには，被告 Y3 において，ある程度顧客の情報も管理していたことが推認されるから，本件建物を本件エステサロンとして使用する場合が，事務所として使用する場合に比べて，本件ビルの安全平穏，評判等に問題が生じる可能性が高かったとは認め難い。

また，被告Y3は，前記2において検討したとおり，本件賃貸借契約第9条2項(1)の「第三者」に当たると認められるものの，本件建物の賃借人である被告Y1は，被告Y3の株式を100％保有して同社を所有していたから被告Y3の運営について影響力を行使することが可能であったものと認められ，現に，本件通知書受領後は，前記のとおり約8か月間という期間を要したものの，本件エステサロンの営業を停止したことが認められるのであり，被告Y3が本件建物を使用したことによって，原告の本件ビルの管理・利用に対し，結果的には著しい不利益が生じたとも認められない。

　被告Y1としては，本件ビルを買い戻すことを強く希望して本件売買契約を締結したことが窺われるところ，本件合意書には，本件賃貸借契約が被告Y1の債務不履行により解除されたとき，被告Y1は本件ビルの買戻し権を失うものとされているから，被告Y1が，同人の債務不履行を理由とする本件賃貸借契約解除によって負担するペナルティは相当厳しいものであることをも勘案すると，被告Y1が，今後も被告Y1の関連会社を原告の承諾なく新たに入居させるようなことがあった場合には格別，被告会社2社による本件建物の占有状況等に鑑みれば，現時点では，原告と被告Y1の間の信頼関係が本件賃貸借契約を解除しなければならない程度まで破綻したとまでは認められない。」

裁判例261　無断転貸と信頼関係の破壊
東京地判平成25年6月5日（判例秘書）

「ア　被告会社は，本件建物が所在する被告会社肩書地を本店所在地として平成2年6月に設立された，各種スポーツの指導，スポーツ用品の販売，クリーニング業等を目的とする有限会社であり，同社の取締役は被告Y1及び被告Y2の2名であり，被告Y1が被告会社の代表取締役を務めている。被告会社の主要な事業は，スカッシュコートのあるスポーツジムとの契約に基づくスカッシュのレッスン及び同レッスンの受講者に対するスカッシュ用品の販売である。被告会社は，本件店舗に，被告会社固有の固定電話に係る電話回線を開通させている。（甲8，12，乙10，被告Y2本人）

　イ　被告Y1は，被告会社の業務としてスカッシュのインストラクターを行うほか，本件店舗において被告会社が行うクリーニング業の手伝いを行うこともある。（被告Y1本人）

　ウ　別紙図面2の第2図の点eから点gまでの部分に設置された電飾看板の西側側面には「㈲M」との表示がある。（甲8）

　エ　被告会社は，少なくとも平成20年ころから平成22年9月ころまで，本件店舗内に設置された2本の伸縮式の棒によって固定することのできるパーテーションを2，3個程度利用して，スカッシュのラケット，ガット，グリップテープ等のスカッシュ用品を展示していた。（甲11，29，乙10，被告Y2本人）

　オ　被告会社が本件店舗を利用することについて原告の承諾は得ていない。（甲29，被告Y2本人）

　(2)　上記認定事実のとおり，被告会社は，本件建物の所在地に本店を置き，本件店舗前に看板を掲げ，本件店舗に独自の電話回線を開設し，本件店舗内に被告会社の営業に係る商品を展

示する等していたのであるから，本件店舗を占有使用していたものと評価することができる。

　もっとも，被告会社による本件店舗の占有使用は上記の限度に留まるのであって，被告会社の主要な事業の遂行に当たってもっぱら本件店舗が占有使用されていて本件店舗のクリーニング店としての使用に支障が生じていた等の事情を認めるに足りる証拠はなく，かえって本件店舗内を撮影した写真（甲11，乙1，11）によれば本件店舗内のほとんどがクリーニング店の営業に使用されていたこと及び被告会社の営業に係る商品は既に撤去されていることが窺われる。また，被告会社は，本件契約における賃借人である被告Y1が代表取締役を務め，その役員も本件契約における賃借人である被告Y1及び被告Y2のみである。

　このように被告会社の占有使用にもかかわらず本件店舗が基本的には本件契約の目的に沿う形で利用されていること等に加え，上記1（1）オのとおり本件契約に係る家賃等が約束どおり支払われていることを併せ考慮すれば，本件では本件契約における原告と被告Y1及び被告Y2との信頼関係を破壊するおそれがあると認めるに足りない事情が存在するといえるから，無断転貸を理由とする解除は認められない。」

・共同経営，経営委託，法人の実体の変更等

裁判例262　個人企業から会社組織への変更と無断転貸
神戸地判昭和25年5月26日（下民集1巻5号805頁）

「よって右契約解除が有効であるかどうかについて判断するに，作成の方式によって真正に作成されたものと認める甲第六号証および被告A，被告会社代表者各本人の供述ならびに弁論の全趣旨を総合すると，被告Aは本件家屋を借り受け後こゝで家具商を経営していたところ，その経営を合理化するため昭和22年9月25日同被告の息子Bと共に同人等が事実上出資し，かつその代表者となって一族を以って組織する被告会社を設立したのであるが，右会社経営の実態は被告Aが依然として実権を握り，その個人経営時代と何ら変わりがなく，ただ個人営業を形式上法人組織にしたのに過ぎないことが認められるから，形式的には被告会社が本件家屋を使用していて被告Aから転使用権を得ているような外観はあるが，実質上からいえば被告Aが本件家屋を依然使用収益しているのであり，被告会社はその賃借権の範囲内での使用を許されているものと認めるのが相当である。

　特に被告は本件家屋建築には前記のように多額の費用を支出しているのであって，斯る使用収益の方法も本件賃貸借上当然許されて然るべきであって，全くの第三者に転貸又は賃借権を譲渡した場合とはその事情を異にするにかかわらず，原告が前記のような形式をとらえ，転貸に名をかりて右賃借権を解除しようとするのは失当で，その効力を発生するに由がない。」

裁判例263　個人企業から会社組織への変更と無断転貸
東京地判昭和25年7月15日（下民集1巻7号1109頁）

「原告が昭和23年5月31日従来の個人営業を廃止し，その頃有限会社Xを設立したことは，当事者間に争いがない。ところで乙第七号証の一乃至五（証人Aの証言，被告B本人訊

問の結果によつて真正にできたものと認められる。）甲第十一号証の一，二第十二号証（真正にできたことについて争いがない。）と証人A，Cの各証言，被告B本人訊問の結果とを併せ考えると，被告Bは課税の適正な査定を受けるためには，個人営業による帳簿よりは，会社組織によるそれを備えた方がよいと考え，親戚知人と相談し，その氏名を借りて名義上持分権者にすると同時に，白紙委任状をもらってきて，ともかくも形の上で有限会社Xを設立したが会社の商号は，従来の商号「X」をそのまま用い，社員には一切利益配当及び報酬を考えず，業務全般を自ら掌握しており，会社設立前後を通じて本件建物で働いている者は同じであり，その他本件建物の使用状態は会社成立後も全然変わっていない。

即ち経営の実体は前後を通じて同一である，ということが認められる。かような場合には，社会の通念は，被告B個人の営業と被告会社の営業とは，法律上はとにかく，社会経済上は同一であるとみるのであろう。さて民法第612条は，賃貸人と賃借人との間の信頼関係を基礎として設けられた規定である。本件のような場合はこの信頼関係を破るものとは考えられないから，原告の承諾を得なければならない場合には当たらず，原告は無断の転貸叉は賃借権譲渡を理由として賃貸借を解除することはできないし，被告会社は本件建物を使用して差し支えないとするのが相当である。従って，原告のした本件賃貸借解除の意思表示によっては解除の効果は生ぜず，この点に関する原告の主張も，これを採用することができない。」

裁判例 264　個人企業から会社組織への変更と無断転貸
東京地判昭和26年10月11日（判タ21号54頁）

「被告Aは始め個人として本件建物に於て印刷用繊維資材その他の販売業を営み，併せて日本印刷文化協会の荷扱所としての業務に携って来たものであるが，昭和23年5月中個人よりも法人組織による経営が税金の負担に軽減を来すことを知り親戚知人の氏名を借りて株主とし一応形式の上では株式会社B商会を設立し，その代表取締役となったが，自らその一切の実権を掌握し会社の営業内容もまた本件建物の使用状態も，A個人経営当時と何等変化のなかったことが認められる。而してかかる会社といえども法律上に於ては明らかに個人とは別個独立の人格者ではあるけれども，経済上から見れば個人企業と選ぶところなく，とくに別個のものとは考えないのが一般社会通念であろう。

抑々民法第612条は賃貸借が個人的要求に基き，賃貸人と賃借人との信頼関係を維持する為設けられた規定であり，本件の様に建物の使用状態その他に於ても何等異なることのない場合，これが為この信頼関係を破るものとは考えられないから，報告会社は被告Aを離れて独立の占有者とは言えず，これをもって被告Aから被告会社に転貸が為されたものと解することは出来ない。」

裁判例 265　個人企業から会社組織への変更と無断転貸
大阪高判昭和30年10月17日（高民集8巻7号555頁，金法88号5頁）

「被控訴会社丙は法律上甲と別個の人格を有するから，本件家屋に対し乙が明渡の強制執行

をしようとすれば、単に甲に対する債務名義だけでなく、丙に対する債務名義をも得なければならぬのであって、此の意味において丙もこの家屋に対し独立の占有を有する。〔略〕（しかし、丙会社の株主役員はすべて親戚役員従業員が之に充てられ、経営の実権は甲にあるから）〔略〕この建物の占有関係は、実質上は甲が賃借人として依然その使用収益を続けていることには何等の変動がなく、丙は甲の賃借権の範囲内での使用を許されているにすぎない。従って、いまだ甲が賃貸人との間の信頼関係に背いて第三者に使用収益せしめたものと謂うに足りないから、民法第612条にいわゆる転貸があったものと見ることはできない。〔略〕（又既判力に関する控訴人の主張については）〔略〕将来控訴人の主張するような人的物的組織の変動を生じたため家屋の占有状況に著しい変更があった場合は、このときに始めて民法第612条にいわゆる無断転貸若くは賃借権の無断譲渡があったものとして新しく契約解除権を発生すること勿論であって、本件判決の既判力はもとよりこの場合に及ばぬこと勿論であるから、この場合を考慮して、本件につきすでに無断転貸があったものと見ることもできない。」

裁判例266　共同経営契約と無断転貸
最判昭和36年4月28日（民集15巻4号1211頁，裁判集民50号837頁）

「賃借人が賃貸人の承諾を得ないで第三者をして賃借物を使用させた場合においても，賃借人の当該行為が賃貸人に対する背信的行為と認めるに足らない特段の事情がある場合においては，賃貸人は，民法612条2項により契約の解除をなし得ないこと，当裁判所屡次の判例の趣旨とするところである（昭和25年（オ）第140号同28年9月25日第二小法廷判決民集7巻979頁〔編注：裁判例27〕，昭和28年（オ）第1146号同30年9月22日第一小法廷判決民集9巻1294頁〔編注：裁判例250〕，昭和29年（オ）第521号同31年5月8日第三小法廷判決民集10巻475頁〔編注：裁判例252〕）。そして原審の認定した一切の事実関係（殊に，本件賃貸借成立の経緯，本件家屋の所有権は上告人にあるが，その建築費用，増改築費用，修繕費等の大部分は被上告人Aが負担していること，上告人は多額の権利金を徴していること，被上告人Aが共同経営契約に基づき被上告人Bに使用させている部分は，階下の極く一小部分であり，ここに据え付けられた廻転式「まんじゅう」製造機械は移動式のもので家屋の構造には殆ど影響なく，右機械の取除きも容易であること，被上告人Bは本件家屋に居住するものではないこと，本件家屋の階下は元来店舗用であり，右転貸に際しても格別改造等を行なっていないこと等）を総合すれば，被上告人Aが家屋賃貸人たる上告人の承諾を得ないで被上告人Bをして本件家屋の階下の一部を使用させたことをもって，原審が家屋賃貸人に対する背信的行為と認めるに足らない特段の事情があるものと解し，上告人のした本件賃貸借契約の解除を無効と判断したのは正当である。」

裁判例267　個人企業から会社組織への変更と無断転貸
東京地判昭和37年1月29日（判タ130号70頁）

「本件被告Aの賃借家屋を被告会社が同被告とともに使用占有していることは当事者の間に

争がないところ，〔略〕被告会社は被告Aが官庁入札の資格獲得と課税軽減の目的で，自己の営む建築および土木工事施工営業を会社組織に改めるため，昭和34年8月31日右と同一の営業を目的として設立した会社であって，同被告の住所を本店所在地とし同人自ら代表取締役となり，在学中である妻の弟および知人を取締役とし妻を監査役とし，その営業上の実権は同被告が一手に掌握しており，営業の実体においては個人営業であった当時と全く変わりはないこと，従って，これを右家屋使用の状況から見ても本件係争家屋には依然として被告Aの一家族が居住しており，表入口に被告会社の看板が掲げられたのみで，その他の点においては被告Aが個人で営業していた当時と占有状況に何等の変わりもなく，同被告が本件家屋を退去する場合には，当然，被告会社もこれとともに家屋を退去する関係にあることを認めるに十分である。

会社は独立の法人格を有し，自然人たる代表者の人格と同一視することはできないことはもとよりであるが，右に認定したような事実関係のもとにおいては，単に被告会社が本件家屋を占有しているという事実のみで被告Aがこれを転貸したとなすは当たらないものというべきである。株式構成に変動を生じ，被告会社が全く第三者の支配を受けるに至ることは，予想されないことではないが，そのような事態が生じた場合にはその事態に基づいて，更に事を判断すれば足りるのであるから，そのような状態を予測して現在の状態を判断すべきであるとする原告の主張には，にわかに賛し難いところである。以上の次第であるから，原告の無断転貸を理由とする解除の主張も理由なしとなさざるを得ない。」

裁判例268　個人企業から会社組織への変更と無断転貸
東京高判昭和38年4月24日（東高時報民14巻4号95頁）

「一，控訴人らは，被控訴人Aが本件（一）の建物を控訴人らに無断で被控訴会社に転貸したと主張し，被控訴会社が被控訴人Aとともに右建物を占有使用していることは当事者間に争いがないけれども，成立に争いのない乙第五号証前記被控訴人A本人尋問の結果により真正に成立したと認める同第六号証の一ないし五，原審証人B，同Cの各証言に右被控訴人本人尋問の結果をあわせ考えると，被控訴人Aは昭和9年以来本件建物で豆腐屋を営んできたものであるところ，昭和29年8月右営業を会社組織に改めるべく被控訴会社を設立し，爾来，右建物で引き続き同一営業を継続していること，右会社の設立は同被控訴人が納税上有利な取扱を受けたいからというだけの理由から行われたものであって，被控訴会社は代表者たる被控訴人Aほか2名の社員からなるものであるが，被控訴人A以外の社員は単に社員としての名称を使用することを許諾したのみであり，実際に出資をしたのは同被控訴人だけで，他の社員の出資は単なる名目上のものにすぎず，経営の実体も建物使用の状況も会社設立の前後に別段変化のあった跡はなく，同被控訴人の個人営業と何ら変わるところがないこと，以上の事実がそれぞれ認められるから，かような事実関係のもとでは，被控訴会社に対し右建物の転貸があったといい得ても，これをもって右賃貸借解除の原因たり得る賃借人の背信行為とは到底いうことはできず，控訴人らの右主張もまた理由がないとしなければならない。」

(2) 解除を否定した事例／・共同経営，経営委託，法人の実体の変更等　197

裁判例 269　個人企業から会社組織への変更と無断転貸
大阪地判昭和 39 年 10 月 23 日（判タ 168 号 172 頁）

「以上認定の事実によると，社会的見地からみれば，被告 A 個人企業が会社企業に転換した前後を通じ経営の実体には何等変動がなかったことになるが，いやしくも会社が設立された以上は，会社とその構成員たる個人とは別個独立の人格を有することはいうまでもないところであるから，会社がその構成員の賃借物を使用する関係は法律的には転貸と解せざるを得ない。しかしながら，民法第 612 条が賃借人は賃貸人の承諾がなければその権利を譲渡しまたは賃借物を転貸することを得ないものとし，賃借人がこれに違反して第三者に賃借物を使用または収益させたときは賃貸人において契約を解除することができると規定したのは，賃貸借契約が当事者間の個人的信頼を基礎とする継続的法律関係であることにかんがみ，賃貸人の承諾を得ない賃借権の譲渡または転貸は通常賃借人の賃貸人に対する背信行為とみたからに外ならないから，賃借人が無断で賃借物を他人に使用収益させた場合においてもそれが当事者間の信頼関係を破るものとは認められないような特別の事情の存する場合は，賃貸人は右法条により解除することができないものと解すべきである。ところで，前記認定の事実関係の下においては被告 A の被告 X 商会に対する第 2 家屋の転貸は原告に対する信頼関係を破壊したものとは認められないから，原告は被告 A が被告 X 商会に対し第 2 家屋を転貸したことを理由として契約を解除することはできないものというべきである。」

裁判例 270　個人企業から会社組織への変更と無断転貸
最判昭和 39 年 11 月 19 日（民集 18 巻 9 号 1900 頁，裁判集民 76 号 209 頁，判時 396 号 37 頁，判タ 170 号 122 頁）

「賃借人が賃貸人の承諾を得ないで賃借権の譲渡又は賃借物の転貸をした場合であっても，賃借人の右行為を賃貸人に対する背信行為と認めるに足りない特段の事情のあるときは，賃貸人に民法 612 条 2 項による解除権は発生しないものと解するを相当とする（昭和 25 年（オ）第 140 号，同 28 年 9 月 25 日第二小法廷判決，民集 7 巻 9 号 979 頁〔編注：裁判例 27〕，昭和 28 年（オ）第 1146 号，同 30 年 9 月 22 日第一小法廷判決，民集 9 巻 10 号 1294 頁〔編注：裁判例 250〕参照）。

ところで，本件について原審の確定した事実によれば，被上告人は，昭和 22 年 7 月の本件家屋の賃借当初から，階下約 7 坪の店舗で X 商会という名称でミシンの個人営業をしていたが，税金対策のため，昭和 24 年頃株式会社 X ミシン商会という商号の会社組織にし，翌 25 年頃にはこれを解散して Y ミシン工業株式会社を組織し，昭和 30 年頃 Z ミシン工業株式会社と商号を変更したものであって，各会社の株主は被上告人の家族，親族の名を借りたに過ぎず，実際の出資は凡て被上告人がしたものであり，右各会社の実権は凡て被上告人が掌握し，その営業は被上告人の個人企業時代と実質的に何らの変更がなく，その従業員，店舗の使用状況も同一であり，また，被上告人は右 Z ミシン工業株式会社から転借料の支払を受けたことなく，かえって被上告人は上告人 A らの先代 B に対し本件家屋の賃料を同社名義の小切手で支払っており，被上告人は同会社を自己と別個独立のものと意識していなかったというのであ

る。されば，個人である被上告人が本件賃借家屋を個人企業と実質を同じくする右Ｚミシン工業株式会社に使用させたからといって，賃貸人との間の信頼関係を破るものとはいえないから，背信行為と認めるに足りない特段の事情あるものとして，上告人らが主張するような民法612条2項による解除権は発生しないことに帰着するとした原審の判断は正当である。」

裁判例271　営業名義人の変更と無断転貸
東京地判昭和40年9月30日（判時442号44頁）

　「二，まず被告Ａに対する請求すなわちＡがＢを本件建物に居住させ，喫茶店「Ｘ」の営業をさせたことが，本件契約解除原因たる「転貸」に該当するか否かについて判断する。民法第612条にいわゆる転貸とは，賃借人が第三者をして賃借物の使用収益をなさしめることを約する契約というのであるが，右の第三者とは目的物の全部または一切につき独立して使用収益をなしうる地位を取得した者をいい，従って賃借人の雇人や賃借人と世帯を同じくする親族等はこれに該当しないと解するのが相当である。これを本件についてみると，《証拠略》によれば次の事実が認められる。Ａは前記のとおり昭和30年10月17日本件建物を賃借した際，家族として，母Ｃ，弟Ｄ（当時21歳）の他妹2名が居り，Ａ（当時40歳）が中心となって自ら営業名義人となり，ＤとＢ（昭和30年10月ごろ住込従業員となった）の2名を補助者として本件建物で喫茶店営業を始めた。ところで，Ａが本件建物外に居住するようになったのは，昭和34年ごろＢがＤと結婚したのち同夫婦とＡとの間が不仲となったためであるが，その際Ａは本件喫茶店の経営を一時Ｄ夫妻に委任して名古屋にある妹宅や東京にある友人宅等に寄寓し，時折Ｄ夫妻を訪れていたが，のちにＤおよびＢの関係が破綻して，同人らが離婚したのち昭和38年6月ごろＡが再び本件建物に戻って本件喫茶店を営業するようになった。本件喫茶店の営業名義人は当初はＡであったが，のち昭和34年12月ごろＤ，同37年9月ごろＢと順次変更し，再び同39年3月Ａとなっている。以上の事実が認められる。原告Ｅ本人尋問の結果のうち以上の認定に反する部分は措信しない。してみると，Ｂが本件喫茶店に居住し，のちに営業名義人として本件建物を使用したのは，Ａが本件建物外に居住している間その営業を一時Ａに代ってなしたのみであって，経営の主体は終始Ａであり，Ｂが独立して本件建物を使用収益しうる地位を取得したものであるとは認め難く，他にこれを認めるに足る証拠はない。従って右は，Ａから第三者に対する転貸ということはできず本件契約解除の意思表示は効力を有しない。」

裁判例272　個人営業から会社組織への変更と無断転貸
最判昭和41年7月15日（裁判集民84号111頁，判時455号38頁，判タ195号78頁）

　「原判決によれば，本件土地は上告人の所有であり，昭和27年8月1日に被上告人Ａ個人に対し建物所有の目的で賃貸したところ，上告人はその後にいたり，当該地上にある本件物件については昭和27年7月26日付で旧所有者Ｂから被上告会社（その代表者は被上告人Ａ）に所有権移転の登記がなされていることを知り，右は被上告人Ａが本件土地賃借権を被上告

会社に無断で譲渡（または転貸）したものと主張して賃貸借契約を解除したのであるが，原判決は，右譲渡（または転貸）は賃貸人に対する背信行為とはいえないと判断して，契約解除を無効としていること論旨指摘のとおりであり，論旨は，右判断に違法があると主張するものである。

しかし，原判決が確定した事実，すなわち，被上告人Aは先代時代からX商店の屋号で織物の製造加工業を営んでいたところ，税金対策と金融の便宜のため，昭和25年頃右営業を会社組織にし被上告会社を設立したものであるが，営業の実体は個人営業時代と変わらず，事実上被上告人Aが自由に支配できるいわゆる個人会社であること，被上告人Aは，1つには家族の住家とし，1つにはこれを担保に事業資金を借り入れようとの考えから本件建物を会社名義で買い受け，上告人と本件賃貸借契約を結んだのであるが，貸借の交渉にあたって特に真実をかくそうとの意図はなく，被上告人個人の所有も同然との考えから所有名義の点にふれなかったにすぎず，格別悪意も作為もなかった等の事情に照らせば，背信行為と目するに足りない特別の事情がある旨の原判決の判断は正当として是認できる。借地人が，借地後組織を変更した場合と本件の場合と実質的に相違はなく，また背信行為かどうかの判断に当事者の主観が考慮されるのは当然であるから，右判断を以て誤りであると主張する論旨は，すべて採用するに値しないものというべきである。」

裁判例273　個人営業から会社組織への変更と無断転貸
最判昭和46年11月4日（裁判集民104号137頁，判時654号57頁，金判290号2頁）

「所論の各点についての原審の事実の認定は，原判決（その訂正・引用する第1審判決を含む。以下同じ。）挙示の証拠に照らして肯認することができ，右事実関係のもとにおいては，上告人合名会社Xと同Y建設工業株式会社との間の使用貸借契約は，確定的に期間を13年と定めたものではなく，いまだ終了したものとは認められない旨，被上告人Aと同有限会社Zとの間の転貸借には，賃貸人に対する信頼関係を破壊するものと認めるに足りない特段の事由があり，これを理由とする賃貸借契約の解除は許されない旨ならびに上告人Y建設工業株式会社の被上告人Aに対する本件賃貸借の解約の申入には正当の事由があるものとは認められない旨の原審の判断はいずれも正当であって，右認定・判断に所論の違法は認められない。論旨は，ひっきょう，原審の専権に属する証拠の取捨判断および事実の認定を非難し，さらに原審の認定に副わない事実に立脚しつつ右判断の違法を主張するものであって，採用することができない。

よって，民訴法401条，95条，89条，93条に従い，裁判官大隅健一郎の意見があるほか，裁判官全員の一致で，主文のとおり判決する。

裁判官大隅健一郎の意見は，次のとおりである。

私は，多数意見の結論には賛成であるが，その結論に至る過程においてこれと若干見解を異にする点があり，事案によっては，判決の結果にも影響があるのではないかと考えるので，その点について意見を述べる。

（一）原審（第1審判決を引用している。）の確定するところによれば，被上告人Aは上告人

Y建設工業株式会社より本件建物を賃借し同建物において肉屋を経営していたところ，昭和31年7月，同人が代表者になって被上告人有限会社Z（以下，被上告会社という。）を設立し，爾来本件建物における右肉屋の経営は被上告会社の名義をもって行なわれてきたのであるが，同会社の設立はもっぱら税務対策のためのものにすぎず，社員も右Aほかその弟Bおよび2名の親族に限られ，本件建物の使用状況も従前と全く同一である，というのである。

　右のような事実関係のもとにおいて，原判決（第1審判決を引用）は，被上告人Aと被上告会社との間に本件建物の転貸借が成立したことを認め，ただ，かかる事情のもとにおける転貸借は全く形式的なものにすぎず，これにより従前よりの賃貸借における当事者の信頼関係が破壊されるとはいえないから，右のような転貸借を理由にしては約定および法定（民612条）の解約権は発生しないものというべきであるとして，上告人の主張を排斥しており，多数意見もまたこれを是認している。

（二）　右に見たように，賃借人が自己の個人営業を単に法律的，形式的にのみ会社組織に改め，その会社をして自己の賃借物の使用収益をさせ，その前後を通じて，営業の規模，内容等その実体に変動がなく，経営の実権も従前どおり賃借人の手にあり，賃借物の使用の状況にも格別の変化がない場合においても，賃借権の譲渡または賃借物の転貸が成立するものとし，ただこの場合には，賃貸人に対する背信行為と認めるに足りない特段の事情があるから，その賃借権の譲渡または転貸を理由に賃貸借契約を解除することは許されないとするのが，当裁判所の判例（昭和39年11月19日第一小法廷判決，民集18巻9号1900頁〔編注：裁判例270〕）であって，本件の多数意見もこれに従うものである。

　しかしながら，この点については私は異見を有する。すなわち，右のような場合に賃借権の譲渡または賃借物の転貸が成立すると解することは不自然であって，むしろ，そこには賃借権の譲渡も賃借物の転貸も存しないものと解するのが適当ではないかと考えるものである。いうまでもなく，賃貸借関係の本質的内容である物の使用収益は事実上の状態であって，賃借人がその賃借物を使用していとなむ営業においていかなる名義をもって立ち現われるかにはかかわりがなく，そこで問題となるのは何人がどのような仕方でその賃借物につき使用収益をなすかである。そして，上述のような場合には，名目上は会社が賃借物の使用収益をしているにしても，その会社の法人格は全くの形骸にすぎないのであるから，その法人格を否認し，背後にある実体たる個人をとらえてその法律関係の処理をはかるのが，事の実相に適するものといわなければならないと思う。そうであるとすれば，そこには賃借権の譲渡も賃借物の転貸もないとせざるをえないのである。

　もっとも，このように解しても，本件において，上告人Y建設工業株式会社が被上告人Aとの間の本件建物の賃貸借契約を解除することをうるかどうかの点については，多数意見と結論を異にするわけではない。しかし，前記の判例および多数意見の見解は，このような賃貸借契約解除の許否の問題を解決するためにのみ構想された理論であって，賃借人個人，会社および賃貸人の三者の関係の全体にまで思いを及ぼしたものではないから，その関係が問題となる場合，たとえば賃料支払の関係が問題となる場合に，これをいかに解するかは明らかでないが，私のような見解によれば，賃料の支払義務を負う者が賃借人個人であることは当然であって，ただ，賃貸人が賃借人の個人財産からその支払を受けることができない場合において，別

に会社の財産があれば，賃貸人はその会社財産からも弁済を求めることをうるものと解せられる（最高裁判所昭和44年2月27日第一小法廷判決，民集23巻2号511頁参照）。これに反して，多数意見によれば，これと異なる結果となるのではないかと推測されるのである。」

裁判例274　共同経営と無断転貸
東京地判昭和47年10月30日（判時697号66頁）

「(1) 被告A，同B，訴外Cは，本件建物を使用してパチンコ遊戯場を共同経営しようとしたが開業資金を調達するには日本人である被告Aが表面に立つことが有利であったため，昭和35年12月21日被告Aが借主となって原告と本件建物賃貸借契約を締結した。

(2) 被告Bは，右賃借当初から本件建物に居住して本件建物においてパチンコ遊戯場を経営していた。訴外Cは間もなく右共同経営者の地位から脱落した。

(3) 右賃貸借契約の期間は，昭和35年12月15日から向う1か年の約であったところ，右期間満了のころ，被告A，同Bは，1か年金100万円の権利金を金70万円に，1か月金10万円の賃料を金7万円に値下げすることを要求し，原告は，従来どおりの権利金および賃料を支払わなければ，賃貸借契約の更新はしない旨主張して，遂にそのころ仮処分事件〔略〕にまで発展した。

(4) 右仮処分事件において，原告と被告A間に原告主張どおりの裁判上の和解が成立した。しかして右和解調書には「債権者（原告）は債務者（被告A）に対しBの許可名義で営業し，同人が（本件建物に）居住することを認める。」旨の条項が存する（この点は当事者間に争いがない。）。

(5) 被告Bは，右和解成立後も従来どおり本件建物においてパチンコ遊戯場を経営していたが，その後健康を害し，自ら先頭に立ってパチンコ遊戯場の営業をすることが困難になったので昭和43年に至り，千葉県下でメリヤス加工業に従事していた長男の被告D夫婦を呼びよせ本件建物の2階に同居させてパチンコ遊戯場の経営に協力させた。しかして，本件建物の2階（賃借部分以外の部分）には原告の娘夫婦が居住しており，被告D夫婦が本件建物2階に移り住んだ事実は，当時すでに原告の知るところとなったものと推認することができるのに，次項掲記のころまで右の点につき原告からは格別異議は述べられなかった。
〔略〕

また，右(4)の事実と《証拠略》によれば，右裁判上の和解成立当時，被告Bが本件建物につきある程度独立した占有をしていたことは，原告においても了承していたものと認めるのが相当である。けだし，当時被告Bが被告Aの純然たる雇人に過ぎないものであったとすれば，右和解にあたり，敢えて前記のような条項をいれる必要はなかったものと考えられるからである。また，既に認定したところから明らかなとおり，本件建物の利用形態は，昭和35年12月被告Aが最初に賃借して以来少しも変わっていないことが認められる。

以上の諸点に徴すると本件建物の被告Bに対する転貸はもとより，被告Dの本件建物居住が仮に転貸に該当するとしても，いずれも，これを被告Aの背信行為と認めるに足りない特段の事由があるものというべく，原告の前記契約解除の意思表示によっては本件賃貸借契約解

除の効力を生じないものと認むべきである。」

裁判例 275　のれん分けと無断転貸
東京地判昭和 61 年 10 月 31 日（判時 1248 号 76 頁）

「（一）被告は、昭和 49 年 5 月 1 日原告から本件建物を賃借し、以来三年毎に更新を繰り返して右賃貸借を継続し、本件建物において「酒蔵 X（水道橋店）」の商号で大衆酒場を経営して来た。

（二）右酒蔵 X は、東京都千代田区飯田橋に本店のある X 本社傘下のいわゆるチェーン店であって、同様のチェーン店は東京都内だけでも 40 数店に及んでいる。

（三）X 本社では、傘下チェーン店の従業員の中で勤務成績良好な者に「のれん分け」をする制度がとられていたところ、昭和 59 年 6 月ころ X 本社の会長で被告の兄である A から被告に対し、酒蔵 X 渋谷店の従業員 B を独立させるべく、水道橋店を委せてみてはどうか、との話があった。

（四）そこで被告は、右 B に X 本社の傘下で独立させるための試用として、同人に本件建物における大衆酒場の営業を委せることにした。

（五）このようにして B は、昭和 59 年 6 月ころから本件建物において大衆酒場の営業を開始したが、開始に当たり被告に対し、保証金 2000 万円を差し入れ、営業主体の名義人を被告から B に変更し、したがって右営業にかかる料理飲食等消費税や水道及びガス等の公共料金は同人において支払い、毎月の損益は全て同人に帰属するという形態をとり、したがって X 本社又は被告から給料の支給を受けることなく、かえって被告の X 本社に対する債務を毎月 20 万円宛被告に代って X 本社に支払っていた。

以上のとおりであって、これらの事実を総合すれば、B は本件建物を独立して使用収益していたものと認められるから、被告は同人に対し本件建物を転貸したものというべきである。

2　被告が本件建物を B に使用させるについて原告の承諾を得たとの主張立証はない。

3　被告は、右無断転貸は信頼関係を破壊しないと主張する（抗弁 1）ので考えるに、《証拠略》によると、昭和 60 年 8 月ころ、原告から被告に対し、本件建物を B に使用させるのは転貸になるから困る、との苦情があったため、被告は同月中には B を本件建物から立ち退かせ、再度自己の責任において大衆酒場の営業を続け、したがって原告が解除の意思表示をした同年 9 月 9 日には転貸借の状況は解消していたこと、B が本件建物を転借使用するに至った経緯は前記のとおりであり、また約 1 年 2 か月の転借期間における同人の営業形態は、X 本社の傘下チェーン店として、「酒造 X（水道橋店）」の商号を掲げた大衆酒場であって、被告が営業していた当時と殆ど変わるところはなく、被告においても右転貸期間は同人を正式に独立させることができるかどうかを見極める試用期間と考えていたこと、等の事実が認められ、この認定に反する証拠はない。これらの事実を勘案すると、B に対する無断転貸は、いまだ本件建物の賃貸借の信頼関係を破壊するに至っていないものと認めるのが相当である。してみると、これを理由とした解除は、その効力を生じない。」

(2) 解除を否定した事例／・共同経営，経営委託，法人の実体の変更等　203

裁判例276	法人の役員等の変更と無断譲渡

東京地判平成3年9月30日（金判896号39頁，金法1317号24頁）

「二　そもそも，株式の譲渡や役員等の変更は，法令・定款の範囲内において原則として株主もしくは当該会社の自由であり，他の干渉すべき事柄ではないが，賃貸借契約の場面において，賃借人の法形式が全く同一であっても，その実態に変更があるときには，右株式の譲渡や役員等の変更は民法612条の賃借権の無断譲渡・転貸と同視でき，賃貸借契約の解除原因となる場合があり得る。

　本件について検討するに，右認定の事実によると，本件株式譲渡契約前の被告は，訴外Aがその主宰者であり，その経済的信用性に着目して，本件賃貸借契約が締結されたものであることは明らかであるが，本件株式譲渡契約によって株主及び役員等が全面的に変更となっても，被告の営業目的，本件建物の使用状況に全く変更はなく従前どおり継続しており，被告の営業の実態は何らの変更もなく（実際の営業は訴外Bが継続して営業していた。），また，本件株式譲渡契約締結の以前と以後とで被告の賃料支払状況にも特に変化はなくて何らの滞りもなく，そのために原告も平成元年10月の更新時期まで，株主及び役員等の全面変更について全く気付かなかったというのであるから，被告の存立及び本件賃貸借契約に関する信頼の基礎が，訴外Aの個人的信用のみに依拠していたほど被告が法人性の希薄な会社であったとは認め難く，結局，本件株式譲渡契約によって株主及び役員等が全面的に変更となったことを捉えて，民法612条にいう賃借権の無断譲渡と到底同視することはできない。また，訴外A，C，訴外Bらが，本件株式譲渡契約を締結したことについて，原告の事前の承諾を取る必要まではないものの，事後に原告に報告をすべき信義則上の義務はあると思料されるが，それをしなかったからといって，これをもって賃貸借契約の基盤たる信頼関係を破壊するとまで到底評価することはできない。更に，本件賃貸借契約において，被告は，保証金5000万円（178万2500円の賃料の約28か月分に相当する。）を預託していること，及び前記のとおり昭和62年10月16日の更新の際，訴外Aは，被告の連帯保証人となっており，平成元年10月以降，本件賃貸借契約は法定更新の状態となったのであるから，特別の事情のない限り，訴外Aの連帯保証義務は継続していると解されるから，右結論は，実質的にも妥当であると思料される（もっとも，乙第九号証によれば，本件株式譲渡契約においては，平成元年10月15日以降，訴外Aは本件賃貸借契約の連帯保証人を外れ，Cまたは訴外Bがこれと交替することになっている。）

　なお，原告は，Cは，訴外株式会社Xの代表取締役であるが，右会社は平成3年7月，銀行取引停止処分を受けて倒産し，Cの資力については極めて不安な状況にあり，また被告は，資金調達ができずに平成3年4月分から8月分までの賃料相当額の供託もできず，現在の被告ないしCの経済的信用等に多大の不安がある旨主張するが，仮に，原告の右不安が杞憂でなく，現実に被告の主張する賃料さえも支払供託することができないならば，端的に，原告は賃料不払を理由として本件賃貸借契約を解除すればいいのであって，強いて本件株式譲渡契約の締結等を民法612条にいう賃借権の無断譲渡と同視できるなどと主張する必要性に乏しいといわざるを得ない。また，本件全証拠によるも，本件株式譲渡契約は，「賃貸人たる原告の承諾」

や「賃借権譲渡承諾料の支払」手続を回避する目的で、株式の譲渡を装った、賃借権を含む被告の営業全部の譲渡に該当する背信性の著しい契約であると認めるに足りない。」

裁判例277　個人営業から会社組織への変更と無断転貸
東京地判平成18年1月18日（判例秘書）

「乙24号証及び弁論の全趣旨によれば、被告Y2は、平成元年3月29日に設立され、その目的を飲食店（中華）の経営とこれに附帯する一切の業務とし、被告Y1の住所地を本店所在地としており、役員は被告Y1とその妻の2名のみで被告Y1が代表取締役となっており、被告Y1個人ないしその妻により、被告Y1の本件建物1におけるラーメン店の営業を法人成りさせたものと考えられ、被告Y2が本件建物1におけるラーメン店の営業主体となっているとしても、本件建物1の占有状況等について実質的な変更があったとはいえず、また、乙25号証の1ないし9によれば、被告Y1は原告に対して被告Y2振出の小切手で本件建物1の賃料を支払ったこともあるのであり、原告としても、遅くともこの時点では被告Y2の存在を認識したものというべきであるが、法人としての被告Y2と個人としての被告Y1とを峻別して賃料の支払方法について異議を唱えたと認めるに足りる証拠はなく、被告Y1から被告Y2に対する本件建物1の転貸を黙示に承諾したとまではいえないとしても、被告Y1による本件建物1におけるラーメン店の営業が法人成りして、営業主体が法人としての被告Y2となっていたことにより原告に何らかの損失が生じているとは考えられず、少なくとも、背信的行為と認めるに足らない特段の事情があるから、無断譲渡を原因とする本件賃貸借契約1の解除には理由がない。」

第2　賃料等不払い

民法541条は、「当事者の一方がその債務を履行しない場合において、相手方が相当の期間を定めてその履行の催告をし、その期間内に履行がないときは、相手方は、契約の解除をすることができる。」と定めており、債務を履行しない場合には、相当の期間を定めて履行の催告をする必要があるが、賃料不払いのため相当の期間を定めて履行の催告をした事例に関し、**最高裁**（昭和39年7月28日第三小法廷判決・民集18巻6号1220頁）は、「所論は、相当の期間を定めて延滞賃料の催告をなし、その不履行による賃貸借契約の解除を認めなかった原判決を違法と非難する。しかし、原判決（及びその引用する第1審判決）は、上告人が被上告人Aに対し所論延滞賃料につき昭和34年9月21日付同月22日到達の書面をもって同年1月分から同年8月分まで月額1200円合計9600円を同年9月25日までに支払うべく、もし支払わないときは同日かぎり賃貸借契約を解除する旨の催告ならびに停止条件付契約解除の意思表示をなしたこと、右催告当時同年1月分から同年4月分までの賃料合計4800円

はすでに適法に弁済供託がなされており，延滞賃料は同年5月分から同年8月分までのみであったこと，上告人は本訴提起前から賃料月額1500円の請求をなし，また訴訟上も同額の請求をなしていたのに，その後訴訟進行中に突如として月額1200円の割合による前記催告をなし，同被上告人としても少なからず当惑したであろうこと，本件家屋の地代家賃統制令による統制賃料額は月額750円程度であり，従って延滞賃料額は合計3000円程度にすぎなかったこと，同被上告人は昭和16年3月上告人先代から本件家屋賃借以来これに居住しているもので，前記催告に至るまで前記延滞額を除いて賃料延滞の事実がなかったこと，昭和25年の台風で本件家屋が破損した際同被上告人の修繕要求にも拘らず上告人側で修繕をしなかったので，昭和29年頃2万9000円を支出して屋根のふきかえをしたが，右修繕費について本訴が提起されるまで償還を求めなかったこと，同被上告人は右修繕費の償還を受けるまでは延滞賃料債務の支払を拒むことができ，従って昭和34年5月分から同年8月分までの延滞賃料を催告期間内に支払わなくても解除の効果は生じないものと考えていたので，催告期間経過後の同年11月9日に右延滞賃料弁済のためとして4800円の供託をしたことを確定したうえ，右催告に不当違法の点があったし，同被上告人が右催告につき延滞賃料の支払もしくは前記修繕費償還請求権をもってする相殺をなす等の措置をとらなかったことは遺憾であるが，右事情のもとでは法律的知識に乏しい同被上告人が右措置に出なかったことも一応無理からぬところであり，<u>右事実関係に照らせば，同被上告人にはいまだ本件賃貸借の基調である相互の信頼関係を破壊するに至る程度の不誠意があると断定することはできないとして，上告人の本件解除権の行使を信義則に反し許されないと判断しているのであって，右判断は正当として是認するに足りる。</u>従って，上告人の本件契約解除が有効になされたことを前提とするその余の所論もまた，理由がない。」として，信頼関係が破壊されているとは断定できない場合には，相当の期間を定めて催告をしたとしても，賃貸借契約の解除は許されないとしている。

　それでは，いわゆる無催告解除特約を定めた場合，特約は有効であろうか。それとも，借地法11条の「借地権者ニ不利ナルモノ」，あるいは借家法6条の「賃借人ニ不利ナルモノ」に該当し，無効であろうか。

　この点に関し，**最高裁**（昭和40年7月2日第二小法廷判決・民集19巻5号1153頁）は，「借地法11条の規定は，土地賃借人の義務違反である賃料不払の行為をも保護する趣旨ではない。したがって，土地賃借人に賃料の不払があった場合には，賃貸人は催告を要せず賃貸借契約を解除できる旨の所論特約は，同条に該当せず，有効である。」と判示し，借家法6条についても，**最高裁**（昭和37年4月5日第一小法廷判決・民集16巻4号679頁）は，「所論特約は，賃借人の賃料支払義務違反を理由とする場合の特約であるから，借家法6条にいわゆる「前7条ノ規定ニ反スル特約」に当らない。」と判示している。

　それでは，無催告解除特約が有効だとすれば，そのまま文字通りに解釈して，特約違反があれば催告なしに賃貸借契約を解除できるものであろうか。

　この点について，**最高裁**（昭和43年11月21日第一小法廷判決・民集22巻12号2741頁）は，「原審（その引用する第1審判決を含む。以下同じ）の確定する事実によれば，被上告人は，昭和37年3月15日，上告人に対し本件家屋を賃料月額金1万5000円，毎月末翌月分

支払の約で賃貸し，同年9月14日，賃貸期間を昭和40年9月13日までと定めたが，右賃貸借契約には，賃料を1箇月でも滞納したときは催告を要せず契約を解除することができる旨の特約条項が付されていたというのである。

ところで，家屋の賃貸借契約において，一般に，賃借人が賃料を1箇月分でも滞納したときは催告を要せず契約を解除することができる旨を定めた特約条項は，賃貸借契約が当事者間の信頼関係を基礎とする継続的債権関係であることにかんがみれば，賃料が約定の期日に支払われず，これがため契約を解除するに当たり催告をしなくてもあながち不合理とは認められないような事情が存する場合には，無催告で解除権を行使することが許される旨を定めた約定であると解するのが相当である。

したがって，原判示の特約条項は，右説示のごとき趣旨において無催告解除を認めたものと解すべきであり，この限度においてその効力を肯定すべきものである。そして，原審の確定する事実によれば，上告人は，昭和38年11月分から同39年3月分までの約定の賃料を支払わないというのであるから，他に特段の事情の認められない本件においては，右特約に基づき無催告で解除権を行使することも不合理であるとは認められない。それゆえ，前記特約の存在及びその効力を肯認し，その前提に立って，昭和39年3月14日，前記特約に基づき上告人に対しなされた本件契約解除の意思表示の効力を認めた原審の判断は正当であり，原判決に所論のごとき違法はなく，論旨は理由がない。」と判示している。

以下は，信頼関係が破壊されたかどうかの観点から，賃料不払いなどによる解除を肯定した事例と否定した事例である。

(1) 解除を肯定した事例

裁判例 278 賃料の一部不払い3年6月
東京地判昭和48年8月17日（判時740号69頁）

「そこで，被告の賃料債務不履行および用方違背が原告において被告との賃貸借関係を継続することが不可能である程度に達しているかどうかを判断する。この判断は，信義則上賃貸人にこれ以上賃貸借関係の継続を強いることが困難であるかどうかの観点に立ち，賃借人の債務不履行につき，賃貸借の基礎にある当事者の信頼関係を破壊したと認むべき事情が存するかどうかをつきとめるという方法によってなされるべきである。

（一）まず，被告の賃料の延滞についてみる。

本件居室の賃料が1か月6,500円であることは当初の契約書上明記され，契約の更新に際しても，該賃料額の約定は維持されたものである反面，賃料額が1か月6,300円であるとの被告の主張は全然根拠がないことは前記のとおりである。してみると，被告が昭和41年12月分以降昭和45年5月分まで毎月6,300円の賃料しか支払わず，毎月200円宛合計8,400円の賃料の延滞を発生させたことは，金額こそさしたるものでないにせよ，義務違反として決して軽微なものとはいえない。むしろ，有償の賃借型契約である賃貸借は現今における不動産の利用方法として重要な社会経済的意義を有し，賃借人がそのもっとも基本的な義務である賃料の支払を

契約で定めたところに従い誠実に履行するかどうかは，賃貸人が当該不動産の利用価値を享受できるかどうかの岐路にかかわる問題であることを考えると，なんら首肯しうる根拠がないまま，約定賃料の支払を長期に亘って履行しない被告の態度は，原告をして被告の背信を強く感ぜしめたであろうと推察される。
〔略〕
　（四）当裁判所は前記（一）（二）で述べた被告の債務不履行の態様を重点に把え，これに前記（三）（5）で説明した事情をあわせ考え被告の債務不履行は本件居室の賃貸借の基礎にある信頼関係を破壊する程度のものであると判断する。」

裁判例279　7〜8年にわたる賃料支払いの遅滞
東京地判昭和57年5月21日（金判668号38頁）

「（三）以上判示したところを総合すれば，被告Xには原告との間の賃貸借契約における信頼関係を破壊する行為があったと認めてよく，原告は特に催告を要せずに本件賃貸借契約を解除し得ると解されるところ，原告が被告Xに対し本件建物の賃貸借の終了を理由としてその明渡を求める訴を提起している以上，これには賃貸借契約の解除の黙示的な意思表示も含まれていると解してよいから，原告と同被告との間の本件建物の賃貸借は本件訴状が同被告に送達された昭和55年11月19日に終了したと認めることができる。

　なお，信頼関係の破壊について若干附言する。賃料の長期にわたる不払は，信頼関係破壊の典型的な場合であることに異論はなかろう。長期にわたる遅滞は，それだけでは直ちに信頼関係の破壊といいうるかは問題が残る。しかし，本件のように，7〜8年にもわたる継続的な遅滞がある場合には，それだけでもきわめて不誠実な賃借人といわれても止むを得ないであろうし，加えて本件においては，前認定のとおり実質的には無断転貸の状況も加わっており（原告はこれを独立の解除原因として主張しているわけではないので，信頼関係の破壊という観点からのみ検討する。），これだけの事実が重なれば，信頼関係の破壊を認められてもいたしかたないであろう。それに，本訴提起後の弁済供託金についても被告Xは滞納処分による差押，換価処分を受けており（この点は争いがない），原告において保証金を受領しているにしても，賃料の支払に不安をいだくこともももっともな事情があることも念のため指摘しておく。
4. 以上によれば，原告の被告Xに対する請求は正当として認容することができる。」

裁判例280　賃料8か月分相当の保証金の不払い
東京地判昭和59年12月26日（判タ556号163頁）

「以上によれば，被告は約定の保証金支払義務を負っているにもかかわらず右保証金の支払をしていないことが認められ，右保証金は低額賃料の補充及び営業利益の対価という性格を有するので，本件保証金の支払は，賃料支払と同様，更新後の本件賃貸借契約の重要な要素として組み込まれ，その賃貸借契約の当事者の信頼関係を維持する基盤をなしているものというべきであるから，その不払は右基盤を失わせる著しい背信行為として本件賃貸借契約それ自体の

解除原因となりうるものと解するのが相当である。そして，本件において，原告に対する信頼関係を破壊すると認めるに足りない特段の事情があるとは認められない。」

裁判例 281　極めて低額な供託額と信頼関係の破壊
横浜地判平成元年9月25日（判時1343号71頁）

「3　そこで，右供託の相当性について検討する。
(一)　前記二，四において見たとおり，昭和56年4月当時の本件建物の敷地の地代は月額5560円であり，また，前記A，B，C各鑑定による同年5月1日現在の適正賃料は，それぞれ，月額3万4000円，2万8000円，2万4700円であるから，被告が供託した賃料月額2000円は，敷地の地代にも及ばず，右適正賃料はもとより，原告が増額を請求した賃料月額2万円の10分の1という著しく低額なものであることが認められる。
〔略〕
　以上の事実を総合考慮すると，原告の増額請求を無視し，統制令の適用があると信じていたとしながら，同令による本件建物の具体的賃料額について検討することもなく（D鑑定によれば，仮に統制令の適用があるとしても，昭和56年5月1日当時の本件建物の賃料は月額1万2116円である。），前記のとおり長期間にわたり著しく低額の供託を継続した被告の態度は明らかに常軌を逸するものであり，賃貸借関係において要求される信頼関係を破壊するものというほかはない。
　被告は，昭和56年4月に賃料増額の請求をしながら，6年余り被告との交渉を放置した後契約を解除した原告の態度を非難するが，上記認定事実によると，右は，主として，被告の側に当初から協議に応ずる態度がなかったことに基因するものと認められるので，原告が増額請求の後6年余を経て契約を解除したことをもって，信義則違反ないし権利の乱用ということはできない。
　よって，本件賃貸借契約は前記催告の到達後相当期間を経過した昭和62年5月29日解除により終了したものというべきである。」

裁判例 282　賃料等の不払い10か月分余と信頼関係の破壊
東京地判平成14年10月3日（判例秘書）

「ア　被告会社は，原告に対し，前記3のとおり原告から未払賃料等の支払の催告を受けた平成13年4月21日現在において，賃料及び管理費につき，10か月分を超える合計54万7731円の支払を遅滞させていたほか，更新料についても，3回分（合計6万7500円）の支払を遅滞させていた。
　イ　その後，上記催告によっても，上記遅滞の状況は，結果的に大きな改善を見せず，被告会社は，前記4のとおり原告が被告会社に対し本件原賃貸借契約を解除する旨の意思表示をした同年10月13日現在において，賃料及び管理費（同年9月分まで）につき，やはり10か月分を超える合計53万7531円（本訴請求にかかる未払賃料及び未払管理費のうち同年9月まで

の分（合計66万531円）から，原告と被告両名との間において争いのない同年8月31日の7万8000円及び同年9月26日の4万5000円の各弁済を控除したもの）の支払を遅滞させており，他方，上記更新料の遅滞分については，何ら遅滞額が減少することはなかった。

ウ　その間，被告会社は，原告に対し，同年6月18日付けで，同年8月までに遅滞を解消する旨約束していたが，上記イのとおり，これが果たされることはなかった。

エ　また，被告会社が本件原賃貸借契約に基づく管理費の支払を遅滞させたため，原告は，本件建物1の区分所有者として，同建物が所在するマンションの管理組合から訴訟を提起され，これに対する応訴の負担を甘受しなければならなかった。

(2) 以上からすると，原告と被告会社との間の信頼関係が破壊されていないということはできず，その他，原告と被告会社との間の信頼関係が破壊されていないとの評価をするに足りる事実を認めるに足りる証拠はない。

(3) なお，被告らは，被告会社がこれまで継続して賃料の支払を怠ったものではなく，支払自体は間断なく実行していた旨主張するが，上記(1)のとおりの事実に照らせば，そのことをもって，原告と被告会社との間の信頼関係が破壊されていないとの評価をすることはできない。また，被告らは，原告がこれまで被告会社の長期間にわたる賃料の不払を知りながら，これを不問にしてきた旨主張するが，そのような事実を認めるに足りる証拠はない。」

裁判例283　賃料不払い約6か月分と信頼関係の破壊
東京地判平成14年12月26日（判例秘書）

「被告らは，原告の解除の主張に対し，本件合意書の外に被告らが怠ったのは，本件賃料等の平成14年7月分から9月分の支払いのみであるから，いまだ信頼関係は破壊されたとはいえず，また，無催告解除として有効ではない旨主張して争っている。

そこで検討すると，前提事実及び上記一で認定した事実によれば，被告Y1は，平成13年8月分から本件賃料等の支払いを怠り始め，その額は，平成14年6月21日現在で183万3874円（本件賃料等の月平均額の6か月分以上に相当する。）にも達していたのであり，原告らとの間でこの解消につき協議し，書面により分割弁済を約しながら，はやその翌月から，本来，各月に支払うべき本件賃料等の支払いを怠ったもので，これが本件賃貸借契約における信頼関係を著しく破壊するものであることは明らかであり，また，本件においては，無催告による解除を有効としても不合理と認められない事情があるということができる。」

裁判例284　賃料不払い4か月分と背信性・無催告解除の有効性
東京地判平成15年7月18日（判例秘書）

「なお，上記解除の意思表示は，本件契約における即時解除の合意に基づき無催告で行われているが，そのような即時解除の合意が有効とされるのは，賃借人に即時解除を有効とするだけの賃貸借契約における信頼関係を破壊した背信的行為を理由とする解除に関する場合と解すべきである。

そして，本件解除は，賃借人である被告会社の連続して4か月間の賃料等の不払を理由としてなされたものであるから，そのような場合の被告会社の背信性は明らかであって，本件解除は有効である。」

裁判例285　減額賃料の供託と信頼関係の破壊・サブリース
東京地判平成15年7月29日（判例秘書）

「3　被告らは，本件賃貸借契約の解除が，権利の濫用にあたる（あるいは本件賃貸借契約について，信頼関係を破壊するに足りない特段の事情が存する）とも主張するので検討する。

(1) 被告らは，権利の濫用（あるいは信頼関係を破壊するに足りない特段の事情）の理由として，①本件建物の賃料とBが賃借している5階物件の賃料との格差が合理性を欠いていること，②交渉の過程において被告会社が原告に対し，Bの契約内容の開示を求めたのにもかかわらず拒絶されたこと，③被告会社には経済的信用（賃料支払能力）があり，かつ支払いの意思もあること，④被告会社は減額賃料を供託しており，原告の経済的損害は決定的に大きいとはいえないこと（Bの賃料額とさしたる相違はないこと），⑤原告も従前，賃料減額を内容とする和解案を示していたこと，⑥本件賃貸借契約の解除により，被告会社は，新規事務所を探すことに始まり，保証金，礼金，移転費用，原状回復費用，新規内装費用，休業損害等のきわめて多額の損害を被ること，⑦本件ビルには原告が入居しておらず，被告会社が本件賃貸借契約を継続したとしても，原告との間でトラブルが発生するおそれはないこと，⑧本件解除がもっぱら感情的なものに起因すること，⑨継続的契約関係にあっては，賃料支払能力等の物的信頼関係の破壊がない限り，関係修復による現状維持が認められることが穏当であること等を主張する。

(2) しかし，被告らの主張は理由がないものと認められるが，その理由は次のとおりである。

ア　①については，前記2 (3) で認定判断のとおり，本件建物と5階物件の賃料に格差があることには合理性があるというべきである。

イ　②について，被告会社は，平成11年6月以降，原告に対し，Bとの契約内容の開示を求めているが，原告には，Bとの間の契約内容を被告会社に開示すべき法的義務は存しない。すなわち，Aと被告会社との契約は，前記2 (3) ウで認定判断のとおり，両者の交渉に基づいて合理的に締結されたものであるところ，この時点では未だAとBとの契約は締結されていないのであるから，後に締結されたBとの契約内容について，原告が開示すべき義務がないことは明らかである。

ウ　③，⑤及び⑥について検討する。原告は，平成13年3月2日，被告会社に対し，Bとの契約内容を開示することはできないものの，妥協案としてきわめて合理的な和解案を提示している（前記1 (10)）。しかし，被告会社は，Bとの契約内容が開示されていないとの理由でこれを拒絶し，原告に対して義務のないことを要求し続けた結果，自ら和解の機会を逃したものというべきであるし（前記1 (10)），借地借家法32条3項に反して一方的に減額した賃料を供託し続け，賃料減額についての裁判を提起できたのにこれを放置していたものというべきである。したがって，これらの事情に鑑みれば，被告会社に支払能力と意思があることや従

前原告から和解案の提示があったこと，本件解除によって被告会社に損害が発生することをもって，本件解除が権利の濫用にはあたるということはできない。

エ　④については，被告会社が減額賃料として供託した金額と被告会社が本来支払うべき金額との差異は少額であるとはいえないし，⑦については，本件賃貸借契約の賃料について，原告と被告会社との間ではBの契約内容の開示を巡って紛争が生じている以上（そして原告に契約内容の開示義務がないことは前述のとおりである），今後紛争が生じないとはいえず，⑧については，これを認めるに足りる証拠がない。

オ　⑨については，和解で解決することが適当な事案であるとしても，前記3（2）アないしウで説示した内容に鑑みれば，本件解除が権利の濫用にあたるとはいえない。

（3）したがって，本件賃貸借契約の解除は，権利の濫用にはあたらない（信頼関係を破壊するに足りない特段の事情も存しない）というべきである。」

裁判例 286　賃料等の不払い4か月分と信頼関係の破壊
東京地判平成15年10月29日（判例秘書）

「2　被告らは，被告Y1の不払いは，信頼関係の破壊を認めるに足りない旨主張するが，本件賃貸借契約における賃料及び共益費が月約240万円であることからすれば，被告の滞納している金員は相当額に及んでいるのであるから，これが信頼関係を破壊するものであることは明らかであり，また，被告らの主張する被告Y1が全額支払う予定であるとする点についても，これは解除後の事由にすぎず，また，その時期からみても，到底これを考慮することはできない。したがって，被告らの上記主張は失当である。」

裁判例 287　賃料不払い（約1か月分）等と信頼関係の破壊
東京地判平成15年12月5日（判例秘書）

「原審被告らは，賃料支払の遅滞状況も平均1か月強であること，長年賃借していること，原審原告が原審被告ら付近の北側洗面所の改装工事をしたため原審被告らの居室の使用収益に支障を与えたこと，原審原告が解除通知後に新契約締結の通知をしていることなどから原審原告との信頼関係は破壊されていないと主張する。

成立に争いのない乙9号証によれば，原審原告は，平成11年1月22日，原審被告X1によるそれまでの賃料滞納を同年4月末日をもって解消し，その後契約に従った賃料を支払うとの申入れを受け入れる一方で，その後原審被告X1が賃料を滞納した場合は，契約に則って退室要求等をすることとしたことが認められる。しかるに，その後も原審被告X1は，賃料の支払を約定の支払期日より1か月程度遅延している（争いのない事実）のであり，これは，原審原告との信頼関係を損なうものといえる。

この点につき，原審被告らは，2か月の賃料不払が解除事由となっているから1か月程度の遅延では信頼関係を破壊しないと主張するが，前掲甲1ないし3号証によれば，本件の各賃貸借契約では，無催告解除事由として2か月以上の賃料不払が挙げられている（各7条）ので

あって，1か月程度の不払は信頼関係を破壊するものではないとした趣旨とはいえず，原審被告らの主張を採用することはできない。

また，成立に争いのない乙4，5号証の1によれば，原審原告が，原審被告X1に対し，解除に基づく明渡しをするか，新しく賃貸借契約を締結するか等について改めて話合いをしたいと申し込んだにもかかわらず，原審被告X1は，債務不履行の事実はないと一方的に前記提案を拒絶したことが認められるのであり，これは著しい信頼関係の破壊を決定づけるものといわざるを得ない。」

裁判例288　賃料不払い10か月分相当と信頼関係の破壊
東京地判平成15年12月24日（判例秘書）

「1　前提事実等によれば，被告は，本件賃貸借契約に基づく賃料支払債務について，平成14年2月以降，一部しか履行をしなくなり，原告の本件賃貸借契約の解約意思表示が到達した平成15年4月30日の時点では，その未払賃料は300万円に達していたのであるから，賃料支払債務が，賃借人の最も基本的な債務であることからすれば，特段の事情がない限り，原告と被告との間の本件賃貸借契約にかかる信頼関係は破壊されているといわざるを得ない。

2　被告は，この特段の事情として，保証金472万円が被告から原告に差し入れられていること，現時点では未払賃料は弁済済みであることを主張するが，賃料未払の期間が短期間で，かつ，未払額も少額であるなら格別，本件のように，賃料一部未払の状態が1年以上にわたり，かつ，未払額も300万円と高額に及んでいる場合に，保証金が差し入れられているからといって，賃料支払債務の不履行が信頼関係を破壊しない特段の事情とは認められない。また，原告による本件賃貸借契約解約後に，未払賃料を弁済したからといって，解約時の信頼関係破壊の判断には影響しない。

その他，本件全証拠によっても，本件賃貸借契約に関して，原告と被告との間で，信頼関係が破壊されていないとするに足りる特段の事情は認められない。」

裁判例289　賃料等不払い約9か月分と信頼関係の破壊・サブリース
東京地判平成16年3月25日（判例秘書）

「原告と被告は，原告が本件ビルの所有権を得たにもかかわらず，被告が前所有者との特殊な関係に基づく（所有者であるかのような行為とも言いうる。）行為を改めず，また，原告が本件ビルの所有権を取得後直ちに各テナントと直接契約を結ぼうとするなど，本件契約を遵守しようとしなかったため，紛争状態にあったということができる。

そうしたなか，原告は，本件解除の意思表示1をしたものであるが，解除原因1の時点では，催告期間がわずか5日で，被告の賃料の滞納が実質2か月分に満たず，原告が挙げるその他の事由も，前記認定のとおり，8階ベランダへの給水管が撤去されていないという程度にとどまるから，解除の効果を認めることは相当でない。

しかし，被告は，本件訴状の送達を受けてから，手元不如意が原因で，原告に対し一切賃料

等を支払っておらず、そのため、本件解除の意思表示 2 の時点では、原告が各テナントから直接受領している賃料を控除しても、被告の滞納額合計が本件契約における保証金合計を超えるに至っている。

　そうすると、本件契約は、信頼関係破壊を理由として、本件解除の意思表示 2 により終了したというべきである。

　3（1）なお、被告は、解除事由は契約ごとに検討すべきであり、本件建物 6 及び 7 について、履行遅滞はない旨主張する。

　しかし、賃料の支払状況及び賃借人の支払能力は、賃貸人と賃借人の信頼関係の基礎であり、被告が本件訴状の送達を受けてから賃料を一切支払わず、その原因が被告の手元不如意にあり、しかも、被告の滞納額合計が本件契約における保証金合計を超えていることに鑑みれば、原被告間の信頼関係破壊を否定することはできず、テナントが直接原告に支払っていることを理由にしてその部分だけ賃貸借契約を継続することはできない。

　（2）また、被告は、E が被告に対し賃料を支払わないのは、L が、被告は倒産寸前で保証金が戻って来ないから賃料支払を停止した方がよいと助言したためであり、本件契約のうち、E を含む本件建物 1 ないし 5 に係る部分の解除は信義則違反であって、無効である旨主張する。

　しかしながら、その主張事実のみでは、信頼関係破壊を理由とする解除に対し信義則違反をいうことはできないものと思われるところ、上記助言を認めるに足りる証拠はなく、さらに、証拠（証人 M と被告代表者本人）と弁論の全趣旨によれば、原告が E から受け取っている額（91 万 3500 円）は、本件建物 3 につき、被告が原告に支払うべき賃料相当額であり、被告は、E との間で、E が被告に支払うべき金額（150 万円）との差額を被告に支払うか、被告が預かっている保証金から控除するか等について話し合ってさえいないことを認めることができるから、被告が賃料の差額分につき支払を受けられないことにつき、相当因果関係を認めることはできない。

　そうすると、上記被告主張は、理由がないばかりか、その前提を欠く、採用できない。」

裁判例 290 賃料不払い 5 か月分と信頼関係の破壊
東京地判平成 16 年 9 月 17 日（判例秘書）

「イ　これに対し、被告らは、本件賃貸借契約に係る賃料不払は専ら原告の責に帰すべき事情によって生じたものであるから、賃料不払に関して被告 Y1 に背信性はなく、また、原告と同被告 Y1 との間の信頼関係も破壊されているとはいえないとして、本件無催告解除は効力を有しないと主張するので検討する。

　契約当事者間の信頼関係を旨とする賃貸借契約に関しては、賃料不払の程度や不払に至った事情によっては、無催告解除に係る賃借人の背信性を阻害することがあり、また、賃貸借契約の基礎にある当事者相互間の信頼関係がいまだ破壊されているとはいえないとして、直ちに解除の効力発生を認めることができない場合があると解するのが相当である。

　しかして、前認定の事情からすると、本件で被告 Y1 が賃料不払に至った主たる原因は、当初から資金繰りに余裕がなかったことに加え、本件建物の用途変更手続の遅延により本件施設

のオープンまでに予定していた介護保険の対象事業所としての認可を受けることができず，施設利用者を集めることが困難となったことにあると解される。しかしながら，当初から資金的余裕がなかったとの事情が原告の責に帰すべき事情に当たらないことはいうまでもないし，また，介護保険の適用申請の前提として本件建物の用途変更を要し，その際に建築確認書，竣工検査済証の添付が必要であったとしても，これらの事情は被告Y1において調査し得るものといえるところ，本件賃貸借契約締結前に同事項について原告，被告Y1間において協議や確認がされたことを窺わせる証拠はない。加えて，原告も，もともとこれらの書類を所持していなかったというのであって，他に原告が特段の理由なくこれらの書類を被告Y1に交付しなかったとの事情を認めるに足りる証拠はない。

この点，被告らは，本件建物は違法建築であって建築確認などされておらず，原告もこの事情を被告Y1に秘匿していたため，本件施設は介護保険の適用を受けることができなかったと主張する。しかしながら，仮に，本件建物について適式な建築確認がされていなかったとしても，本件賃貸借契約の締結時において，原告において本件建物が違法建築物であることを了知しており，かつ，そのことを被告Y1に敢えて告げなかったとの事実を認めるに足りる証拠はないし，本件建物が違法建築物であるとの事情のみをもって被告Y1の賃料不払が原告との関係で正当化され，原告の解除権が制限を受けると解することも相当でないというべきである。よって，被告らの上記主張は採用することができない。

ウ　以上の検討を総合すれば，被告Y1について本件賃貸借契約に係る賃料不払等を正当化するに足る事情は乏しいといえるから，被告Y1の賃料不払等の義務違反は同被告の背信事由を構成し，かつ，これにより本件賃貸借契約に係る原告と被告Y1との間の信頼関係は破壊されたと評価するのが相当である。」

裁判例291　賃料不払い約26か月分と信頼関係の破壊
東京地判平成16年10月20日（判例秘書）

「2　争いのない事実と証拠（甲6，乙5の1及び2，6ないし8，9の1ないし3，22，原告本人，被告本人）によれば，本件建物は，平成2年ころから時折雨漏りがするようになり，被告は原告に修理を要望し，平成8年6月には，はがれた天井からゴミが落ちてくるので修繕してほしいとする内容証明郵便を送付したが，原告は，賃料の供託を続けている被告からの要望には積極的に応じようとせず，また，被告もそれ以上に強く修繕の要望を申し入れるには至らずに，被告自ら平成8年6月に2万2000円を支出して天井の仮修繕をしたこと，被告には呼吸機能障害があり，日常の仕事には支障がないものの，階段の昇降等について困難を覚えることがあり，そのような状態で供託のため法務局に赴くのが面倒な気持ちと，屋根の修繕をしてもらえない不満とから，平成13年6月分以降の供託を怠るようになったこと，その後，平成14年12月ころ，被告のもとを原告の依頼を受けた株式会社BのCが訪ね，本件建物の老朽化を理由に明渡しを求めたこと，原告は，平成15年1月分から賃料の供託を再開したが，Cによる明渡し交渉が続いたため，立退きを強いられるのではないかと思い，同年4月分から供託を再び中止したこと，同年5月には本件建物に雨漏りが生じたため，原告は，同月中に天井

工事を，同年8月には屋根工事を実施し，その費用として合計22万1900円を支出したことが認められる。

3 まず，被告は賃料全額を既に供託したことを主張するが，同事実は，解除後の事情であるから，それだけで信頼関係破壊が治癒したものと認めることはできないが，他の事情と相まって特段の事情となる余地はあると解されるので，更に他の事情について検討する。

被告は，供託できなかったのが被告の身体的事情によるものであると主張するところ，被告の呼吸機能の障害が，供託をしなくなったことの一因であったとしても，被告自身が法務局へ赴くのに困難な事情があっても，家族など，代わりの者によってすることもできなかったとの事情は窺われないのであり，また，平成15年1月に供託を再開した時点で過去の分まで供託できたはずであるにもかかわらず，供託していないことからしても，被告の身体的事情によりやむを得ず供託できなかったといえるものでないことは明らかである。

被告は，原告が天井等の修繕を怠ったことを主張し，被告からの修繕の要請に対して原告が特にこれに応じなかったことは，前記のとおりである。しかし，被告においても強く修繕を要求したとまでは認められないことに照らして，原告の対応が不誠実であったとまで断ずることはできないし，また，被告自身による修繕により支出された金額が前記の程度であることからすれば，これが多額の賃料についての供託の不履行を正当化する事由となると解することは困難である。

また，被告は，立退き要求を受けたことをも主張するが，本件建物は昭和43年12月増築の登記がされている（甲1）ことからすると，それより相当以前に建てられた建物であり，老朽化が進んでいると解され，したがって，このような建物の取り壊しを考え，そのために賃借人に明渡しを申し入れて交渉をすること自体は何ら不合理ではないし，不当なものということもできないから，そのことをもって賃料不払いを正当化する事由とすることもできない。

なお，被告は，原告から催告がなかったことをも主張するが，被告は，たまたま支払を失念していたわけではなく，賃料支払義務の存在を知りつつ長期間放置していたのであるから，そのような被告に対して特に催告をしなかったことが信頼関係の破壊の程度につき影響を及ぼすべき事情となるものと解することはできないから，上記主張は失当である。」

裁判例 292 賃料不払い等約1年6か月分と信頼関係の破壊
東京地判平成16年12月7日（判例秘書）

「2（1）上記事実関係を前提に検討するに，前記1（10）のとおり，被告は，平成16年5月11日に5万円を支払ったのを最後に支払をしておらず，賃料不払の債務不履行があることは明らかである。

そして，本件契約書第6条には，被告が賃料の支払を怠った場合には何ら催告を要せず，本件契約を解除することができる旨の規定が存するところ，継続的契約関係である賃貸借契約においても，信頼関係を破壊する特段の事情が認められる場合には，かかる無催告解除特約も有効であると解される。

（2）そこで，信頼関係を破壊する特段の事情の存否について見るに，被告は，目黒区から生

活保護を受給し，賃料相当分についても同区から受領しているにもかかわらず，平成15年5月11日以降，原告に対し，賃料ないし賃料相当損害金を一切支払っておらず，現時点において，その不払期間は約1年6か月にもなること，前記認定のとおり，被告は，不適切な使用により何度もブレーカーを落としてＰ荘全体の電気の使用に支障を来したり，水漏れを発生させたばかりか，ごみを玄関先から隣家等に投げ捨てるなどして近隣住民に対し，多大な迷惑を掛けていること，しかるに，被告は，原告あるいはケースワーカーとの接触を避けており，原告側から被告に対し，連絡を取ることが極めて困難であること等の事情が認められ，これらに照らせば，被告には，本件賃貸借契約の継続を困難ならしめる程度の信頼関係を破壊する特段の事情が認められるというべきである。」

裁判例293 【参考判例】2度の約3か月分の賃料遅滞と信頼関係の破壊
東京地判平成17年2月25日（判例秘書）

「被告は，その主張を善解すると，信頼関係を破壊しない特段の事情がある旨主張するようであるが，証拠（甲3，6）及び弁論の全趣旨によれば，被告は，平成16年2月分以降の賃料等の支払いをせず，原告から同年4月27日到達の内容証明郵便で支払いの催告を受けた後に支払い，その後，同年9月分以降の賃料等の支払いをせず，原告から同年12月5日ころ内容証明郵便で支払いの催告を受けたが同郵便を受け取らず，ただし，同月6日に2か月分の賃料等を支払ったことが認められ，これに被告の本訴における弁解を合わせ考慮すれば，原告と被告との間に信頼関係を破壊しない特段の事情があるとは認められない。」

裁判例294 賃料不払いと信頼関係の破壊（過大な未払賃料額の請求）
東京地判平成17年4月21日（判例秘書）

「3　以上を前提として，亡Ｅが平成16年2月17日に被告Ｆに対して行った本件解除通知の効力について検討する。

亡Ｅは，本件賃貸借契約で569万1000円の賃料が未払であるとして催告・解除の意思表示をしているが，前述したようにそのうち469万1000円についてはすでに亡Ｅが保証金から充当したことが認められるため，実際の未払賃料額は平成16年1月及び2月分の合計100万円であったことになる。

催告した未払額が過大であっても，債権者において催告全額全部の提供がなければ受領を拒絶すべき意思が明確でないときは，催告は正当な未払賃料額の限度において有効となる（最判昭32年3月28日民集11巻3号610頁）。

そこで，本件についてこれを検討すると，亡Ｅは，入金がなかった569万1000円について支払を催告しているものの，すでに自らの判断でうち金469万1000円については保証金1010万円から充当しているという事情に照らすと，被告Ｆが100万円のみ提供したとしてもこれを拒絶する意思が明確であるとはいえない。従って，正当な未払賃料額100万円の限度において催告は有効であるというべきである。

よって，亡Eの平成16年2月17日の催告は100万円の限度において有効であり，同日になされた停止条件付き解除の意思表示も有効であるから，本件賃貸借契約は相当期間経過後の平成16年2月24日をもって解除されたと認めることができる。
4　被告Fが催告を受けて一旦分割払いの和解案を提案しておきながら，結局，平成16年1月以降一銭も賃料を支払っていないこと，残った保証金を未払賃料額に充当しても平成16年12月以後は保証金が底を突いていること，被告らの係争態度等から被告らは賃料を支払わずになるべく長期間にわたり本件建物で営業を続けることを企図していることが窺えること等に照らすと，原告らと被告Fとの間の信頼関係は破壊されたものと認めるべきであり，本件解除通知による解除の効力を妨げる特段の事情を認めることはできない。」

裁判例295　賃料不払い（13か月分）等と信頼関係の破壊
東京地判平成17年6月9日（判例秘書）

「また，以上の事実及び前記前提事実，とりわけ，被告主張に係る本件三者合意の存在を認めることができないこと，被告は，本件賃貸借契約に基づき原告に対し賃料債務を負担するにもかかわらず，平成15年2月分以降の賃料支払を懈怠したこと，原告からの再三の督促にもかかわらず，本件三者合意の存在を主張するとともに，被告の有する本件建物の使用権限は使用借権であることを主張してその支払に応じなかったこと，2回にわたり原告と本件建物の延滞賃料支払及び明渡しに関する合意（10月書面及び平成15年確約書）をしながら，これを全く遵守しなかったことなどを総合的に考慮すると，被告には原告・被告間の信頼関係を破壊するに足りる背信行為があったと見るのが相当である。
　したがって，本件賃貸借契約（本件基本賃貸借契約及び本件転貸借契約）はいずれも被告の債務不履行により解除されたものであり，原告は，被告に対し，本件建物明渡請求権及び未払賃料請求権を有するものと認められる。」

裁判例296　賃料不払い（約4か月分）と信頼関係の破壊
東京地判平成17年8月30日（判例秘書・平成17年（ワ）第7223号）

「賃料の支払は，賃貸借契約に基づく賃借人の基本的な義務であるところ，被告Aは，本件解除の意思表示が到達した平成17年3月の時点で，4か月分近くに上る賃料等を延滞し，相当の期間を定めて催告を受けてもこれを支払わなかったものであって，このこと自体，他に賃料不払を正当とする特別の事情がない限り，賃貸借契約の当事者間の信頼関係を破壊するに十分というべきである。この点につき，被告Aは，不払の理由は，先にCが，支払が多少遅れてもよいという発言をしておきながら，これを裏切って弁護士に委任して賃料等の支払を催告したことに立腹したためであるとして，不払を正当とする事情があるかのように主張するが，前記認定のとおり，このような発言をCがしたとは認められず，これを前提とする同被告の主張は採用することができない。かえって，前記認定によれば，被告Aは，平成16年10月分の賃料等の支払を遅滞しながら，Cがその支払を催告したことを難詰して謝罪させた上，今

度は同年11月分を延滞しながら，原告と交渉の末に合意して支払った更新料の返還を一方的かつ強硬な言辞をもって要求し，原告がこれに応じないとみるや賃料等の支払を拒絶した上，裁判をしないと支払わないなどといった挑発的な言動を繰り返していたものであって，同被告の不払の背信性は極めて強いといわざるを得ない。もっとも，同被告は，本件第1回期日の直前になって，不払賃料を全額支払って延滞を解消させてはいるものの，これによって既に発生した解除の効力が遡って消滅するわけではない。また，上記支払について，同被告は，裁判で明渡しを命じられるのが怖くなったからであると供述しているところ，同被告自身，陳述書（乙2）において今後はC夫妻に対して好意的な態度では臨めない旨を明言しており，このような同被告の言動に照らせば，明渡しが認められないまま本件訴訟が終了すれば，再度，同被告が賃料等の不払に及ぶおそれが否定できず，上記延滞の解消によって，いったん破壊された信頼関係が修復されたと認めることもできない。」

裁判例297　【参考判例】賃料不払い（4か月分）と信頼関係の破壊
東京地判平成17年8月30日（判例秘書・平成17年（ワ）第5034号）

「上記前提事実によれば，被告Aは平成16年8月から賃料の不払を繰り返し，原告ないしDの催告に対し，支払の意思を示すこともあったものの，約した期日までに支払を完了せず，賃料の不払を継続したことが明らかであり，不払に係る金額も少額とはいえない。したがって，かかる事情に照らせば，被告ら主張の事実をもって，信頼関係を破壊するに足りない特段の事情があると認めることは到底できず，本件解除が権利の濫用に該当するとはいえないことも明白である。」

裁判例298　賃料不払い（約7か月分・供託額が従前賃料の80パーセント）と信頼関係の破壊
東京地判平成17年9月29日（判例秘書）

「ア　前記認定の状況下において，平成16年5月11日，原告らが被告に対し本件各解除の意思表示をしたことは前記認定・判示のとおりである。
　イ　これに対し，被告は本件賃貸借契約1及び2につき信頼関係を破壊するに足りない特段の事情があると主張する。
　しかし，平成15年10月分から本件各解除の意思表示がなされた平成16年5月11日の時点までの未払賃料額は7か月分と11日分の合計額となること，また，被告は，平成15年11月下旬ころには，不動産鑑定士により平成15年10月1日の時点の適正賃料額が本件店舗1につき月額303万3332円，本件事務所につき月額43万3068円であるとの結果が出たことを認識しつつ，依然として本件店舗1につき月額288万円，本件事務所につき月額38万4000円の供託を続けていたこと（乙22，弁論の全趣旨），さらに原告らから本件催告解除の意思表示により明示に賃料支払の催告を受けながら，これに応じないまま，少なくとも平成16年9月分まで従前賃料額の80パーセント相当額の供託を継続するという態度を維持したものであって，被告の前記行動は，前記借地借家法の規定の趣旨に沿わないものというほかない。そして，そ

の後においてなされた鑑定の結果，後記認定のとおり，平成15年10月1日の時点における適正賃料額は，本件賃貸借契約1につき月額315万円，同2につき月額41万8000円で，減額された相当賃料額よりも供託された賃料額は，本件賃貸借契約1については27万円，同2については3万4000円少なく，その相当賃料額に対する割合も本件賃貸借契約1については約8.5パーセント（27万円÷315万円），同2については約8パーセント（3万4000円÷41万8000円）に相当することを総合すれば，鑑定の結果認定される本件賃貸借契約1及び2の適正賃料額を考慮してもなお，原告らと被告との間の賃貸借関係における信頼関係を破壊しない特段の事情があるということはできないというべきである。」

裁判例299 【参考判例】賃料不払い（約8ないし9か月分）と信頼関係の破壊
東京地判平成17年11月16日（判例秘書）

「（原告の主張）
　本契約には，本件債務弁済契約上の債務を弁済しないときは，いかなる理由があろうとも原告は予告期間を要することなく直ちに本契約を解除することができるとの特約がある。したがって，信頼関係の破壊の有無を考慮することなく解除権を行使し得る。
　また，被告会社及び被告Y1は，多額の賃料等を延滞し，その期間も被告会社については8か月間，被告Y1については9か月間にも及び，さらに，本件債務弁済契約上の債務の1回目の分割金すら支払わず，本件建物2の明渡も履行しようとしない。したがって，原告と被告会社及び被告Y1との間の信頼関係は同被告らの債務不履行によりすでに破壊され，回復することができない。
〔略〕
（当裁判所の判断）
　なお，被告会社及び被告Y1は，信頼関係が破壊されていないものと主張するが，同被告らは相当長期間にわたって賃料の支払を怠っているのであるから，到底，同被告らの主張は採用できない。」

裁判例300 【参考判例】4か月分の賃料及び2度の更新料不払いと信頼関係の破壊
東京地判平成17年12月19日

「(3)　また，被告は，原告の平成17年7月12日付けの内容証明郵便による通知は形式，内容がともに虚偽であり，有効な通知とはいえないと主張するが，前記（1）の事実によれば，この内容証明郵便に記載された内容のうち，被告が更新料を支払っていないことや平成17年4月分以降の家賃等を支払っていないことにつき，虚偽があるとはいえないし，その事実を元に，原告が，本件契約における当事者間の信頼関係を破壊するに足りる著しい背信行為があったと評価して，被告に対し，本件契約の解除の意思表示をするとともに，未払の更新料及び家賃等の合計125万円の支払を催告した通知自体を無効にする事情も窺われない。また，証拠（甲2の1）によれば，前記内容証明は電子内容証明サービスによるものであることが認めら

れ，その形式も含め，同内容証明郵便につき，それによる本件契約の解除の有効性を妨げる事情があることも窺われない。」

裁判例 301 【参考判例】賃料不払い（約 12 か月分）と背信行為
東京地判平成 18 年 3 月 29 日（判例秘書）

「したがって，被告 Y1 は，約 1 年分もの賃料を支払っておらず，このことは，本件賃貸借契約の継続を困難ならしめる背信行為に当たるから，原告は，本件賃貸借契約を催告せずして解除することができるというべきであり，原告のした本件賃貸借契約を解除するとの意思表示は有効であるということができる。」

裁判例 302 【参考判例】賃料不払い（3 か月分約 375 万円）と背信性
東京地判平成 18 年 4 月 13 日（判例秘書）

「(1) 以下の事情を総合すると，被告 Y1 には，本件無催告解除を有効とするに足りる背信性があるといえる。
　ア　前記 1 (2) ないし (4) の事実によれば，原告・B 間の本件建物の賃貸借契約は，B に代わって原告が一旦本件建物を取得し，これを B に転売する一連の計画と密接に関連しており，これにより，被告 Y2 は，融資を受けて本件建物を購入するのと同様の経済的効果を得ている。
　イ　原告は B から支払われる転売代金を返済資金にあてる予定で，平成 17 年 12 月末の一括返済を条件に本件建物の購入資金の融資を受けており，本件売買契約どおりに売却できない場合には他に売却して返済資金を作る必要があること，その場合に，被告らが本件建物を占有したままでは本件建物の売却が困難になることは，被告 Y2 にも容易に予想できた。
　ウ　ア，イの事情を総合すると，継続的使用を予定する通常の賃貸借契約に比べて，本件賃貸借契約においては人的信頼関係を重視する必要性は低く，他方，賃料支払が期日どおりに行われること及び本件建物が本件売買契約どおりに売却できることが重要な要素であったといえる。
〔略〕
(2) 被告らは，被告 Y2 は，平成 17 年 5 月以降，前記 1 (13) のように賃料相当額を原告に支払っており，背信性はないと主張する。しかし，前記支払は，一旦解除が有効に成立した後に行われたものであり，当然には解除の効力を左右するものではない。原告はこれらの金員を損害金として受領することを明らかにしており（甲 12 の 1，2），本件で，前記支払を理由に解除の効力を否定すべき事情は認められない。また，無催告解除が有効とされる以上，原告が賃料支払いを催促しなかったことは背信性を否定する理由とはならない。」

裁判例 303　2度の更新料不払いと信頼関係の破壊
東京地判平成18年4月28日（判例秘書）

「そうすると，被告会社は，原告との間で，その後の更新期である同17年3月8日の更新期における更新料のみならず，同14年3月8日の更新期における更新料についても支払をする旨の合意をしていたものというべきである。しかるところ，被告会社は，同14年3月8日の更新期のみならず，本件覚書作成後の同17年3月8日の更新期に当たっても，更新料を支払わなかったものであって，前者については，本件催告書による催告まで約3年余，後者についても約4か月余，これの支払を遅滞していたことになる（被告らは，原告から，これらの支払について，催告を受けてはいない旨主張するが，これが，催告を受けない限り，これの履行期が到来しないとする趣旨であれば，失当というほかない。）。そして，被告会社は，本件催告書による催告期間内にもこれを支払わなかったのであって，被告会社が，同年9月26日に支払った（乙2）のは，このうち1回の更新料で，（充当関係を措くとして）これを後者の平成17年の際の更新料とすると，本件催告書による催告期間の終了時から起算してこれの支払まで2か月に満たないとしても，本来の支払時期から起算すれば，支払まで約半年余も経過している。仮に被告らの主張するように，被告Y2は，前記覚書の存在を失念していて，原告代理人からファックス送信された覚書を同17年9月24日に被告ら代理人から提示されたため，同月26日に遅延損害金を付してこれを支払ったとの事情があったとしても，前記のとおり，本件催告書においては，更新料の支払も求めていたのであるから，被告会社及び同Y2は，これの支払催告があったことを認識していたものというべきである。被告会社において，これの支払に疑念を生じていたというのであれば，原告あるいは原告代理人に照会して，これの支払の根拠を確認することは可能であり，かつこれを期待しても不相当であったとはいえないから，被告会社が，かかる照会の労をとることなく，これを催告期間終了時から2か月に満たない同年9月26日に支払ったとしても，前記のとおり本来の支払期から半年余も経過していること，同14年の際の更新料は支払われていないこと，本件覚書で引用される本件賃貸借契約書には，支払期日から2か月遅滞した場合は本件賃貸借契約を解除することができることが規定されていることなどの事情を総合すると，原告と被告会社間の信頼関係は，遅くとも本件催告の終期までには失われていたものと認められる。」

裁判例 304　賃料不払い（約6か月分）と信頼関係の破壊
東京地判平成18年6月9日（判例秘書）

「(1) 請求原因事実によれば，被告は，平成16年9月1日から平成18年3月15日までの間の賃料（約19.5か月分）のうち58万6000円（約3.5か月分）を支払ったのみであり，その余の賃料（約16か月分）を滞納していることが認められるのであって，証拠及び弁論の全趣旨を総合しても，上記のとおり長期間分の賃料を滞納しているにもかかわらず，原告らと被告との間の信頼関係が破壊されていないと評価するに足る事情が存在すると認めることはできず，原告らの請求が権利の濫用に当たるということもできない。なお，被告は，信頼関係が破

壊されていない事情の1つとして，原告X1との間の人的関係の存在を強調するもののようであるが，賃貸借契約も有償契約であるから，そのような人的関係を過大に評価することはできないし，前記請求原因のとおり，本件賃貸借契約は原告X1のほか原告X2を共同賃貸人とするものであるから（なお，証拠（甲1）によれば，原告X2は，本件建物の共有持分32分の22を保有していることが認められる。），原告X1との間の人的関係のみを強調することは，それ自体失当である。以上によれば，被告の抗弁（1）は理由がない。」

裁判例 305　賃料等の不払い（約6か月分）と信頼関係の破壊
東京地判平成18年6月29日（判例秘書）

「(1) 証拠（甲5～13。なお，枝番のあるものはこれを含む。）及び弁論の全趣旨によれば，被告は平成16年9月ころから賃料等を滞納するようになり，原告が再三その支払を請求したものの，滞納の状況が解消されなかったこと，平成18年2月13日時点における未払賃料等の額は，賃料1か月分相当額の更新料を含めて，75万4398円であったこと，原告は，遅くとも同年1月ころ以降，本件建物を〔編注：B〕に事務所として使用させたこと，原告は，同年2月10日付けの書面により，本件契約を解除する旨の意思表示をし，同月13日にこれが被告に到達したことが認められる。

(2) 上記(1)の事実及び前記争いのない事実によれば，被告においては，多額の賃料等を支払わず，さらに，本件契約に違反して本件建物を第三者に使用させるという重大な債務不履行があるということができる。また，原告と被告の間の信頼関係が破壊されていないとみるべき特段の事情もない。

したがって，本件契約は，原告の解除の意思表示により，平成18年2月13日をもって解除されたと認められる。」

裁判例 306　賃料不払い（約4か月分）と信頼関係の破壊
東京地判平成18年8月30日（判例秘書）

「被告らの主張によれば，本件建物のセールスポイントである窓ガラスに平成14年2月にひびが入ったのに，修理のタイミングが合わず放置されたため，平成17年8月頃，再度通報をすると共に賃料の支払いを停止したが，同年12月に原告が交渉のテーブルに着いたので9月，10月分の賃料を支払っており，また，被告らは一貫して和解による解決を希望しており，原告代理人が平成18年5月24日の弁論準備手続期日で全く和解の余地はないとした後は，同月26日に253万7554円を支払い，さらに同年6月30日には153万8500円を支払っており，本件が会社間の賃貸借契約であり，経済的観点から判断されるべきことからすれば，当事者間の信頼関係は破壊されておらず，原告による解除権行使は信義則に反する旨主張する。証拠（乙2，6）によれば，原告は，平成14年2月に窓のひび割れの通知を受けた後，社内の引継ぎミスで，網入りガラスが崩れず，被告Y3の了解も得ていると認識し，いったん対応が完了したものと処理してしまい，平成17年8月に再度指摘を受けるまで対応していなかった

経緯も認められる。

　しかしながら，本件建物の窓のひび割れが，そもそも賃料減額の理由にならないことは前記1判示のとおりである。そして，証拠（甲9（2），10（1），（2），乙2，6）によれば，原告は，被告Y3から平成17年8月に再度の通知を受けた後は，同被告に謝罪し，同年11月に窓ガラスにフィルムを貼る応急措置をすると共に，当然にガラスを交換する旨の意向を伝え，同年12月に家賃1か月分の減額による決着を申し出たが，同被告が平成14年2月分まで遡って賃料減額するよう主張するうち，平成18年1月に交渉が決裂したことが認められ，原告の側でも修繕のための対応をしていた。しかし，被告有限会社Y1は，平成7年の賃借当時から賃料の支払いは少し遅れる傾向にあったが，平成17年11月分以降の賃料を支払わなくなり，原告が平成18年2月に内容証明郵便で催告と不払いの場合の解除を通知した段階で，未払額は180万8000円に達しており，この部分の遅滞は本訴提起後の平成18年5月まで解消されなかった。

　以上のような，賃料不払いの正当性の有無，解除時における未払金額，それまでの原告側の対応，不払いが解消されるまでの期間，従前の賃料支払状況等に照らせば，他方で，居間の窓ガラスにひび割れが存在し，それが原告社内のミスもあって4年近く修繕されず，訴訟係属後には多額の弁済をしていること等の事情を考慮したとしても，原告と被告有限会社Y1との間の賃貸借契約上の信頼関係は，既に破壊されたものと評価せざるをえない。したがって，原告による本件賃貸借契約の解除は有効であり，これが信義則に反するとの主張は採用できない。」

裁判例307　**賃料不払い（約9か月分）と信頼関係の破壊**
東京地判平成18年9月27日（判例秘書）

「証拠（甲4，6，7，10，11，乙1）及び弁論の全趣旨によれば，本件賃貸借契約上，被告Y1が賃料の支払いを2か月以上滞納したときは，原告は何らの催告を要することなく本件賃貸借契約を解除できる旨定められていること，被告Y1は，本件賃貸借契約における賃料の支払いを平成15年11月ころから滞納し始め，原告に対して支払猶予の申し入れをしたところ，平成15年12月26日，原告と被告らは，被告Y1が平成15年12月分の賃料の支払いを遅延し，かつ平成16年1月分の賃料を約定の期限内に支払えないことを確認して，その遅延賃料についての支払い等について覚書を交わしたこと，更に被告らが予定どおりの賃料支払いを履行できなかったため，平成16年4月30日，原告と被告らとの間で再度遅延賃料の支払い方法等について覚書を交わしたこと，それにもかかわらず，被告らは，賃料の滞納を続け，平成17年12月1日に賃料の一部65万5000円を支払ったのを最後に支払いがなく，平成18年4月分までの賃料562万円（消費税込み）が未払いのままであることが認められる（ただし，解除日である平成18年4月26日までの日割計算による未払賃料は546万5981円である）。

　前記認定事実のもとでは，被告らの賃料の未払いによって，本件賃貸借契約の信頼関係は破壊されているものと認めるのが相当である。

　以上によれば，原告の本件賃貸借契約解除は有効である。」

裁判例 308　賃料の不払い（4か月分）と信頼関係の破壊
東京地判平成 18 年 10 月 5 日（判例秘書）

「(1) 原告は，平成 17 年 11 月 28 日，A から，本件建物を売買により取得し，同日，本件建物について，所有権移転登記を経由し，本件契約に基づく賃貸人たる地位を承継した（甲 2）。

(2) 被告は，同日以降，原告に対し，本件契約に基づく賃料を支払わないため，原告は，被告に対し，B を介して，再三に亘り，本件契約に基づく賃料を支払うように催告したが，現在までその支払いをしないため，賃料不払いを理由として，平成 18 年 3 月 31 日到達の書面により，本件契約を解除する旨の意思表示をした（甲 3，4）。

(3) 被告は，現在，本件建物に引き続き居住しており，平成 17 年 11 月 28 日から平成 18 年 3 月 31 日までの本件契約に基づく延滞賃料は 28 万 7000 円である。また，本件建物の賃料相当損害金は 1 か月 7 万円が相当であると認められる。

2　以上の事実が認められる。とすると，原告の請求原因事実は全て認められることになる。

これに対し，被告は，同年 11 月 15 日，本件建物の旧管理人であった C から，被告に対し，電話により，「お金はもういい。」などと言われたことを根拠として，本件契約に基づく賃料の免除があったことを主張するようである。

しかし，証人 D は，賃料の免除などなかった旨を C から引き継いでいると証言しているし，また，被告本人尋問によれば，A がその時点における未払賃料について債務免除したのか，C に対し，そのような委任をしていたのかはっきりせず，また，A に問い合わせるなど確認行為をしていないため，その真意がはっきりせず，賃料の免除をしたのか，それとも被告からはもう賃料を取れなくとも仕方がない程度の意味合いに過ぎなかったのかも判然としない。したがって，賃貸人が A から原告に変更となった際，仮に，そのような債務免除があったとしても，その免除の効果が承継されるとは言い難く，被告自身においても，原告との関係で，ずっと賃料を支払わなくて良いとまでは思っていなかったものと認められる。

被告は，原告の管理会社である B から，平成 17 年 11 月 25 日付賃貸人変更のお知らせ（乙 1）や同月 28 日付賃貸人の地位の承継に係る通知書（乙 2）を受け取りながら，A からの通知がなかったため，原告からの賃料の支払いを拒否したと主張するが，被告は，A から，平成 17 年 11 月 14 日，電話により，大家が代わることを告げられていたこと，賃貸人の変更は本件建物の登記の移転により明確であること（甲 2）などに照らすと，原告に対し，平成 17 年 12 月分以降の賃料を支払わないことについて何ら正当な理由はない。

また，被告は，同年 12 月，防水工事の施工通知書（乙 4），貯水槽の清掃通知書（乙 5），その際の配管の改修工事がなされたことや天井裏が朽廃しているため，台所と 4 畳半の居間の天井から雨漏りがするようになり，修繕が可能かそれとも新築するほどの費用が掛かるか不明であったため，被告は支払いを拒否していると主張している。

しかし，証人 D の証言によれば，修繕の応対をしたにも拘わらず，被告から何の応答もないため，修繕できない状態であると認められ，被告において，要修繕状態を改善して本件建物の完全な使用収益関係を再構築するための積極的な姿勢が何ら窺われないし，仮に，被告の上

記主張を前提としても，本件契約に基づく賃料の支払いを全く拒絶する正当な理由にはならない。したがって，被告の主張するような背信行為と認めるに足らない特段の事情はなく，原告の本件契約の解除の意思表示は有効である。」

裁判例309　賃料の不払い（7か月分）と信頼関係の破壊
東京地判平成19年1月12日（判例秘書）

「Aは，前項において認定したとおり，平成18年9月1日現在で，同年3月分から9月分までの7か月分の賃料等，合計額109万9000円を延滞していることが認められる。この7か月分の賃料等の延滞が，その金額からして賃貸借契約における信頼関係を相当程度破壊するものであると認められるうえ，さらに，Aが原告からの内容証明郵便を不在を理由に受け取っていないこと（甲7の1，甲7の2），被告やDにおいても何ら延滞解消に協力する姿勢を取っていないことからすれば（弁論の全趣旨），原告とA間の信頼関係は，既に破壊されたものと解するのが相当である。

したがって，原告は，前記本件賃貸借契約13条の無催告解除の条項に基づき，催告をすることなく本件賃貸借契約を解除することができると解すべきであり，本件賃貸借契約は，原告が本件とともに提起したAに対する訴状が，同年10月4日，Aに送達されたことにより，解除されたことが認められる。」

裁判例310　【参考判例】賃料不払い（3か月分）と信頼関係の破壊
東京地判平成19年1月24日（判例秘書）

「ところが，被告会社は，原告は，〔編注：平成18年〕年5月25日，本件第2駐車場契約を合意解約することによって当該部分の賃料に相当する月額4万2000円支払債務を被告会社に免れさせることを内容とする提案を受けても，同月31日には，承諾し難いと回答し，また，同年6月1日には，被告が要望をまとめさせてもらいたいとして，被告が原告に交渉の意向があるか否かを前日に問うたことに対する肯定的な回答を得ても，同月7日，原告に未払賃料の支払を求める意向があることを知ると，原告からの文書を待った方がよく，被告会社が無理に慌てて要望書のとりまとめを行う必要はないとして提案を留保することとし，更には，同月12日に未払賃料の催告を受けたにもかかわらず，同書面には，明確な誤りがあるとして訂正などを求めるなどするにとどまり，催告に応じた支払はもちろんのこと，自らが一時は行うとした提案すらもしないまま，同月20日，契約解除の意思表示を受けるに至ったことになるのであって，被告らの交渉姿勢を真摯なものと見る余地はない（なお，被告らの主張中には，被告会社において，上記6月12日の催告を，原告の真意ではないかのように認識したかのようにいう部分があるが，当該催告書が原告の判断により郵送されたものであるとするBの回答を得ていたことは，上記1ア（カ）でみたとおりであるから，この点の主張も採用することができない。）。

しかも，借地借家法32条1項所定の借賃減額請求事由を根拠とする場合であったとして

も，賃料減額請求をした者は，減額を正当とする裁判が確定するまでは，相手方が相当と認めて求めた額の借賃の支払を免れないし，平成18年3月17日にした自らの提案も，月額4000円の減額を求めるにとどまるのに，月額41万円の本件建物賃料の全額を不払とすることは，合理的根拠が全くないといわざるを得ない。なお，乙3中には，駐車場料金は支払うが，建物賃料については，適正な額の合意ができれば直ぐにでも全額を支払う旨仲介業者に申し伝えてもらい，了承を得ていたつもりになっていたとして，支払留保についての原告の承諾が得られていたかのようにいう部分があるが，既に平成18年3月31日までに前記のとおりの減額拒絶の意思が伝えられた中で，そのように認識することには根拠がないといわざるを得ず，全く採用できない。

したがって，他方において，被告らには，本件不払分のほかには不払いがなく，解除の意思表示の到達後1週間あまりの間には，不払分を完済したなどの事情が認められるにしても，被告らの不払いは，背信性の高いものと言わざるを得ず，その他信頼関係を破壊しない特段の事情を認めるに足りない。」

裁判例311　賃料等の不払い（約4.8か月分）と信頼関係の破壊
東京地判平成19年3月28日（判例秘書・平成17年（ワ）第18112号）

「前記前提事実によれば，原告の被告に対する賃料等の不払に基づく本件賃貸借契約の解除の意思表示の効果が発生したのは平成17年7月31日の経過時であるところ，同日の経過時における被告の未払賃料は，別紙計算書2（1）記載のとおり，合計173万5928円であり，約4.8か月分であったこと，被告は，原告が本件建物の所有権を取得した後も，別紙計算書2（1）記載のとおり，長期間にわたって継続的に賃料等の支払を遅滞していたことに照らせば，原告と被告との間の信頼関係は破壊されたというべきであるから，本件賃料等の不払に基づく本件賃貸借契約の解除の意思表示は有効であるというべきである。

なお，被告による賃料等の支払拒絶が正当な理由に基づくものであると認め難いことは，争点（1）についての判断で説示したとおりである上，被告の平成17年11月10日の弁済は原告の解除の意思表示の効果が発生した後の事情であるから，上記判断を左右するものではない。

よって，その余の点について判断するまでもなく，原告の本件賃貸借契約の解除の意思表示は有効であるというべきである。」

裁判例312　賃料不払い（5か月分）と信頼関係の破壊
東京地判平成19年3月28日（判例秘書・平成19年（ワ）第2093号）

「（2）以上によれば，被告は，本件賃貸借の開始当初から家賃等の支払を遅滞し，滞納賃料等の支払を約束しながら，その履行を怠り，その後5か月分を超える家賃等の支払を遅滞したものであり，家賃等の支払遅滞の態様が悪質であり，滞納期間も相当長期に渡っているから，被告が分割支払の和解を申し入れているという点をもってしても，家賃等の支払遅滞について信頼関係を破壊しない特段の事情があるとは認められず，よって，本件賃貸借は原告の解除の

意思表示により終了したものというのが相当である。」

裁判例313　賃料（2か月分・更新料2回）不払いと信頼関係の破壊
東京地判平成19年4月20日（判例秘書）

「ア　確かに、本件解除時における被告Y1による賃料の支払遅滞は2か月分であり、そして、被告Y1が支払遅滞を引き起こした理由は原告代表者による通行妨害行為に対抗するためであったものと認められ、しかも、通行妨害行為が解消した後に一旦支払遅滞も解消している。

イ　しかし、原告代表者が通行妨害行為を行っていた時期においても、被告Y1は本件建物の使用自体は継続して行っていたのであるから、被告Y1が賃料の支払を遅滞させた行為を正当化することができないことはもちろんのこと、原告代表者が通行妨害という嫌がらせ行為を繰り返し行ったことについては、被告ら及びその家族の対応にも問題があったといわざるを得ないのであり、しかも、本件解除時において、2回分の更新料が未払の状態にあったことをも踏まえると、2か月分の賃料の支払遅滞といえども、このことは賃貸借契約における信頼関係を破壊するに足りる行為であることは明らかである。そして、被告Y1は、原告代表者による通行妨害という嫌がらせ行為が止んでも、その後1年以上もの間、断続的に支払遅滞を繰り返していたのであり、このことに照らすと、被告Y1には、原告との間の信頼関係を回復しようとの姿勢は全くうかがえないのであって、以上を総合的に考えると、もはや本件賃貸借契約における原告と被告Y1との間の信頼関係は破壊されているものと認めるのが相当であり、したがって、本件解除は有効である。

4　争点（4）（原告による本件解除が権利の濫用に該当するか否か）について
　上記3で認定・判断したところに照らせば、原告による本件解除が権利の濫用に該当しないことは明らかであり、被告らの主張は採用できない。」

裁判例314　賃料等不払い（約3年以上）と背信行為
東京地判平成19年5月22日（判例秘書）

「被告は、平成15年9月25日の本件賃貸借契約を締結して以来、平成18年11月分に至るまでの間に、賃料と電気・水道代とで合計147万5910円を支払うべきであったにもかかわらず、その間、賃料及び電気・水道代として合計15万5763円しか支払っていないこと（争いがない。）などの事情に照らせば、仮に、請求原因（10）の事実を考慮しないとしても、被告には、本件賃貸借契約の継続を著しく困難にする背信行為があったと認められるから、原告X1は、無催告で本件賃貸借契約を解除できるというべきであるところ、請求原因（4）、（6）及び（8）の事実の有無にかかわらず、請求原因（9）の解除の意思表示により、本件賃貸借契約は、平成18年11月28日の解除の意思表示により、同月30日をもって解除されたというべきである（被告も、本件建物を正当に占有する権原のないことを自認している。）。」

裁判例 315　賃料不払い（8か月分）等と信頼関係の破壊
東京地判平成 19 年 5 月 28 日（判例秘書）

「甲 2 によれば，本件建物の賃貸借において，原告主張の約定が定められていることが認められる。
　そして，原告が，被告会社との信頼関係は，長期の賃料不払い等や被告会社の不当な言動によって，賃貸借契約の継続が困難なほど破壊されているとして，被告会社に平成 18 年 12 月 21 日に送達された本件訴状によって，本件建物の賃貸借契約を解除する旨の意思表示をしたことは，記録上，明らかである。
5　以上のとおり，被告会社は，賃借人として最も基本的で本質的な義務である賃料等の支払義務を，少なくとも平成 18 年 4 月以降，全く怠っているものであって，原告と被告会社との信頼関係は既に破壊されており，原告による賃貸借契約の解除が有効であることは，その余の点について判断するまでもなく，明らかである。
　そして，原告が，被告会社やその連帯保証人である被告 Y2 に請求する未払賃料等や約定の賃料の 2 倍とされる損害金の額等は，被告らも認める限度のものに控えられているものであって，原告の請求は，すべて理由がある。」

裁判例 316　賃料不払い（約 3 か月分）と背信行為
東京地判平成 19 年 7 月 27 日（判例秘書）

「(3) 上記認定事実によれば，被告は，原告から再三支払の催告を受けていたにもかかわらず，平成 17 年 7 月 31 日から本件賃貸借契約解除の日である平成 18 年 4 月 6 日まで，別表算出表のとおり，賃料等の一部を支払ったのみで支払遅滞を続けたことが認められ，本件において，このような被告の債務不履行が，原告に対する背信的行為と認めるに足りない特段の事情があるとは認められない。よって，原告のした本件賃貸借契約の解除は有効であるというべきである。」

裁判例 317　賃料不払い（4か月分）と信頼関係の破壊
東京地判平成 19 年 8 月 24 日（判例秘書・平成 18 年（ワ）第 29223 号）

「(2) 上記認定事実によれば，被告会社は，4 か月分の賃料等の支払を怠り，賃貸人である原告との信頼関係を破壊したものということができる。
　(3) これに対し，被告らは，①原告と被告会社との間で，賃料の減額及び空調費の減額の相談をしていた，②被告会社には支払う資力がないのではなく，話し合いがまとまれば一括で支払うと申し出ていた，と主張する。
　(4) しかしながら，①については，証拠（甲 14，甲 15，乙 1）によれば，被告会社は，平成 18 年 9 月 4 日ころから賃料の値下げや空調費等の値下げを要求していたが，原告はこれを拒絶していたこと，同年 12 月の被告会社の F と原告側の H（株式会社 I の従業員）との間で

メールのやりとりがされているが，その中で，原告は，賃料減額及び空調費減額について，未払分の一括支払があった後に相談に応じる旨を回答していたことが認められるのであり，被告会社が未払分の一括支払を行っていなかったことは前記のとおりであるから，これらのことを考慮すると，上記①の事情が信頼関係を破壊しない特段の事情になるとはいえない。

また，②の事情についても，被告会社としては，上記のように，原告が話し合いの前提として未払賃料等の一括支払を要求していることを知っていたのであるから，これらのことを考慮すると，被告会社が資力を有していたとしても，信頼関係を破壊しない特段の事情が存するとはいえない。

(5) 以上によれば，原告が被告会社に対し，平成18年12月20日に行った本件賃貸借契約の解除は有効である。」

裁判例318　賃借人の必要費返還請求による賃料不払いと信頼関係の破壊
東京地判平成21年2月24日（判例秘書）

「平成10年事件は，原告が賃料の増額を求めたのに対し，被告が一方的に本件建物の大幅な修繕を行い，その費用を一方的に差し引く等の行為を行ったことから，原告が被告の債務不履行等を理由に本件建物の明渡し等を求めたところ，本件和解は，賃貸借契約の継続を希望する被告の意向を入れて成立したものである（前記第2の1(3)及び第3の1(2)ないし(5)）。そして，本件和解において，被告は，原告には大規模修繕を除いて修繕義務がないという本件条項の解釈について担当裁判官から十分に説明を受けていたものというべきである（前記第3の2(2)）。このような経緯で和解が成立したにもかかわらず，被告は，平成13年7月以降，本件建物の浴室の修繕等を要求するようになり（甲13），平成18年10月3日以降は，本件条項は，原告の修繕義務を免除したものではないとの独自の解釈に固執して，修繕費用と平成18年11月分及び12月分賃料との一方的な相殺の意思表示を行って期限どおりに賃料全額を支払わず，その結果，本件無催告解除条項に違反したものといえる（前記第3の1(7)(10)(12)及び第3の4(2)ア）。このような被告の行為に対し，原告は，直ちに解除の意思表示をするのではなく，平成18年8月17日以降，被告に対し，繰り返し本件条項の解釈を説明し，修繕費用との一方的な相殺を主張すれば，賃料不払となり解除されるおそれがあることを度々警告していた（前記第3の1(8)(9)）。

以上の事実からすると，平成10年事件において，被告の賃貸借契約継続の意向を入れて本件和解が成立したのであるから，被告は，本件和解成立後は，原告との信頼関係の回復に努めるべきであったのにもかかわらず，それ以降も平成10年事件前と同様の行為を繰り返した結果，本件訴訟に発展したものと認められる。しかも，被告は，本件条項が原告の修繕義務を免除したものである旨を担当裁判官から十分に説明されていたにもかかわらず，本件条項が原告の修繕義務を免除したものではないとの独自の解釈に固執し，原告からの度々の警告にもかかわらず，賃料を支払わず，本件無催告解除条項に違反したことが認められる。これらの事実のもとでは，本件解除時において，原告と被告の信頼関係は完全に破壊されていたものと認めるのが相当である。」

(2) 解除を否定した事例

裁判例 319 【参考判例】解除通知当日の弁済の提供と権利の濫用
大阪地判昭和 25 年 10 月 4 日（下民集 1 巻 10 号 1581 頁）

「被告は解除通知を受けた当日原告に対しその通知において遅滞額とせられている全額の金員を提供したのに，原告は解除後であることを理由としてその受領を拒んだのであって，原告が真にその権利の行使に信義をもってするものであったならば，当然その金員を受領して，さきの解除の意思表示を撤回すべきであったのに，かかる措置に出なかったのであって，原告は被告の債務不履行を奇貨として従来意図していた賃貸借終了の効果を強行しようとしたもの，換言すれば，本件建物の明渡請求権を行使するについて当然遵守すべき信義をもってせず，その権利を濫用するものに外ならず，なお，原告が予備的に主張する昭和 24 年 5 月 19 日附同月 21 日着書面による解除の意思表示は，これに先立つ催告が本件訴状によるものであり，且つ，前記受領拒絶のあとであって，その後の事情に何等の変化も認めえないから，この通知は，結局，原告が前記の意図の下に殊更その形式を整えたものに外ならず，よって右いずれの通知を理由としても原告の本訴建物明渡及びこれを前提とする損害金支払の各請求部分はともに失当である。」

裁判例 320 賃料不払い（7 か月分）と権利の濫用
東京地判昭和 29 年 3 月 31 日（下民集 5 巻 3 号 439 頁）

「そこで右契約解除が果して有効か否かを考察する。
　まず，原告が被告の失踪を知り，その窮状を見ながら，右催告をなすに至ったことを認めるに足る証拠はない。
　しかし，その成立に争いのない乙第一号証ないし第十七号証並びに証人 A，B の各証言，同 C の証言（一部）被告法定代理人尋問の結果を綜合すると，本件家屋は，もと被告の所有に属したが，原告がこれを被告から買い受けて後，前示賃貸借契約がなされたこと，被告方では被告の事業失敗により生計が窮迫し，被告は，昭和 27 年 1 月 21 日ごろから行方不明となっていること，被告の失踪が明かとなると，忽ち被告の債権者らが押し寄せ，被告方のものを処分し，被告方は，当時苦境の底にあったこと，このような事情のもとで，同月 25 日前記賃料催告があったこと，被告の妻 C は，右賃料は，すでに被告本人から支払済になっているとばかり思っていたが，早速，これが工面にとりかかり，その催告期間を過ぐる 3 日目の昭和 27 年 1 月 31 日の夜，まず，1 か月分だけを原告に持参し，右の事情を述べて了解を求め，かつ，残額については暫時の猶予を乞うたこと。原告はその受領及び猶予を拒絶したこと，そこで被告の妻は，数回にわたり同年 5 月 6 日までに前記延滞分を供託し，その後の各月分の約定賃料額をほぼ延滞のないように供託していることが認められる。
　そうすると，本件賃貸借契約の履行は，被告の失踪により，被告の妻 C がその衝に当るが，同女はこれが履行の誠意，ひいては，その賃料支払の能力において，明かに被告に優るものであるうえ，右解除が，被告方の前示の通りの特殊事情を無視して主張されていることや，

現下都内における深刻な住宅難を併せ考えると，原告が本件賃貸借契約をさらに継続しがたいものとして，その解除を主張することは，むしろ，右解除権の乱用と解すべきで，前示解除は，その効果を生じないものと認めるを相当とする。」

裁判例321　賃料不払い（8か月分）と信頼関係の破壊
神戸地判昭和30年1月26日（下民集6巻1号116頁）

「よって，原告の本件賃貸借契約解除権の行使が，信義則に反するかどうかについて考えてみるに，および，賃借人に賃料の延滞があった場合に，賃貸人において相当の期間を定めてその支払いを催告し，催告期限になお支払いをしなかったときに賃貸借契約を解除し得ることが認められる所以は，かかる場合においては，通常賃借人において賃料支払義務履行の誠意が認められず，賃貸人の賃借人に対する信頼が裏切られるものであるから，相互の信頼関係を基調とする継続的な賃貸借関係を，賃料支払義務の不履行あるにかかわらず存続せしめることは，誠意なき賃借人との契約を強いることになり，賃貸人にとって酷であるとの理由に基づくものであるから，催告期間内に延滞賃料が支払われなかった場合においても，賃借人の側に，これについて社会通念上止むを得ないと認められる事情が存在し，しかも，催告期限経過後短期間内にその提供をしたような場合においては，未だ賃借人に信頼関係を破壊するに至る程度の不誠意があったといえないのであるから，仮令その催告期間が相当であると認められる場合においても，催告期間内に支払いがなかったことを理由とする解除権の行使は，信義則に反し許されないといわねばならないところ，被告は，昭和7年6月以来本件家屋3階を賃借して写真撮影業を営んでいたが，今次戦争このかた材料不足と需要の減少により漸次経営不振に陥り，3人の子供を抱え貯蓄を喰潰して生活している状態であったところ，たまたま長男が肺結核を患い，同25年6月以来入院し，これに多額の治療費を支払わねばならなかったため，本件賃料を延滞するに至ったものであり，原告からの催告書到達以来，被告は，その調達に奔走したが催告期限に間に合わず，漸く期限経過4，5日後催告賃料全額を原告方に持参提供したが，結局その受領を拒絶されたので，同27年7月，右催告賃料，および，催告後同26年11月末日までの賃料合計金1万6940円64銭を，弁済のため供託したものであって，被告が，本件家屋3階を賃借して以来約20年間，かかる延滞がなかったであろうことは，賃貸人が替ること4度におよぶにかかわらず右のように長期間同一家屋を賃借居住している事実に徴して容易にこれを推認することができるところであって，かかる長期間誠実に賃借人としての義務の履行をしてきたと認められる被告が，たまたま前示のように止むを得ない事情から賃料を延滞するに至ったとしても，その延滞額も比較的僅少であり，しかも，催告期間の7日間を経過すること僅かに4，5日にして延滞賃料全額を持参提供し，賃料支払いの誠意を示しているのであるから，かかる被告には，未だ本件賃貸借契約の基調たる相互の信頼関係を破壊するに至る程度の不誠意があるとは認められないところであり，従って，右催告期限に延滞賃料を支払わなかったことを理由とする原告の本件解除権の行使は，信義則に反し許されないといわねばならないから，適法な解除権の行使がなされたことを前提として，被告に対し本件家屋3階の明渡しを求める原告の請求は失当である。」

裁判例 322　【参考判例】賃料不払い（11か月分）と無催告解除
最判昭和35年6月28日（民集14巻8号1547頁，裁判集民42号569頁）

「原判決（その引用する第1審判決）は，上告人らは昭和30年12月分以降被上告人が本件家屋賃貸借解除の意思表示をした昭和31年11月14日迄本件賃料（1か月金2000円，毎月末日払の約）を支払わなかったこと，なお，上告人らは昭和29年10月分当時から本件賃料の支払を遅滞したことがあり，昭和30年2月分からは特にそれが著しかった事実を認定し，かかる場合は賃貸借解除の前提としての催告は必ずしも必要としないと解すべきであるから，被上告人のした本件家屋賃貸借解除の意思表示は催告を要せずして有効であると判示しているのである。

しかし，右原判決確定のごとき事実関係の下においても，民法541条により賃貸借契約を解除するには，他に特段の事情の存しない限り，なお，同条所定の催告を必要とするものと解するのが相当である。

しからば，原判決が，その確定のごとき事実関係を基礎として，被上告人のした本件賃貸借解除の意思表示は催告を要せずして有効であると判断したのは，民法541条の解釈を誤ったものというべく，論旨は理由があり，原判決は破棄を免れない。」

裁判例 323　賃料不払い（8か月分）と信頼関係の破壊
最判昭和39年7月28日（民集18巻6号1220頁，裁判集民74号747頁，判時382号23頁，判タ165号76頁）

「所論は，相当の期間を定めて延滞賃料の催告をなし，その不履行による賃貸借契約の解除を認めなかった原判決を違法と非難する。しかし，原判決（及びその引用する第1審判決）は，上告人が被上告人Aに対し所論延滞賃料につき，昭和34年9月21日付同月22日到達の書面をもって同年1月分から同年8月分まで月額1200円合計9600円を同年9月25日までに支払うべく，もし支払わないときは同日かぎり賃貸借契約を解除する旨の催告ならびに停止条件付契約解除の意思表示をなしたこと，右催告当時同年1月分から同年4月分までの賃料合計4800円はすでに適法に弁済供託がなされており，延滞賃料は同年5月分から同年8月分までのみであったこと，上告人は本訴提起前から賃料月額1500円の請求をなし，また訴訟上も同額の請求をなしていたのに，その後訴訟進行中に突如として月額1200円の割合による前記催告をなし，同被上告人としても少なからず当惑したであろうこと，本件家屋の地代家賃統制令による統制賃料額は月額750円程度であり，従って延滞賃料額は合計3000円程度にすぎなかったこと，同被上告人は昭和16年3月上告人先代から本件家屋賃借以来これに居住しているもので，前記催告に至るまで前記延滞額を除いて賃料延滞の事実がなかったこと，昭和25年の台風で本件家屋が破損した際同被上告人の修繕要求にも拘らず上告人側で修繕をしなかったので，昭和29年頃2万9000円を支出して屋根のふきかえをしたが，右修繕費について本訴が提起されるまで償還を求めなかったこと，同被上告人は右修繕費の償還を受けるまでは延滞賃料債務の支払を拒むことができ，従って昭和34年5月分から同年8月分までの延滞賃料を催告期間内に支払わなくても解除の効果は生じないものと考えていたので，催告期間経過後の

同年11月9日に右延滞賃料弁済のためとして4800円の供託をしたことを確定したうえ，右催告に不当違法の点があったし，同被上告人が右催告につき延滞賃料の支払もしくは前記修繕費償還請求権をもってする相殺をなす等の措置をとらなかったことは遺憾であるが，右事情のもとでは法律的知識に乏しい同被上告人が右措置に出なかったことも一応無理からぬところであり，右事実関係に照らせば，同被上告人にはいまだ本件賃貸借の基調である相互の信頼関係を破壊するに至る程度の不誠意があると断定することはできないとして，上告人の本件解除権の行使を信義則に反し許されないと判断しているのであって，右判断は正当として是認するに足りる。従って，上告人の本件契約解除が有効になされたことを前提とするその余の所論もまた，理由がない。」

裁判例324　賃料1か月分の更新料の不払いと信頼関係の破壊
東京地判昭和51年7月20日（判時846号83頁）

「更新料は更新拒絶権もしくは異議権放棄の対価として形式的には更新後の賃貸借契約とは関連性がないかのごとくであるが，前示したところによると，もし更新料約定が存しなければ更新拒絶の通知のないことあるいは異議を述べないことに基づく更新契約の成立は必ずしも期待できないのであって，この意味で前示更新料の約定は，更新拒絶の通知がないこともしくは異議を述べないことに基づく更新後の賃貸借契約の成立基盤というべく，従って，更新料の不払いは更新後の賃貸借契約の解除原因となると解するのが相当である。

（三）しかしながら，本件では，前示のように更新料の額は賃料の1か月分にすぎず，遅滞した期間も僅か2か月余りであり，前認定の二，2の（二）の事実，《証拠略》によると，被告は原告に対し，昭和48年10月分及び11月分の賃料につきそれぞれ従前の額のまま，当該月の前月末ころ支払い，その間原告から被告に対し更新料の支払請求もなく，両者間に更新料の話は全く出なかったところ，同年11月27日になって原告から被告に対し賃料値上げとこれにあわせて更新料についての具体的な申入れがなされ，その交渉の途中，更新料の前提となる賃料額についての合意はもちろん，更新料についてのあらたな合意が成立しないまま，原告は右11月27日から僅か半月を経たにすぎない同年12月13日前記のような催告及び停止条件付契約解除の意思表示をするに及んだことが認められ（右認定を左右するに足る証拠はない），かかる事情のもとでは，いまだ原被告間の信頼関係が破壊されたとすることはできず，信義則からいっても原告に解除権は発生しないというべきである。」

裁判例325　賃料不払い（1か月分）と信頼関係の破壊
最判昭和51年12月17日（民集30巻11号1036頁，裁判集民119号333頁，判時848号65頁，判タ348号191頁，金判512号6頁）

「訴訟上の和解については，特別の事情のない限り，和解調書に記載された文言と異なる意味にその趣旨を解釈すべきものではないが，賃貸借契約については，それが当事者間の信頼関係を基礎とする継続的債権関係であることにともなう別個の配慮を要するものがあると考えられる。すなわち，家屋の賃借人が賃料の支払を1か月分でも怠ったときは，賃貸借契約は当然

解除となり，賃借人は賃貸人に対し直ちに右家屋を明け渡す旨を定めた訴訟上の和解条項は，和解成立に至るまでの経緯を考慮にいれても，いまだ右信頼関係が賃借人の賃料の支払遅滞を理由に解除の意思表示を要することなく契約が当然に解除されたものとみなすのを相当とする程度にまで破壊されたとはいえず，したがって，契約の当然解除の効力を認めることが合理的とはいえないような特別の事情がある場合についてまで，右賃料の支払遅滞による契約の当然解除の効力を認めた趣旨の合意ではないと解するのが相当である。

　これを本件についてみるに，原審の適法に確定したところによれば，(1) 被上告人は，昭和43年2月ころから上告人の所有する鉄筋コンクリート造6階建共同住宅のうちの1戸（以下「本件建物部分」という。）を賃借し，これに居住してきたが，上告人は，被上告人に賃料の支払遅滞があったとして契約解除の意思表示をしたうえ，被上告人に対し本件建物部分の明渡訴訟（広島地方裁判所昭和四三年(ワ)第一三四七号建物明渡請求事件）を提起したところ，右訴訟係属中の同44年9月4日，当事者間に訴訟上の和解が成立し，右和解において，被上告人は，上告人からあらためて本件建物部分を期間の定めなく，賃料月額1万3000円，毎月26日限り当月分を持参又は送金して支払うとの約定のもとに賃借したが，右和解条項には，賃料の支払を1回でも怠ったときには，賃貸借契約は当然解除となり，被上告人は上告人に対し本件建物部分を直ちに明け渡す旨の特約が付されていたこと，(2) 被上告人は，右和解成立後上告人から賃料の受領を拒絶された昭和46年11月に至るまで，同年5月分の賃料を除いては毎月の賃料を約定の期日までに銀行振込の方法によって誠実に支払っていたこと，(3) 右5月分の賃料はなんらかの手違いで期日までに支払われなかったが，被上告人はそのことに気づいていなかったこと，以上の事実が認められるというのであって，右事実関係のもとにおいては，本件和解成立に至るまでの経緯を考慮にいれても，被上告人の右賃料の支払遅滞により，当事者間の信頼関係が，解除の意思表示を要せず賃貸借契約が当然に解除されたものとみなすのを相当とする程度にまで破壊されたとはいえず，したがって本件和解条項に基づく契約の当然解除の効力を認めることが合理的とはいえない特別の事情のある場合にあたると解するのが相当である。それゆえ，本件和解条項に基づき被上告人の昭和46年5月分賃料の支払遅滞によって本件建物部分賃貸借契約が当然に解除されたものとは認められず，これと結論を同じくする原審の判断は正当として是認することができ，また，その判断の過程に所論の違法はない。論旨は，採用することができない。」

裁判例 326　**賃料不払い（5か月分）と信頼関係の破壊**
東京高判昭和54年12月18日（東高時報民30巻12号335頁，判時956号65頁，判タ407号85頁）

　「そこで，以上の事実に基づいて考察するに，控訴人には，前示漏水事故による損害賠償の問題の解決を促進すべく賃料の支払を拒み，消防署の勧告を無視する態度を続けるなど咎むべき点がないではないが，右未払賃料も被控訴人からの本件賃貸借契約解除の通告に接して間もなく支払い，その後右損害賠償問題も示談によって解決し，右賃貸借契約の継続を望んでいるというのであって，これに控訴人と被控訴人間における本件賃貸借契約関係の推移，本件建物部分につき漏水等の事故が相次いで発生し，前示のような交渉が持たれた事実等諸般の事情経

緯を考量すると，控訴人の右賃料不払が本件賃貸借契約の存続を否定しなければならない程に背信的なものとは到底認めることができない。また，右の他に，控訴人と被控訴人との右賃貸借契約における信頼関係を破壊したとする特段の事情を認めるに足りる証拠も存しない。

そうすると，被控訴人の本件賃貸借契約解除の意思表示は，その効力を生じなかったものといわなければならないから，控訴人のこの点に関する抗弁は，権利濫用の主張について判断するまでもなく，理由がある。」

裁判例 327 賃料14か月分及び賃料1か月分の更新料の不払いと信頼関係の破壊
東京地判昭和57年6月29日（判時1063号186頁，判夕481号77頁）

「したがって，仮に，被告が主張する如く，本件和解成立の際，本件和解条項につき，同第2項但書を含めて原告がすべて異議なく了解していたとしても，そして，和解成立後，原告において，第三者と相談した結果，心境の変化を来たし，本件和解条項第2項但書の変更を企図したとしても，前述したところから明らかなとおり，本件和解条項第2項但書の如く，将来の各更新時における増額を本件和解成立の時点において決めてしまうことは，借家法上問題があるものといわざるを得ないから，法律専門家でない素人の原告が，和解成立後，この点に疑義を感じ，その是正を求めようとして，裁判所へその旨を記載した書面を出したうえ，話合いができるまでの間，和解で決まった金員の支払を一時留保したとしても，あながち非難すべきものとは思われない。

かかる点と前記認定の事実関係を勘案すれば，原告が本件和解条項第4項記載の金員を支払期日までに支払わなかったとしても，背信性のあるものと断ずることはできず，却って，本件建物の賃貸借契約における信頼関係を破壊するとはいえない特段の事情があるというべきである。しかして，右不払を理由とする本件和解条項第5項にもとづく本件建物についての賃貸借契約の解除は，その効力がないと解するのが相当である。

〔略〕

別紙　和解条項

一　原告A（本件被告である。以下，同じ。）は，被告B（本件原告である。以下，同じ。）に対し，別紙物件目録記載の建物（以下，本件建物という。）を昭和56年5月15日まで引続き賃貸する。

二　右賃貸借契約の賃料は，昭和54年6月1日以降1か月金4万6500円（共益費1か月1500円を含む）に改定することに原告と被告は合意し，被告は原告に対し，毎月末日限り当月分を原告方に持参又は送金して支払う。但し，右賃料は各更新時において，更新時の賃料の1割相当額を増額するものとする。

三　右賃貸借契約更新の場合は，被告は原告に対し，更新時の賃料1か月相当分の金員を更新料として，原告方に持参又は送金して支払う。

四　被告は原告に対し，昭和54年6月1日から昭和55年7月末日までの延滞賃料および賃料合計金65万1000円（14か月分）および更新料金4万6500円の支払義務があることを認め，右金員を昭和55年8月末日限り原告訴訟代理人弁護士C〔略〕宛持参又は送金して支

払う。
五　被告が原告に対し，第4項に定めた延滞賃料および更新料を期限までに支払わなかったとき，又は第2項に定めた賃料の支払いを怠り，その額が3か月相当分以上に達したときは，何らの通知催告を要せず当然本件賃貸借契約は解除となり，被告は原告に対し，直ちに本件建物を明け渡す。
六　当事者双方は本和解条項に定めるものの外何らの債権債務のないことを相互に確認する。
七　訴訟費用は各自の負担とする。」

裁判例 328　賃料不払い（5か月分）と信頼関係の破壊
東京地判平成 14 年 11 月 28 日（判例秘書）

「被告らの賃料滞納状況に関する事実関係は，前記第2の1に認定したとおりであるから，平成13年3月5日を経過した時点で，前回和解における無催告解除の要件（賃料の支払を2回分以上怠ったとき）が，少なくとも形式的には充足されている。

確かに，契約は遵守されなければならず，特に，本件のように，過去において紛争が生じ，訴訟となった後に，訴訟上の和解として合意した内容については，特に誠意をもって遵守されるべきであるから，条項どおりに無催告解除の有効性を主張する原告の心情にはもっともな面がある。

しかしながら，建物賃貸借契約が，賃借人にとって，その生活・生計の維持の基盤となる重要な継続的法律関係であることに鑑み，その解除については，契約関係の継続を不可能とするような客観的かつ実質的な信頼関係破壊が要件とされるのであって，このことは，訴訟上の和解に基づく解除条項の解釈においても同様である。

以上の観点から本件について検討すると，確かに，原告が本件賃貸借契約の解除を通告した段階では，形式的には3か月分の賃料の滞納が生じているけれども，その間，原告から被告らに対して滞納賃料の支払を督促したことがなかったこと，原告代理人からの解除通知が被告らに到達した5日後に，原告が未払額であると指摘した賃料5か月分相当額である175万円を一括して原告代理人の指定する口座に振り込んで支払っていること，それ以降，約定どおりの賃料の支払を継続していることが認められ，かつ，本件審理の過程において，被告らは，原告に対し，従前は差し入れていなかった敷金を新たに差し入れること，新たな保証人を付することなどを和解の条件として提示していることが当裁判所に顕著である。

これらの事情を総合考慮すると，被告らの前記の賃料滞納が，客観的かつ実質的な信頼関係の破壊を招来したと認めることはできないというべきである。」

裁判例 329　賃料等の不払い（約2か月分）と信頼関係の破壊
東京地判平成 14 年 12 月 19 日（判例秘書）

「(1)〔略〕被告は，昭和53年以降23年以上もの長きにわたって，本件建物において飲食店を営んでおり，この間，本件で問題とされている消費税相当額の支払義務に関する見解の相違

により生じた未払分を除いては賃料等及び水道料金を怠らずに支払ってきたこと，免税事業者に関するいわゆる益税の問題は，消費者の不満や事業者間の不公平感が強く，消費税の転嫁の是非に関する主張はひとり被告に特有のものとして排斥することはできないこと，第3次調停における決定においても本件覚書の消費税に関する定めについて，被告において賃料に係る消費税を国に納付することを当然の前提としたものと解するのが相当であると認定されており，覚書締結当初はともかくとして，長期間経過する間に免税事業者に対する消費税相当額の支払義務について疑問を抱いたとしてもあながち不自然ではないこと，原告も消費税相当額の不払が生じてから長期間にわたってこれを放置してきたという経緯があること，被告は，司法判断により消費税相当額の支払義務のあることが認められればこれに従うとの意向を示していること，以上の各事実が認められ，これに第1解除の時点における被告の未払賃料等は，おおむね2か月分，金額にして合計64万6591円であって，23年以上にわたる契約期間を考慮すれば，あながち高額とはいいきれないことを考慮すると，被告の債務不履行についてはいまだ本件賃貸借契約の基盤となる原被告間の信頼関係を破壊するに足りない特段の事情があると認めることができる。

　そうすると，原告による第1解除は，その効力を生じないというべきである。

　(2) 次に，前判示第2の2(13)のとおり，原告は本訴手続中において，被告に対し，あらためて第2解除の意思表示をしたが，(1)において第1解除につき判示したところによれば，原告の主張するように消費税相当額の不払のみでは信頼関係を破壊したと認めることはできず，他にこの点を認めるに足りる証拠も存しないので，第2解除もまた無効というほかない。」

裁判例330　【参考判例】4か月分発生した解除権の消滅
東京地判平成14年12月20日（判例秘書）

「前記前提事実によれば，被告は，平成6年秋ころから3か月分以上の賃料等の支払遅滞が度重なるようになり，平成7年夏ころには，賃料等の滞納が7か月分にも及ぶ状態となり，その後も常時4か月分の賃料を遅滞し，平成13年10月25日においても，4か月分742万3808円の賃料の滞納があったというのであるから，同日において，被告には解除事由があったというべきである。

　なお，被告は，前記争点(2)①及び③ないし⑧の事情からすると，この時点でも信頼関係を破壊しない特段の事情があったと主張するが，証拠（甲2ないし8，11，15ないし17）に照らすと，原告による支払督促が形式的なものにすぎなかったとは認められないし，被告による賃料の支払遅滞が上記のとおり長期かつ多額に及んでいることに照らして，これを正当化するに足りるほどの原告の義務懈怠があったと認めるに足りる証拠はない。被告の主張するその他の事情は，上記賃料の支払遅滞の態様に照らして信頼関係を破壊しない特段の事情に該当するようなものではない。

　しかしながら，被告は，平成13年10月26日上記滞納賃料742万3808円を支払い，被告による賃料の支払遅滞は解消されたのであるから，被告の解除事由も消滅したというべきである。

　原告は，被告による滞納賃料の支払いは，原告の催告に応じて行われた支払いではないか

ら，原告の解除権は消滅しないと主張する。

　しかし，債務不履行により解除権が発生した後でも，債権者が解除をする前に，債務者がその債務を履行したときは，一度生じた解除権はこれによって消滅すると解すべきである。そして，このことは，債務の履行があった場合に解除権を消滅させる意思が債権者にあるか否かにかかわりがない。

　以上によれば，原告の平成13年11月27日に行った本件賃貸借契約の解除は解除事由のない無効なものであるから，その余の点につき判断するまでもなく原告の請求は理由がない。」

裁判例331　無断転貸による賃料不払いと信頼関係の破壊
東京地判平成16年3月8日（判例秘書）

　「前記のとおり，原告は，被告Y1に対し，1度として賃料の支払を求めたことはないのであって，賃料不払いを理由とする原告の解除の意思表示は無催告解除である。

　契約書の記載にかかわらず，賃料不払いにつき無催告解除が認められるのは，当該賃料の不払いの程度が著しく，かつ，賃借人にその支払の意思も能力もないなど，催告することがおよそ意味をなさないような場合，即ち，催告するまでもなく当該賃料不払いにより既に回復不可能な程度に信頼関係が破壊されている場合であることを要する。

　しかしながら，被告Y1は，平成12年11月分までの賃料を，供託の方法によりGに支払っており，その後，平成13年1月分以降もGを被供託者とする供託を継続していた。原告は，その間の平成12年4月6日に本件建物の所有権を取得していながらそれを被告Y1に通知せず，賃料をGでなく原告に支払うようにという催告もしていない。そして，平成12年12月8日にGの破産事件が異時廃止となった後，同月30日には，被告Y1に対して無断転貸借を理由に本件賃貸借契約を解除すると通告している。しかも，前記のとおり，Gと原告とはその役員構成を一部共通にしている。これらの事情に照らすと，被告Y1が原告でなくGを被供託者とする供託を継続したことによって，原告と被告Y1との間の信頼関係が破壊されたという事実を認めることはできない。

　また，被告Y1は，支払義務が発生している賃料の全額を遅滞なく供託しているとはいえないが，Gを被供託者とする供託を含めると，その大部分を供託をしているうえ，不足分についても原告が整理して請求しさえすれば，被告Y1には，これを支払う意思も能力もあると認められる。

　以上の事情を総合考慮すると，被告Y1の賃料不払いについては，無催告解除が許されるほどの信頼関係の破壊はないというほかない。

　よって，賃料不払いを理由として本件賃貸借を解除するという原告の主張には理由がない。」

裁判例332　1年7か月分の減額した賃料の支払いと信頼関係の破壊
東京地判平成17年5月27日（判例秘書）

　「(1)　被告が，本件店舗の賃料につき，平成14年10月1日からは3坪分（消費税相当額を

含め5万6700円）が減額されるべきだとして平成15年1月分以降の賃料から減額して支払っており，平成16年7月分までの差額の総額が，124万7400円となることは前記のとおりである。

証拠（甲2，11，12，乙1）及び弁論の全趣旨によれば，本件調停調書上，本件通路部分を賃貸借の目的から除外するといった文言はなく，従前通り同部分を含めた本件店舗約46坪を賃貸借の目的として平成14年10月1日以降の賃料及び共益費の改定金額が確認されており，本件調停後も，被告は，従前通り本件通路部分の使用を継続していることが認められるから，被告は，原告に対し，前記差額分を支払う義務があるというべきである。

もっとも，被告の主張(1)に記載したような「地下2階に至る通路部分」についてのやり取りが被告とC弁護士との間でなされたことがうかがわれないではなく，被告には，本件調停に当たりその点の確認を怠った落ち度があるとはいえ，「地下2階に至る通路部分」についての賃貸借契約上の取扱いに関する誤解があった可能性は否定できないし，その後C弁護士に対してこの点に関する問い合わせをするなどしたにもかかわらず納得できる対応が得られなかったことから上記差額分の不払いを開始したという経緯があること（乙9，10）に加え，被告が原告に対し，平成17年2月24日，条件付とはいえ，上記差額分の一部として50万円を支払っていること（乙11，12）などにかんがみれば，上記差額分の不払いについて被告のみに一方的に責めを負わせ，賃貸借契約における当事者間の信頼関係を破壊したものと見るのは酷にすぎるといわざるを得ない。」

〔略〕

上記漏水事故の発生原因や原告の修復費用の相当性については当事者間で争いがあるものの，証拠（甲15，乙5，10）によれば，被告は，漏水した地下1階の修復工事の費用を自ら負担しているほか，原告の主張する修復費用2万円については，原告から平成14年12月10日付け文書が送られた後は支払請求がなかったため，支払っていないだけで，原告の請求があれば，これを支払う用意があることを表明しており，かかる事情にかんがみれば，被告の上記不払いをもって賃貸借契約における当事者間の信頼関係を破壊したものと見るのは酷にすぎるといわざるを得ない。

2 上記1で説示したところによれば，本件通路部分の賃料不払いが，賃貸人である原告に対する信頼関係を破壊するおそれがあるとは認めるに足りないし，その他原告の主張する事由を総合しても，賃貸借契約における当事者間の信頼関係が破壊されたものとまでは見ることができないから，原告の解除の意思表示は効力を生じない。」

裁判例333 21か月分の減額した賃料の支払いと信頼関係の破壊
東京地判平成20年4月9日（判例秘書）

「(1) 前記前提事実2ないし8の各事実によると，A弁護士とB弁護士は，平成17年4月28日から平成18年6月2日ころまでの間，本件看板問題を話合いにより解決するために断続的に交渉を行っていたことが認められる。しかも，前記前提事実8ないし10の各事実によると，A弁護士が同年5月30日に本件更新拒絶の意思表示をし，それに対して，B弁護士が同

年6月2日にした回答において訴訟等の法的手続をとるよう求めたのにもかかわらず，原告は，しばらくの間，本件看板問題の解決に向けた努力を怠り，上記回答から7か月以上を経過した平成19年1月17日に至ってようやく，被告に対して未払賃料等の支払を求めるとともに，本件解除をしたというのである。

　加えて，証拠〈甲2〉によると，被告は，本件賃貸借契約締結の際，原告に対し，保証金として，約定賃料の15か月分に相当する480万円を預け入れたことが認められるのであって，これらの事情を総合して考慮すると，被告が原告に対して本件賃貸借契約の約定賃料の一部の支払を拒絶するようになった平成17年4月末から，被告が原告に対して平成17年5月分から平成19年1月分までの未払賃料及び更新料の相当額である143万8500円を支払った同年2月6日までの期間は，原告と被告とが本件看板問題の解決に向けて交渉を続けていた期間であったものと評価するのが相当であり，その交渉期間において，本件賃貸借契約に関する原被告間の信頼関係は，本件解除を有効と解することができる程度までには破壊されていなかったものと認めるのが相当である。

　しかも，前記前提事実12によると，被告は，原告に対し，同年2月分の賃料については，約定賃料から5万2500円を差し引いた28万3500円を支払ったにとどまったものの，同年3月分以降は，現在に至るまで約定賃料を支払い続けているというのであって，そうすると，同年2月6日以降現在に至るまでの期間においても，原被告間の信頼関係が破壊されたものと認めるべき事情は存しないというべきである。

　さらに，平成18年6月30日に本件賃貸借契約が更新されたのが，合意更新によるものであったのか，それとも，法定更新によるものであったのかという点についてみると，前記のとおり，A弁護士は同年5月30日にB弁護士に対して本件更新拒絶の意思表示をしたというのであり，また，その後同年6月30日までに原告と被告とが上記契約の更新を合意したものと認めるに足りる証拠はないから，上記契約は，合意により更新されたものではなく，借地借家法26条2項，1項の各規定により，従前の契約と同一の条件で更新されたものとみなすのが相当であり，そうすると，被告は，原告に対し，本件賃貸借契約が合意更新されることを前提とする更新料の支払義務を負うものではないというべきであるから，被告が原告に対して平成19年2月6日まで上記更新料の支払を拒絶したことをもって，原被告間の信頼関係を破壊する事情であると評価することも相当でない。

　したがって，本件賃貸借契約については，いまだ原被告間の信頼関係が破壊されたものとは認められないから，本件解除は無効であると解するのが相当である。」

裁判例334　38か月分の減額した賃料の支払いと背信性
東京地判平成23年12月15日（判例秘書）

「賃貸人が修繕義務を履行しないときは，民法611条1項の規定を類推して，賃借人は賃料減額請求権を有すると解されるところ，控訴人は，平成22年5月分から賃料が1か月2万9580円であるとして賃料減額請求を主張するので，減額されるべき金額を検討する。

　上記修繕の対象は，抗弁（1）ア（イ），（ウ）及び（オ）の不具合であり，本件建物の使用

収益に及ぼす障害の程度その他諸般の事情に鑑みると，本件賃貸借契約においては，減額されるべき賃料額は1万円をもって相当とする。

3 背信性の不存在

本件賃貸借契約においては，契約条項12条1項⑤に，賃借人が，賃料，共益費等の支払を1か月でも滞納したときには，賃貸人が本契約を解除することができるとの条項があるが（甲1），賃料不払につき背信性がないことを基礎付ける事情があれば，解除は制限される。

そこで，別紙2の計算書記載の賃料の支払状況を見ると，控訴人は，平成22年5月分から1か月の賃料を2万9580円に減額して支払っており，減額幅は大きすぎるといわざるを得ない。しかしながら，上記に判示のとおり1万円の賃料減額は認められるべきであること，控訴人は入居当初から不具合を主張しており，入居後から平成22年5月まで4か月以上が経過しても修繕がされなかったこと，控訴人は，同年8月になってからではあるが，被控訴人に対し，賃料を減額する理由及び減額する金額を明示した内容証明郵便を送付していること，控訴人が賃料を1か月2万9580円しか支払っていなかったのは専ら被控訴人の修繕義務不履行を原因とするものであると認められること，その他紛争に至った経緯等本件に関する一切の事情に照らせば，本件における控訴人の賃料不払については背信性がなかったというべきである。

したがって，被控訴人がした本件賃貸借契約の解除は認められない。」

裁判例335 2か月分の賃料等及び敷金の不払いと背信行為
東京地判平成24年10月3日（判例秘書）

「(1) 前記認定のとおり，被告会社は，本件賃貸借契約締結の約4か月後である平成23年11月分から約定の賃料等の支払が遅れがちとなり，いったん滞納が解消したものの，それからすぐ後の平成24年2月末日以降，再び滞納するようになり，その後，約2か月分の賃料等を滞納した状態が数か月間にわたり継続している。光熱費の支払も遅れがちであることがうかがわれ（甲6），また，敷金500万円のうち未払の200万円についても，被告会社の方から支払延期の申入れをたびたび行った上，平成24年2月以降毎月50万円ずつ4回にわたって支払うとの申入れをしたものの履行することなく，同年5月末以降残額200万円が未払の状態となっている。このため，賃料等及び敷金の滞納・未払額は決して少ない額ではないといわざるを得ない。

(2) もっとも，被告会社の賃料等の滞納の主な原因は，新店舗の開業費用に相当額を要したことや，その後の経営不振にあったと解されるところ，この間も新店舗の営業は継続しており，同年春以降には，客の来店もそれなりに確保されて新店舗の経営が軌道に乗ってきていることがうかがわれ，平成23年3月の東日本大震災後の景気動向も考慮すると，平成24年3月ころないしそれ以降の時点で，それ以降に業績を回復し賃料等の支払が行われる見込みがないとはいえない状況であったということができる。こうした被告会社の事情については，前記認定の本件賃貸借契約の締結に至るまでの経緯や原告が本件建物の2階を住居としていることからすると，原告にとっておよそ想定できない事態とまではいえない。そして，敷金のうち300万円は約定どおり支払済みであり，同年2月以降においても，賃料等につきおよそ一切の支払

がされていないわけではなく，遅れながらも，10万円を超える光熱費（甲6），同年3月末以降の賃料等は，一応支払がされ，敷金残金の未払及び賃料等につき約2か月の遅延は解消されていないものの，滞納額がそれ以上に大きく拡大することなく現在に至っているといえ，被告会社において遅滞状態の解消のため一定の努力はされていると評価し得る。

(3) 加えて，賃料等の金額については本件賃貸借契約において当事者間が合意した金額ではあるものの，前記認定の事実経過によれば，被告会社としては，少なくとも，当初賃料月額100万円との前提で新店舗の開業を計画しその準備をしたものであると認められ（ただし，原告との間で正式に賃料月額100万円とする賃貸借契約の予約が成立したものと認めるのは困難である。)，それが賃料月額120万円（契約の1年後から130万円）という金額で合意せざるを得なかったことについては，酌むべき事情があるといえる。仮に，賃料が被告会社の想定していた月額100万円であれば，現在までの滞納額との対比からすると，滞納額は計算上平成24年春ころまでにほぼ解消できたことになる。敷金については，当初から500万円の約定であったが，この金額は安い金額ではなく，新店舗開業までの経緯に照らすと，被告会社の一部未払につき宥恕されるべき事情がないとはいえない。

(4) また，被告会社は本件建物においてイタリアレストランを営業中であり，その開業のために少なくとも1000万円を超える金額を支出しているほか，従業員を新規雇用もし，平成24年春以降その営業が軌道に乗りつつあるところ，本件賃貸借契約を解除して本件建物を明け渡すこととなれば，ようやく軌道に乗ってきた新店舗の営業を放棄することになり，初期費用の回収もままならなくなることが予想され，本件建物の原状回復費用も相当額を要することとなって，被告らが受ける損害は相当大きいものとなると解される。

他方，原告においては，上記のとおり賃料等の滞納額は少なくない上，敷金が建物明渡しに伴う原状回復費用にも充当されることを考慮すると，賃料等の未払額が支払済みの敷金300万円の範囲内にとどまることが明らかであるということもできないから，敷金残金及び賃料等の滞納による不利益がないとはいえない。しかし，これらの滞納解消の見込みがまったくないとはいえず，また，本件建物の適正賃料については本件証拠上必ずしも客観的に明らかではないが，前記認定事実からすると相場よりも高めであることもうかがわれ，これまでに被告会社が支払った賃料等の額がそれなりの金額に達していることからすると，滞納により原告が受けた損害は，支払済みの敷金を考慮しないとしても，被告らが明渡しによって受けるであろう損害と比較して大きいものとはいい難い。さらに，原告において本件建物の明渡しを受けた場合のその後の利用の必要性等について格別主張立証はない。

(5) 以上の諸点を総合考慮すると，原告が平成24年3月16日及び本件訴状をもってした各解除の意思表示の時点において，賃借人である被告会社の賃料不払（債務不履行）という解除原因は存するものの，賃貸人である原告に対する背信行為と認めるに足りない特段の事情が認められるというべきである。」

| 裁判例 336 | 更新料の不払いと信頼関係の破壊
東京地判平成 25 年 3 月 18 日（判例秘書） |

「(2) ア　これらの事実によれば，原告は，被告 Y1 に対し，再三にわたって，更新手続をして，更新料を支払うように求めたにもかかわらず，被告 Y1 は，更新手続をしなかったし，法定更新時には更新料を支払う義務がないとして，更新料の支払に応じなかった。したがって，被告 Y1 は，店舗賃貸借契約書 3 条 3 項に違反しているといえる。

しかしながら，上記認定のとおり，店舗賃貸借契約書 3 条が法定更新を含む契約期間満了による更新時に更新料の支払義務があることを定めた規定であると解することが相当であるとしても，その規定ぶりや文言から，賃借人が同条について更新合意時に更新料を支払う義務を定めた規定であると解釈してもやむを得ないところがあって，かつ，当事者間の法律関係について最終的に決定するには裁判所の判断を待たなければならないのであるから，結果的に，期間満了時に被告 Y1 が更新料の支払義務を怠ったことによって当事者間の信頼関係が破壊されたというべきではない。

したがって，被告 Y1 が期間満了時に法定更新を理由として更新料を支払わなかったことによって，信頼関係が破壊されたとは認められない。」

第 3　用法違反等

使用貸借における民法 594 条 1 項は，「借主は，契約又はその目的物の性質によって定まった用法に従い，その物の使用及び収益をしなければならない。」と規定し，賃貸借において民法 616 条でこれを準用している。

家屋の賃貸借における用法違反としては，賃借家屋の無断増改築，使用目的違反，合理的な範囲外の敷地利用，ペット飼育禁止特約違反などが挙げられる。

建物の賃貸借において無断増改築が行われた場合，一般的には，「建物の賃貸借において，賃借人は，賃貸借契約上善良な管理者として賃借物を保管する義務を負っていて賃借人による無断増改築は，この契約上の義務に違反するばかりでなく，既存の建物に変更，損傷等を加える限りにおいて契約目的物そのものの毀損であり，賃貸人がその所有者である通常の事例においては，所有権の侵害をも伴う行為にほかならない。従って，増改築等の程度がごく小規模で建物に加えられる損傷等も少なく，原状回復も比較的容易である場合とか，建物の用途に応じた使用上，改築，補修等が必要やむをえないものであってそれにより建物の利用価値がむしろ増加する場合等，特段の事情のある場合のほか，無断増改築禁止の特約があると否とにかかわらず，賃貸人の承諾なくして目的建物にした賃借人の増改築等の行為は，それ自体賃貸借の基礎たる信頼関係を破壊するものとして，契約解除の原因となるものといわなければならない。」（東京高判昭和 49 年 10 月 30 日）とされている。

また、建物の賃貸借において、土地上に工作物等の設置をすることについては、一般的には、「建物賃借人の敷地利用権は、その建物の賃借目的を達成するために必要であることが合理的に認められる限度で付随的に存するというべきである。」（東京地判平成4年4月21日）とされている。

以下は、賃借建物の増改築等について、解除を肯定した事例と否定した事例である。

(1) 解除を肯定した事例

裁判例337　付設建物の無断取壊し及び無断新築と背信行為
東京地判昭和30年9月30日（判時65号12頁）

「よって、次に被告の前記既存附設建物の取壊し、及び新たな附設建築をなしたる行為が賃貸借契約に違反する背信行為なりやについて判断するに、

原告本人訊問の結果とその陳述により真正に成立したと認める甲三号証証人Aの証言と弁論の全趣旨を綜合すれば被告の前記取壊しと新たな附設建築は原告の制止を無視したものであることはもちろん、その申告に基づいて中野区役所のなした工事中止の処分やまた建築履行禁止に関する仮処分の執行をも敢えて犯して完遂せしめたものであることを認定し得る。よって被告の行為は賃貸借における信頼関係を破ること甚しい行為であることは明らかである。而して原告がその主張の日被告に対し右行為を理由として、書面を以て本件契約解除の意思表示をなし、それが到達していることは当事者間に争がなくこの意思表示に当り被告に対し賃借建物を原状に回復せよとの解除の前提たる催告はなされていないが、本件の如く賃借人の甚しい背信行為に対しては、特に一般に賃貸借が当事者の深い信頼関係に基礎をおくべきものなることを考慮すれば、賃貸人は前記の催告を要せずして直に契約解除をするもその解除は有効であると解するのが相当である。また被告は原告の本件解除権の行使を権利の濫用であると事実摘示のように抗争するが、かような事実を認むべき少しの立証もないので採用の限りではない。」

裁判例338　無断増築と背信行為
東京地判昭和37年8月10日（判時313号18頁、判タ139号61頁）

「本来、建物の賃借人は、賃借物を契約又はその目的物の性質によって定められた用法に従ってこれを使用収益し、賃借物を返還するまでは善良な管理者の注意をもってこれを保管する義務を負うものであるから、たとえ賃借人において生活上必要なもので、また住宅としての使用目的には支障を来たさないものとしても、賃貸人に無断で賃借家屋に改造を加え又は増築をするようなことは許されないものというべく、ことに本件においては、〔略〕によれば本件増築については、増築部分をもとの賃借家屋と接合させるため、旧家屋の一部をとりこわさなければならなかったのであり、またその復旧も容易でないこと、旧家屋が配置を考え良材を使用し建築されているのに対し、増築部分は旧家屋の南東側にあたるところに建てられて日当り等に悪影響があるのみならず、あまり上等でない材木を使って書庫向きに建てられて中二階的

な建物であるため，人によってはこれを好まないようなものであり，特に家屋所有者たる原告の嫌っているところであることが認められるから，このような増築の行為は，仮に一般的に言えば建物の経済的価値を増加したものであり，且つその部分が附合により賃貸人たる原告の所有に帰したものであるとしても，これをもって賃借人としての用法義務，保管義務に反せず，また背信行為に当らないものということはできない。のみならず，〔略〕原告は本件建物の敷地所有者Ａとの間の賃貸借契約において，賃貸人Ａの書面による承諾を受けることなく地上に工作物を新築し又は現存工作物の増築改築若しくは変更工事をしないことを約しており，原告としては，もしＡが本件増築に気付いたならば右土地の賃貸借契約を解除されるかも知れないと苦慮していることが認められ，また被告Ｂ本人の供述によれば同被告らは本件家屋の敷地が借地であることを知っていたことが認められるから，被告らとしては，右増築によって地主との間に問題が起こりうることを当然予知し得たものというべく，かかる事情をもあわせ考えると，被告らの本件増築の所為は賃貸契約を継続することのできない背信行為であると判定されてもやむを得ないものといわなければならない。」

裁判例339　無断建築と不信行為
最判昭和38年9月27日(民集17巻8号1069頁，裁判集民67号717頁，判時354号28頁)

「原審認定の事実関係のもとで，建物の賃借人は賃貸人の所有にかかる敷地又はこれに接続する賃貸人所有地上に賃貸人に無断で建物を建築し得ないとした原判決の判断は，正当であり，本件無断建築にかかる建物の建坪が約6坪であることを考え併せて，右無断建築行為を以て賃貸人の信頼を裏切り本件建物賃貸借の継続を著しく困難ならしめる不信行為と解するを妨げないとし，該不信行為のあったことを理由とする被上告人の上告人に対する賃貸借解除の意思表示を有効とした原審判断は首肯できる。」

裁判例340　無断増改築と信頼関係の破壊
東京地判昭和43年7月6日（判時537号56頁)

「（二）ところで，控訴人は本件建物の補修工事をなすについては，まえもって被控訴人の承諾を得ていたし，右の増改築は承諾を得ていた補修工事の程度を若干超えたに過ぎないという（抗弁（一））のであるが，《証拠略》をもってしても，被控訴人が昭和34，5年頃本件建物の腐朽部分の補修工事あるいは水道の引入れ，建具の取付等の小規模の修繕や造作をなすことを承諾したことがあったことは認められても，これを超えて控訴人の居住の便宜のため，前記のような規模の増改築をなすことまで承諾していたものとは認められず，右の尋問の結果および証言中には，被控訴人が前記の当時「家賃が安いのだから，控訴人が負担して行うのなら住み良いように改築してよく，その程度を問わない」旨述べていたという供述があるが，その供述自体疑わしいばかりでなく，控訴人本人尋問の結果によれば，屋根の修理，水道の引込み，ガスの引入れ等を行った際には，その度毎に被控訴人の承諾を求めていた事実が認められ，この事実に原審および当審における被控訴人本人尋問の結果を併せ判断すると，被控訴人がまえ

もって相当程度の改築を承認していたものとは認められない。また，前記の増改築の程度が，右に認定した従前被控訴人が承諾した工事（これらの工事はすでに完了している）の程度を若干超えたにすぎないものとは，とうてい認めるわけにはいかない。すなわち前記認定のとおり，いかに家族の要望によるとはいえ，玄関ダイニングキッチンの増築の如きは，従前あった1坪の玄関の部分を全く取毀し，新たに3坪強の建増をしており，また勉強部屋兼サンルームの部分においても，床の間の部分の取毀しおよび1坪2合5勺の増加が行われていて，右の工事の程度は家屋のもとの建坪が9坪7合5勺であることを考えると，比較的大きな規模であるといわざるを得ないからである。

　よって，右の無断増改築はその規模程度からみて，賃貸借における信頼関係を破壊するものといわねばならない。

　（三）さらに控訴人は，右の増改築は家族の生活の必要から行ったものであること，および増改築の結果建物の価値の増大により被控訴人の利益となっても，損害は生じていないのに対し，控訴人は工事費用に多額の出費をしており，これがそのまま損害となることをあげて，賃貸借における信頼関係は破壊されていないと主張する（抗弁（一））。

　しかしながら，借家人の無断増改築が賃貸人との間の信頼関係を破壊するゆえんは，借家人が自己の利便を第一として，賃貸人の権利（多くは所有権）を無視した点にあるのであり，また，建物の効用の点についても，賃借人が増改築によりその使用上便宜を得たことをもって，そのまま賃貸人の利益と判断するのは早計の誹を免れないものというべく，賃貸人にとっての利益，不利益は，まずもって賃貸人の意思決定によらねばならず，その決定がたんに賃借人に対して損害を加える目的だけに由来する場合等不法である場合を除いては，これを尊重すべきものである。これを本件についてみれば，すでに認定したとおり控訴人は被控訴人の承諾を得ずして，旧来の建物の一部を全面的に取り毀しており，それ自体被控訴人の損害といえるのみならず，被控訴人が本件建物の老朽化〔略〕を理由に，近い将来これを取り毀して建換えを計画していたこと〔略〕からみれば，とうてい控訴人主張の如く，増改築が被控訴人の利益となっても損失になることはないなどとは認めえないものであるし，また〔略〕控訴人は昭和35年頃から何時も約定の賃料を滞りがちであったことが認められ，家賃すら満足に払わずに（後記の通り当時1か月金3000円の家賃は，統制額を超過するけれども，検証の結果によれば時価に比し決して高額とは認められない），自己の都合のため無断で増改築をするのでは，被控訴人が控訴人を信頼しなくなるのも，已むをえないところであって，控訴人の全立証によっても被控訴人の増改築不承認の態度を非難すべきものと断ずべき事情をうかがえないのである。

　以上のとおりであるから，前記の増改築があっても，賃貸借における信頼関係の破壊を認めるべきでない特別の事情があるという控訴人の主張は，いずれも理由がなく，前記の解除の意思表示は有効であって，これを権利の濫用と解すべきではない。」

裁判例 341　無断改造と不信行為
最判昭和 44 年 6 月 17 日（裁判集民 95 号 509 頁，判時 563 号 51 頁）

「原審の確定したところによれば，被上告人が上告人に本件家屋を賃貸した際，その階下北西側の 8 畳間 1 室は賃貸の目的から除外していたものであるところ，上告人は，被上告人の承諾を得ないで，右 8 畳間につき，従来障子で区切られていた床続きの隣室との境の敷居を取り除き，右境の一部にドアを設け他の部分にピータイル張りで仕切りをし，室内の床を 1 段下げる等の改造を施して洋風の応接間とし，これを賃借部分とあわせて使用しているというのであって，これら原審認定の事実関係においては，上告人には，賃貸借契約の当事者間の信頼を裏切って賃貸借関係の継続を困難ならしめる著しい不信行為があるものと認めるべく，被上告人において催告を要せず賃貸借契約を解除しうる事由があるものと解するのが相当である。したがって，被上告人のした賃貸借契約解除を有効とした原審の判断は正当であって，その判断に所論の違法はなく，論旨は採用することができない。」

裁判例 342　無断増改築と信頼関係の破壊
東京地判昭和 46 年 5 月 25 日（判時 635 号 117 頁）

「《証拠略》を総合すると，本件建物は，もともと昭和 24 年頃駐留軍の放出物資により建てられたもので，置石の上に土台をのせた程度の木造ルーフィング葺のバラック建築であったこと，控訴人は昭和 30 年 4 月 1 日被控訴人からこれを賃借するに際し，被控訴人の承諾を得て，自己の費用でルーフィング葺の屋根の半分程度をトタン板に葺き替え，水道，電気配線工事をなし，室内の一部模様替えをして入居したこと，その後ルーフィング葺部分の屋根は古くなり雨漏りがし，また，壁板の一部には腐触し始めているところも生じたので，控訴人はその補修工事をなすべく，昭和 42 年 8 月 4 日頃工事に着手したが，屋根は野地板，土台の腐触が激しく，ルーフィングをトタン板に葺き替える程度では間に合わず，やむなく切妻屋根に全面葺き替えることとなり，そのついでに建物の一部を解体し，ブロック土台を新設し，腐触した土台，柱の一部を取り替え，あるいは柱を新設し，別紙図面二表示の (I)，(K)，(L) 部分を増築するなど請求原因第 2 項記載の各工事をしたほか，右増築した (K) 部分に引違い戸を，(L) 部分に窓および引戸を各設置し，従前板張りであった同図面表示 (A)，(C) 部分を押入に，従前押入，戸棚であった同 (E) 部分を取り毀し 2 段ベッドに，従前押入であった同 (H) 部分を廊下にそれぞれ改築し，従前コンクリート打ちしてある土間に浴槽がおけるようにしてあったにすぎない同 (J) 部分を本格的な風呂場に，従前土間に流し台が置かれていた程度にすぎなかった同 (M) 部分の炊事場を上床に改装したこと，その結果本件建物はほとんど旧態を留めない状態になり，控訴人は右補修，増改築工事に約金 70 万円程度の支出をしたことが認められ，右認定に反する証拠はない。

ところで，建物賃貸借契約において，賃借人が修繕を賃貸人の承諾を得てなすことができる旨の特約条項がある場合でも，賃借人は急迫の危険防止等の必要があるときは，賃貸人の承諾をまたずに，応急工事および普通の保存工事の範囲を超えない程度の修繕をすることができ，

賃貸人の承諾を得ずにこれを行ったとしても，直ちに賃貸借契約関係における信頼関係を破壊する事由となるとはいえないことは当然であるが，控訴人のなした前記補修，増改築工事は，社会通念上，応急工事および普通の保存工事の範囲を著しく超えているものといわざるを得ないから，賃借人たる控訴人がかゝる補修，増改築工事を賃貸人たる被控訴人に無断で行ったとすれば，控訴人は賃貸物を善良な管理者の注意をもって保管すべき義務に違背し，賃貸借契約関係における信頼関係を破壊し，賃貸借契約の継続関係を困難にする行為をしたものであることを免れず，被控訴人はこれを理由として本件建物賃貸借契約を解除することができるものといわなければならない。
〔略〕
　また，控訴人は，被控訴人が賃貸人として建物の補修工事を行う義務を果さないので，やむをえず必要最小限度の補修工事を行い，そのついでに一部を増改築したにすぎないものであり，その増改築工事は補修の程度を若干超えているとしても，その結果本件建物の価値を増大こそすれ，被控訴人になんらの不利益を与えるものではないから，賃貸借契約関係における信頼関係を破壊するものではないと主張するが，前叙のとおり控訴人のなした補修，増改築工事は，社会通念上，応急工事および普通の保存工事の範囲を著しく超えたものであると認められるのみならず，建物の自然的朽廃の時期が迫っている場合，賃借人は賃貸人に対しその朽廃を阻止させるべき大修繕を加えることを請求し，または自らその大修繕をするなど右朽廃を阻止する措置をとってまで自己の賃借権の存続をはかる当然の権利を有するものではなく，一方賃貸人としては，建物の自然朽廃により賃貸借契約が終了すれば，その敷地をより効率的に利用し得る利益があり，賃借人の無断補修，増改築工事によって建物の本来有する自然的効用期間を延長されることは，右利益を侵害することになるので，右補修，増改築工事の結果，建物の価値が増加するとしても，賃貸人になんらの損害もないということはできず，これを本件についてみると，前記認定の事実から，補修，増改築工事前の本件建物は自然的朽廃がかなり進んでおり，控訴人のなした補修，増改築工事は，本件建物の右工事を加えなかった場合の自然的効用期間を著しく延長させたものであることが窺われるので，右補修，増改築工事の結果，被控訴人になんらの損害もないということはできず，控訴人の本件無断補修，増改築工事が本件賃貸借契約関係を破壊するものではないとはいえないから，控訴人の右主張も理由がない。」

裁判例 343　無断改修と背信性
東京高判昭和 48 年 11 月 27 日（判時 733 号 53 頁）

「亡 A が昭和 44 年 8 月 10 日頃，控訴人に無断で本件建物の屋根の少なくとも一部分（その程度については，後に判示する。）につき，その骨組であるノジ板，モヤ，タル木を取り除き，新たな骨組を作り，これに従前の瓦を乗せる工事を行なったこと，控訴人が亡 A に対し，同月 13 日付（同月 14 日到達）の内容証明郵便で本件賃貸借契約を解除する旨の意思表示をしたことは当事者間に争いがない。そして，《証拠略》によれば，右屋根の工事はとうてい屋根全体の 6 分の 1 程度のものに限られてはおらず，屋根の半分以上にあたる部分の大改造というべきものであり，補修ないし修繕の程度をはるかにこえるものであることが明らかであ

る。そして，《証拠略》によれば，控訴人は右工事を施工していた大工Bを通じて亡Aに対し，右工事の中止方を申し入れたことを窺うことができ，この申入は原状回復の催告を含むものと解せられる。よって，特段の事情のない限り，本件賃貸借契約は昭和44年8月14日の経過とともに解除されたものといわなければならない。

　被控訴人はこれに対し，右解除は権利の濫用であると主張する。しかし，右認定にかかる本件屋根の改造は，もともと本件訴訟の第1審判決の言渡の日である昭和44年5月29日の後まもない頃の係争中に行なわれたものであり，また，《証拠略》によれば，当時屋内の2か所ほどに雨漏りがあったものの，亡Aはこのときも控訴人に対し，修理についての相談ないし通告等はなんら行なわずに，突如として，一方的に強行着手に及んだことが認められる。右認定のように雨漏りがあったとしても，本件のような訴訟中のことでもあれば，その修理をするについての手続きと，修理の程度について配意するにおいては格別，そのようなこともなく前判示のような大改修に及んだことは，亡Aが昭和42年8月頃に施工した工事と相俟った甚だしく賃貸人の信頼を裏切る性質のものであるといわざるをえない。

　なるほど亡Aは当時老齢であって目を患っており，本件建物が唯一の生活の本拠であったけれども，このことを考慮しても右判示のような再度の所為による背信性を否定することはできず，他に右解除を権利の濫用であるとするに足りる事情は見当らない。」

裁判例344　無断増改築と信頼関係の破壊
東京高判昭和49年10月30日（判時767号35頁）

「(一)　元来，賃貸借のごとき継続的契約関係においては，契約の存続は，当事者相互の信頼を基調とするものであるから，当事者一方の義務違反に基づく契約解除の適否を按ずるについても，それにより右の信頼関係が破壊されるに至ったものと見るべきか否かを考慮の外におくことができないことは，いうまでもない。

　しかし，建物の賃貸借において，賃借人は，賃貸借契約上善良な管理者として賃貸物を保管する義務を負っていて賃借人による無断増改築は，この契約上の義務に違反するばかりでなく，既存の建物に変更，損傷等を加える限りにおいて契約目的物そのものの毀損であり，賃貸人がその所有者である通常の事例においては，所有権の侵害をも伴う行為にほかならない。従って，増改築等の程度がごく小規模で建物に加えられる損傷等も少なく，原状回復も比較的容易である場合とか，建物の用途に応じた使用上，改築，補修等が必要やむをえないものであってそれにより建物の利用価値がむしろ増加する場合等，特段の事情のある場合のほか，無断増改築禁止の特約があると否とにかかわらず，賃貸人の承諾なくして目的建物にした賃借人の増改築等の行為は，それ自体賃貸借の基礎たる信頼関係を破壊するものとして，契約解除の原因となるものといわなければならない。そしてこの理は，無催告解除の特約がある場合にも，基本的には異ならないが，ただ，該特約に基づき催告をすることなくしてした解除の効力を認めるについては，増改築等の結果，原状回復が不可能又は著しく困難となった場合，原状回復しても建物に加えられた損傷が著しい場合，増改築等が反覆して行なわれた場合，増改築等が賃貸人の阻止を冒して行なわれた場合等，一たん破壊された信頼関係が回復しがたい場合

に限るものと解すべきである。
〔略〕
　（六）以上のべたところからすれば，Aは，二の（一）の1の無断改築をしたことによって被控訴人から明渡しを求める調停を申立てられたことがあったにも拘らず，その後また二の（一）の3と4のような工事を無断で行なったのであるから，これは賃貸借における信頼関係を著しく破壊するばかりでなく，破壊された信頼関係が回復しがたい場合にあたるものとして，被控訴人は，これを理由として，特約に基づき，催告を要しないで本件賃貸借を解除し得るものというべきである。従って，被控訴人が二の（一）の4の工事を3の工事と合せて本件賃貸借の解除理由として主張するに至った昭和41年10月25日付請求の趣旨原因訂正申立書をAが受領したと記録上認められる右日時をもって，解除の意思表示が有効に行なわれたものと見るべく本件賃貸借は，右解除によって終了し，控訴人は，賃借建物である第1目録の各建物を被控訴人に対し明け渡すべき義務を負うに至ったものといわなければならない。」

裁判例 345　無断改修と信頼関係の破壊
横浜地判昭和50年2月10日（判タ329号168頁）

「2　以上の二以下に認定した全事実を総合して判断すると，被告の改修工事は，雨漏り防止，看板付替，戸締改修の目的については原告らの承諾（原告らの一家の事情からAの承諾に係っていた）するところであったが，その方法たる工事の規模，程度については，その承諾するところを遙かに超える抜本的な大改修工事であり，完成すれば，その造作の如何によっては店舗の積極的新装ともなり，ほとんど新築同様の改築となり，建物の耐用年数をも大きく延長し，原告らが多年にわたり忍苦の末の一家境遇の打開に本件建物を自家使用しようとする意思と希望とを表明していることを認識しながら敢えて無視したものである。建物改修については，その目的と方法との両面にわたり承諾があってこそ，承諾があったとすべきが相当であるから，被告の本件改修工事について原告らの承諾はないものと認めるべきである。
　五　建物善管義務違反ないし信義則違反と賃貸借契約解除
　1　本件における雨漏り防止（看板付替を含む）工事は，前認定の二の2の（一）のような建物の腐朽状態であるから，たとえ原告らが家主としての修繕義務を履行しようとしないでも，被告の予定する工事方法を承諾する限りは，抜本的な工事としてそれなりに合理的なものであるけれども，原告らがその規模，程度を知らないで，ただ工事目的は承諾するが抜本的改修工事を嫌う旨を，原告ら一家のそれなりの事情を述べつつ表明し，結局承諾があるといえない以上，いかに原告らが一方的に明渡要求の態度を固執する紛争状態の中にあること前認定のとおりであっても，被告の方で，どれに対抗して，家主の意に反して一方的に，ほとんど新築に等しいような改修工事の挙に出ることは，建物賃借人として当然に許されるものとはいえない。右のような紛争状態下の賃借人たる被告としては，それ故にこそなおさらに原告との間に，必要にして止むを得ない改修方法につき具体的に協議に努め，仮に方法について協議が調わないときも，修補に止めることを基本に，可能な限り目的に適った屋根工事方法を採るを，信義則上，また賃借人の建物善管義務上相当とする。

建物腐朽に即応した雨漏り防止目的の工事として，被告の予定工事の他には，採るべき方法がないにもかかわらず，原告らが被告に対し，大工事にならないようにと要求したことによって，事実上不可能な改修を強いることによって現実には改修を不可能ならしめたとすべき特段の事情は，本件全立証によるも，これを認めることはできない。建物腐朽を防止する結果さえあれば，どのような内容の改修工事を一方的に行っても，建物賃借人の賃借物善管義務に違反しない，といえないことは，多言を要しない。

ひっきょう，被告は，未だ維持されていた信頼関係を自ら破壊し，建物賃借人の善管義務に違反し，建物賃貸借における信義則に違反したものというべきである。」

裁判例346　無断改造と背信性
大阪地判昭和50年9月26日（金判494号40頁）

「3.〔証拠〕によれば，

（一）本件店舗は以前被控訴人がお好み焼屋として使用していたものであって，昭和36年6月これを控訴人に賃貸した当時の状況は別紙見取図（一）のとおりであり，本件店舗の北側及び東側の各部屋との境は板壁で仕切られており，西側の壁は北半分が土，その余の部分は板壁であった。そして，右の見取図の各位置に2か所出入口があった。

控訴人は，被控訴人の承諾を得て右の賃借後直ちに本件店舗の改造模様替にかかり，別紙見取図（二）のとおり，南西隅の窓及びその下部の板壁を取り除いてここに扉を取付けて出入口となし，外壁部分をすべてレンガ造りの壁に塗りかえて先の2か所の入口や窓も同様に塗りこめ，その他内装，カウンター取付等の工事をした。

その後昭和39年9月頃，控訴人は便所の水洗化，クーラー取付，照明等の内装工事をしたが，この時は被控訴人の承諾を得なかった。

（二）昭和41年9月，被控訴人は従来の南西隅の入口を角材の格子で閉ざし上部にクーラーを，その下に看板を取付け，北西隅の北側の部屋と接した部分の壁を抜いてここに入口を造ったほか，内壁クロースのはりかえ，カウンターの取替え，電気照明等の内装工事をなし，別紙見取図（三）のとおりとした。この時の工事については，控訴人は被控訴人に対し何ら承諾を求めなかった。

の事実が認められ，前掲控訴人本人尋問〔略〕の結果中右認定に反する部分は措信せず，他に右認定に反する証拠はない。

ところで，控訴人は，本件店舗の賃貸借はバー営業を目的としたものであるところから，時折の店舗の改装は右の営業目的からして不可欠であって，前記（二）の程度の改造は被控訴人主張の特約にいう造作，模様替に該当しないというけれども，店舗の単なる内装工事や軽微な外装の変更なら格別，外壁を抜いて店舗の出入口の位置を変更するが如きは店舗としての基本的な部分に変改を加えるものというべきであるから，右の控訴人の主張は到底採用し難い。

さらに，本件店舗の使用目的や従来の使用状況を考慮したとしても，本件店舗の改造につき被控訴人の承諾を求めるにつき控訴人から何らの働きかけをなした事実がないことや右改造が本件賃貸借の継続につき当事者間に紛争が生じていた時期になされたことを考え併せると，右

改造をもって背信性がないという控訴人の主張は認め難いというほかない。」

裁判例 347　無断増築と背信性
神戸地判昭和58年4月20日（判時1149号143頁）

「《証拠略》を総合すれば，被控訴人は，本件賃貸部分を借り受けた直後（昭和29年7月ころ）に当時イ～チ線上にあった外壁を取り毀して，イ，チ，ヨ，カ，イ部分にトタン張りで簡単な炊事場を増築し（以下「第1次増築」という。），次いで，昭和35年8月ころにカ，ヨ，タ，ワ，カ部分に店舗を増築し（以下「第2次増築」という。），更にその後，昭和41年6月ころから昭和45年5月ころにかけてリ，ヌ，レ，ル，オ，ワ，タ，ヨ，リ部分に店舗の拡張と浴室，便所等を増築し（以下「第3次増築」という。），その際，前記炊事場を4畳の間に改造したこと，その結果，右第1次ないし第3次増築にかかる本件増築部分の床面積の合計は，本来の賃貸部分のそれを上廻る52.28平方メートルにも及んでいることが認められる。
〔略〕
　一般に，建物を賃借した場合，特段の事情がない限り，これに付随してその敷地である庭（空地も含む。）などを事実上使用することが許されることはいうまでもないところであるが，その敷地使用の程度，範囲は，あくまで本来の賃借建物を使用収益するについて必要な限度にとどまるべきものと解するのが相当である。
　これを本件についてみるに，前記第1次増築の程度では，本件賃貸借に付随した敷地の利用とみられるけれども（この点，〔略〕右増築に対しては，当時控訴人側においても特に異議を述べていないことが窺われる。），前記第2次及び第3次増築については，その規模の大きさ，態様などからすれば，最早，右の程度，範囲をはるかに超えるものといわざるを得ない。
〔略〕
　Xが昭和45年4月ころ，本件係争建物の敷地を含む付近一帯の土地を地主の訴外Aから買受ける旨の売買予約を締結した上，昭和46年12月にこれを買受取得したこと，そして，翌47年2月ころ，控訴人が右敷地の賃貸借を合意解約して，同年4月ころ，Xから金500万円の明渡料を受領していることが認められるけれども，右敷地の合意解約及び明渡料受領等の行為は，いずれも既に認定したように，控訴人が被控訴人に対し，無断増築を理由に条件付解除の意思表示をして，その条件が成就した後においてなされたものであり，しかも，その無断増築違反の重大な背信性（違反回数及び規模等）を彼此比較勘案すれば，被控訴人のその余の主張を合わせ考慮しても，なお，控訴人の本件解除権の行使が濫用に当たるとはいえないから，この点に関する被控訴人の抗弁も採用できない。」

裁判例 348　無断補修工事と信頼関係の破壊
東京地判昭和62年2月25日（判タ657号134頁）

「控訴人が昭和56年3月18日東京簡易裁判所に対して被控訴人を相手方として本件建物部分の明渡しを求めて本件調停事件の申立てをしたことは，当事者間に争いがないところ，〈証

拠〉によれば，本件調停事件において，控訴人と被控訴人との交渉は，同年6月30日までの間に2回実施され，右交渉の席上で，控訴人は，被控訴人に対し，本件建物部分が老朽化して火災発生等の危険があること，また，被控訴人には倉庫も備わった被控訴人所有建物があること等を理由に，控訴人から被控訴人に対して立退料を支払うことを条件に本件建物部分の明渡しを求め，他方，被控訴人は，控訴人から本件建物部分を購入することを求めていたことが認められる。そして，被控訴人が同年6月30日本件建物部分の外壁の補修工事を開始したことは前記のとおりであり，〈証拠〉によれば，控訴人の代表者であるAは，右同日，被控訴人が右補修工事を開始したことを知り，直ちに本件建物部分を訪ね，右建物部分の補修工事をしていた株式会社Pの従業員に対し，工事を中止するよう申し入れ，工事は中断されたこと，控訴人は，その後，東京簡易裁判所に対し，被控訴人を債務者として，被控訴人が本件建物部分について取壊し，増築，大修理等の行為をすることを禁ずる仮処分〔略〕の申請をし，同月6日，右仮処分申請についてこれを認める旨の決定を受けて，右決定の正本は，同月8日，被控訴人に送達されたこと，ところが，本件建物部分の西側の外壁は，既に全面にわたって羽目板が取り除かれ，一部には柱がむき出しとなる部分も存したことから，被控訴人は，その後，右裁判所に対し，控訴人を債務者として，控訴人は被控訴人が本件建物部分の西側の外壁について間柱と本柱との間にベニヤ板及び簡易な防水建材を打ち付ける等の修繕工事をすることを妨げてはならない旨の仮処分〔略〕を申請し，同月13日，右仮処分申請についてこれを認める旨の決定を受けたこと，ところが，被控訴人は，その後，本件建物部分の西側の外壁のみではなく，南側の外壁についても，前記認定のとおりの補修工事をしてしまったこと，被控訴人は，右補修工事を行ったPに対し，請負代金として30万円を支払ったこと，控訴人は，被控訴人が右補修工事を開始した後，本件調停事件を取り下げたことが認められる。

　ところで，本件建物部分は，被控訴人が右補修工事を開始した当時，窓枠や壁の羽目板の隙間から雨も吹き込むこともある状態であったが，右も，被控訴人が従来どおり本件建物部分を被控訴人の営業用の倉庫等として使用するうえで支障を生ずるほどのものではなかったことは，前記認定のとおりであり，被控訴人が本件建物部分を従来どおり使用していくうえで直ちにその外壁等に対する補修の実施を必要とする状態であったと認めることはできない。

　また，被控訴人供述によれば，被控訴人は，知人のBに対して控訴人に本件建物部分について補修工事をするつもりである旨を伝えるよう依頼したが，その後Bが控訴人に対して右の旨を伝えたか否かについては確認しておらず，本件調停事件の席上でも控訴人に対して補修工事をすることを伝えていないことが認められ，控訴人が前記補修工事を開始する前に控訴人に対して右補修工事を開始する旨を伝え，控訴人の承諾を求めたこと又は被控訴人が控訴人に対して本件建物部分の外壁の補修を求めたことはいずれもこれを認めるに足りる証拠はない。

　してみると，被控訴人は，本件建物部分の所有者ではなく，賃借人にすぎないにもかかわらず，本件建物部分の老朽化を主たる理由として控訴人から明渡しを求められている本件調停事件の手続の進行中に，賃貸人である控訴人に何ら連絡することなく，賃借物である本件建物部分につき，その老朽化の程度に重要な影響を及ぼすべき大規模な補修工事に着手し，しかも，控訴人からの申請に基づく仮処分決定により本件建物部分について取壊し，増築，大修理等を禁じられているにもかかわらず，自己の申請に基づき妨害禁止の仮処分を受けた本件建物部分

の西側外壁のみならず，南側外壁についても補修工事をしてしまったものであるから，他の被控訴人主張の事情を考慮しても，なお，被控訴人の右行為により，控訴人と被控訴人との間の信頼関係は破壊されたものというべく，したがって，控訴人のした本件解除は，直ちに効力が生ずるというべきである。」

裁判例 349　無断改装工事と背信的行為
東京地判平成元年1月27日（判タ709号211頁）

「ところで，〈証拠〉並びに弁論の全趣旨を総合すると，

被告は，前記和議認可決定を得た後の同年7月4日ころから本件建物の改装工事を始めたところ，それは，例えば本件建物の前面ウインド部分を全部取り壊し，内部の天井，床及び側面壁をすべて取り外し，水道メータからの本件建物内の配管を全部変更するというようなものであったこと（工事費1800万円，ただし，本件建物の躯体部分には変更を加えていない。），

原告は，被告からアイスクリーム販売店の話しを聞いた後に，電話で被告に抗議し，またA弁護士もそのころ電話で被告に抗議し工事の中止を求めたが，被告は工事を続行して，右内容証明郵便が被告に到達した同月18日には既にその工事を完了し，そして，被告では，前記スポンサーが派遣した者を代表取締役の1人に加える等の経営態勢を整えたうえ，本件建物前面のウインド上の壁面に「Cアイスクリーム」なる看板を掲げて，右同日から右営業を開始し今日に至っていること，

なお，原告と被告が共同で使用している水道料は，右開業以降従前の2倍以上に増加し，前記合意の際に共益費（といっても，本件賃貸借においては，実質は水道料金を意味する）の名目で増額した1か月7000円ではもはや賄えなくなっていること，

以上の事実が認められ，他に右認定を左右するに足る証拠はない。

右認定の事実によれば，被告の為した改装の規模は，原告と被告が話し合ったその範囲を大幅に超えているものと認められる。確かに，前記改装に関する文書には，「正面ウインド，日除等部分」とか「内部の便所一部，ケース部分等」というように「等」なる文字が加えてあるが，これは，前認定の改装の合意に至るまでの経緯に照らすと，あくまでも「正面ウインド，日除」に付随する部分及び「内部の便所一部，ケース部分」に付随する部分の小規模な改装を意味していたものと解せられるし，少なくとも被告の行った改装が右の「等」なる文字をよりところとして正当化されるものとは社会通念上到底いえないであろう。

五　そうだとすると，被告における業種変更とその秘匿には会社の再建上やむを得ぬ面もあり，また右改装が本件建物の躯体部分に変更を加えず将来の修得可能なものであり，そして，被告代表者尋問の結果によれば，被告内部の経営実態や本件建物における営業状態等が従前とほとんど大差がないことが認められるけれども，しかし，原告に対する関係では，事前に業種変更を原告に告知せず，業種の変更が改装の場所，程度等に影響のあることは経験則上明らかであるのに，そのことを秘し，原告をして従前の業種のままで改装するものと誤信させ，お互いに話し合って文書まで作成し確定した改装の範囲を著しく超える工事を行った被告の行為は，やはり自己本位に過ぎ，原告に対する背信的行為といわざるをえないであろう。

したがって，被告の右行為によって，原被告間の本件賃貸借契約は，その基礎となる信頼関係を失うに至ったものと解すべきであろう。」

裁判例350　無断改装工事と信頼関係の破壊
東京地判平成3年7月9日（判時1412号118頁）

「五　以上のとおり，被告の当時の代表者Aは，当初から賃借部分を酒食を提供する営業に利用する意図を有しながら，B及び不動産仲介業者のPの担当者のCには，それを隠し，近隣で営むマリンスポーツの販売店，事務所として賃借したいと嘘の事実を言って賃貸借契約を締結し，契約が締結されるや，契約書の明白な文言にも反し，便所の移設，ガスの配管の実施等，建物の構造に悪影響を及ぼし兼ねない工事をするなど，原告の所有に係る本件建物をまるで我物のごとくに手を加え，その間，所有者側の反対の意向には一切耳を貸さず，また，法の要求する許可をも得ることなくクラブの開店にまで至ったというのが，本件の実態である。

本件の右認定の事実経過からすると，信頼関係の破壊を理由とする解除の意思表示（平成2年11月8日に被告に到達したことは，争いがない。）により，原告と被告間の賃貸借契約は終了したものと解するのが相当である。」

裁判例351　無断改築等と背信行為
東京地判平成3年11月28日（判時1438号85頁）

「しかしながら，原告が高齢で病気療養中であったことに加えて，被告Yの本件賃貸借契約の成立当初からの一連の不誠実な対応振りを考えると，被告Yの賃料支払債務の履行遅滞や明渡約束の不履行等につき何ら法的措置をとらなかったことに関して原告のみを非難するのは片手落ちである。

とりわけ，平成元年ころの無断改築は，原告が当時十分に調査をすることなく，本訴に至ってはじめて追及したとはいえ，工事費約600万円を投じて和室を洋室に変更する等の工事であり，また，平成2年のサンルームの増築工事は原告に無断で2階4畳半の部屋の引き違い戸の壁を一部取り毀したものであるばかりでなく，原告が右工事につき直ちに異議を述べたにもかかわらず，何ら善処しなかったものである。

また，被告Yは本件賃貸借契約の成立以来，原告との間の本件建物の明渡し等の交渉を知人のAに任せきりであったばかりでなく，賃料の支払いも同志のBやCらに委ねて，原告が会おうとしても一切応じず，自らは賃借人として真摯に対処する態度が全然見られなかったものである。

更に，原告が隣人の要請等に応じて本件建物敷地の庭に生育している蔦等を剪定したことについても，被告Yの対応は，その手段・内容においてきわめて非常識であると評価せざるを得ない。

被告Yのこれら一連の不誠実な行為を勘案すると，賃貸人である原告において最早本件賃貸借契約を継続したくないと考えるのも無理はないといわざるを得ない。

したがって，背信行為を理由とする本賃貸借契約の解除の主張は理由がある。」

裁判例 352　無断増改築等と信頼関係の破壊
東京地判平成4年4月21日（判タ804号143頁）

「（三）以上の事実に基づいて，信頼関係の破壊に至る程度の債務不履行の有無について判断する。

(1) 被告のした工事のうち，本件建物に加えた改修工事等については，本件賃貸借契約において，本件建物の模様替等に該当する工事について原告の書面による承諾が要求されているにもかかわらず，被告は原告に事前連絡をしたにとどまり，十分な承諾を取って工事に着手したとはいえないが，工事の内容が店舗としての使用目的に合致し，本件建物の客観的価値を高めたことなどに照せば，これをもって直ちに信頼関係を破壊する程度の債務不履行があったとまでいうことはできない。

(2) また，本件土地上における工作物等の設置について検討するに，建物賃借人の敷地利用権は，その建物の賃借目的を達成するために必要であることが合理的に認められる限度で付随的に存するというべきであるが，本件建物は，いわゆるホームセンターの店舗として賃貸されたものであり，このような店舗においては，扱われている商品の多様性や性質，形状，重量などから，建物の敷地も屋外の売場として使用されていることが一般的であり，また，自動車等により来店する客のための広告板等の設置の必要性も認められるところであるから，設置物の用途，大きさ，構造等の点で合理的に認められる限度においては，賃貸人の承諾がなくとも，その敷地に売場や付属設備を設置することができるというべきである。

(3) しかしながら，本件土地上の建築物等についてみると，その1つである旧室が撤去されている事実にかんがみれば，その撤去が比較的容易であるものと推認されるものの，独立の建物としての構造を備えた建築物もあること，その占有面積は広範に及び，本件建物敷地のうちの空き地の相当部分を占めること，さらに，店舗としての効用を全うするためにこれらの建築物を設置するなどして本件土地を利用する必要があれば，本件土地に賃借権を設定することも可能であり，またそのようにすべきであることを考慮すれば，被告の設置した本件土地上の建築物等が，右設置の事実だけをとらえて直ちに信頼関係が破壊されたとはいえないとしても，本件賃貸借契約に伴う敷地利用権の範囲にとどまるとはにわかにいい難い。

(4) 加うるに，被告の本件土地上における工作物等の設置は，当初において原告の承諾のないまま行われたのみならず，その後本件訴訟において，本件土地上の工作物の設置の可否が訴訟の焦点となり，また，本件土地の利用状況を現状のまま固定することを前提とした和解が検討されている最中にも，再度無断で行われている。このような行為は，単に無断で工作物を設置することにより契約当事者間の信頼関係を損うのみならず，本件賃貸借契約において生じた紛争を司法的に解決するにつき，賃借人側の真摯な対応を期待できないことを意味するものであり，契約当事者間の信頼関係は破壊されたものといわざるを得ない。

(5) したがって，被告の本件土地上における工作物等の設置行為は，昭和61年10月までにおいて原告と被告の信頼関係を破壊したとまではいえないとしても，以上に述べた設置の経緯，

特に本件訴訟係属後の被告の行為に照らしたときは、後にその一部を被告が撤去した事実を考慮しても、平成3年9月26日ころまでには、敷地利用権の範囲を逸脱し、このことによって原告と被告の信頼関係は破壊されたものというべきである。」

裁判例353 無断改築と不信行為
東京地判平成18年11月30日（判例秘書）

「上記アのとおり、本件1階工事は、厚さ約10cmの壁を幅2m70cmないし3m50cmに渡って撤去した工事である点で構造等にかかわる重大な工事であったといえるうえ、部屋①と部屋②との間の壁を撤去して部屋①と部屋②を一体化させた点で本件建物の間取りを変更する大きな模様替え工事であったということができるところ、被告は、このような工事を、契約書第4条の無断増改築禁止条項に違反して、Xの承諾を得ることなく行っている。そして、本件各工事を行うことが本件建物を通常の使用に適する状態に置くために必要不可欠であったとの被告の主張が採用できず、本件各工事は、いずれも被告による使用上の利便性向上を目的として行われた工事なのであって、格別緊急を要する工事であったとは認められないことからすれば、被告は、賃貸人であるXの承諾を求める機会が十分にあり、かつ、承諾を求めることができないような切迫した状態ではなかったにもかかわらず、上記のような工事を無断で行ったということができ、その契約違反の程度は著しいものといわざるを得ない。さらに、被告は、本件1階工事の直後に同工事の施工について苦情を受けたにもかかわらず、Xからの承諾があったと主張し、事後承諾を得ようとすらしなかったばかりか、本件訴訟に至るまで、工事内容や工事理由等について明確な説明もしなかった。しかも、被告は、本件1階工事直後のXからの苦情を受け、逆にXに対し、平成16年10月15日付けで47万円の修繕費の支払を請求しているが（甲8）、被告が反訴において主張する本件各工事に要した費用は20万3175円であり、甲8による請求額は過大であるといえるうえ、乙1の1及び乙1の2によれば、遅くとも甲8が出された平成16年10月15日には、本件各工事に要した費用が反訴請求金額程度であり、47万円もの金額にはならないことは判明していたと推認される。これらの無断工事後の被告のXに対する対応も、Xと被告との間の信頼関係を失わせる要因になったものと考えられる。

　以上において検討した諸事情を総合すれば、契約書第4条の無断増改築禁止条項に違反してなされた本件各工事の施工は、本件賃貸借契約における被告の著しい不信行為に該当するというべきであり、これを理由とする本件解除は有効であると認められる。」

(2) 解除を否定した事例

裁判例354 無断増築と背信行為
東京高判昭和33年4月18日（民集15巻7号1948頁、東高時報民9巻4号62頁、判タ81号48頁）

「被控訴人は昭和22年秋頃控訴人の承諾を得ないで右建物の裏手に当る、東と北が右建物で限られた空地に、西と南を板で囲い屋根を古トタン板で葺いた東西12尺余南北10尺余のバ

ラック風の仮建築物を増築し，その内部に約4畳敷の仮部屋，通路としての板張り及び幅3尺8寸長さ7尺8寸位のタタキの風呂場を設け，賃借建物の板壁の内約3尺を撤去して両建物を内部で連絡させたこと及び賃借建物の両側路地に面して従前から張出している壁と同じ程度に張出した約半坪程度の勝手口横玄関を増設したことを認めることができる。ところで控訴人と被控訴人との間の賃貸借契約において無断増改築を禁ずる特約があったことはこれを認むべき証拠がないけれども，たとえこれを禁ずる特約がなくとも，かような無断増改築は，その状況，程度如何によっては，賃借人の保管義務違反又は用法遵守義務違反として民法第541条の規定による契約解除の原因となり，又かような行為が賃貸人の信頼を裏切り賃貸借の継続を著しく困難ならしめるような賃貸人に対する甚しい背信行為と目される程度に達するときは，賃貸借が当事者相互の信頼関係の上に立つ継続的契約関係である以上，賃貸人は催告を要せず直ちに契約を将来に向って解除することもできるものと解すべきであるから，本件についてこの点を更に考えて見るに，民法第541条の規定による契約解除は控訴人の主張しないところであり，本件増築建物の状況は前記のとおりであって，原審における検証の結果によっても，右増築により南側路地が多少窮屈になったような点はあるが全体としては賃借建物の利用を増加こそすれその効用を害するものではなく，なお原審証人A，同Bの各証言及び原審における被控訴人C本人尋問の結果（第1回）を綜合すれば，右増築は前記3尺程の板壁を撤去したほかには何等賃借建物の構造を変更したものではなく，増築部分は1日で撤去できる程度の仮建築であり，これによって控訴人と被控訴人との間の契約関係を継続させることを困難とするような事情は認められず，しかも本件賃借建物は，被控訴人が昭和3年頃これを賃借した当時既に相当の年月を経た古家で，被控訴人において，自ら自己の費用で理髪店向きその他居住に好都合なように適宜改造して使用すべく家主においては修理をしない約定で借受け，その当時所要の修理をして使用を始めたような経緯もあり，控訴人は昭和24年4月頃前記増築がなされていることを発見したけれども，当時においては特に抗議もしなかったようなことが認められ，原審における控訴人D本人尋問の結果その他の証拠によっても以上の認定を左右するに足りない。又被控訴人が賃貸の目的物でない控訴人主張の物置を取毀し使用したという控訴人主張事実の如きに至ってはこれを認むべき証拠は全くない。以上認定した諸事情を綜合して考慮すれば，被控訴人の前掲増築行為を以て本件賃貸借関係を継続させることを著しく困難ならしめるような控訴人に対する背信行為であると断定することは困難であって，控訴人はこれを理由として本件賃貸借契約を解除することはできないものというべきである。」

裁判例 355 　**無断改築と背信行為**
岡山地倉敷支判昭和34年11月20日（判時213号62頁）

「(1) 証人Aの証言及び被告本人尋問並びに検証（第一ないし第三回）の各結果によれば，別紙目録（二）記載の建物は，初めその屋上がコンクリート床平面のいわゆるバルコニー式になっており，その屋根は，東南側約3尺を残しその他の部分を覆い，又その北西部側面のみは隣接家屋の存在する関係上隔壁が設けられていて，別紙目録記載（一）と（三）の両建物の階上をつなぐいわば渡り廊下の役をなしていたものであったところ，その朽廃破損が甚だしかっ

たため，昭和24，5年頃被告において，当時原告に代わって家賃の取立に来ていた原告の祖父に当るBに対しその修理方を交渉したが，同人より，現在の家賃ではその費用は出せないから費用は被告負担でやってもらいたい旨の話があったので，被告自身約2万円の費用を支出してCなる大工を頼み，右コンクリート床平面全体の上に板を張りつめ，その南東部側面にベニヤ板を張って隔壁を設け，その全体にセメント瓦葺の屋根を施した結果，現在のような2階建となったものであることを認めることができる。

〔略〕

　四，ところで，原告と被告との間の賃貸借契約において無断増改築を禁ずる特約があったことは，これを認めるべき証拠がないけれども，たとえこのような特約がなくとも無断増改築は，その状況，程度いかんによっては賃借人の債務不履行，すなわち保管義務違反又は用法義務違反として民法第541条の規定による契約解除の原因となり，又このような行為が賃貸人の信頼を裏切り，賃貸借の継続を著しく困難ならしめるような賃貸人に対する甚だしい背信行為と認められる程度に達するときは，賃貸借が当事者相互の信頼関係の上に立つ継続的契約関係である以上，賃貸人は催告を要せずして直ちに契約を将来に向かって解除することができるものと解すべきである。

〔略〕

　六，以上諸般の状況を参酌すれば，被告としては昭和26年頃別紙目録記載（四）の建物を改築するに際し，或いは遅くとも同31年3月原告が被告方の隣接家屋に移転して来た際，原告の承諾ないし了解を受けるべきものであったという非難は免れないにしても，被告の原告に対する背信行為はさほど悪質なものとは認められず，これをもって直ちに賃貸借当事者間に存する信頼関係を破壊したものとは認め難いのみならず，仮にこれを若干傷つけたとしても，別紙目録記載（四）の建物を収去して賃借家屋の原形に復する等の方法によって右信頼関係を回復することも必ずしも不可能ではないと認められるので，催告を要せずして直ちに賃貸借契約を解除するに値する重大な背信行為という程度には達していないものとすることが妥当であると考えられる。」

裁判例 356 　無断増築と背信行為
最判昭和36年7月21日（民集15巻7号1939頁，裁判集民53号255頁）

「原判決の認定によれば，右増築部分は，賃借建物の構造を変更せずしてこれに附属せしめられた1日で撤去できる程度の仮建築であって，賃借建物の利用を増加こそすれその効用を害するものではなく，しかも，本件家屋は，被上告人が昭和3年頃これを賃借した当時既に相当の年月を経た古家であって，被上告人において自ら自己の費用で理髪店向その他居住に好都合なように適宜改造して使用すべく，家主においては修理をしない約定で借り受け，その当時所要の修理をして使用を始めたような経緯もあり，上告人は昭和24年4月頃前記増築がなされていることを発見したけれども，当時においては特に抗議もしなかった，というのであるから，被上告人の所論の増築行為をもって上告人に対する背信行為に当らず，また原判決説示の理由で被上告人が右増築部分の敷地につき占有権原があるとした原判決の判断は相当である。」

裁判例 357　無断改造と信頼関係の破壊
東京地判昭和 37 年 9 月 18 日（判時 313 号 17 頁，判タ 140 号 81 頁）

「本件家屋の便所は，もと右家屋の北側の 4 畳半の部屋から直接出入するような構造になっていたため，衛生上好ましくなく，又来客があった際にも不便があったので，被控訴人はかねてよりその改造を控訴人に請求したが，控訴人はこれに応じなかった，そこで被控訴人は止むなく X に依頼し，（イ）右 4 畳半の部屋の従来玄関寄りにあった畳 1 畳半を取除いて板敷廊下とし，且つ上り框の床，敷居を取除き，右板敷廊下から便所にはベニヤ板扉を通じて出入でき，又同部屋との間にはベニヤ板壁の仕切を設けたが，障子戸を通じて出入でき，南側 6 畳の部屋にはベニヤ板扉を通じて出入できるような構造とし，（ロ）更にこの結果，従来の 4 畳半の部屋が 3 畳となるので，従来同部屋に附属していた板の間の板敷及び押入の柱，壁を取除いて 1 畳半の畳敷とし，従来通り 4 畳半の部屋としたこと」を認定し，「右認定事実によれば，右改造のうち（イ）は衛生上，社交上の必要に迫られてした工事であり，又（イ），（ロ）とも，これにより本件家屋の保存上に影響を及ぼすものとは認定することができない上，これ等改造は，全般的にみて，本件家屋の使用目的である住居としての用途に何等の変更を加えたものでないのは勿論，その従来の構造を変更したというよりも，むしろ原審証人 A の証言によるも従来の構造を住居としての使用に便宜なようにしたものであり，これにより，本件家屋の使用上の価値は従来より増加し，控訴人は，利益を受けこそすれ，不利益を受けるものではないというべきであるから，被控訴人がした本件改造の程度は，未だ賃借物をその使用目的の範囲内で使用し，保管すべき賃借人の義務に違反するものということはできず，賃貸人である控訴人に対する信頼関係を破壊したものとは到底いうことができない。従って原審証人 A，B の各証言により，本件工事施工が被控訴人の希望しないもので，むしろ中止を望んだのに，控訴人が敢行したことは認められないわけではないが，被控訴人の本件改造によっては，未だ控訴人に本件家屋賃貸借契約の解除権は発生しなかったというべきであり，控訴人の右契約解除の意思表示は，その効力を生じなかったものといわざるを得ない。」

裁判例 358　無断増改築と背信行為
東京地判昭和 38 年 1 月 28 日（判時 326 号 25 頁，判タ 145 号 68 頁）

「原告が被告に賃貸した右部分は，A が原告から賃借して階下の土間部分に野菜等を置き同所でその販売等をもしていたものであったが，同人の退去後不動産仲介業者 B の仲介で塗装業を営む被告が，その店舗並に住居として使用するためこれを原告より借受けるにいたったのであり，当時階下 3 坪の部分の構造は概ね土間，表側に出入口があり，周囲は板を打ちつけて囲った程度，その内表側の約 2 坪の部分は階段のある個所を除き平屋で，その上に板を用いた屋根が庇状に存していたもので，全体として極めて粗末な作りであったこと，賃貸に当り，原告においても，被告が右階下 3 坪の部分に対しこれを塗装の営業店舗として使用するために手を加えることは当然容認するところであったこと，被告は入居後右階下 3 坪の部分の内外にトタンその他を張ったり建具等に手を加える等してこれを営業店舗として使用してきたが，昭和

33年1月，区画整理の結果，家屋が1間余り後退して現在地に移転したところ，被告は，従来店舗部分の一部を炊事場とし，また便所も被告の賃借部分にはなく（原告使用部分内に有するものを共用），生活上甚だ不便であり，営業上も好ましくなかったので，右の家屋の移動に伴う損傷の修復とともに，同年3月頃，階下3坪の一隅に便所を設け，また右3坪の内表側の約2坪の前記庇状の屋根を取り除き，板を並べてこれを天井と床に兼用し，同所に2階4畳半1室に隣接して約2坪の台所を兼ねる1室を設けたものであって，右一室の部分は高さ5尺ないし7尺位，外側はトタン張り，内部はベニヤ板，屋根はルーフィング葺にして，既存建物に附加された全くの仮設的なもので，その撤去も極めて簡易容易になし得る程度のものにすぎなかったこと，〔略〕が認められ，従って以上から考えると，これらの工事は賃貸借後2年半余を経過した以降において被告が自己の便益からなしたものであるけれども，その経緯，規模，態様等に徴し未だもって賃貸人たる原告に対する背信行為として，原告において賃貸借契約を解除し得べき事由には該当しないと解するのを相当とし，また水道増設工事申込書その他の冒用についても，そのため特に原告が特段の迷惑，不利益を蒙ったことは認められないから，冒用自体の責任はともかくとして，これらの事実から，原告において被告に対し賃貸借解除の申込をなすにつき正当の事由があるものともなし難い。」

〔略〕「当時右階下3坪の表側の柱や土台や敷居には相当腐蝕をきたしており，また被告が営業のため新たに買入れた小型トラックを右3坪の所に入れようとしたため，トラックの重量により敷居が低下し中間の支柱が稍浮いてしまったような状況も生じたので，補強をも兼ねて，右トラックを右階下部内に納めることもできるようにするために，右の如き工事をしたものであり，該工事は右トラックを右階下部分内にいれることがその主要目的であったことは疑を容れないが，店舗としての利用であり，家屋の補強にもなるものであって，この工事の結果中間の支柱1本が取り去られ表側の外形も大分変化はしたが，店舗としての体裁を増し，しかも本来の家屋構造に対して著しい変更が加えられたというようなものではないことが認められるから，被告において，賃貸借の当初，階下3坪の部分につき如何様にも全く自由に増改築できる旨の特約を原告との間にしたという事実は，これを認めるに足る証拠はないけれども，この工事をしたことをもってしても，なお被告の賃貸人たる原告に対する背信行為として，原告において賃貸借契約を解除し得べき事由に該当するとは未だいい難く，またこの工事をしたことを加えて考えてみても，未だ原告において被告に対して賃貸借解約の申入をなすにつき正当の事由を具備するにいたつたものというに足らない。」

裁判例 359　無断改造工事と不信行為
東京高判昭和38年4月24日（東高時報民14巻4号95頁）

「二，控訴人らは，被控訴人Aが昭和34年8月本件（一）の建物につき無断で工事を始め，控訴人らの抗議にもかかわらず，家屋の基礎部分まで改造した旨主張し，原審証人Bの証言及び原審における検証の結果によれば，被控訴人Aは控訴人ら主張の頃本件（一）の建物の表入口の側にショウ・ウインドウとカウンターを設け，建物前面の屋根の庇を取換えたほか，勝手場の部分を1坪弱拡張し，腐蝕した土台をコンクリートの土台に修理し，なお店舗の

内部に若干の改装を加えたことが認められるけれども，右改造工事自体について控訴人らが抗議したことは，前記Ｃの供述によってもこれを認めるに十分ではなく，かえって右検証の結果に徴すれば，上記程度の改造は，右建物全体の構造からみて建物の部分的朽廃を防止しかつ店舗内外の外観を整備することを主たる目的として行われた小規模の改造にすぎず，しかも成立に争いのない乙第三号証及び前記被控訴人本人尋問の結果によれば，右の改造工事は被控訴人Ａが所轄保健所長から右建物店舗の改造をしなければ食品衛生法規により営業継続の許可を与えることはできない旨警告を受けたため，やむを得ずこれに着手した次第であることが認められるから，このような事情に同被控訴人が右賃借建物の店舗を昭和９年以来豆腐屋営業のために使用してきた事実をあわせ考えると，上記程度の改造は，それがかりに賃貸人の承諾なくして行われたものとしても，これをもって賃貸借解除の原因たるべき賃借人の不信行為であるとは到底なしがたいものといわなければならない。」

裁判例 360　無断増改築と信頼関係の破壊
東京高判昭和 38 年 9 月 17 日（東高時報民 14 巻 9 号 255 頁，判タ 154 号 61 頁）

「控訴人は昭和 16 年頃建坪 23 坪 1 合 2 勺の本件建物を建築所有し，自らこれに居住していたが，その後原判決添付図面の赤斜線の部分（但し押入の部分を除く）に 4 畳半の 1 室（建坪 2 坪 2 合 5 勺）を増築し，被控訴人が本件建物を賃借した当時には，すでに右増築部分は存在していたものであるが，右増築部分は平屋根であったため雨水のはけが悪く，被控訴人の賃借後雨漏りが甚だしく，柱も腐朽し，居住に差し障りを生ずるようになったので，被控訴人は昭和 30 年 8 月頃控訴人に無断で，大工の訴外Ａに依頼して，土台のみ残して右 4 畳半の 1 室を取り壊し，屋根をトタン葺とし，柱 2, 3 本，根太，床板等を取り替え，天井及び周囲にベニヤ板を簡単に張るなどして，4 畳半の 1 室（建坪 2 坪 2 合 5 勺）を改築するとともに，これに従前なかった 3 尺と 1 間半（建坪 7 合 5 勺）の押入を新たに増築したものである。〔略〕

土地認定の事実に徴すれば，被控訴人は従前からあった 4 畳半の 1 室が使用に堪えなくなったため，家屋保存の必要上これを改築したにすぎないものであり，上記の 7 合 5 勺の押入部分のみは新たに増築したものであるが，右改築は本件建物全体からみれば，軽微な部分にすぎないし，また本件建物の使用目的たる住居としての用途を変更したものでないのはもちろん，右増改築の形態も構造を変更したというよりも，従来の構造を十分に使用する必要上，また使用に便宜なように修理拡張したものと解するを相当とし，使用価値は従来より反って増大し，賃貸人である控訴人としてもこれにより利益をえたものであり，かくべつ不利益を被ったものということはできない。してみると，被控訴人の右増改築は，賃貸人に無断でなされたものではあるが，上記認定の本件の場合においては個人的信頼関係を基調とする賃貸借契約の賃貸人と賃借人間の信頼関係を破壊するほどの背信行為にあたるものとは到底認められないから，控訴人が被控訴人の右無断増改築を理由として賃貸借契約を解除することは，信義則上許されないものといわなければならない。」

(2) 解除を否定した事例 263

裁判例 361	無断改造工事と信頼関係の破壊
	最判昭和 39 年 7 月 28 日（民集 18 巻 6 号 1220 頁，裁判集民 74 号 747 頁，判時 382 号 23 頁，判タ 165 号 76 頁）

「所論は，被上告人 B 及び同 C の本件家屋改造工事は賃借家屋の利用の程度をこえないものであり，保管義務に違反したというに至らないとした原審の判断は違法であって，民法 1 条 2 項 3 項に違反し，ひいては憲法 12 条 29 条に違反するという。しかし，原審は，右被上告人らの本件改造工事について，いずれも簡易粗製の仮設的工作物を各賃借家屋の裏側にそれと接して付置したものに止まり，その機械施設等は容易に撤去移動できるものであって，右施設のために賃借家屋の構造が変更せられたとか右家屋自体の構造に変動を生ずるとかこれに損傷を及ぼす結果を来たさずしては施設の撤去が不可能という種類のものではないこと，及び同被上告人らが賃借以来引き続き右家屋を各居住の用に供していることにはなんらの変化もないことを確定したうえ，右改造工事は賃借家屋の利用の限度をこえないものであり，賃借家屋の保管義務に違反したものというに至らず，賃借人が賃借家屋の使用収益に関連して通常有する家屋周辺の空地を使用しうべき従たる権利を濫用して本件家屋賃貸借の継続を期待し得ないまでに貸主たる上告人との間の信頼関係が破壊されたものともみられないから，上告人の本件契約解除は無効であると判断しているのであって，右判断は首肯でき，その間なんら民法 1 条 2 項 3 項に違反するところはない。また，所論違憲の主張も，その実質は右民法違反を主張するに帰するから，前記説示に照らしてその理由のないことは明らかである。所論は，すべて採るを得ない。」

裁判例 362	無断改造工事と信頼関係の破壊
	大阪地判昭和 40 年 4 月 30 日（判タ 180 号 128 頁）

「原告は，被告 A は勝手に階下表の 2 室を落間に改造し，工場として使用を始めたと主張するのであるが，《証拠略》を総合すると，本件建物は昭和 18 年 9 月 6 日被告 A の亡父 B が賃借し，B の死亡後被告 A が賃借人の地位を承継したものであるが，賃貸人の原告側で修理せず，賃借人の被告 A の方で応急修理をしてきたが，座敷の根太がくさって修理を要する状態にあったため，昭和 36 年頃被告 A において被告 C と共同でパーマネントの自動還元機の組立の仕事を始めるに当り，階下 2 畳と 3 畳の間の床を修理して畳の間でおくより，病んだ根太や座板を取除いて落間にして使用する方が便宜と考え，原告の了解をえないまま落間にしたことが認められるが，弁論の全趣旨に徴すれば，右落間を原状に回復することは容易であることがうかがわれ，《証拠略》によればパーマネントの自動還元機やその後に始めた低周波治療器の組立の仕事というのは机の上でできる程度のものであり，原告が主張するような大げさな工場として使用しているものではないことが認められるから，右落間を目して賃貸借の信頼関係の基礎を破壊する改造ということはできず，その使用状態も，目的物の性質によって定まった用方に違反して使用収益をするものであるということはできない。」

裁判例363　無断増改築と信頼関係の破壊
大阪地判昭和41年11月17日（判タ202号187頁）

「また被告は，仮に黙示の承諾が認められないとしても，本件工事は保存行為，管理行為として当然許容される範囲内である旨主張するが，従前の建物の破損，朽廃の程度は暫く措き，本件工事には，物置および2階洋間部分の建増，廊下の拡張，ベランダの新設，裏庭をコンクリート敷としたこと等従前の建物と関係のない部分が含まれており，これらの部分は従前の建物の維持，保存に資するところがないではないにしても別に必要不可欠のものでないこと一見して明かであり，むしろ右部分はそれぞれ別途の効用を有し，それが建造の本来の目的であったと解せられる。よって，本件工事が保存行為，管理行為である旨の被告の主張も失当である。

然しながら，〈証拠〉によると，増改築前の本件建物の関係部分の破損朽廃は相当甚だしいものがあり，廊下の床框は修理不可能な程度に腐敗して廊下板が傾斜し，腐った框の部分にはセメントを詰めて補修してあったこと，戸の開閉が自由にならず上部に板片が継ぎ足してあったこと，柱はいずれも腐蝕し，とくに風呂場の前のそれは地下から約5尺のところまで腐り柱の芯1寸ないし2寸程度を残すのみであったこと，廊下の庇は瓦がとまらず桁には釘がきかず槌は存在しなかったこと，便所の外側の壁は台風で破損し臨時にベニヤ板が張ってあり丸瓦数枚が欠けていたこと，風呂場は当時釜がなく風呂場として使用されていなかったが，屋根はトタンや木板を並べたのみの状態であり，道路に面した東側の壁面の破損が甚だしかったこと，廊下の屋根上附近には以前物干が作られていたが，朽廃し尽して全く使用できないようになっていたこと，をそれぞれ認めることができ，右認定に反する証拠はない。そしてまた右各証拠によれば，当初は1階のみを改造する予定であったが，相当大がかりな工事になるので，どうせ多額の費用を要するのならということで，大工の意見をとり入れ，2階をベランダに，その階下をホール風に増築したものであり，建物の耐久性をも考慮して建物東側の外廊に添い階下階上とも幅約2.7尺長さ約6.3尺の建増をなし（階下は物置，階上は洋間に取入れた部分），なお建物東側の外廊は風雨を直接に受ける点に配慮して階下を塀代りのブロック積，階上をセメント塗としたこと，2階6畳は洋間風にしつらえてはあるが，天井，床板，壁とも，元の板又は土壁の上に新建材の板を張りつけたもので，建物自体を特に損傷していないこと，をそれぞれ認めることができ，右認定に反する証拠はない。

以上のような事情に照すと，従前の廊下，便所，風呂場の修理ないし新設は居住上やむを得ないところであったと認められ，右部分を超える若しくは右部分に関係のない建増ないし改造も，建物の基本的部分を損傷せず，住宅としての用途に変更を加えず，従前の構造を使用に便宜なように拡張したものであるから，工事の程度はかなり大規模ではあるけれども，賃貸借当事者の信頼関係を破壊する程の重大な背信行為であるとは認め難い。よって，本件の場合は賃貸人に解除権が発生しない場合に該当し，原告のなした契約解除の意思表示はその効力を生じなかったものと判断する。」

裁判例 364　無断改造工事と背信性
東京地判昭和 43 年 10 月 30 日（判タ 235 号 233 頁）

「ところで，建物賃借人が，その破損部分を修理して使用することは，賃貸人が通常なすべき修繕義務を代わって履行することに他ならず，その限りで，何ら建物の用方違背とか背信的な所為に当るものではない。したがって，被控訴人が本件建物について昭和33年および昭和41年にした工事の建物の構造の変更にわたらない各修理工事については，何ら背信性がないことは明白である。もっとも，控訴人が昭和33年頃になした浴室の改造とこれに伴う台所と6畳間との間の通路開設の工事は厳密な意味で修繕の域を越えているものといわなければならない。しかしながら，前示認定のところからみれば，右改造は本件建物の使用目的たる住居としての用途を変更するものではなく，改造の程度も建物の基本的構造に変更を及ぼすものではない。かえって前示事実によれば，右浴室改造等の工事は，本件建物を住居として使用する観点からみれば，半ば崩壊した壁は速な撤去を必要としたものであり，その際浴室として使用されず長期間放置されている部分を合わせて台所に転用し，これに伴って半間の通路を設けたにすぎない程度の工事であって，むしろ本件建物の効用を増大させているものであり，被控訴人にとっても，右建物部分を居住に適するようにするためには已むを得なかったものということができる。そうであれば，従前控訴人は建物の修理を賃借人に委ねており，賃借人が工事をすることを厳しく規制していなかった事情も斟酌すれば，被控訴人の本件での改造行為をもってしてはいまだ背信性があるものと認めるには足りない。」

裁判例 365　無断改修と賃借人の保管義務
東京地決昭和 45 年 12 月 19 日（判時 629 号 72 頁）

「被控訴人がその主張のような経過により本件建物を賃借していたことおよび被控訴人が昭和38年11月従前瓦葺であった本件建物の屋根瓦を全部取り除きトタン屋根に葺き替え，取り除いた瓦を廃棄したこと，控訴人主張の右賃貸借解除の意思表示が同39年1月16日被控訴人に到達したことは，当事者間に争いがない。

そこで右解除の当否につき考えるに，《証拠略》によると，右工事は，同38年11月13日頃から約1週間にわたり約10万円の費用でなされ，その他に格別の増改築などはなされなかったものであるところ，本件建物は，建築後約50年を経過した住宅用建物で，当時瓦葺屋根全体の破損が著しく，被控訴人は，破損箇所にトタン板を挿入し応急措置を施してはいたものの，10箇所以上から雨漏りがあり，建物使用に重大な支障のあったこと，右賃貸借の賃料受領あるいは被控訴人との間の交渉は，AがBに代って全面的に担当しており，被控訴人は，同29年頃以降賃料増額の都度Aに対し本件建物の屋根を改修するよう要求し，本件工事の数日前にも，被控訴人の母Cは，Aに対し右同様要求したが，同人は雨漏りのあることを知りながらこの要求に応じなかったこと，その他A夫婦側で，被控訴人の先代に本件建物を賃貸後本件建物の改修工事をなしたことは1度もなく，被控訴人は同32年頃自費で本件建物の柱の改修工事をなしたこと，本件建物は，A夫婦および控訴人の居住家屋に隣接し，同人らは

本件工事の進捗を容易に知ることができたのにかかわらず前記工事期間中何等異議を申し出ず，工事完了直前になってBが初めて異議申出におよんだものであること，取り除いた瓦は再使用に耐えないものであったことを認定することができ（る。）〔略〕

　以上認定の諸事実に照らせば，本件工事は，建物使用保存上必要かつやむをえざる最少限の修理工事であって，建物の使用目的に変更を加えるものでなく建物にとって有益でこそあれ有害なものとは言い得ず，建物の使用上の価値はこれによって増加したものと言うべく，原状回復も困難ではない。

　以上によれば，本件工事はA夫婦の承諾を得たものではないとはいえ，これをもって所有権の侵害ないし賃借人の義務（保管義務）違反とし本件賃貸借を解除することは到底許されず，被控訴人はなお本件建物を賃借中というべく，その明渡および損害金の支払を求める控訴人の請求は，理由がないことは明らかである。」

裁判例 366　作業場の建設と保管義務
最判昭和46年7月1日（裁判集民103号335頁，判時644号49頁，判タ269号187頁）

「しかしながら，原審が適法に確定した事実によれば，上告人が原判決添付目録第一（二）の家屋につき賃貸人たる地位を承継した昭和25年9月当時，すでに，被上告人は，右家屋の敷地の所有者であった訴外Aの黙示の承諾をえて右敷地の一部の約3坪の居宅兼物置を築造し，右賃借家屋の壁の一部を抜き，渡り廊下を設けて，これと右居宅兼物置とを接続させていたのであり，同目録第二の作業場は，昭和37年9月頃居宅兼物置を撤去した跡にそれと面積，位置をほぼ同じくして新築されたものであって賃借を毀損することなく容易に撤去ができる木造トタン葺板壁の簡単な構造の建物にすぎないばかりでなく，右作業の建設に当っては，原判示のように右賃借家屋にさしたる損傷を与えたものではなく，また右作業場は，被上告人の家業である旗，幕の製造等のために使用されているにすぎず，賃借家屋や隣地にして特段の傷害や危険を与えるものでもないというのである。右事実関係のもとにおいては，作業場の建設が所論のように上告人側の制止にもかかわらずなされたものであるとしても，その建設を必要とした被上告人の原判示の事情を考慮するときは，被上告人の作業場の設置をもって家屋賃借人として賃借家屋およびその敷地の使用収益権の範囲を逸脱し，その保管義務に反するものということはできない。」

裁判例 367　無断増築と背信行為
大阪地判昭和47年9月25日（判タ288号333頁）

「七，〈証拠〉によれば，被告Aは昭和33年ごろ本件建物のうち工場が手狭になり増築の必要を感じたため，本件建物を買取りたい旨を原告に申入れたところ，原告は「ここの家賃はおばあさんの小遣いになっているから売るわけにはいかないけれども，狭いのならどのようにしてでも広く使ってもらったらいいではないか。」という趣旨の返答をしたこと，本件増築完成後も原告は度々被告ら方（本件建物，以下同じ）を訪れることがあり，右増築をみて「うまい

こと作ったな。」と言ったこともあり，昭和45年にいざこざがあって原告が2度被告ら方を訪れたことがあったが，その際にも右増築に関してはなんらの異議も言わなかったことが認められ，この認定に反する原告の供述は，甲三，四号証と併せ判断しても，にわかに採用することができない。右認定事実によれば，原告は本件増築につき口頭で事前の承諾を与え，事後においても最近に至るまで右承諾を維持していたというべきである。

八，〈証拠〉を総合すると，本件建物のうち工場と隣家との境界の塀との間は約3坪の納屋が存在したほか空地であったが，被告Aらは右納屋をとりこわした跡地と右空地を使用して工場を増築することにし，工場の大屋を右塀ぎわまで約13坪拡張（前記納屋をとりこわしているので純増加面積は約10坪）し，工場の屋根を一部取って約10坪の範囲にわたって中二階を新設したもので，増築部分の階下は車庫に，階上（中二階）は事務所，更衣室，従業員宿舎に使用しているが，いずれもバラックに近い様な木造建築であって増築部分のとりこわしは容易に可能であることが認められる。

〔略〕

一〇，以上七ないし九の事実を総合判断すると，本件増築が原告に対する背信行為であると認めるに足りない特段の事情が存するということができるので，本件解除は催告の有無に拘わりなく本件増築を理由としても許されないというべきである。」

裁判例368 無断内装工事と保管義務ないし信頼関係の破壊
名古屋地判昭和51年4月27日（判タ342号290頁）

「右認定事実からすると，被告らのなした本件店舗の天井および壁の張替，取替工事は前記協議移転の合意に基く本件建物の切取に起因して必要となる本件建物の内装工事とみるべきであるから原告においてこれを非難することはできないものというべく，被告らのなした土間の修理とタイル張工事，間仕切設置工事については，これは右の合意の内容を超えるものとみなさざるをえないが，しかし，第1に，右切取により本件店舗が狭くなるので被告らにおいて同店舗において従来同様の営業成績をあげていくためには右の工事による店舗の改良をはかる必要があったこと，第2に，右の改良は本件店舗ひいては本件建物の価値を増すものであってもこれを減ずるものではなく，また，右の工事は本件店舗の構造の変更をもたらすものとみられず，その原状回復が困難なものともいえないこと，第3に，右工事の申込に対し当初原告は煮えきらない態度をとっていたこと，最後に，被告のなした本件店舗の工事は総じてこれの切取とそこにおける営業の維持継続という差し迫った事態に対処するため緊急にこれをなす必要があったことがそれぞれ分かり，これらの諸点に鑑るとき，被告らのなした前記の土間と間仕切とに関する工事を目してこれを本件店舗賃貸借の解除に値する非難されるべき行為とすることは到底困難であり，従って，被告らに右の解除に値する保管義務違反ないしは信頼関係破壊の行為があったということもできないから，原告の前記（二）の解除は許されず，同（二）の原告の主張は理由がない。」

裁判例 369　無断増改築と信頼関係の破壊
大阪高判昭和 51 年 11 月 9 日（判時 843 号 59 頁）

「1　本件工事は，その増築部分の面積が従前の物干場のそれと同程度の 4.42 平方メートル（1.3 坪，約 2.6 畳）にすぎず，その材料も柱 4 本，トタン屋根，新建材の壁と内装を用いた簡易，軽量の仮建築で，材料代金 3 万円，手間賃金 8,000 円，工事日数 2 日間であり，その基礎は従前の物干場のコンクリートの土台を利用したものであって，賃借建物本体に対して従前の原状を変更しまたはこれに損壊，毀損その他価値を減ずるような影響を与えるものでなく，1 階の屋根の上の従前から物干場のあった位置に屋根，壁，窓などをつけた箱型の勉強部屋を乗せた程度のものであり，これを撤去し原状回復することはきわめて容易であること

2　現在右 A は右増築部分に勉強机とオルガンを置いて勉強部屋として使用し，同時に控訴人はここに物干棹を設けて物干場として使用している程度であること

3　控訴人が賃借中の本件部屋はもとよりその全体の建物はすでに老朽化しており，これまで控訴人は雨漏りその他日常必要な修理をその都度控訴人の負担において行なってきていること

ところで，前認定のとおり控訴人は被控訴人 B との間で意思の合致はないとはいえ，子供の勉強部屋を設置するについては同被控訴人の承諾を得ており，また本件工事の目的が右 A のため独立の勉強部屋を用意してやりたいとの愛情から出たものであって，ことさらに利益追求など不純な動機から出たものでないことをあわせて考慮すると，控訴人の本件工事が賃貸人である被控訴人らに対する背信行為に当るものとみるのは相当でない。

もっとも控訴人が被控訴人 B から本件工事の中止を求められ，さらに工事終了後 5 日以内に増築部分の撤去，原状回復を求められたことは当事者間に争いがないが，前認定の本件工事に至る経過，工事の目的，規模，内容，とくに右増築部分が容易に撤去できる程度の仮建築であって建物本体への影響は少なくその効用を増加こそすれ害するものではないことに照らすと，控訴人として話合により円満解決しうると考えたのはもっともな事由があり，また，親の心情として撤去するに忍びなかったのも無理からぬところであって，被控訴人が同被控訴人の各要求に応じなかったからといって背信性の濃いものとみるのは相当でない。」

裁判例 370　模様替と信頼関係の破壊
東京地判昭和 56 年 3 月 26 日（判タ 454 号 123 頁）

「3　被控訴人は，被控訴人がなした本件工事が，特約違反の事由に該当するとしても，右の程度の事情では，未だ，本件賃貸借契約における信頼関係を破壊する背信行為とまではいえないと主張するので，検討するに，被控訴人は，店舗として使用することを目的として，本件店舗につき，本件賃貸借契約を締結し，その際権利金として金 100 万円を控訴人会社に支払い，その後，自己の負担で本件店舗の表側の壁，入口の扉，内部の壁，天井などバーとしての内装一切を工事して仕上げたこと，被控訴人は，本件和解をするにあたって，将来本件店舗の内装工事をする必要があり，模様替をさせてほしい旨控訴人会社に申入れ，控訴人会社の諒解を得

ていたこと，本件工事自体は，本件店舗の本体，外郭を除き内部内装のみを一切新しくしたものではあるけれども，この工事の過程で取り壊された内装は，従前，被控訴人において訴外Ａに依頼して取り付けた内装のみであったこと，本件店舗の従前のバーとしての内装は，昭和37年の開店以来14年余を経過して古くなっており，大分汚れていたことが認められる。これらの事実からすると，本件においては，本件賃貸借契約は，店舗として使用することを目的とするものであり，しかも本件店舗の場所的状況を考慮すると本件店舗の造作の変更ということが控訴人会社と被控訴人間である程度予想されるものであったこと，さらに，本件和解において，被控訴人は，本件店舗の模様替をすることについて，賃貸人たる控訴人会社との間で合意がなされていたものであるから，控訴人会社は，本件店舗につき，ある程度の造作の変更を受忍することを了解していたものであること，被控訴人は，本件工事において自己の負担で取り付けた内装だけを取り外しているものであるから，このことで控訴人会社に特段の損害（ただし，場合によっては，造作の買取請求権の行使が考えられる）を与える心配もないこと，本件店舗の従前の内装は，開店後14年余を経過して古くなっており，改装をする必要があったこと，もともと本件店舗の本体と外郭だけを建築して賃貸した控訴人会社にとっては，被控訴人がバーから婦人物洋品店にその内装を改めたことによって，特段の不利益を受けているとはいえないこと，被控訴人は婦人物洋品店に内装替するのに必要な工事だけをしたものであり控訴人会社に特段の負担を強いたという事情は認めることができないことが認められる。そうすると，本件工事によって控訴人会社の受ける損害と，これによって被控訴人の享受する利益等を比較考量すると，本件において，被控訴人が控訴人に無断でなした本件工事については，いささか強引にすぎるきらいがあったといえないこともないが，当事者間の賃貸借契約締結時の経緯と，その後の関係からすると未だ，当事者間の信頼関係を破壊したと認めることはできないというべきである。」

裁判例 371　模様替等と信頼関係の破壊
東京地判昭和61年10月31日（判時1248号76頁，判タ677号96頁）

「三　被告が，本件建物につき請求原因2（二）の内容の模様替及び補修を行なった事実は当事者間に争いがなく，原告が本件の訴状において，これを理由として解除の意思表示をしたことは当裁判所に顕著な事実である。

そこで右解除の成否について考えるに，《証拠略》を総合すれば，無断模様替禁止の特約は，被告が昭和49年5月に原告から本件建物を賃借した当初から附されていた特約であること，しかしながら飲食店において数年の間隔で店内の模様替を行なうことは，営業政策上必要な事項であると考えられるところ，被告の場合も入居時に大々的な模様替をしたほか，昭和52年と昭和57年に，本件建物内の調理場の改装等の工事を行なったが，その際特に改めて原告の同意は得ておらず，原告は本件建物の隣に居住し写真店を営んでいたにもかかわらず，被告に対し格別の苦情も言わなかったこと，これらの経過によれば，被告が軽微な内装改装程度のことは特段の承諾を要しないものと考えたとしても無理もないことというべきところ，昭和60年9月14日ころから被告が行なった模様替及び補修は，主として店舗内の壁，天井の塗装

及び天井，床のクロス貼り替等，比較的軽微な内装改修工事であって，本件建物の構造変更を伴なったり，建物保存上に影響を及ぼしたり，本件建物の使用目的である飲食店としての用途に何らの変更を加えるものではなく，賃貸人に格別の不利益をもたらす程のものでもないこと，等の事実が認められる。

なるほど《証拠略》によると，被告が右工事を始めた際，原告からその中止を求められたが，被告は工事を続行してしまったことが認められるものの，右認定の事実を総合すると，本件賃貸借契約における信頼関係を破壊するに至ったものとはいまだ認められない。

原告は，前記Aに対する本件建物の無断転貸の事実を合わせれば解除権が発生すると主張するが，右事実を考慮しても，なお信頼関係破壊を基礎づける事実とは認めることができず，いまだ解除権は発生しないものというべきである。」

裁判例 372　無断給排水管工事と信頼関係の破壊
東京地判平成 16 年 12 月 7 日（判例秘書）

「①　平成 15 年 5 月 8 日，以前から原告の顧客から，臭いとクレームがあったところ，ハエが大量に発生していたので，業者（飾屋）を呼んで見てもらうと床下の排水管に穴が空いていて，そこから床下に水が出ていて腐食していた。

②　そこで，原告は，平成 15 年 5 月 10 日と 11 日給水管及び排水管の工事を行った。その内容は，床を取り除き，床下の排水管を撤去し，新たな排水管を設置することと，床下にあった給水管を閉鎖し，新たに給水管を天井をとおして新設したというものであり，エアコン用ドレン排水管の除去，新設の工事も行い，新たにコンセント 1 個を設置した。給水管及び排水管の太さや容量は従前と同じであった。なお，この工事をすることについて，原告が被告に対し，設計図書等明示の書面を出したことも，被告が書面で承諾したこともなかった。

③　給水管は，従前と異なり，天井をはわせるように設置したが，この工事当時，地下 1 階部分の一部を賃借している他の 4 者の給水管が既に天井をはって設置されており，これと同列に施工された。被告は，他の 4 者についても設計図書をもらったことはなく，書面で承諾をしたことはなかった。

(3)　以上認定の事実によれば，給水配管及び排水管工事は，いずれも従前設置してあった配管の容量と全く同容量で，容量に影響を及ぼすものであるとは認められないから，9 条 5 項に違反するものではない。

(4)　ただし，同工事は，設備の新設，除去に該当するものであるから，11 条により，原告は，予め設計図書等その内容を明確にする書面を被告に提出し，被告の書面による承諾を得なければ着手できないところ，この手続を経ないで工事を行ったもので，同条違反ではある。

(5)　しかしながら，11 条違反が直ちに解除事由になるものではなく（18 条の解除事由に挙げられていない。），その行為により，原告と被告の信頼関係を破壊するような場合にのみ解除が認められると解することが相当である。

本件についてみると，排水管工事は，腐食した配管を取り替えただけであり，実質的には現状が変更されたと評価することはできないし，給水管工事は，既に取り替え済みの他の 4 件の

賃借人と同様に給水管を天井裏に引き込んで設置したものであり，被告は，これら4者が工事をすることについて書面で承諾を得ていないこと，原告が給排水管工事を行ったのは，給水管及び排水管とも腐食しており，そこから漏水した水が腐敗していたため，飲食店経営の原告として放置できず，やむなく各配管の取り替え工事を行わざるを得なかったという緊急避難的なものであること，工事期間も2日で終了し，従前の容量に何等の変更を加えるようなものではなく，各店舗や建物全体の連結には全く影響を及ぼさないものであり，この工事によって，全く支障が出ていないこと等を踏まえると，本件工事により，原告と被告の信頼関係が破壊されたものと認めることはできない。」

裁判例373　無断増改築と信頼関係の破壊
東京地判平成25年6月5日（判例秘書）

「(2)　ア　上記認定事実のとおり，本件契約上の賃貸物件の床面積は原告が本件店舗の床面積であると主張する33.22平方メートルよりも広い39平方メートルとされていること，本件建物の西端付近にシャッターが設置されており本件建物の内部と外部とを隔離することができる構造になっていることに加え，上記認定事実によれば建築当時の本件建物の1階部分の構造上，その利用に際しては1階部分出入り口から本件建物西側前面道路までのコンクリート床面も利用する必要があるものと認められることからすれば，本件契約上，本件建物の建築当時の1階部分出入り口から本件建物西側前面道路までのコンクリート床面についても本件契約の対象となっていたものと推認でき，この推認を覆すに足りる証拠はない。

　イ　また，本件店舗の西側入り口部分に本件建物建築当時存在したガラスブロック製の壁，手動式ガラス扉及びガラス窓が撤去され，西側方向に幅約57cmのベニヤ製壁が設置され，ガラス製の自動扉が設置されたのは，その工事内容に照らし，本件店舗の利便性向上のためであると解される。また，上記自動扉の西側から本件建物西側前面道路に至る部分に2段の階段が設置されたのは本件建物西側前面道路の整備に伴い，本件敷地との間に段差が生じたためであると解される。さらに，被告Y1及び被告Y2は，本件店舗の南側壁面の引き違い窓部分に，クリーニング店としての活動のためにクリーニング設備用のダクト及び換気扇を設置したものである。

　このように，上記各工事は，いずれも本件店舗を本件契約の目的に従って利用するための利便性向上のために行われたものと評価できる。

　ウ　さらに，上記工事のうち階段設置工事は本件敷地に係る工事であって本件建物の主要部分に変更を加えるものではなく，また，ダクト及び換気扇の設置は本件店舗の使用目的であるクリーニング業を運営するための造作工事であって本件建物の主要部分に変更を加えるものでもない。

　ガラスブロック製の壁，手動式ガラス扉及びガラス窓の撤去と，ベニヤ製の壁，ガラス製自動扉及びガラス窓の設置は，本件建物の主要部分の変更に当たりうるものの，出入り口部分に使用されている建材が類似する材質のものであることからすれば，本件建物の1階部分の出入り口部分の構造材に大きな変更があったとまでは評価できないというべきである。

エ 以上のとおり，上記各工事はいずれも本件契約の対象範囲内における工事であり，本件契約の目的であるクリーニング業の営業に資する工事であって，増改築禁止特約に抵触しない工事も含まれることに加え，〔略〕原告とH，被告Y1又は被告Y2との間で上記各工事に関する交渉等が行われたことがなく，また，原告が幾度か本件建物に赴いているにもかかわらず被告Y1又は被告Y2に対して本件訴訟の提起に至るまでの間に上記各工事について何らの申し入れも行っておらず，被告Y1及び被告Y2において上記各工事に格別の問題はないと認識していたとしてもやむを得ない状況であったことを併せ考慮すれば，仮に上記各工事の一部が形式的には増改築禁止特約に該当しうるものであるとしても，本件では本件契約における原告と被告Y1及び被告Y2との信頼関係を破壊するおそれがあると認めるに足りない事情が存在するといえるから，増改築禁止特約を理由とする解除は認められない。」

第4 その他

民法594条1項は，「借主は，契約又はその目的物の性質によって定まった用法に従い，その物の使用及び収益をしなければならない。」と定め，第7節の賃貸借において，使用貸借の規定を616条で準用している。

したがって，借主がこの規定に違反した場合には，貸主から債務不履行による損害賠償責任や契約解除，あるいは不法行為による損害賠償責任を問われることになる。

そして，どのような場合が用法違反に当たるかは，前述の増改築はもちろん，以下のような場合が用法違反の問題として捉えられている。

(1) 解除を肯定した事例

裁判例374 保管義務及び用法違反等
最判昭和27年4月25日（民集6巻4号451頁，裁判集民6号511頁，判タ20号59頁）

「およそ，賃貸借は，当事者相互の信頼関係を基礎とする継続的契約であるから，賃貸借の継続中に，当事者の一方に，その信頼関係を裏切って，賃貸借関係の継続を著しく困難ならしめるような不信行為のあった場合には，相手方は，賃貸借を将来に向かって，解除することができるものと解しなければならない，そうして，この場合には民法541条所定の催告は，これを必要としないものと解すべきである。

本件において原判決の確定するところによれば，被上告人は上告人に対し昭和10年9月25日本件家屋を畳建具等造作一式附属のまゝ期間の定めなく賃貸したのであるが，上告人は昭和13年頃出征し，一時帰還したこともあるが終戦後まで不在勝ちでその間本件家屋には上告人の妻及び男子3人が居住していたが，妻は職業を得て他に勤務し昼間は殆んど在宅せず，留守中を男子3人が室内で野球をする等放縦な行動を為すがままに放置し，その結果建具類を破壊

したり，又これ等妻子は燃料に窮すれば何時しか建具類さえも燃料代りに焼却して顧みず，便所が使用不能となればそのまま放置して，裏口マンホールで用便し，近所から非難の声を浴びたり，室内も碌々掃除せず塵芥の堆積するにまかせて不潔極りなく，昭和16年秋たまたま上告人が帰還した時なども，上告人宅が不潔の故を以て隣家に1泊を乞うたこともあり，現に被上告人の原審で主張したごとき格子戸，障子，硝子戸，襖等の建具類（第1審判決事実摘示の項参照）は，全部なくなっており，外壁数か所は破損し，水洗便所は使用不能の状態にある。そして，これ等はすべて，上告人の家族等が多年に亘って，本件家屋を乱暴に使用した結果によるものであるというのである。（上告人主張の不可抗力の抗弁は原審は排斥している．）かつ，被上告人は上告人に対し，昭和22年6月20日，14日の期間を定めて，右破損箇所の修覆を請求したけれども，上告人がこれに応じなかったことも，また，原判決の確定するところである。

　とすれば，如上上告人の所為は，家屋の賃借人としての義務に違反すること甚しく（賃借人は善良な管理者の注意を以て賃借物を保管する義務あること，賃借人は契約の本旨又は目的物の性質に因って定まった用方に従って目的物の使用をしなければならないことは民法の規定するところである。）その契約関係の継続を著しく困難ならしめる不信行為であるといわなければならない。従って，被上告人は，民法541条の催告を須いず直ちに賃貸借を解除する権利を有するものであることは前段説明のとおりであるから，本件解除を是認した原判決は，結局正当である。論旨は，被上告人がした催告期間の当，不当を争うに帰着するものであるからその理由のないことは明らかである。」

裁判例375　商店街としての営業等と目的外使用
東京高判昭和55年6月20日（判時971号55頁，判タ424号98頁）

「昭和44年頃に至り旧建物を取り毀してそのあとに被控訴人がビルを建築する計画が立てられ，Aが甲府簡易裁判所に控訴人を相手方として旧建物明渡の調停を申し立て，昭和45年6月22日，被控訴人も利害関係人として参加した上，控訴人は同年7月末日限り旧建物を明渡し，被控訴人は旧建物を取り毀して7か月以内にビルを新築し，控訴人にその1階の一部を賃貸することなどを内容とする調停が成立した。そして，被控訴人は，右調停に従って本件ビルを新築し，昭和46年2月26日控訴人との間に，本件建物部分について期間の定めのない賃貸借契約を締結し，その際，前記一に認定した本件和解調書の内容(1)ないし(4)と同一の約定をし，その旨を明記した建物賃貸借契約書をとり交わした。右約定のうち(1)ないし(3)の約定（以下「本件約定」という。）は，本件建物部分の使用目的を物品販売に限定し，かつ使用方法につき他の賃借人に対する配慮義務を定めるものであるが，右のような約定をした趣旨は，本件ビルが朝日通りという商店街の一部を形成しており，そのうち1階部分は商品を販売する店舗として使用されることを本来の目的として作られているものであり，本件建物部分がそのように使用されないときは，商店街としての美観が害され，他の1階店舗部分（2店舗）の賃借人が営業上迷惑を蒙ることとなるので，前記のとおり控訴人が従前旧建物を物置同然に使用してきた経緯にもかんがみ，控訴人に今後は本件建物部分を必ず商品の販売用店舗と

して使用してもらうことにあった。
〔略〕
　ところが，本件和解成立後翌昭和51年1月末頃までは控訴人は本件建物部分にテーブルを置いて干ぶどう，月の雫，ぶどう酒等を並べ，夜間も若干の時間営業していたが，その後同年4月初め頃までは昼間でも時たま店のシャッターを半分位開ける程度で，仮に開けたとしても店内には干ぶどう，月の雫，ぶどう液等の入った箱が雑然と置いてあるほか，空箱が積んであるだけであり，店員もおらず，商品の販売はほとんど行われていない状態であった。その後同年6月頃までは朝から店のシャッターを下ろし，一日中ほとんど開けることがなく，夜間も看板に照明せず（控訴人が同年4月頃から，朝からシャッターを下ろし，夜間も照明しなかったことは当事者間に争いがない。），本件建物部分は，その前面歩道部分と共に，仕入先から運ばれてきた商品を車から下ろして向かい側の控訴人所有店舗に運ぶか卸売先等へ発送するまでの間，一時保管し，また右発送のための荷造り作業をする場所として使われていた。なお，本件建物部分の水道は既に昭和49年6月に閉栓され，昭和50年11月量水器が引上げられており，電気は昭和51年2月から同年6月までの間全く使用されていない。その間被控訴人は，本件ビルの1階の他の部分の賃借人等から控訴人の本件建物部分の使用状況が和解成立後も依然改められていないとして苦情を申し入れられることもあった。そこで，被控訴人は，前記一認定のとおり昭和51年6月16日付け内容証明郵便にて本件賃貸借を解除する旨の意思表示をした。
　以上の事実が認められ，原審及び当審における控訴人本人尋問の結果中右認定に反する部分は前掲各証拠に照らして採用し難く，他に右認定を左右するに足りる証拠はない。
　2　右認定事実に基づいて考えるに，たとえ1月から6月頃までが生ぶどうの最盛期でないことを考慮しても（右期間中も生ぶどうが市場に出廻らないわけではないし，他に関連商品も多数存する。）遅くとも昭和51年4月頃以降の控訴人の本件建物部分の使用は，使用目的を物品販売に限定し，使用方法につき他の賃借人に対する配慮義務を定めた本件和解条項に違反するものであり，被控訴人は本件和解条項の定めるところにより催告なくして本件賃貸借を解除することができるものと認むべく，したがって，被控訴人のした前記解除の意思表示は有効であるといわなければならない。控訴人は，右違反の程度では賃貸借当事者間の信頼関係を破壊するほどの契約違反があったとはいえず，無催告解除は許されないとすべきであると主張するが，本件和解成立に至るまでの従前の経緯及びその後の控訴人の本件建物部分の使用状況につき前項に認定したところに照らすと，本件においては，和解条項にその旨が明記されているにもかかわらず被控訴人が無催告にて契約を解除することを許さないものとしなければならないような理由は見出し難い。控訴人が自らの本件建物部分の使用状況が格別非難されるべきものではないことを証する証拠として提出する〔証拠〕（本件建物部分，隣接店舗，朝日通り商店街等の状況を各撮影した写真）は，これらに関する原審及び当審における控訴人本人の供述とあわせて検討してみても，いまだ，控訴人に本件和解条項の違反があり，被控訴人において本件賃貸借を無催告にて解除しうるとの前記判断を左右しうるものではなく，他に右判断を左右すべき証拠はない。」

裁判例 376　純喫茶からの営業態様の変更と不信行為
東京高判昭和 59 年 3 月 7 日（判時 1115 号 97 頁）

「また，右営業態様の変更について，控訴人は，被控訴人が，事後において黙示的に承諾した旨主張し，《証拠略》によると，昭和 56 年 3 月 1 日ころ本件ノーパン喫茶店を開店以来，同年 5 月 7 日控訴人が逮捕されてそのころ閉店するまでの間，被控訴人代表者である A が何回か同店に行ったことは認められるけれども，〔略〕右 A が毎日同店へ行った，そのさい控訴人や同店の店長である B を激励したという部分は，《証拠略》に照らし措信し難く，〔略〕いわゆるノーパン喫茶開業といっても，コーヒー代も当初は 1 杯 800 円であったものが，最終的には 1,300 円と逐次値上げされたものであり，ウェイトレスの服装等も次第にきわどいものにして行ったのであって，ノーパン喫茶としての実体をそなえた営業に変質したのは同年 4 月 10 日ころ以降と認められること，《証拠略》により，右 A が行ったのは，開店当初のころ繁昌の工合を見に訪れた程度のものと認められること〔略〕に鑑みると，被控訴人代表者である A が何回か同店へ行ったとの事実があり，警察の手入れがあるまで抗議らしいものがなかったからといって，直ちに被控訴人代表者が控訴人主張のように喫茶店の業態を逸脱する営業への変更につき黙示の承諾をしたものとは認め難く，他に控訴人の右主張事実を認めしめる事情を認めうる証拠もない。

2　原審認定の本件ノーパン喫茶開店の経緯，その後の事情及び弁論の全趣旨によると，控訴人は，営業利益を上げるため，相当額の費用をかけ，場合によっては警察の手入れの危険をも予想してその開店に踏み切ったものと認められ，かかる事情のもとにおいては，かりに被控訴人が元の営業への復帰を催告しても，控訴人がこれに従ってたやすく旧に復したとは到底考え難く，また原審認定の各事実に徴すると，一度失われた被控訴人と控訴人との信頼関係は，そう簡単に回復し難いことも明らかである。そして以上の点と，前記 1 に説示したところ及び原審がその理由中において説示したところをあわせると，結局本件においては，賃貸借関係の継続を著しく困難ならしめるような不信行為があった場合に該当するというべく，控訴人の前記一の 2 の主張は理由がないというべきである。」

裁判例 377　【参考判例】飲食業使用目的から金融業使用目的への変更と解除
名古屋地判昭和 59 年 9 月 26 日（判タ 540 号 234 頁）

「(二)　原告代理人 A は，右同日〔編注：昭和 57 年 3 月 26 日〕とその前日，B と被告 Y1 と会談した際，被告 Y1 が蟹江で飲食店「X」を経営していること，「Y」の店舗を備品も含めて譲り受けること，被告 Y1 が飲食業が本件居室で経営したい旨述べたことから，被告 Y1 が本件居室を飲食業の店舗として使用するものと解し，賃貸借契約書（甲第一号証）第 5 条 2 の店舗使用目的の項に「飲食業」と記入した。ところが同年 4 月 3 日被告 Y1 が A の事務所を訪れ，右賃貸借契約書 3 通を，借主欄，連帯保証人欄に記入して持参したうえ，右契約書第 5 条 2 の「飲食業」を「飲食業兼金融業」に訂正してほしい旨申し入れた（甲第二号証）。同月 4 日ないし 5 日ころ A は本件居室が飲食店でなく事務所に改装工事がなされているのを発見

し，同月7日Y1に対し，本件居室で金融業を経営したい旨の申し入れを拒否する旨申し述べると共に，賃貸借契約第5条2違反により，本件賃貸借契約を解除する旨口頭で申し入れた。更に同月12日Aが本件居室に被告Y1を訪れた際，P組組長の被告Y2が本件居室内に居り，同人から，P組の組員らが本件居室において，被告Y1と共に会社組織で金融業を営む旨聞かされたが，Aは同意しなかった。そして，原告は同月20日到達の内容証明郵便により，被告Y1に対し，用法違反及び組関係者に使用させるという信頼関係破壊の行為を理由として，本件賃貸借契約を解除する旨の意思表示をした。
〔略〕
　被告Y1が，本件居室の使用目的に関し，原告との間で，金融業を営むことにつき合意がなかったにも拘らず，被告会社を設立して本件居室で金融業を行ったことは前示のとおりである。
　本件建物の如き賃貸ビルの店舗の賃貸借契約においては，店舗の営業目的は，他の店舗賃借人の営業との関係や賃料の確保の点からみても，賃貸人にとって重要な事項と解されるから，業種指定の特約に明白に違反する営業を賃借人が行った場合は，特段の事情がある場合を除き債務不履行として解除事由に当たると解されるところ，被告Y1の前認定の行為は明らかに店舗使用目的（業種の指定）に関する原告・被告Y1間の特約に違反しているから，解除事由に該当するということができる。」

裁判例 378　使用目的違反（麻雀営業からゲームセンター営業への変更）と信頼関係の破壊
東京地判昭和60年1月30日（判時1169号63頁，判タ554号227頁）

　「また，〈証拠〉によると，原告は本件店舗を訴外A，同Bに麻雀屋の営業のみに使用することを目的として賃貸していたところ，昭和45年，被告がその営業を引き継ぐことになったため，右訴外人らとの契約を合意解約し，同年8月31日使用目的等の契約条件を従前と同一として，被告と本件賃貸借契約を締結したものであることが認められる。右認定を左右するに足りる証拠はない。そうすると，原告と被告の間においても，本件店舗は，麻雀屋の営業のみに使用する目的で賃借されたものであると認めるのが相当である。
〔略〕
　（四）被告が，昭和58年3月下旬，本件店舗内部を，麻雀屋からゲームセンター用に，全面的改装し，表玄関口をも改装し，ゲームセンターの営業に転向したこと，その際正面出入口にシャッターを設け，隣接貸室利用者との共同出入口通路部分を，自己の店舗の一部として取り込み，正面入口に，イルミネーション付の〔略〕看板を取り付ける等の工事をしたことは，当事者間に争いがない。
　〈証拠〉によると，被告は，右改装及び営業の転向について，原告に無断で着手し，原告から，右工事の中止や，原状の回復の申し入れを受けながら，これを無視してなしたこと，右改装工事は，共用部分を専ら被告のための店舗部分にする意図でなされ，正面入口にも，けばけばしい看板や装飾をほどこし，従前とは著しく様相を異にするものになっていることが認められる。
　証人Cは，改装前に，原告代表者Dに，電話で改装の了解を求め，それに対し，Dが「お

宅のよいように」と答えた旨証言しているが，前掲甲第一二，一三号証に対比するとたやすく措信できない。

　（五）〔証拠〕によると請求原因2の（六）の事実〔編注・ゲームセンター営業で近隣に迷惑をかけたこと〕が認められる。もっとも〈証拠〉によると原告が本訴を提起した後である昭和59年2月の時点でゲームセンターの騒音が当初より減少し，本件建物の2階や4階の利用者の迷惑となる度合が少なくなったことが認められる。

　3　以上の認定事実のうち前記2の（三）の事実を被告の原告に対する背信的行為と評価するわけにはいかないが，同（四）の事実は，本件賃貸借契約における「麻雀屋の営業のみに使用する」という合意，「本件店舗を現状のまま使用する」という合意，並びに「本件店舗には，出入口通路部分（表玄関）を含まない。」という合意にそれぞれ違背する行為であり，同（一），（五）の事実は，「近隣の迷惑となる営業を本件店舗において行なわない。」という合意に違背する行為であるといわなければならない。また前記2の（二）の事実も，賃貸人である原告に対する背信的行為であるといわなければならない。

　そして，右事由を，総合すると，本件店舗の賃貸借契約の基盤となっている原被告間の信頼関係は，被告の所為によって，既に回復し難いほど，破壊されているものと判断せざるを得ない。」

裁判例379　使用目的違反（営業用店舗から暴力団事務所としての使用）と信頼関係の破壊
東京高判昭和60年3月28日（判タ571号73頁）

　「ところで，〈証拠〉によれば，
1　被控訴人A組は，広域暴力団B組の系列に属する暴力団であり，被控訴人X商事は，被控訴人A組の経営する会社であって，その代表者は被控訴人A組の組長でもあること，
2　被控訴人乙野一郎は，被控訴人A組の構成員のひとりであり，被控訴人X商事の役員でもあったことがあるところ，本件建物は，賃貸借契約成立後，被控訴人乙野一郎の営むじゅうたんの販売，洗濯等の営業場所には使用されないで，昭和57年10月21日，被控訴人A組と同X商事が他の場所から移転してきて，本件建物に入り込み，被控訴人X商事の営業の場所としてのほか，被控訴人A組の事務所としても使用されはじめ，組員が出入りするようになったこと，
3　控訴人は，もともと暴力団やその関係者に建物を賃貸する意思は全くなく，被控訴人A組と同X商事が本件建物に入り込んだあと，挨拶にきたその代表者から被控訴人A組が暴力団であることを明かされて驚き，昭和57年10月22日に口頭で賃貸借契約を解除するので，本件建物から退去してほしい旨の通告をしたこと，
　以上の事実が認められる。
　右事実によれば，被控訴人A組及び同X商事は，自らが暴力団又はその関係者であることを秘匿して，組員のひとりである被控訴人乙野一郎を介して，本件建物を同被控訴人の営むじゅうたんの販売，洗濯の営業の場所として使用すると言って控訴人を欺き，賃貸借名下に本件建物に入り込んだものと推認するに十分であり，被控訴人X商事が，本件建物を被控訴人

A組の事務所に供したことは、控訴人との間の本件建物の使用目的に関する約定に反するものであり、右説示したところに照らせば、このことは賃貸人である控訴人との信頼関係を破壊し、賃貸借関係の継続を著しく困難にするものであるということができる。したがって、控訴人と被控訴人X商事間の本件建物についての賃貸借契約は、前認定のとおり、控訴人が昭和57年10月22日に口頭でした右のことを理由とする賃貸借契約解除の意思表示により終了したというべきである。」

裁判例380　貸机業の継続と用法違反
東京高判昭和61年2月28日（判タ609号64頁）

「2　右に認定した事実によれば、本件賃貸借契約には、被控訴人において本件貸室を貸机業に使用してはならない旨の定めが存したものであり、被控訴人が約定の昭和57年10月4日を経過した後も、本件貸室において貸机業を営んできたことは、本件賃貸借契約に定められた用法に違反するものである（ビルの1室の賃貸借契約において、貸机業を行ってはならないことを賃借人の用法義務として定めることは、前項（二）に認定判示したところに照らし、相応の合理性があるものと認められる。）から、本件賃貸借契約は、前項（七）の解除によって昭和58年1月28日限り終了したものと認めるのが相当である。」

裁判例381　食品販売店舗から暴力団事務所としての使用
宇都宮地判昭和62年11月27日（判時1272号116頁）

「本件建物の正面入口付近に設置されているコンクリート壁は、厚さが約20センチメートルもあり、殴り込みをかけられた時の防御壁のような外観を呈していること、

警察から原告に対し、本件建物に暴力団風の人が出入りし、外車が止まっている旨の連絡があったこと、

原告の代理人訴外Aが被告に電話で連絡をとったところ、Y連合の暴力団員Bが出て、被告の兄貴分と名乗ったこと、

本件建物内にはのぞき窓が設置され、内装も暴力団事務所風であること、本件建物内において昭和62年9月23日暴力事件が発生したこと、以上の事実が認められ、この事実によれば本件建物は暴力団事務所として使用されていることを推認することができる。

検証の結果によれば、本件建物の入口ガラス戸にはC食品の表示がされ、建物内には若干の漬物類が置かれていることは認められるが、これをもってしても前認定を左右することはできないし、他に前認定を覆すに足りる証拠はない。

右事実によれば、被告は、食品販売業のための店舗兼事務所という用途に反して本件建物を暴力団事務所として使用しているもので、防御壁のようなコンクリート壁を設置したり、本件建物内で暴力事件を起こしている等の前認定事実を考慮すれば、本件賃貸借契約を継続しがたい重大な事由があるものということができる。原告が本訴状により本件賃貸借契約解除の意思表示をなし、本訴状が昭和62年6月12日被告に送達されていることは記録上明らかであるか

ら，本件賃貸借契約は同日解除されたもので，賃貸借契約の終了にともなう返還義務，原状回復義務の履行として，本件建物の明け渡しとコンクリート壁の撤去を求めるとともに，昭和62年9月1日から明け渡しまでの賃料相当損害金の支払を求める本訴請求は理由がある。」

裁判例 382　事務室使用目的からテレホンクラブへの変更と信頼関係の破壊
東京地判昭和63年12月5日（判時1322号115頁，判タ695号203頁）

「また，右認定の事実に，《証拠略》によると，(1) 本件貸室でテレホンクラブの営業がなされることにより，その風俗関連産業としての実態から，本件ビル全体の品位が損なわれるだけでなく，テレホンクラブに対する警察の取締り強化にともない，テレホンクラブに絡んだ犯罪の摘発を受けたり，本件貸室に対する捜索がなされたりするといったビルの所有者にとって由々しき事態が生じることが予想されること，(2) 現に，本件契約解除直後，被告は「Wクラブ」の経営者として，労働基準法違反，横浜市屋外広告条例違反の容疑で神奈川県警の取調を受けるとともに，「Wクラブ関内店」が捜索を受け，これが昭和61年11月15日付けの新聞紙上で報道されるに至っていること，(3) このようなことから，テレホンクラブを営業する者がビルの1室を賃借していると，他の貸室に優良な賃借人の入居を確保することが困難になるとしてテレホンクラブに部屋を貸すことを嫌う家主は多く，原告も，前記1で認定したとおり，被告が本件貸室でテレホンクラブを営業するとわかっていれば，被告に本件貸室を賃貸することはなかったこと，(4) 本件ビルには，株式会社A，Bといった教育関係の賃借人が入っていて，被告が本件貸室でテレホンクラブを営業していることについて，右賃借人の経営する学習塾に子供を通わせている父兄からの苦情がこれら賃借人を通じて原告のもとに持ち込まれているばかりでなく，本件ビルの大半の賃借人が自社のイメージダウンによる精神的苦痛をうったえて被告の本件ビルからの退去を求める要求書を原告に提出していること，(5) 右賃借人のうち，Cは，本件貸室で被告がテレホンクラブを営業していることも1つの理由として原告に賃貸借契約の解約を申し入れ，本件ビルから退去するに至っていること等の事実を認めることができる。《証拠判断略》もっとも，《証拠略》によると，本件ビルの入居状況については，被告が本件ビルに入居した昭和61年8月当時には空室が4室か5室あったのに対し，本件貸室で被告がテレホンクラブの営業を始めた後である昭和62年11月時点での空室は1室のみであることが認められるけれども，この一事から直ちに前記認定を覆すには足りない。
5　以上認定の事実を総合すると，前記3に記載の被告の本件貸室の用法違反行為は，賃貸人である原告との信頼関係を破壊し，賃貸借関係の継続を著しく困難にするものということができる。」

裁判例 383　使用目的違反（マリンスポーツ店からクラブへの変更）と信頼関係の破壊
東京地判平成3年7月9日（判時1412号118頁）

「五　以上のとおり，被告の当時の代表者Xは，当初から賃借部分を酒食を提供する営業に利用する意図を有しながら，A及び不動産仲介業者のBの担当者のCには，それを隠し，近

隣で営むマリンスポーツの販売店，事務所として賃借したいと嘘の事実を言って賃貸借契約を締結し，契約が締結されるや，契約書の明白な文言にも反し，便所の移設，ガスの配管の実施等，建物の構造に悪影響を及ぼし兼ねない工事をするなど，原告の所有に係る本件建物をまるで我物のごとくに手を加え，その間，所有者側の反対の意向には一切耳を貸さず，また，法の要求する許可をも得ることなくクラブの開店にまで至ったというのが，本件の実態である。

本件の右認定の事実経過からすると，信頼関係の破壊を理由とする解除の意思表示（平成2年11月8日に被告に到達したことは，争いがない。）により，原告と被告間の賃貸借契約は終了したものと解するのが相当である。」

裁判例 384　裁判上の和解と信頼関係の破壊
東京地判平成4年4月7日（判時1461号91頁）

「1 《証拠略》によると，本件特約を含む本件賃貸借契約締結に至る経緯について次の事実が認められる。

（一）原告代表取締役Aの父であったBと被告Y観光は，昭和51年3月10日，本件建物について，賃貸人をB，賃借人を被告Y観光，賃料を1か月38万円，期間を2年6月，保証金を1500万円とする賃貸借契約を締結し，被告Y観光は，本件建物でいわゆるキャバレーを営業していた。

（二）ところが，被告Y観光は深夜までキャバレーを営業した後，従業員を本件建物に宿泊させ，しかも右従業員が夜中に夜食を調理することがあり，その炊事が原因でたびたび火災報知器が作動した。また被告Y観光は深夜まで営業し，その後入口のシャッターを開け放したまま放置しておくことがあったため，そこから浮浪者が入り込み，焚き火をしてボヤ騒ぎが生じたこともあった。また，被告Y観光は，火災報知器を取り外していることもあった。

Bは，本件建物の階上に家族4人で居住しており，右のような状況に火災の不安を強く感じていたが，さらに，近隣の商店街や町内会からも，被告Y観光の客引きがうるさく，またその言動が下品であること，火災報知器が頻繁に作動したこと等につき苦情を受けることが再三であった。

（三）右のように，Bと被告Y観光との間で度々トラブルが生じ，これによりBは多大の迷惑を被っていたため，被告Y観光に対し，本件建物の明渡しを求める旨の訴え〔略〕を提起した。右訴訟においては，証人としてAを取り調べた後，継続使用を強く懇願する被告の意向を容れ裁判上の和解手続に入ったが，Bは，これまでに生じた右（二）の問題行為をふまえて，本件特約を含む後記の特約をすべて守るならば賃貸借契約を締結してもよい旨を申し出たところ，被告が全面的に右条件を受け入れる旨申し出たため，Bにおいても引き続きこれを賃貸することにしたが，これまでの経緯に照らし，個人が本件建物を管理するよりも会社が管理するほうが望ましいと考え，賃貸人をBから原告に変更し，さらに，被告Y観光の債務の履行を確保するため，被告Y観光の親会社である被告Y本社が，後に和解条項で定められる被告Y観光の債務を保証するよう申し入れたところ，被告Y本社もこれを受け入れ，被告Y観光への賃貸を懇願するに至った結果，原告及びBは，やむなく，被告Y観光，被告Y本社の

懇願を容れ，同人らは，昭和55年12月25日，右訴訟において次の内容の裁判上の和解をした（以下「本件和解」という。）。
〔略〕
2 そこで，右の各認定事実及び当事者間に争いのない事実に基づき，原告による右解除が正当であるか否かにつき検討するに，前記のとおり，同Bは，被告Y観光の度重なる不信行為にたまりかね同被告との間の賃貸借契約を解除したが，原告は，同被告の懇願を容れ，本件特約を同被告が遵守することを条件にして，Bに代わり本件賃貸借契約を締結することとしたものであること，それ故にこそ，本特約は本件賃貸借契約において敢えて「当事者間の信頼関係の基礎」として掲げられ，いわば本件賃貸借契約の根幹をなすほどに重要な事項とされており，被告Y観光においても十分これを認識していたにもかかわらず，同被告はこれに違反し，その従業員を頻繁に本件建物に宿泊させ，誤作動が起きるという理由だけで厨房部分の火災報知器を取り外し，これに気付いた原告が本件特約を遵守するように再三申し入れたにもかかわらず，被告Y観光はその従業員に対して本件特約の説明及び遵守の指導をせず，本件特約違反の行為を継続したのであるから，右の特約違反は原告と被告Y観光との間の信頼関係を破壊するものといわなければならない。したがって原告の本件契約解除の主張は正当である。」

裁判例 385 用法違反と信頼関係の破壊（ゲーム賭博と解除の効力の及ぶ範囲）
東京高判平成5年11月22日（判タ854号220頁）

「以上のとおり，控訴人は，本件建物（一）においてゲーム賭博が行われているのに，賃借人（転貸人）として責任ある処理をしなかったものである。また，昭和62年9月ころ，被控訴人は，その従業員であるX山及びその部下のX沢を介して，一郎に対し，被控訴人としては，本件ビルに関する被控訴人とAとの管理委託契約を解約したいこと，本件ビルの管理人室を屋上から本件建物（一）に戻したいと考えており，本件建物（一）がゲーム喫茶店として利用されている実情にあり，賭博が行われている可能性もあるので明け渡して貰いたいこと，かつ，以上のことは春夫の指示に基づくものであることを申し入れたこと，その際の話合いの結果，Aは昭和63年2月15日限り本件ビルの管理を止めることの合意は成立したが，一郎は本件建物（一）については，賭博の事実を明らかにすることができないという理由で明渡しを拒んだことは当事者間に争いがない。

右の被控訴人の申入れは，確定的な明渡しの催告とまではいえないが，本件（一）の建物で賭博が行われている疑いがあるとの指摘は賃借人（転貸人）としては看過することができない事実の指摘であることは明らかである。しかるに，控訴人がその後も賭博が行われていることを証明する資料がないとして，なんの措置も講じなかった〔略〕のは，賃借人（転貸人）としての信頼関係を損なうものであったといってよく，控訴人には，本件賃貸借契約について，催告なしに解除されても止むを得ない事情があったというべきである。本件の解除は催告の有無にかかわらず効力を生ずると認めるべきである。

2 解除の効力の及ぶ範囲

〈書証番号略〉によれば，被控訴人主張のとおり，本件建物（一）ないし（三）の賃貸借契約が1つの契約書に，互いに区別することなくまとめて記載され，賃料，管理費，保証金も不可分に定められたことが認められるものの，これまで認定したところによれば，本件ビルの改装時に行われた模様替えによってそれぞれが独立して転貸の対象となる建物部分となっていた（ことに本件建物（一），（二）と本件建物（三）とは別の階にある。）と認めることができる。そうすると，ある転借人がした違法行為（契約違反）に対応して賃借人（転貸人）の義務違反（信頼関係の破壊）が問題とされ，このことにより賃貸借契約を解除することが許されるといっても，その効力の及ぶ範囲は他の転借人の利益をも考慮にいれて決する必要があると解するのが相当である。複数の転借人の1人が契約違反をしたからといって，その累が，全く関係のない別の転借人に及ぶというは相当ではないからである。

本件建物（一）ないし（三）は，転貸の結果それぞれ全く別の転借人が利用していることは明らかであり，これまで本件建物（二），（三）の店舗について賃借人（転借人）に債務不履行の事実があったとの主張もない。

そうだとすると，本件解除は，その効力を本件建物（一）に関して認めれば足りる。本件建物（二），（三）との関係では解除の効力が及ばないとするのが相当である。

被控訴人は，契約書上不可分に扱われた本件契約を分断することになると，事後に問題を残すと主張するが，使用関係は本件建物（一）について契約を解消すれば明瞭になるし，賃料，保証金などについても，本件建物の他の物件についてその位置関係などを考慮して定まる賃料を参照しながら合理的に定めることがそれほど困難であるとは思えない。

以上のとおりであって，本件建物すべてについて契約の解除を認め，その明渡し並びに本件建物（一）及び（三）につき明渡し済みまでの賃料相当損害金の支払を命じた原判決は，一部不当であるから，これを変更することとする。」

裁判例386　暴力団事務所としての使用と信頼関係の破壊
大阪地判平成6年10月31日（判タ897号128頁）

「2　以上認定した事実によれば，被告Bの実質的な経営者は現役の暴力団幹部である乙山であり，被告Aの代表者とされていた甲野もこのことを知悉していたと推認すべきところ，被告らは，このことを秘匿し，あたかも一般の企業であるかのように装って，甲野を介して本件賃貸借契約を結んで本件事務所を使用していたものである。そして，本件発砲事件も被告らがこのような使用を継続して乙山が本件事務所に出入りしていたために惹起されたものというべきであり，被告Bの性格が上記のとおりである以上，たとえ被告らの本件事務所の使用形態が外形的には通常の一般企業の事務所と特に異なっていないとしても，被告らが使用を継続する限り，本件発砲事件のような事態が再発して，所有者である原告及び他の入居者は無論，近隣の居住者等の生命，財産等は危険にさらされるおそれが皆無とはいえないから，上記の事実は本件賃貸借契約の危険行為条項の趣旨に反し，賃貸人である原告との信頼関係を破壊して賃貸借関係の継続を著しく困難にするものというべきである。したがって，本件解除は有効なものであり，これによって，本件賃貸借契約は終了したということができる。」

裁判例387 暴力団事務所としての使用と信頼関係の破壊
東京地判平成7年10月11日（判タ915号158頁）

「二　同2につき，(一)の事実，(二)のうち，「乙野興業」が暴力団対策法の指定暴力団である「X」の系列下に属する組であり，被告を組長とし，構成員は約20名程度とされていることは当事者間に争いがない。

そして，〔略〕被告は，昭和59年4月に本件貸室に入居した後，本件貸室を「乙野興業」なる名称の暴力団組事務所として使用していること，当初の賃貸借契約は不動産業者の仲介によるものであり，物産会社の事務所として使用するとのことであったため，原告としては，被告が暴力団関係者であることは知らず，貸した部屋が暴力団組事務所として使用されることは全く予測できなかったものであったことが認められる。

三　〔略〕本件貸室の中には神棚，日本X総本部から被告に贈られた代紋の額縁，Yから被告に贈られた「任侠魂」の額，先代の写真等が飾られ，一見して暴力団組事務所とわかる状況になっており，破門状が張り出されていたこともあったこと，被告の入居後，本件貸室の存する本件ビルの周辺にはベンツの車が何台も来たり，暴力団関係者らしい者が頻繁に出入りするようになったこと，本件ビルの1階は原告の営業する和菓子売場兼喫茶スペースになっているが，そこにも組関係者らしき者が出入りするようになったこと，原告代表者らは，被告の入居後，次第に本件貸室が暴力団組事務所として使用されていることが判明し，大変なことになった，被告を退去させたいと考えたが，後難を恐れ，正面から立退きを求めることはできなかったこと，本件ビルには他に居住者やテナントが存するが，これらの人たちや近隣の人からも原告に対して苦情が出されるようになったこと，以上の事実が認められる。

被告は，本件ビルの6階にはR一家のS会の会長補佐であるAも賃借しており，このことは原告も同人の素性を知った上で賃貸している旨主張するが，証人Aの証言によると，同室はBの名義で賃借されており，原告は当初Aなる人物は知らなかったもので，暴力団関係者の出入りも目に付かず，トラブルも生じていないことが認められ，被告の右主張を認めることはできない。

四　請求原因4のうち，原告主張の新聞等の報道がされたことは当事者間に争いがなく，〔略〕平成6年11月17日午前4時半頃，本件貸室のドアに銃弾3発が撃ち込まれ，鉄製のドア板等に銃弾貫通した穴が開けられるという事件が発生したこと，右事件は，被告の所属する暴力団組織（暴力団対策法指定暴力団であるX）と他の組織（同様に指定暴力団であるC組）の一連の抗争事件の1つとして起こったものであること，原告の代表者とその親族は本件貸室と同一ビルに居住しているが，右事件は，原告とその関係者，近隣住民の平和な日常生活，店舗の平穏な営業に対し以前にもまして一層の不安を与え，右事件を契機として，近隣の商店会や町内会等の団体，ビルの他の居住者等から原告に対して組事務所の排除をするよう申入れがされたこと，以上の事実が認められる。

〔略〕

そして，前記二ないし五で認定した被告の各行為は，原告との信頼関係を破壊する背信行為であって，本件賃貸借契約を継続しがたい重大な事由であるというべきであり，原告の右契約

解除の意思表示により，本件賃貸借契約は解除されたことになる。

　被告は，原告と和気藹々とした交際をしているものであり，前記抗争事件を除いて，原被告間の信頼関係を破壊するような状況にはない旨主張するが，前記認定の事実からみてそのように解することは到底できない。」

裁判例 388　暴力団事務所としての使用と背信行為
東京地判平成 14 年 6 月 4 日（判例秘書）

「ア　被告は，P 会（事務所の所在地　東京都台東区〔略〕，代表者 A）の事務局長，P 会 Q 会最高相談役，P 会 Q 会 R 組組長の肩書を有し，「P 会事務局長」「P 会総本部事務局長 Q 会最高相談役 C 三代目 D 初代」の肩書を付し，本件建物の所在地を R 組本部の住所地として表記した名刺を作成している。

イ　P 会は，東京都公安委員会により，暴力団員による不当な行為の防止等に関する法律 3 条に基づく指定を受けた暴力団である。

ウ　被告は，平成 13 年 11 月 20 日現在，本件建物の室内に，P 会 Q 会の代紋を掲げ，P 会総本部の月当番表と題する文書や P 会会長 A から R 組組長としての被告に宛られた通達と題する文書を貼るなどしている。また，被告は，本件建物に留守番と称する者を置き，本件建物の周囲 2 か所には監視カメラを設置し，道路に面した窓の外側には 2 台の台車の裏側を外側に向けて立てかけ，窓の内側には鉄板を貼り，一部の窓は閉鎖するなどして，本件建物を使用している。

　上記認定の事実によれば，被告は，本件建物を指定暴力団である P 会 Q 会 R 組の事務所として使用しているものと認められる。そして，被告が，本件建物を暴力団事務所として使用することは，国有財産の使用方法として社会通念上許される範囲に属する併用住宅としての適正な使用に該当せず，本件契約の使用，目的に違反するものといわなければならない。

(2)　被告の上記の使用目的違反と前記の貸付料不払は，本件賃貸借契約の継続を著しく困難にする背信行為に該当することが明らかであるから，本件無催告解除の意思表示は有効である。したがって，本件契約は，本件無催告解除の意思表示が被告に到達した平成 13 年 11 月 21 日に解除されたものというべきである。」

裁判例 389　車庫を構造物の強度試験工場としての使用等と信頼関係の破壊
東京地判平成 16 年 2 月 19 日（判例秘書）

「(1)〔略〕本件賃貸借契約は，株式会社 C が仲介したものであること，本件賃貸借契約においては，本件車庫の使用目的が車庫のみと定められていたこと（〔編注：同契約書〕の 3 条には，本件建物の使用目的が事務所とされているが，本件車庫については車庫としての利用が前提と見られる。），被告は，本件車庫について，そのシャッターの右側約 3 分の 2 を固定式壁に改造し，天井全面を吊り天井に変更した上，空調機 2 機を装備し，床面に厚さ約 5 センチメートルのコンクリートを打ち込んだ上，床面上に別紙試験用機械目録記載の圧縮試験機を設

置していること，被告は，そのような設備により，本件車庫内で，被告の主たる業務である構造物の強度試験を行っていることが認められる。

(2) したがって，問題は，原告が，被告が本件車庫内でそのような業務を行うことを容認していたかどうかにある。この点については，原告も株式会社Cの代表者Aも，構造物の強度試験が被告の主たる業務であることは，認識していたと認められるものの，それを本件車庫内で行うとの話を聞いて容認していたと認めるに足りる証拠はない。かえって，被告代表者本人自身，用法違反ではないとしながらも，「改造についてはひと言っておくべきだったかな，というふうには反省しております。」と供述しているところであり，外壁，天井及び床面の改造自体については，原告に伝えていなかったことを自認しているところである。

また，被告は，従来原告が異議を述べることがなかったとも主張するが，原告は，本件訴訟係属中の平成14年12月25日に，本件車庫内の状況を把握するに至ったものと認められるから（甲17の1ないし9，甲22，証人B，弁論4の全趣旨），原告が従来容認していたとすることはできない。

(3) 被告の行為は，原告との間の信頼関係を破壊するに足りるものであると認められるから，被告の債務不履行を理由とする原告による本件賃貸借契約の解除は有効であり，これにより本件賃貸借契約は終了したものというべきである。」

裁判例390 多量の食用廃油の排出と信頼関係の破壊
東京地判平成16年3月18日（判例秘書）

「2 以上認定したところによれば，被告は，原告から再三にわたり，供託を停止して賃料を支払うよう求められたにもかかわらず，これに応じなかったばかりか，本件店舗で営業用に使用した多量の食用廃油を排出した結果，本件事故を発生させたのであり，本件契約に基づく本件店舗の使用方法の点でも賃借人としての義務の履行を怠ったものというべきである。なお，平成6年契約では，前記第2の2争いのない事実等の (2) オのとおり，「原告の負担により，店舗用排水設備及び浄化槽の清掃をすること。」，「地下排水ピットその他の点検は原告が行うこと。」，「地下排水ポンプは，正常に使用して故障した場合及び平均耐用年数を経過した場合は，原告の負担で修理交換する。」との特約がされているが，これらの特約は，被告が本件契約に基づき本件店舗を正常に使用した場合を想定したものであると考えるべきところ，前記1で認定した事実に照らすと，被告の食用廃油の排出は，本件契約で予定していた使用方法に明らかに反する程度のものであるから，これらの特約の存在によって，被告の用法違反が否定されることにはならないというべきである。そして，上記認定の事実に加え，弁論の全趣旨によれば，被告は，自己の主張に固執して，原告からの協議の申入れにも誠実に対応せず，その結果，原告と被告との信頼関係は既に修復が全く不可能な程度に破壊されていることが明らかであるところ，その責任は専ら被告にあるものというべきであるから，著しい信頼関係の破壊により本件契約が解除されたとの原告の主張には理由があると判断するのが相当である。」

裁判例 391 【参考判例】建物を約定の高級飲食店ではなくクラブとして使用と解除
東京地判平成 16 年 10 月 18 日（判例秘書）

「(2) 以上のとおり，本件契約締結当時における本件ビルの利用状況は事業所というよりはむしろ住居としての利用が多かったこと，本件ビルの北側にはGが存在し，北東側にはかつて小学校が存在したこと，賃貸人であった亡Bは明治41年○月○○日生まれで本件契約締結当時既に60歳近くであり（甲27），本件建物において若年層が集まるクラブの経営がなされる事態を想定していたとは考えにくいことに照らすと，本件契約締結の際に本件建物の使用方法につき定められた「高級飲食店」という文言の意味するところは，「C」及び「D」のような，比較的静かな雰囲気の中で顧客が飲食を楽しむという店舗を想定していたと解するのが相当であり，そうすると，「E」の経営実態は，「高級飲食店」という言葉の概念に含まれるとは到底考えられないことになるのであって，被告が本件建物において現在のような営業を行っていることは，本件契約締結時に定められたところの，「被告は，本件建物を『高級飲食店』として使用するものとし，それ以外の目的に使用しない。」との約定に違反していると判断できる。

被告は，そもそも本件ビルの所在地は，「閑静な住宅地」といえるものではない旨反論するところ，証拠上，いかなる要件を満たせば「閑静な住宅地」といえるかどうかは相当微妙なものであって，本件の場合も，果たして「閑静な住宅地」において発生した紛争か否かは何とも判断つきかねるものがある。しかしながら，その点を度外視しても，「E」の営業が「高級飲食店」に限定されるとの約定に反することに，変わりはない。

そして，軽微な約定違反であれば格別，本件契約の目的物である本件建物について，「高級飲食店」として使用すべきところをいわゆるクラブとして使用することは，約定の想定しているところを大きくはずすものということができるのであって，その違反態様は到底軽微なものとはいえず，したがって，原告らによるこの約定違反を理由とする本件契約解除は，許されることになる。」

裁判例 392 建物を風俗営業として使用と信頼関係の破壊
東京地判平成 17 年 10 月 18 日（判例秘書）

「コ　原告は，同年2月14日付け内容証明郵便により，被告Aに対し，被告Aが本件建物において風俗営業を行う旨明言し，風俗営業に向けた内装工事を行っていることは本件契約違反であるとし，本件契約を解除する旨及び同内容証明郵便到達後10日以内に本件建物を明け渡し，本件契約書第16条3項に基づく違約金を支払うよう通知し，同郵便は，同月15日，被告Aに到達した。
〔略〕
3　原告が解除の意思表示を行ったこと，違約金を請求したこと，その通知が被告Aに到達したことは前記1認定のとおりであるが，被告Aが風俗営業を行ったのは平成17年3月16日である。したがって本件契約書第2条違反は同日に行われることになるのであるが，前記1

のとおり，被告Ａ代表者が虚偽の説明を行って，原告を錯誤に陥らせ，本件承諾書を得て，これを盾にとり，本件契約で禁じられた風俗営業を行うことを明言するに至った以上，建物賃貸借契約当事者間の信頼関係は破壊されたものといえる。したがって，原告による本件契約の解除は有効である。

なお，被告らは，本件建物が歓楽街の中心にあり，原告に損害はないと述べて解除が認められないと主張するが，本件建物の近隣に風営法２条６項に該当する業種が多い事実があったとしても，なお信頼関係が破壊されたものといわざるをえないから，被告らの主張は失当である。」

裁判例393　建物を機械及び家電製品などの解体修理等の目的外の使用と信頼関係の破壊
東京地判平成18年2月17日（判例秘書）

「(3)　ア　被告は，前記のとおり，熱帯魚販売業を営むために本件建物を賃借したが，被告が本件建物において熱帯魚販売業を営んだことはなく，遅くとも平成14年更新より少し前ころには，本件建物を次のように使用していた。

イ　被告は，本件建物の隣にあるコンビニエンスストアを経営しているところ，①本件建物内で，コンビニエンスストアの事務的な仕事をしたり，②本件建物内で，コンビニエンスストアで使用される空調機，肉まん什器，缶ウォーマー，ポットなど持ち運びが可能なほとんどの機械を解体して修理，清掃したり，③コンビニエンスストア従業員に対して休憩時間中に本件建物内で，テレビを見るなど休憩のために使用させたりしていた。また，被告は，④自動車のエンジン，フェンダー，ボンネットなどを本件建物内に持ち込み，板金や塗装をしたり，⑤持ち運びが可能な家電製品や自転車などを本件建物内で解体，修理したり，⑥プラスチック製品を加熱して加工するなどしていた。

被告は，これらの作業のため，本件建物内でエアコンプレッサー，ガスバーナー，半田ごて，電気ドリル，ハンマーなどの工具を使用したほか，塗装作業のため，本件建物の内側入り口付近をブルーシートで覆い，換気扇を取り付けた3ないし4畳程度の区画を作り，ここで塗装作業を行った。また，被告は，本件建物内においてハンマーを使用するといった大きな音が出る作業は昼間にするように意識していたが，それ以外の作業は特に作業音を意識して作業時間を考えるということはしなかった。

(4)　本件建物の2階部分に居住するＣらは，本件賃貸借契約の締結後，原告を通じて，被告に対し，騒音の苦情を申し入れた。被告は，このころに申し入れられた苦情を母屋からのものと理解し，母屋と面している部分に防音マットをはり付け，その上にベニヤ板をかぶせるなどして騒音に対する措置を採った（乙5）。

その後，被告は，2階部分から騒音の苦情が申し入れられていることを知り，母屋と面している部分と同様に，厚さ約5センチメートルの防音マットを本件建物の天井に2枚重ねてはり付けるなどして騒音に対する措置を採った。
〔略〕
(1)　被告は，熱帯魚販売業を営むために本件建物を賃借し，原告もこれを前提に本件建物を賃

貸しており，本件賃貸借契約書にも被告は本件建物において熱帯魚販売業以外を営んではならない旨が記載されているところ，被告は，本件建物において熱帯魚販売業を営まずに，遅くとも平成14年更新より少し前ころには，本件建物を上記1（3）イの①ないし⑥のとおりの熱帯魚販売業とは全く異なる用途に使用している。

そして，被告が本件建物を上記1（3）イの②，④ないし⑥のとおりの用途に使用し，そのためにエアコンプレッサー，ガスバーナー，半田ごて，電気ドリル，ハンマーなどを使用し，塗装作業のため，本件建物の内側入り口付近をブルーシートで覆い，換気扇を取り付けた3ないし4畳程度の区画までも作っていることからすれば，本件建物内ではいわば小さな工場とでもいうべき本格的な工務作業がされ，相当大きな作業音が発生していたことが推認される。また，このような大きな作業音が発生していた時間帯については，原告が，平成14年更新時に，午前0時や午前2時などにも騒音が発生している旨申し出ていること，本件更新契約書には夜10時以降に騒音は出さないものとする旨の特約条項の記載がされていること，被告はハンマーを使用するといった大きな音が出る作業は昼間にするように意識していたものの，それ以外の作業は作業音を意識して作業時間を考えるということはしなかったことからすれば，本件建物からは深夜も含め相当程度の音量の作業音が発生していたと認めるのが相当である。

（2）さらに，証拠（甲9ないし12，証人D）及び弁論の全趣旨に加え，上記のとおり本件建物からは深夜も含め相当程度の音量の作業音が発生していたと認められることからすれば，Dは，平成11年夏ころから，少なくとも本件建物からの騒音をその原因の1つとして，胃痛，不眠に悩まされるようになったことが認められる。これに対し，被告本人は，平成12年から平成13年末ころまで及び平成16年夏には，本件建物をほとんど使用していない旨供述するが，被告は，その間も本件建物を全く使用していなかったわけではないし，また，本件建物からの騒音以外にDが上記症状となった原因があるということも認められないから，被告本人の上記供述は上記認定を左右するものではない。

（3）以上のとおり，被告は本件建物を本件賃貸借契約の目的と全く異なる目的のために使用し，かつ，その使用により深夜も含め相当程度の音量の作業音を出し，本件建物の2階部分に居住するCらにも具体的な被害が生じていることにかんがみれば，被告が騒音の苦情に対応してそれなりの措置を採っていることを考慮しても，原告が，被告に対し，本件賃貸借契約を解除する旨の意思表示をした平成16年8月18日時点では，原告と被告との間の本件賃貸借契約を継続する信頼関係は破壊されていたということができる。そして，このように原告と被告との間の信頼関係が破壊された状況においては解除に当たって催告を要しないと解すべきであり，原告による本件賃貸借契約の解除は有効である。」

裁判例394 業務用冷蔵庫内の腐敗した内容物の放置による建物の汚染と信頼関係の破壊
東京地判平成19年3月29日（判例秘書）

「（2）ア　被告会社は，本件賃貸借契約1について，原告被告会社間の信頼関係は破壊されていないと主張する。

イ　しかし，上記認定事実によると，本件賃貸借契約時には契約書により本件建物1につい

て共用部分に物を置いてはいけないことは明らかである上，原告との間でも被告会社自ら6月末に片付ける旨約束していることから，被告会社は上記業務用冷蔵庫を本件建物1の共用部分に放置していることについて契約に違反するものであることを認識した上，約束の時期以降5か月間も放置したままであったことが認められる。また，精肉店を営む被告会社が冷蔵庫の内容物を放置したままでいれば，内容物が腐敗することは容易に推測できるにもかかわらず，7か月近くも上記業務用冷蔵庫を放置し，結果として本件建物1や隣室を汚染したといえる。

ウ　一方，被告会社は，平成18年11月30日までに上記業務用冷蔵庫を完全撤去する旨同年11月28日に原告代理人弁護士宛に通知し，通知どおりに実際に履行したと主張するが，仮にそうであったとしても，撤去したのは，撤去の約束をした5か月後の，原告が本件賃貸借契約1を解除した後のことである。

エ　以上を総合判断すると，被告会社と原告との間における今後継続的な関係を続けていく基礎となる信頼関係は破壊されたと解するのが相当である。」

(2) 解除を否定した事例

裁判例 395　活版印刷作業所から写真印刷作業所への変更と信頼関係の破壊
東京地判平成3年12月19日（判時1434号87頁）

「(1)　写真印刷の製版作業は，活版印刷作業と比較し，静かで清潔な作業であり，本件建物を製版の作業場として使用すること自体が直ちに原告らに対し，不都合，不利益をもたらすものとはいえない。

また，被告が写真印刷への転換をした平成元年12月当時，活版印刷から写真印刷への転換は印刷業界の趨勢となっていた。

(2)　本件工事のうち，玄関戸の変更工事は，防犯上も機能上も劣る古い木戸から，これらに優れ，一般的に普及しているアルミサッシ製のものへ変更したものであり，本件建物の価値を高めこそすれ，その保存状況に悪影響を及ぼすものではない。

床にコンクリートを打った点については，本件建物内には従前から相当重い活版印刷の機械が何台か設置されていたことに照らすと，本件建物の床面はもともと土間ではなくコンクリートで覆われていた可能性が強く，そうであるとすれば，被告は，右コンクリート床面のところどころにあった活版印刷機の油をためる穴にコンクリートを流し込んで埋め戻す程度の工事をしたにすぎないことになる。

1階天井工事は，既存のはり等を利用して1階部分作業場の一部にベニヤの吊り天井を吊るしたにすぎず，これを撤去して原状回復することもさほど困難ではない

2階の部屋工事は，従前倉庫となっていた2階の空間の一部を，ベニヤ板とガラスの引き違い戸を取り付けることで間仕切りをし，ベニヤ板の天井を設けて仲立性をもたせた程度の簡易のものにすぎず，これを撤去して原状回復することもさほど困難ではない。

(3)　被告が写真印刷に転換したのは，本件建物の明渡し時期を先に延長する目的で殊更になしたものではなく，前記認定のとおり，得意先からの働き掛けにより止むなくしたものであるところ，本件工事は，本件建物で写真製版の作業をするために，防犯，防塵及び防振動上通常

必要とされる範囲内の工事である。
　2　右の認定の事実によれば，被告がした写真印刷作業所への用法変更及び本件工事は，その目的，内容及び本件建物に及ぼす影響等を総合すると，いずれも，被告が印刷の仕事を継続していく上でなしたいわば不可避的ともいうべき変更であり，本件建物に恒久的かつ重大な影響を加えるものではないと認められる。
　そうすると，これらの行為は，近い将来活版印刷が継続できなくなって本件建物の明渡しを受けることができるであろうとの原告らの期待に反するものではあるが，なお，賃借人としての信頼関係を破壊しない特段の事情があると認めるのが相当である。
　したがって，これらの違反を理由とする原告らの債務不履行解除の主張は，結局理由がない。」

裁判例396　建物のずさんな使用，管理による漏水等と信頼関係の破壊
東京地判平成13年3月7日（判タ1102号184頁）

「原告は，被告会社は，昭和62年仮処分事件における和解において，本件附室にその食品，衣料品，什器類等一切の物を置かず，本件附室を使用しないことを内容とすることを約したにもかかわらず，これに違背し，本件附室を厨房等として使用した旨を主張し，右主張に沿う証拠〔略〕もある。
　しかしながら，昭和62年仮処分事件における和解後は本件附室又は階段室にゴミや物品等を置いて使用したことはないとの被告会社代表者兼被告乙川一郎の供述部分もあり，乙41によれば，平成10年2月14日の本件附室が空室であることが認められる。
　また，前記二に認定した事実を要約すると，(1)被告会社は，昭和62年仮処分事件における和解以前においては，特に地下のゴミ置き場の使用を禁止されてから，本件附室又は階段室にゴミや物品等を置き，あるいは従業員が着替えをするなどしてこれを使用していた，(2)被告会社は，右和解において，本件附室を使用しない旨約し，その後は，本件附室を更衣室や物置きとして使用しないように努めていた，(3)もっとも，その後も，被告会社が，本件附室にゴミ捨て用ポリ容器や調理台等を置いたことが何回かあった，(4)右使用は，本件厨房における清掃や，ガス台等の物品の取り替え等に際して，一時的に使用されたものであり，原告から注意された際にはその都度被告会社において右状態を解消するよう対応していたというのである。これらの諸事実に照らすと，本項冒頭に掲記の証拠はたやすく措信することができず，被告会社による一時的な本件附室の使用も，被告会社が本件附室に関して，前記和解に違背した事態を生じせしめたものとまではいえないから，結局，原告の前記主張は認められず，他に原告の右主張を認めるに足りる証拠はない。なお，本件附室の床及び防火扉の損傷に関しては，右2の損害に含まれていることは既に説示したとおりである。
　四　債務不履行又は背信行為による解除について
　　1　債務不履行（防水工事の不完全による漏水）による解除
　原告は，被告会社は，本件トイレ及び本件パントリーに防水工事を施さず，又は不完全な防水工事を実施し，本件厨房の既存の防水槽を破損して，本件ビル3階天井裏に漏水を発生さ

せ，原告に多大な損害を被らせたことが，本件賃貸借契約の解除理由に当たる旨主張する。

しかしながら，原告主張の被告会社の右防水工事の不完全による漏水が認められないことは既に三1において説示したとおりであり，原告の右主張はその前提を欠き，理由がない。

　2　債務不履行（ずさんな使用・管理による漏水）による解除

原告は，被告会社は，ずさんな使用方法，管理を長年にわたって行った結果，本件トイレ，本件パントリー及び本件厨房から漏水を発生させ，原告に多大の損害を被らせたことが本件賃貸借契約の解除原因に当たる旨主張する。

しかしながら，被告会社における本件店舗の用法違反の態様，程度，期間，損害の程度は右三2に説示のとおりであって，被告会社が漏水を惹起したことは認められるものの，その漏水により本件ビルに生じた影響の程度，割合は必ずしも明らかでなく，漏水の原因自体も，被告会社の用法違反行為以外に結露又は外部からの漏水によるものもあり，損傷の補修に要する費用もそれほど多額とはいえないのである。そうすると，被告会社に前述の用法違反があり，漏水が建物の維持管理にとって重大な事柄であることを勘案しても，結局，その用法違反は本件賃貸借契約における信頼関係を破壊するほどのものではない。そして，他に，原告の右主張を認めるに足りる証拠はない。

　3　債務不履行（附室使用にかかる用法違反）による解除

原告は，被告会社が昭和62年仮処分事件における和解に反して，本件附室に物品を置くなどして使用していることが，本件賃貸借契約の解除原因に当たる旨主張する。

しかしながら，被告会社が右和解後に本件附室を使用した態様，程度は右三3に説示したとおりであって，右和解に違背した事態を生じせしめたものとまではいえず，賃貸借契約の契約当事者間の信頼関係を破壊するものとは到底いえないのである。そして，他に，原告の前記主張を認めるに足りる証拠はない。」

裁判例 397　ビリヤード営業店からゲーム機設置店への変更と信頼関係の破壊
東京地判平成15年5月30日（判例秘書）

「確かに，営業の目的が風営法2条1項8号の適用を受けるゲーム機設置店か，非風俗営業かは，建物管理や経済性において一般的に賃貸人にとっても重要な意味をもつものということができる。しかしながら，Bが原告に対し，営業の変更の承諾を拒否した理由は必ずしも明確でないものの，原告がBに対し承諾を求めていたのは，パチンコ店営業であり，営業内容，必要となる建物の改修工事等ゲーム機設置店と相当異なると解され，その承諾を拒否したからといって，ゲーム機設置店営業の承諾を求められても拒否したと直ちに推認することはできないし（だからといって，Bがゲーム機設置店営業への変更を黙示的に承諾したと認められるものではないことはもちろんである。），昭和62年に更新された本件建物賃貸借において「ビリヤード営業（非風俗営業）」と使用目的が合意されたからといって，ゲーム機設置店等風俗営業を今後一切拒否する趣旨であったとも解されない。そして，別件訴訟は，そもそも原告が実態と異なる判決を詐取しようとして提起追行していたものとはいえず，本件ビルの競売手続開始等により状況が複雑化したため，暫定的な内容の和解がされたことを原告が都合よく利用し

た面は窺われるものの，原告が昭和62年以前にはBの承諾を得てゲーム機設置店の営業を行っていたことなどを考慮すると，原告が和解調書を利用して風営法の許可申請をしたことが，本件建物賃貸借に関する明らかな背信的行為とまでは言い難い。加えて，被告も，本件ビル取得後ゲーム機設置店営業を目的とするテナントに本件ビルを賃貸していること，本件ビルの立地，周辺状況等の事情を総合考慮すれば，本件建物賃貸借において，原告の使用目的違反の債務不履行は認められるものの，信頼関係を破壊するに至らない特段の事情があるものと評価するのが相当と解する。」

裁判例 398　住居のほか会社事務所としての使用と信頼関係の破壊
東京地判平成15年6月20日（判例秘書）

「(2) (1)認定の事実によれば，被告は，住居として賃借した本件建物において訴外会社の事務処理を行っているのであるから，形式的には本件用途条項に違反しているといわなければならないが，他方において，①被告が本件建物を住居として使用していることは紛れのない事実であること，②訴外会社は，他社から事務所の一画を融通してもらってデスクを設置することなどによって，実質的な営業活動は本件建物外で行っていること，③被告において，本件建物において訴外会社の事務処理を行うにつき，本件建物に無断改装等を施した事実も，近隣の居住者から苦情を述べられた事実もないことに鑑みれば，被告による本件建物の使用態様がその価値を減ずるものであるとはいえないことなどが認められ，これらの諸点を総合考慮すれば，被告が本件建物で訴外会社の事務処理を行っていることが，本件賃貸借契約における重大な用法違反に該当するとまではいい難い。

以上のとおり，被告には，本件賃貸借契約を継続し難い背信行為はないというべきであるから（なお，被告の主張も，自らの行為に背信性がないことを主張しているものと解される。），原告は，本件用途条項違反，本件建物の用法違反を理由として本件賃貸借契約を解除することはできない。」

裁判例 399　事務所使用から店舗使用への変更と背信行為
東京地判平成18年6月26日（判例秘書）

「ア　前記のとおり，被告が玄関部分を改装し，新袖看板を設置したことが認められるところ，これらについて被告が賃貸人（亡Aないし原告）の承諾を得ていたことを認めるに足る的確な証拠はない。したがって，玄関部分の改装や新袖看板の設置は，本件賃貸借契約で定められた用法遵守義務（無断改装禁止義務，無断袖看板設置禁止義務）に違反するものといえる。

しかし，本件建物は相当古いものであり，玄関部分にも相当の損耗が生じていたであろうことは容易に推認できること，玄関部分の改装内容も特に華美奇抜なものとはいえないし，白色木枠のガラス戸という元の基調を大幅に変更するものでもないこと，これらに照らせば，玄関部分の改装が本件建物部分の経済的価値や利用価値を損なうものとは考え難いこと，原告自身

も特に問題視はしていなかったことなどを考え併せれば、玄関部分の改装には、背信行為と認めるに足りない特段の事情があるというべきである。

また、袖看板の設置は、本件賃貸借契約締結当時から当事者間で予定されていたものといえること、被告は、新袖看板を全く新たに設置したのではなく、元々設置されていた旧袖看板を付け替えたにすぎないこと、その形状等も旧袖看板に比して特に華美奇抜なものではなく、ごく一般的なものといえること、原告自身も特に問題視はしていなかったことなどを考え併せれば、新袖看板の設置には、背信行為と認めるに足りない特段の事情があるというべきである。

したがって、これらの用法遵守義務違反は、それ自体では解除原因とはならない。

イ　前記のとおり、被告が本件建物部分をＴシャツプリント店として使用していることが認められるところ、その使用状況につき、原告は、店舗使用であって使用目的違反である旨を主張し、被告は、事務所使用であって使用目的違反ではない旨を主張している。

ところで、「店舗」「事務所」の概念は多義的類義的ではあるが、社会通念上、おおよそ、店舗とは、商品を陳列して販売する不特定多数の一般人が頻繁に出入りするような場所をいい、事務所とは、事務机等の置かれた事務処理や顧客対応をするような場所をいうと考えられる。そうであるところ、証拠（甲４の１及び２、乙９）及び弁論の全趣旨によれば、被告のＴシャツプリント店内には、複数の事務机等が置かれていること、Ｔシャツ等が飾られているもののＴシャツ等自体を商品として陳列販売している様子は見受けられないこと、不特定多数の一般人が頻繁に出入りしている様子も見受けられないことが認められ、また、Ｔシャツプリントという業務形態は、顧客の注文を受けて、Ｔシャツ等にプリントを施すことを主眼とするものと考えられる。

そうすると、被告の本件建物部分の使用状況が、事務所使用としての範囲を超えて店舗使用というべき状況になっているとまではいい難い。

仮に、事務所使用としての範囲を超える部分があり、使用目的違反にあたるとしても、上記のような諸事情に照らせば違反の程度は軽微なものといえること、その使用状況が被告の業務遂行上必要なものと考えられる反面、原告に何らかの不利益を及ぼすとは考え難いこと、原告自身も特に問題視はしていなかったことを考え併せれば、その使用目的違反には、背信行為と認めるに足りない特段の事情があるというべきである。

したがって、本件建物部分の使用状況も、それ自体では解除原因とはならない。」

第5　ペットの飼育と信頼関係の破壊

　ペットの飼育禁止特約条項に違反した場合には、用法違反として賃貸借契約を解除されることがあるが、信頼関係が破壊されているとして、解除を肯定しているのは、いわば社会的に是認し得る限度を超えたケースであると思われる。

　一方、ペットの飼育禁止特約そのものについて争われたケースもあるが、この点も含め、

河村浩「ペットをめぐる民事紛争と要件事実」判例時報2101号3頁を参照されたい。

以下は，ペットの飼育と信頼関係の破壊についての判例である。

(1) 解除を肯定した事例

裁判例400　猫の飼育と用法違反
東京地判昭和58年1月28日（判時1080号78頁，判タ492号95頁）

「右認定事実によれば，原告が本件建物内において悪臭を発し，野良猫に継続的に餌を与える等の行為は，前記本件建物内において風紀衛生上問題となる行為及び近隣の迷惑となる行為をすることを禁止する旨の特約に違反するものといわざるをえない。

3　被告が原告に対し昭和56年1月以降野良猫に餌を与えることをやめるように申し入れていたことは前記認定のとおりであり，〈証拠〉によれば，被告が原告に対し，原告が猫を飼っていることがわかった同年2月17日以降，たびたび，室内で猫を飼うことをやめるように申し入れていたことが認められ，被告が原告に対し同年6月17日に原告に到達した書面で本件賃貸借契約を解除する旨の意思表示をしたことは当事者間に争いがない。

一般に，猫を飼育することそれ自体について非難されるべきいわれはない。しかし，本件のような多数の居住者を擁する賃貸マンションにおいて，猫の飼育が自由に許されるとするならば，家屋内の柱や畳等が傷つけられるとか，猫の排泄物などのためにマンションの内外が不衛生になるという事態を生じ，あるいは，近隣居住者の中に日常生活において種々の不快な念を懐くものの出てくることは避け難いし，更には，前記認定のように転居の際に捨てられた猫が居着いて野良猫化し，マンションの居住者に被害を与えたり，環境の悪化に拍車をかけるであろうことは推測に難くないから，本件のような賃貸マンションにおいては猫の飼育を禁止するような特約がなされざるをえないものということができる。従って，本件のような賃貸マンションにおいてかかる特約がなされた以上，賃借人はこれを厳守する義務がある。もっとも，原告は，猫の爪を切ったり，その排泄物の処理については意を用いていたことは前記認定のとおりであるが，それだけでは右特約を遵守しているものとはいい難いし，更に，原告は本件マンションの敷地内でも野良猫に餌を与えたり，あるいは，賃貸借契約書中の記載をほしいままに塗りつぶし，猫の飼育についても被告の承諾をえたかのような工作さえしていることは前記認定のとおりである。そうすると，原告と被告間の信頼関係はすでに失われているものということができるから，本件賃貸借契約は，昭和56年6月17日をもって解除により終了したといわなければならない。」

裁判例401　犬，猫の飼育と用法違反
東京地判昭和59年10月4日（判時1153号176頁）

「1　本件賃貸借契約が居住を目的とするものであって，被告がこの用方に違反したときは原告は本件賃貸借契約を解除することができる旨の特約があったことは，〔証拠〕により明瞭であって，これを動かすべき証拠はない。また，本件賃貸借契約に，被告は本件部屋内において

犬，猫等の動物を飼育してはならず，これに違反したときは，原告は本件賃貸借契約を解除することができる旨の特約があったことは当事者間に争いがない。

　2　再抗弁1の（二）の事実について判断するに，昭和57年6月ころ，被告が本件部屋内に犬，猫を入れたことがあることは被告の自認するところであり，このことと，〔証拠〕を総合すると，被告は，原告から本件建物の1階部分をペットショップとして借り受けるとともに，これとは別にその2階にある本件部屋を住居として借り受け，妻及び3人の子供とともに居住していたものであるが，昭和56年6月ころ他に住居を購入して転居し，被告及び家族の生活の本拠としては本件部屋を使用しなくなったこと，被告が，昭和57年6月ころ，本件部屋を犬，猫等の飼育及び飼料，器具等の保管場所として使用していたので，同月下旬ころ原告が被告に対し，本件部屋内において犬，猫等を飼育することをやめるよう申し入れたが，その後も被告は本件部屋内において犬，猫等を飼育し，飼料，器具等の保管場所として本件部屋を利用し続けたことを認めることができ，この認定を動かすに足りる証拠はない。しかして，これが本件賃貸借契約における前記約定の用方に違反し，本件賃貸借契約の解除原因になると解すべきことは明らかであり，これが解除原因となる用方違反に当たらない旨の被告の主張は採用し難い。

〔略〕

　1　本件賃貸借契約において，犬，猫等の病気，助産等の緊急を要する場合には，被告は原告の承諾を得て本件部屋において犬，猫等を飼育することができる旨の特約があったことは当事者間に争いがないが，前記のとおり被告が本件部屋において犬，猫を飼育したことについて，原告の承諾があったことについては主張立証がない。

　2　被告は，本件部屋内に犬，猫を入れたのは，犬の助産のため1回だけであり，緊急を要し原告の承諾を得ることができなかった旨主張する。しかし，前記三2認定の事実に照らして当時被告が本件部屋内に犬，猫を入れたことが1回だけであったとは認め難いのみならず，仮に当時被告が本件部屋に犬，猫を入れるについて被告が主張するような緊急を要する事情があったとしても，犬，猫を本件部屋に入れることについて被告がその事前においてはもとより事後においても全く原告の承諾を得ていないことは被告自身その本人尋問において自認しているところであり，しかも，前記のとおり被告は原告の内容証明郵便による条件付解除の意思表示があった後においても同様の用方違反を続けていたものであること等の諸事情を考えると，この点をもって背信行為と認めるに足りない特段の事情があるとすることは到底できない。

　また，被告が本件部屋を使用し得ることは階下におけるペットショップの営業上被告にとって都合のよいことであることは明らかであるが，このことや前記特約の存在をもって被告の前記のような用方違反が本件賃貸借契約における背信行為と認めるに足りないとすべき特段の事情があると認めることもできない。」

裁判例 402　鳩舎の設置と用法違反
名古屋地判昭和60年12月20日（判時1185号134頁，判タ588号81頁）

「四　そこで，本件鳩舎の設置が賃貸人の義務に違反するものであるか否かについて判断するに，本件鳩舎の規模，構造は前記のとおりであり，本件賃貸建物そのものを支えとするもの

である（本件鳩舎は別紙物件目録添付図面のとおり本件賃貸建物の平家部分の上部にある鉄骨柱2本，木柱2本及び本件賃貸建物の壁を支えとし，本件賃貸建物の平家部分の屋根上に設置されている。右鉄骨柱及び木柱は本件賃貸建物の敷地に設置されている。）点で独立した土地の定着物ということはできないし，弁論の全趣旨によれば本件鳩舎と本件賃貸建物の連結はボルトによりされていて撤去も比較的容易であることが認められるから，本件賃貸建物の増築部分ということもできない（結局，建物若しくは建物構成部分でない工作物というほかはない。）。従って，本件鳩舎が建物であることを前提とする原告の被告らの義務違反の主張は理由がないが，本件鳩舎が本件賃貸建物の敷地に基礎を置く鉄骨柱及び木柱を支えの一部とする点で本件賃貸建物の敷地を利用していることは明らかであり，かつ，本件鳩舎の規模を考えれば，右が賃借人の敷地利用方法を逸脱するものとみるべきことは明らかである。

　一方，被告Aが本件鳩舎において約100羽の鳩を飼育していることは前記のとおりであり，仮に被告ら主張のとおり鳩の鳴き声が低音かつ小音であり鳩の糞は臭いが殆んどないものとしても，その騒音，臭気が絶無のものとは到底考えられないのであって，殊に本件賃貸建物の如き共同住宅にあっては，他の居住者に対する配慮の点からも右の如き多数の鳩の飼育は慎まなければならない行為であることはいうまでもない（現に弁論の全趣旨によれば，被告Aの飼育する鳩を原因として被告らと近隣住民との間で軋轢を生じ，近隣住民から被告らに対する訴えが提起されるまでに至っていることが認められる。）。従って，右の如き多数の鳩の飼育は愛玩用小動物を少数飼育する場合と全く異なるものというべく，居住を目的とする建物賃貸借契約において当然に賃貸借契約の内容として許容されるものとはいい難いものである。

　してみると，被告Aが約100羽の鳩を飼育する行為は，本件賃貸借の目的（前掲乙第一号証によれば住居若しくは店舗用であることが認められる。）に反するものというべきである。

　更に，本件鳩舎が本件賃貸建物にボトルで連結されていることは前記のとおりであるところ，右が増築に該らないにせよ本件賃貸建物に変更を加えるものであることは明らかであり，被告らが負担する注意義務に違反するものであることこれまた明らかである。

　以上の被告らの各義務違反行為について考えるに，右各義務違反行為はその各々のみをとり上げるときは或いは本件賃貸借を解除する原因たるべき背信行為に該るものでないと考える余地もないではないが，右はいずれも被告らが本件鳩舎を設置し，被告Aにおいて多数の鳩を飼育するという行為をその違反原因とするものであって，右を総合すれば，これを被告らの背信行為とみて何ら差支えないものである。従って，前記各違反行為は本件賃貸借の解除原因となるものと解するのが相当である。」

裁判例403　猫の飼育と信頼関係の破壊
新宿簡判昭和61年10月7日（判時1221号118頁，判タ624号189頁）

「右認定事実によれば，被告が本件アパートの前示場所において，野良猫に長年にわたり反復継続して餌を与えていることは明らかである。そして，前記特約には，「貸室内において〔略〕猫を飼育してはならない。」との文言があるが，特約の趣旨に従って右文言自体を合理的に解釈すれば被告の右行為は右特約に違反するものといわざるをえない。

〔略〕

 ところで、賃貸人が、前記のような特約違反を理由に賃貸借契約を解除できるのは、賃借権が右特約に違反し、そのため、賃貸借契約の基礎となる賃貸人、賃借人間の信頼関係が破壊されるに至ったときに限ると解するを相当とする（最高裁昭和50年2月20日判決・民集29巻2号99頁〔編注：裁判例410〕参照）ところ、これを本件について見るに、本件のようなアパートにおいては、前記特約が存在する以上賃借人はこれを遵守する義務があるが、被告は、本件アパートにおいて、野良猫に長年にわたり反復継続して餌を与え、そのため猫がアパートに居つくようになり、アパートの居住者に前示のような迷惑を及ぼしており、原告やその家族から被告に対し、再三にわたり、アパート内で猫に餌を与えることを止めるよう要求されたにもかかわらず、これに応ぜず、しかも本件賃貸借契約解除の意思表示があった後においても、猫に餌を与えていたことは前記認定のとおりである。

 そうすると、原告と被告間の信頼関係は、すでに失われているものということができるから、本件賃貸借契約は、昭和60年8月5日の経過をもって解除により終了したといわなければならず、被告は原告に対し、本件貸室を明け渡すべき義務があるものである。」

裁判例 404　猫の飼育と用法違反
東京地判昭和62年3月2日（判時1262号117頁）

「6 以上の認定事実によれば、控訴人の本件賃貸部分における猫の飼育は、10年近くにわたり、猫の数が8匹ないし10匹に及んでいるうえ、隣室に他の賃借人が居住し、一応ドアによって遮断されているとはいえ、賃貸人である被控訴人も同一建物に居住しているという状況下で行われ、その態様も各部屋内に猫を放し飼いにして鍵をかけ押し込めるというもので、これによって柱や壁などに損傷を生じさせ、各部屋内を不衛生な状態にしていることにも照らすと、右飼育の状況は、居住に付随して通常許容される限度を明らかに超えるものであった（特に、遅くとも昭和58年5月時点では、控訴人は本件賃貸部分に居住すらしていなかったのであるから尚更である。）といえる。そして、控訴人が野良猫をも飼育して、日常生活及び近隣住民との交際の面において被控訴人に少なからぬ支障を生じさせていたこと及びこれに対する控訴人の対応などをも併せ考えると、控訴人の本件賃貸部分内外での猫飼育は、賃貸借契約当事者間の信頼関係を明らかに破壊する程度に至っていたといえるから、本件賃貸借において定められた本件賃貸部分の用方に明らかに違反するものといわざるをえない。

 7 もっとも、《証拠略》によれば、控訴人は、本件賃貸部分内で飼育している猫は一切室外に出さないようにし、また、これら全部の猫について避妊、去勢手術を受けさせ、前記認定のとおり排泄場所を作って、糞尿はそこでするように猫をしつけ、臭いと感じたらその新聞紙はビニール袋に入れてごみ収集の際に捨てるなど、猫の飼育に際して配慮していたことが認められる。しかし、これらの事実のみから直ちに控訴人の前記認定のような所業が正当化されるものとは到底いうことができず、右事実は前記認定判断を左右するものではない。

 また、控訴人が既に昭和49年ころから8匹以上の猫を飼育していたことは前記認定のとおりであり、弁論の全趣旨によれば、それにもかかわらず本件賃貸借が更新されてきたことが認

められるが,《証拠略》によれば,控訴人が本件賃貸部分の内玄関の鍵を被控訴人に無断で付け替え,各部屋の扉にもそれぞれ鍵をつけて被控訴人らを立ち入らせないようにしていたため,被控訴人は控訴人の右のような猫の飼育状況を知ることができず,昭和58年4月ころ初めてこれを知るに至ったことが認められるから,右更新の事実も前記認定判断を左右するものではない。

更に,《証拠略》によれば,近隣住民の中には猫による被害は受けていないとする者もいることが認められるが,被害を受けたとしている者に比してごく少数にすぎないから(《証拠略》添付の地図によれば,右《証拠略》の署名者には近隣住民とはいえない者も2,3名含まれていることが認められる。),この事実も前記認定判断を左右するものではない。

また,《証拠略》によれば,控訴人は捕獲することのできた10匹位の野良猫について避妊ないし去勢手術をさせていることが認められるが,それにもかかわらず,前記認定のような被害が生じている以上,右事実も前記認定判断を覆すものではないといわなければならない。

三　請求原因4のうち,催告及び本件賃貸借解除の意思表示が到達したことは当事者間に争いがなく,期日の経過は当裁判所に顕著である。

四　抗弁(信頼関係を破壊しない特段の事情)についてみるに,仮に所論の事実があったとしても,前記認定のような猫の飼育が許されるとは到底いうことができず,控訴人の前記用方違反の態様及び程度並びにこれによって被控訴人の受けた損害や控訴人の右損害に対する対応などに照らせば,既に控訴人と被控訴人の間の信頼関係は破綻していると認めるに十分であって,右事実のみではこの判断が左右されることはないといわなければならない。」

(2) 解除を否定した事例

裁判例 405　犬の飼育と信頼関係の破壊
東京北簡判昭和62年9月22日(判タ669号170頁)

「ところで前記のような特約が,原告らと被告間の本件建物の賃貸借関係において果たして合理性を有すると言えるか,借家法6条の立法趣旨に照らしても問題のあるところであるが,過去の契約更新の度毎に貸主側によってそれが強調され,被告もその特約の存在を認めているから特約は一応有効に成立しているものと解することができる。そうして賃貸人が,特約違反を理由に賃貸借を解除できるのは,賃借人が右特約に実質的に違反するような行為をなし,そのため賃貸借契約関係の基礎となる賃貸人,賃借人間の信頼関係が破壊されるに至ったときに限るとするのが相当である(最高裁判所昭和50年2月20日判決,民集29巻2号99頁〔編注:裁判例410〕参照)。

その為には被告が本件建物内で犬を飼育し,石油ストーブを使用していることは当事者に争いがないから右行為自体は特約条項に形式的に抵触することは明らかであるが,更に被告の右一連の行為の態様からして実質的に見て借家の経済的価値を損なうような不衛生害悪,火災等の危険を引き起こすおそれ,又は近隣の居住者に迷惑となる反社会的行為があったか否かが究明されねばならない。

(証拠)を総合すれば,被告は昭和49年頃,被告と内縁関係にあったAが当時の家主Bか

ら本件建物を賃借して入居した時代から，昭和55年3月24日被告自身が借家人になってからも引き続いて今日まで常時2匹前後の犬を室内で飼育して来た。犬の種類はペキニーズという体長30ないし40センチ，体重5ないし6キログラムの愛玩用のいわゆる座敷犬で，座敷に犬の小屋があり，風呂には月1回入れていることが認められ，食事，排泄物の処理についても訓練が行き届いていることが推認され，犬の飼育によって本件建物内の柱や畳等が汚れたり，損傷した事実は認められず，又，右犬は外部とは没交渉に近いから，本件建物の周辺に野良犬が住み着いて犬の排泄物などのため不衛生になっているとか，そのため近隣居住者に不快の念を抱かしている等を裏付ける証拠はない。

被告とAとの間には子供はなく，犬は家族同様に2人の生活の中に溶け込んでいたことが推認され，独り身となった被告にとっては2匹の犬は話相手ともいえる唯一の慰みとして特殊な感情をもっていることが認められる。

〔略〕

次に，長期間にわたる室内での犬の鳴き声で受忍できない被害を被っていると主張するが，犬の鳴き声の被害についてはこれを認めるに足る証拠はなく，臭いについては前記認定の犬の飼育状態に照らし受忍し得るものといえる。

また，被告の石油ストーブの使用について，火災等の危険を引き起こすおそれのある問題となる行為についてこれを認めるに足る証拠はない。

以上の各事実認定を総合して，被告は特約上の義務違反として，借家人として順守すべき信義則上の義務違反はなく，信頼関係が破壊されるにいたったと認めることはできない。」

裁判例406　犬の飼育と信頼関係の破壊
東京地判平成18年3月10日（判例秘書）

「2（1）上記認定の事実関係に基づいて，原告による本件賃貸借契約の解除の可否について検討するに，先ず，本件において，本件賃貸借契約書の中に，賃借人が本件建物内で犬猫等の動物を飼育すること等を禁止する旨の条項（以下「本件特約」という。）が存在すること及び同条項が空文化していたとまでは認められないことについては，前記認定のとおりである。

そこで，本件特約に反して本件建物内で本件犬を飼育している被告に対し，原告がこれを理由に本件賃貸借契約を解除することができるか否かについて検討するに，賃借人の特約違反が解除理由となるのは，それが賃料債務のような賃借人固有の債務の債務不履行となるからではなく，特約に違反することによって，賃貸借契約の基礎となる賃貸人，賃借人間の信頼関係が破壊されるからであると考えられるので，賃貸人が当該特約違反を理由に賃貸借契約を解除することができるのは，賃借人が特約に違反し，そのため，上記信頼関係が破壊されるに至ったときに限ると解するのが相当である。

これを本件についてみるに，そもそも，本件のような特約が結ばれる理由は，賃貸の共同住宅において犬，猫等の動物を自由に飼育することができるとすると，その鳴き声，排泄物，臭い，毛等により，当該建物に損害を与えるおそれがあるほか，同一住宅の居住者に対し迷惑又は損害を与えるおそれも否定できないからであると解されているところ，被告が飼育している

本件犬は、体重2.5キログラム程度の小型犬であると認められ、また、これまでに、犬の鳴き声等により、同一住宅の他の居住者や近隣住民に迷惑や損害を与えたり、本件建物に損害を与えたりしたことを窺わせる証拠も存在しない。

したがって、被告が本件建物内で本件犬を飼育することは、本件特約に違反するものであるとしても、そのために、本件賃貸借契約の基礎となる賃貸人、賃借人間の信頼関係が破壊されるに至ったとまでは認められないので、原告は、本件特約違反を理由に本件賃貸借契約を解除することはできないと解するのが相当である。

(2) また、原告は、被告は同人の契約違反行為を円満な話合いによって解決しようとする原告の努力にもかかわらず、犬の飼育や持込みは契約違反行為ではないと強弁して、現在まで犬の飼育を継続し、また、今後とも継続する意思を表明しており、このような被告の対応は、賃貸借契約に求められる信頼関係を破壊するものであるとも主張する。

しかしながら、被告が本件建物内で本件犬を飼育していることが本件賃貸借契約の解除原因とならないことについては、前記 (1) のとおりであり、また、前記1で認定したとおり、被告は、前賃貸人のAから本件犬を飼うことの承諾を得ていたと考えていたものであることをも併せ考えると、被告が本件犬の飼育を継続し、本件建物の明渡しに応じないことによって、原告と被告との間の信頼関係が悪化したとしても、それを被告の対応のみに問題があったと解することは相当でないというべきである。

そこで、原告がかかる被告の対応を理由に本件賃貸借契約を解除することについても、これを認めることはできないといわざるを得ない。」

第6　近隣迷惑行為等

賃貸借契約書中に規定されている賃借人の義務について不履行があった場合、民法541条による法定解除ということになるが、賃貸借契約書中の賃借人の義務に不履行がない場合にも、例えば、賃借人の賃貸人に対する著しい背信行為があり、信頼関係が破壊されたとして、契約を解除できるであろうか（この点については、最高裁判所判例解説民事編・昭和47年度437頁小堀勇、星野英一・借地・借家法114頁を参照されたい。）。

以下は、賃貸借契約書中に規定されている賃借人の義務について不履行があった場合と賃貸借契約書中に規定されていないが、賃借人の賃貸人に対する著しい背信行為があった場合の、契約解除を肯定した判例と否定した判例である。

(1) 解除を肯定した事例

裁判例407　賃借人の存在しない売買に基づく賃借家屋に対する所有権の主張と信頼関係の破壊
最判昭和26年4月24日（民集5巻5号301頁，裁判集民4号645頁，判タ12号65頁）

「更に又原判決は，「原審における控訴人申請の各証人及び当審における証人Aの証言に徴すれば控訴人は右売買の主張が認められないときは何時でも従前通り賃料を支払う準備をしており家屋の使用方法を変更するような意向も認められないから控訴人が右のような主張をしたからとて直ちに本件賃貸借関係について相互の信頼関係を裏切り或は被控訴人のもつ賃貸人としての地位に大きな不利益を生ずるものとは認められない」と判示した。然し，被上告人が売買が存在しないに拘わらず存在したと主張し，賃貸人の所有家屋を自己の所有物なりと主張して裁判によりこれを奪取せんとしたものとせば，かくの如き行為はそれだけで著しく信頼関係を裏切るものであることはいう迄もない。それ故原審が被上告人主張の売買は認められないと判断した以上，被上告人の行為を以て信頼関係を裏切るものにあらずとなすには，被上告人が売買が成立したと信じて居り，しかも信ずるにつき相当の理由があった場合等其他正当の事由がなければならない，単に売買が認められなければ賃料を支払うつもりで用意をして居たとか，家屋の使用方法を変更する意図も認められないとかいうだけのことでは足りない。しかるに原審が右正当な事由につき何等判示するところなくして信頼関係を裏切るものではないと判断したのは到底首肯することができない。なお，又，事情の如何によっては（例えば被上告人が故意に売買が存在しないに拘わらず存在したと主張して賃料の支払をしなかった様な事実であったとすれば）たとえ原審のいう如くその額は少額であったとしても賃料の不払を原因として為した上告人の賃貸借契約解除は必ずしも原審のいう様に信義誠実の原則に反するものということはできないであろう。此の点においても原審の判断は理由不備の感なきを得ない。」

裁判例408　賃借人の内縁の夫の言動と信頼関係の破壊
東京地判昭和37年6月26日（判時312号31頁）

「二，被告Aは被告Bの内縁の夫であって，右建物に居住し，被告Bには収入がないので，被告Aが夫婦の生計の維持者であるが，同被告らは共同して次のように原告夫婦に何等の理由なく，執拗に威嚇，乱暴をしたり暴言を吐き賃貸人を侮辱し，家庭生活の平穏を攪乱阻害し賃貸借契約上の信頼関係を破壊する背信行為に出たので，原告Cは被告Bに対し昭和36年2月10日付翌翌12日送達の内容証明郵便により背信行為の故に賃貸借契約を解除する旨の意思表示をした。
〔略〕
　右事実によれば，被告A，Bの言動は賃貸人である原告Cの家庭生活の平穏を執拗に攪乱阻害し同原告夫婦を脅かしたり侮辱すること甚しいものというべきであり，同被告らがこのような行動に出るについて原告らに責められるべき原因又は右行動に出ることがやむを得ないと見るべき事情を認むべき証拠は何もない。

そして被告Aの言動は賃借人の行動でないけれども右認定事実によれば同被告の言動が被告Bの意思に反するものとは認められないところであるので、賃借人の内縁の夫の右背信行為について賃借人がその責任を問われてもやむを得ないというべきである。右被告B夫婦の言動は格別の理由なく賃貸人の生活の平穏を常識では考えられない程執拗に阻害するものであり、かつ賃貸人を甚しく侮辱するものであって、かかる賃借人側の言動により賃貸借契約上の信頼関係は完全に破壊されたという外はない。

ところで建物の賃貸借関係は信頼関係を基調とするものであるから賃借人側の事由により信頼関係を完全に破壊するときは賃貸人は即時に賃貸借契約を解除することができるものというべきである。

してみれば賃貸人である原告のなした前記契約解除の意思表示は賃借人側の背信行為の故に適法であって、これにより本件賃貸借契約は終了したものと判断すべきである。」

裁判例 409　建物の賃借部分以外の不法占拠と不信行為
最判昭和 40 年 8 月 2 日（民集 19 巻 6 号 1368 頁、裁判集民 80 号 25 頁、判時 424 号 34 頁、判タ 181 号 114 頁）

「二　しかして、原審が適法に認定したところによれば、上告人は、被上告人からその所有の本件建物の一部である ACE 部分を賃借し、また、D 部分の使用をも黙認され、これらを店舗兼居宅として使用してきたが、昭和 28 年 10 月頃本件建物中の EF 部分の賃借人である訴外 a が該部分から立ち退くや、被上告人に無断で該部分を占拠するの挙に出、あまつさえ、階上の G 部分も同様に不法に占拠し、右 EFG 部分を前記賃借物件使用の便宜に宛てているというのであり、その他原審が確定した一切の事実関係を斟酌すれば、上告人の右行為は、本件建物の賃貸借契約の基礎にある当事者相互の信頼関係を裏切って、賃貸借関係の継続を著しく困難ならしめる不信行為であるといわざるをえない。」

裁判例 410　近隣迷惑行為等と信頼関係の破壊
最判昭和 50 年 2 月 20 日（民集 29 巻 2 号 99 頁、裁判集民 114 号 169 頁、判時 770 号 42 頁、判タ 319 号 132 頁、金法 754 号 30 頁）

「2　上告人は、昭和 45 年 2 月 10 日頃から本件建物部分で青物商を営んでいたが、同人には次の（1）ないし（4）の行為があった。

（1）右ショッピングセンター内で当初ショッピングセンターの奥の場所に店舗を構えていた青物商を営む A 青物店が上告人の店舗と並ぶ表側に場所を変えたので、上告人は、被上告人代表者 X に対し、A 青物店を奥の場所に移すことを求め、その要求が容れられないとなると、X に対し、「若い者を来させる。どんな目にあうかわからん。」等と述べ、また、上告人が A 青物店の前にはみ出して自己の商品を並べたため、同店より X に苦情があったので同人において上告人に注意をしたが、改めなかった。

（2）上告人の店は青物商であり、その販売品目もおのずから限定されているのに、同人は隣の B 果物店と同じく果物の販売を始めたため、B 果物店から前記 X に苦情があり、同人が上告人に果物の販売をやめるよう申し入れたが、これに応じなかった。

(3) 昭和45年7月27日上告人がA青物店の前にはみ出して自己の商品を並べたのでXが上告人にこれを注意したところ，上告人はその従業員らとともに，Xに殴るなどの暴行を加え，頭部顔面項部挫傷，左腰部左膝関節部打撲傷，歯破損，口内裂傷，眼球結膜下出血等約3週間の治療を要する傷害を被らせ，上告人は罰金刑に処せられた。

(4) 上告人は，ごみ処理が悪かったり，ショッピンググセンターの定休日にルールを無視して自己の店舗だけ営業したりしてショッピングセンターの正常な運営を阻害していた。

二　1　ところで，前述の特約は，賃借人の前記一，1，(1)ないし(3)の行為を禁止することを趣旨とするものであると解されるところ，本件賃貸借は，ショッピングセンターを構成する商店の1つを営業するため，同センター用の1棟の建物の1区分についてされるものであるから，その賃貸借契約に関して，賃貸人が賃借人の右のような行為を禁止することは，多数の店舗賃借人によって共同してショッピングセンターを運営，維持して行くために必要不可欠なことであり，その禁止事項も通常の賃借人であれば容易にこれを遵守できるものであって，賃借人に不当に重い負担を課したり，その賃借権の行使を制限するものでもない。したがって，右のような賃貸借契約の締結に当たって，賃貸人と賃借人との間の特約によって賃借人に前記のような行為を禁止することには合理的な理由があり，これを借家法6条により無効とすることはできない。

2　ただ，賃借人の右特約違反が解除理由となるのは，それが賃料債務のような賃借人固有の債務の債務不履行となるからではなく，特約に違反することによって賃貸借契約の基礎となる賃貸人，賃借人間の信頼関係が破壊されるからであると考えられる。そうすると，賃貸人が右特約違反を理由に賃貸借契約を解除できるのは，貸借人が特約に違反し，そのため，右信頼関係が破壊されるにいたったときに限ると解すべきであり，その解除に当たってはすでに信頼関係が破壊されているので，催告を要しないというべきである（当法廷昭和39年（オ）第1450号，同41年4月21日判決・民集20巻4号720頁〔編注：裁判例148〕，同45年（オ）第942号，同47年11月16日判決・民集26巻9号1603頁〔編注：裁判例174〕参照）。

3　これを本件についてみるに，前述のとおり，上告人はショッピングセンター内で，他の賃借人に迷惑をかける商売方法をとって他の賃借人と争い，そのため，賃貸人である被上告人が他の賃借人から苦情を言われて困却し，被上告人代表者がそのことにつき上告人に注意しても，上告人はかえって右代表者に対して，暴言を吐き，あるいは他の者とともに暴行を加える有様であって，それは，共同店舗賃借人に要請される最少限度のルールや商業道徳を無視するものであり，ショッピングセンターの正常な運営を阻害し，賃貸人に著しい損害を加えるにいたるものである。したがって，上告人の右のような行為は単に前記特約に違反するのみではなく，そのため本件賃貸借契約についての被上告人と上告人との間の信頼関係は破壊されるに至ったといわなければならない。」

裁判例411　**賃借人の一連の態度と信頼関係の破壊**
東京高判昭和56年5月27日（判時1008号150頁）

「そこで請求原因7の(1)乃至(27)記載の事実に基づいて考えると，本件建物は店舗兼共

同住宅であって，賃貸人である控訴人もその一部に居住し，賃借人である被控訴人とは互に壁を隔てた部屋で，便所等も共同使用して生活する関係にあり，また2階部分の各部屋に入居する者をも含め，居住者全員が各々の生活を互に尊重し合い，譲り合って生活することが，円満な居住関係を維持するため特に必要とされる環境にあるものと認められる。そのような居住関係にある控訴人と被控訴人との間に本件紛争が生じたのであるが，その紛争が共同使用している水道，電気の使用方法及びその使用料金の負担区分の問題に起因しているところから，控訴人は本件控訴を提起する頃から，この水道，電気の使用をめぐる問題を先ず解消し，次いで賃貸借契約の内容の整理及び明確化を図ることができれば，被控訴人との賃貸借を継続することも可能であり，したがって和解により本件訴訟を解決したいと考えるに至ったものと窺われる。そのため控訴人は，当審の昭和54年9月4日の和解期日において，被控訴人方への電気，水道の配線，配管を他の各室とは別にするよう変更し，独立のメーターを設置することとし，その工事費用は控訴人において負担する旨申し出ているのであって，その申出は本件賃貸借を和解により円満に継続させるための第一歩の措置として，事案に即した妥当なものと認めることができる。そして被控訴人はこの申出に同意したのであるから，その工事の施行について積極的に協力し，控訴人側の立場，経済的負担の面をも考慮し，工事に伴い多少の不満不便が生じても譲り合いの気持からこれを受忍することが期待されるのであるが，被控訴人にはそのような配慮を認めることができず，むしろそれとは逆に，ことごとに文句をつけて工事の進行を妨げ，一旦合意した事柄をも覆し，新たな要求を追加して控訴人を困惑させることが屡々あり，そのため当審の和解手続が打ち切られる事態にも立ち至ったこと，しかし一方控訴人は和解による円満解決を望む立場を捨てず，無理難題と思いながらも被控訴人の要求を受け入れ，工事の施行に努力を重ねてきたことは前記認定のとおりである。

また控訴人がようやく水道配管工事を施行完了し，その工事代金35万円余を全額負担したのであるが，その工事が完了した翌日の早朝から，被控訴人は控訴人方メーターを経由する洗場水道をことさらに使用し，制止にも耳をかさず，控訴人方及び本件建物の2階部分の水道使用に断水等の支障を生ぜしめていることは，長期間に亘る控訴人の努力と忍耐の結果実現し得た水道配管工事の趣旨を踏みにじるものであって，円満解決を望む控訴人に対する挑戦的態度ともいい得る。

更に右水道配管工事が完了したことにより，再開された当審の和解期日において，将来の賃料値上げの基準を定めることが検討された際，嘗て賃料増額について控訴人と被控訴人との間に紛争が生じ，訴が提起され，控訴上告を経てようやく解決をみたという経験があったことから，控訴人としては将来の賃料増額の基準をこの際定めておくことが円満な賃貸借継続に必要であるとしたのに対し，被控訴人はこれに応ぜず，賃料の額の決定には自己の収入の状況をも考慮すべきであるとするかの如き発言もして，増額の基準を定めることを拒否し，頑として譲らないため，他の和解条項についての検討に入ることができず，遂に和解は再び打切りとなったことは前記認定のとおりである。このような被控訴人の態度からは，控訴人との賃貸借関係について相互の立場を尊重し合いながら円満に維持していこうとする姿勢を認めることができず，むしろ自己一方の利益の主張に終始するものと認められるのである。

また，控訴人方と隣接する押入にラジオを置いて数日間高音に鳴らしたという被控訴人の行

為等は，控訴人及びその家族に対して不信と嫌悪の情をつのらせるものであって，相互の生活を尊重する精神に欠ける所為であるというべきである。控訴人が急性心筋梗塞で倒れ，自宅療養中であることも考え合せると，控訴人及びその家族が被控訴人との長期間に亘る紛争に，耐えられない思いでいることも推認するに難くない。

　以上を総合すると被控訴人の右一連の行為，態度により，本件建物部分の賃貸借継続の基礎となる控訴人との信頼関係は，最早回復する余地がないまでに破壊されているものと認められる。したがって控訴人において右信頼関係破壊を原因として，催告することなく本件賃貸借契約が解除をなし得べきものであるところ，その解除の意思表示が，被控訴人出席の昭和56年2月2日の当審第7回口頭弁論期日においてなされたことが記録上明らかであるから，同日をもって右賃貸借は終了したと認められる。」

裁判例412　近隣迷惑行為と信頼関係の破壊
大阪地判昭和58年1月20日（判時1081号97頁，判タ498号165頁）

「二　右一の各事実に基づき検討するに，マンション等形式の住居の賃貸借契約においては，共用部分の使用も契約内容に含まれるから，賃借人も他の賃借人らの使用を妨げないようになすべき用法上の義務があるというべきであって，前記Aの友人らの行為が被告の監督のもとになされたとは勿論いえないが，少くともAは賃借人である被告の履行補助者であるから，友人らの来訪を断り，或はXビル住居者らに対して迷惑のかかる行為をなさないように注意，制止すべきであるのにこれを放置したのみか，時には率先して行なったのである。前記内容証明郵便送達の経緯等の事実に照らすと被告もまたこれらAや他の少年らの行為を知りながら放置，容認したというを妨げないのであって，Aが喫茶店を手伝うようになった昭和56年10月頃以降，漸く少年らの集合等は自然消滅したとはいえ，前記少年らの行為がXビル住居者らに与えた不安は大きく，原告の受けた損害も前記補修等の出捐にとどまらず，入居者らとの賃上げ交渉の困難，賃貸マンションとしてのイメージのダウンによる入居者募集の困難等による減収も予想され，これら原告の損害の回復は一朝一夕になされるとは言い難いことを考えると，被告には前記特約に違反して本件契約における信頼関係を破壊する行為があったというのが相当である。」

裁判例413　暴力行為等と信頼関係の破壊
東京高判昭和58年7月28日（判時1090号129頁）

「二　控訴人は，被控訴人が控訴人の学校管理に服さず，教育目的に反する行為を重ねて本件賃貸借契約における信頼関係を破壊し本件建物を引き続き貸与しておくことができなくなったから，右賃貸借契約を解除した旨主張するので，判断する。

〔略〕被控訴人は開業して1か月経過した時点で営業品目を大巾に値上げし，かつ，アイスクリーム，甘酒，おでん等学校内における教育目的にそぐわない物を売り出して教職員の批判を浴び，教職員組合ニュースが右事実を取り上げて掲載したりしたため，これに対抗して昭和

50年12月11日控訴人学苑の教職員が被控訴人食堂に立ち入ることを禁止し，さらに本件建物及び食堂営業用自動車にその旨表示した貼紙をし，控訴人の再三にわたる撤回の指示にも従わず，昭和51年1月末まで右態度を変えなかったこと，さらに同月19日昼休には，被控訴人の実質的経営者であるAが控訴人学苑のM高等学校2年生のBからジュース自動販売機の故障の修理を促がされたのに腹を立て，同生徒の胸倉を掴んで顔面を殴打し，さらにB生徒に対し被控訴人の他の従業員1名と共に「話をつけよう。」などと申し向けて校外に連れ出し，横須賀市安浦にある暴力団幹部の出入りする事務所に連れ込んで約一時間にわたりB生徒を脅迫し，B生徒をして午後の授業を右時間中受けられなくさせたこと，その後B生徒から横須賀警察署に被害届が出され，昭和51年5月5日Aが暴力行為等処罰ニ関スル法律違反で逮捕され，同月6日新聞に報道されたこと，そこで控訴人は同日被控訴人に対し信頼関係破壊を事由として本件賃貸借契約を解除する旨通告したことが認められ（る。）〔略〕

なお，被控訴人は控訴人がAの前記暴行等事件を宥恕した旨主張するが，これを認めるに足りる証拠はない。

ところで，被控訴人は前記のようにアイスクリーム，甘酒，おでん等の営業品目を追加するについて控訴人学苑高等学校長の承諾を得たのであるが，これらの品目は学校食堂の品目として教育目的から見て適当なものではなく，承諾するについて校長に落度があったものというべきである。しかし，他方被控訴人側にも配慮に足りなかった点があり，校長の承諾いかんに拘らず控訴人学苑の教職員から批判される余地があったものというべく，右批判を理由に教職員の食堂立入りを禁止し，その旨の掲示し，学校当局の指示を無視して長期間これを撤回しなかった行為は，食堂を委託された趣旨に違反し，学校の教育目的にもそわず，学校食堂として極めて不適当な対応の仕方であったといわなければならない。とりわけ，Aがジュース自動販売機の故障修理を促したB生徒を殴打し，授業時間中に校外の暴力団幹部の出入する事務所に連れ込んで約1時間にわたり脅迫した行為は，控訴人のB生徒に対する教育及び学校管理施設におけるB生徒の安全を配慮すべき控訴人の義務の履行を妨害し，かつ，控訴人学苑の生徒，父兄全般に控訴人の生徒教育に対する不信を抱かせるもので，Aの被控訴人に対する支配力は強大であったから，控訴人が被控訴人に対し控訴人学苑内で引き続き食堂営業の継続を許容することを不可能ならしめる程の信頼関係の破壊があったものといわざるをえない。そうすると，控訴人，被控訴人間の本件建物賃貸借契約は，前記控訴人の解除により有効に解除されたものというべきである。」

裁判例414 高速道路サービス施設における営業方針等の不遵守と信頼関係の破壊
名古屋高判昭和58年11月16日（判時1105号58頁，判タ519号152頁）

「3 ところで，前掲甲第二，第三号証の約款にもうたわれているとおり，被控訴人は，本件各売店において，約定の営業時間を遵守し，適切と認められる人数の従業員を確保して，適正な品質・量目の商品を販売し，もって本件契約により受託した営業を誠実に履行すべきものであることは当然であるから，控訴人が，前記認定のような2の（一）ないし（四）の諸点につき，被控訴人に対し注意を与え，その改善方を要求したのは，これまた至極当然というべく，

このことを捉えて，被控訴人主張のように，控訴人との間の本件契約関係を終了させようとする意図から出た不当な処置であるとは到底認められない。

なるほど，〈証拠〉によれば，控訴人は，昭和48年3月頃から，被控訴人との本件契約を終了させたいと考え出していたことは認められる。しかしながら，控訴人をして右のような考えを抱かせるようにしたそもそもの発端は，むしろ被控訴人の営業態度にこそ問題があったものといわざるをえない。即ち，〈証拠〉を総合すると，被控訴人は，本件営業の委託を受けた際の経緯と，開業当初の頃は赤字を抱えながらも営業を維持して来た努力，即ち，被控訴人は，昭和46年頃までは，右営業に関して，控訴人や訴外施設協会或いは利用客との間において格別の紛議や問題を生じさせたようなこともなく，却って，訴外施設協会〔編注：財団法人道路施設協会〕から，昭和44年6月28日には東名高速道路における移動売店の排除等に尽力したことで表彰状を受け，また，同年10月1日には売店の清掃・整頓に努め，清潔な環境を保持してきたものとして感謝状を受けたこともあるという過去の実績とに囚われる余り，訴外施設協会が，東名高速道路の全線開通による売店利用客の増加に伴い，利用者に対するサービスの向上に心掛けると共に保健衛生面においても万全を期し，高速道路における模範的な営業を行おうとして，次第に指導・監督を強化してきた同協会の経営方針を理解しえず，これに適切に対応しようとしないで旧態依然とした感覚と態度でもって対処して来たところに，大きな原因があると認められる。

しかし，訴外施設協会の経営方針には格別不都合視される点は認められないのであるから，過去の努力や実績はともかくとして，被控訴人が営業を継続して行こうとする以上は，同協会の経営方針に従い，本件契約上の義務を誠実に履行すべきは当然であって，これが被控訴人にとって酷であると認むべき事情は何ら見受けられないのである。

〔略〕

5　以上のように対処して来たことは認められるのであるが，被控訴人は，本件各売店，特にY1売店の営業時間の遵守については，〔略〕頑としてこれに応じようとせず，規定の営業時間より2時間も短い8時から19時までで営業を打ち切っていたものであり，また，従業員の適切人数の確保についても，〔略〕本件契約の趣旨に添ってこれが履行されて来たとは認められず，それがため売店の閉店時間を切り上げるなどの支障が生じていたものである（〔略〕被控訴人は，開業から約2年間は赤字経営であり，家族総出でようやく営業を継続して来たのであるが，昭和46年頃からは黒字経営に転じ，その営業利益は増加の一途を辿り，相当の収益をあげて来たことが認められるのであるから，従業員の確保が困難であったとは到底認められない。）。

6　しかるところ，高速道路における売店の営業時間と従業員の確保は，単に売上の向上という目的のみではなく，道路利用者の利便に配慮しつつ，適切な道路管理を図るという総合的・公共的な観点から定められているのであるから，売店における営業時間の遵守と適切な人数の従業員の配置は，営業の基本態勢として，被控訴人がとりわけ遵守すべき本件契約上の根本的義務であることはいうまでもない。しかるに，被控訴人は，前記更新拒絶の申入れを受ける以前から長期間にわたり，何らの合理的理由もないのに右義務を履行することなく徒過して来ており，しかもその点について反省，改善に努めるどころか，上記のように専ら自己の立場

と考えを主張し，不隠当な言動にも走るという状態であるから，被控訴人の態度はもはや著しく不誠実なものといわざるをえず，従って被控訴人の営業当初の業績や本件売店を失うことによる打撃を考慮に入れても，なお被控訴人の所為は，本件契約における当事者間の信頼関係を破壊し，同契約の継続を困難ならしめるものと評価されてもやむをえないところである。

　従って，被控訴人には，本件契約の更新を拒絶されてもやむをえない特段の事情が存するものというべきである。」

裁判例 415　賃借家屋の失火と信頼関係の破壊
東京地判昭和 60 年 12 月 10 日（判時 1219 号 86 頁，判タ 623 号 137 頁）

「2　右（一）及び（二）の事実によれば，控訴人は一般に賃借人が尽すべき善良な管理者としての注意義務を尽しているようにも見受けられ，火災原因が前記（三）で記載したとおり何人かの放火によるものと認められるところからしても，解除を認めることは控訴人にとり酷であるかのようにも思われないではない。

　しかしながら，火災原因にかかわるシャッターに存在した郵便受口又はシャッター下部と床面との間の隙間を，夜間不在の際，塞ぐことは必ずしも困難とはいえず，また，エアコンディショナー室外機の枠を不燃物に取り替えることも困難とは考えられないところであり，このことに，〔略〕昭和 57 年に商店会などから要望されていた火災報知機の設置も本件火災までは未了であり，本件火災後ようやくこれを設置したこと及び〔略〕控訴人が本件和解成立後も昭和 59 年 3 月 14 日ころまでは夜間不在の際にも本件建物のシャッターを閉めることもしておらず，その後になってやっとこれを閉めるようになったこと，といった控訴人の火災防止に対する無責任とも見られる姿勢を合せ考えると，控訴人が先に二 2 で述べた高度な火災発生防止義務を尽しているかには疑問の余地があるといわざるを得ないばかりでなく，前記（四）及び（五）に記載した本件火災当時及びその後の控訴人の行動は，被控訴人らが控訴人に対し抱いていた従来からの不信感を一層募らせるに足るものであると解され，これに前記二 1 記載の本件条項が締結された経緯及び本件若い成立後わずか約 1 年 4 か月後に 3 度目の出火が起きたという事実に鑑みると，本件火災及びその後の控訴人の行動により，控訴人と被控訴人らとの間の信頼関係は完全に破壊され，本件契約は，これを継続することが不可能となったものと認めるのが相当であり，かかる場合には，被控訴人らは，控訴人に対し本件契約を催告なしに解除することができるものというべきである。」

裁判例 416　賃借人の訴訟提起等と信頼関係の破壊
東京高判平成 3 年 9 月 12 日（判タ 785 号 181 頁）

「3　右認定の事実によれば，被控訴人 Y ビルの代表者である A は，売買契約に際して買戻特約が存するか否かは重要な事項であることを十分承知していたものであり，本件買戻特約について売買契約書や重要事項説明書に何らの記載もなされておらず，かつ売買契約締結の席上においても被控訴人 Y ビルから控訴人に対し買戻特約について何らの申出や交渉もなされな

いまま本件物件の売買契約を締結していることが認められ，右事実によれば，被控訴人Ｙビルは，本件物件の売買契約の際に買戻特約がないことを十分承知しながら右契約を締結したものと推認することができる。

そうすると，被控訴人Ｙビルは，そのような事実がないことを十分知りながら，敢えて前記本件物件の売買契約の際に買戻特約があったと主張して控訴人を相手に別件訴訟を提起したものというべきものであり，そのため，前記認定のとおり，控訴人は，右別件訴訟に対する応訴を余儀無くされ，同訴訟の提起に伴い本件ビルを含む本件物件に所有権抹消予告登記が付されたため，控訴人の融資元等に対する信用問題も生じ，別件訴訟継続中は，本件物件を担保に供することもできない状況となり，控訴人として相当な被害を被ったものである（なお，別件訴訟は，第1ないし第3審まで全て被控訴人Ｙビル敗訴の判決がなされている。）。

4　前記認定の事実によれば，控訴人は被控訴人Ｙビル所有の本件ビルを含む本件物件を賃貸ビルの長期保有の目的で買戻特約のない通常の売買契約としてこれを購入し，被控訴人Ｙビルの意向を入れて，本件ビル8階の賃借人であった被控訴人Ｙ工務店との賃貸借契約はこれを継続する趣旨で，また9階の賃借人であったＡ個人との賃貸借契約は，これを被控訴人Ｙビルが新たに賃借人となって引継ぎ，それぞれ本件（イ）及び（ロ）賃貸借契約を締結したものである。そうすると，被控訴人Ｙビルは，本件ビルの売主として，買主である控訴人の本件ビルの所有権取得を完全なものとなすべき義務があり，控訴人と被控訴人Ｙビルとの右本件（ロ）賃貸借契約は，これを当然の前提として締結されたものであって，本件ビルの売買契約の趣旨と密接に関連するというべきものであり，売主である被控訴人Ｙビルが本件ビル（本件物件）の買戻特約が存在するとし，これを根拠に右賃貸借契約の貸主である控訴人の本件ビルの所有権を否定する主張をしてその移転登記手続を求める訴訟を提起し，前記のとおり訴訟で控訴人と係争することは，著しく右売買契約及び本件（ロ）賃貸借契約の当事者として，相手方との信頼関係を失わしめる行為に該当するというべきである（なお，別件訴訟の期間も，〔略〕控訴人が本件解除の意思表示をした昭和63年11月までの間でも二年近く経過しており，その間の控訴人の受けた不利益も軽視しがたいものである。）。」

裁判例417　中華店の油脂の飛散等と信頼関係の破壊
東京地判平成4年8月27日（判タ823号205号）

「4　以上のとおり，被告には本件賃貸借契約の約定違反が認められるところ，これら違反のうちには違反が行われあるいは見られてから5年の間は問題にされなかったこと，あるいは前記カーテンウォールの腐食は一部にとどまり原告ビルに対する影響については明らかでないこと等の事情もあるけれども，違反が重なっていること，油脂飛散については，前記のとおり，かねてから問題になり，かつ，原告らは再三注意をしていたにもかかわらず被告が改善をしようとしなかったこと，被告は全般的に本件建物や原告ビル等を清潔にしようとする態度に乏しいと見られること等の事情を考慮すると，これら約定違反により原告らと被告の信頼関係は破綻しているものというべきであり，債務不履行となるものと認めることができる。」

裁判例 418　長期無断不在等と信頼関係の破壊
東京地判平成 6 年 3 月 16 日（判時 1515 号 95 頁，判タ 877 号 218 頁）

「右(1)認定の長期無断不在が常態化している実情及び被告らの権利主張の内容並びに右(2)ないし(4)認定の本件貸室の管理のずさんさ及び被告らの賃借人としての協調性の欠如の状況に照らせば，原告と被告らとの間の信頼関係は，被告らの長期無断不在，これを正当と主張して顧みない姿勢，長期無断不在に起因する本件貸室ないし本件建物の腐朽ないし損傷，本件貸室の合鍵等の管理のずさんさ及び被告らの賃借人としての協調性の欠如により，修復が不可能な程度に破壊されているものと認められる。

二　以上のとおり，本件においては，本件貸室の賃貸借契約の解除の原因となる信頼関係を破壊する注意義務違反行為があったものと認められるから，平成 4 年 6 月 17 日被告らに到達した契約解除の意思表示により，本件貸室の賃貸借契約は解除されたものというべきである。」

裁判例 419　近隣迷惑行為と信頼関係の破壊
東京地判平成 10 年 5 月 12 日（判時 1664 号 75 頁）

「二　右認定の事実関係によれば，被告らは，隣室から発生する騒音は社会生活上の受忍限度を超える程度のものではなかったのであるから，共同住宅における日常生活上，通常発生する騒音としてこれを受容すべきであったにもかかわらず，これら住人に対し，何回も，執拗に，音がうるさいなどと文句を言い，壁を叩いたり大声で怒鳴ったりするなどの嫌がらせ行為を続け，結局，これら住人をして，隣室からの退去を余儀なくさせるに至ったものであり，被告らの右各行為は，本件賃貸借契約の特約において，禁止事項とされている近隣の迷惑となる行為に該当し，また，解除事由とされている共同生活上の秩序を乱す行為に該当するものと認めることができる。

そして，被告らの右各行為によって 506 号室の両隣りの部屋が長期間にわたって空室状態となり，原告らが多額の損害を被っていることなど前記認定の事実関係によれば，被告らの右各行為は，本件賃貸借における信頼関係を破壊する行為に当たるというべきである。」

裁判例 420　ゴミの放置等と解除
東京地判平成 10 年 6 月 26 日（判タ 1010 号 272 頁）

「一　証人 A の証言及び弁論の全趣旨によれば，平成 5 年初めころから，被告 B の身だしなみが乱れてきたため，原告ないしその家族が口頭及び手紙で被告 B に注意してきたこと，平成 7 年春に，本件居室において火災報知器の検査があり，その際に，本件居室内に相当量のゴミが積み上がっていることが発覚したこと，平成 7 年 10 月 8 日の賃貸借契約更新の際には，本件居室内のゴミを撤去すること及び被告 B の身だしなみを改善することが更新の条件とされたこと，その後被告 B の身だしなみは一時改善されたものの，本件居室内のゴミの不整理の状態は悪化していったことが認められる。

また，甲第六号証及び証人Ａの証言によれば，消防署から，本件居室内のゴミに火災発生の危険があるとの注意を受けていたこと，原告と被告Ｂとの間に，平成９年10月３日，(1) 被告は，本件居室内に在置している空き缶及び空き瓶を含むゴミを同年11月７日までに撤去すること及び常識的な身だしなみに注意して他人に迷惑をかけないことを賃貸借契約更新の条件とすること，(2) 被告が右(1)の定めた事項を遵守しないときは，被告は，原告に対し，賃貸借契約は当然に解除されて賃貸借契約が終了することとし，１週間以内に自己の費用で立ち退くとの合意が成立したことが認められる。

　そして，甲第五号証及び証人Ａの証言によれば，それ以降も，被告Ｂは，ゴミの放置状態を改善せず，原告ないしその家族から再三の注意を受けてきたにもかかわらず，２年以上にわたり，本件居室内に極めて多量のゴミをかなりの高さにまで積み上げたままにしていることが認められる。

　二　以上の事実によれば，被告Ｂは，貸室内において危険，不潔，その他近隣の迷惑となるべき行為をしたということができ，原告との間に締結した賃貸借契約10条に違反したことが認められる。

　確かに，信頼関係を基礎とする継続的な賃貸借契約の性質上，貸室内におけるゴミ放置状態が多少不潔であるからといって，そのことが直ちに賃貸借契約の解除事由を構成するということはできない。しかしながら，本件では，賃貸人から再三の注意を受けてきたにもかかわらず，事態を改善することなく２年以上の長期にわたって，居室内に社会常識の範囲をはるかに超える著しく多量のゴミを放置するといった非常識な行為は，衛生面で問題があるだけでなく，火災が生じるなどの危険性もあることから，原告やその家族及び近隣の住民に与える迷惑は多大なものがあるといえるのであって，このことは，賃貸借契約の解除事由を優に構成するものといわざるを得ない。

　よって，原告のした本件賃貸借契約の解除は有効であるというべきである。」

裁判例 421　近隣迷惑行為等と信頼関係の破壊
東京地判平成15年２月12日（判例秘書）

　「前記争いのない事実等及び前記(1)ないし(6)の事実並びに弁論の全趣旨によれば，被告Ｙ2が暴力団員であることに加え，被告らが本件建物に同居し始めてから，しばしば早朝に大声で怒鳴るなどの喧嘩をし，音の反響が伝わりやすいＸビルの構造も手伝って，被告Ｙ2の大声が建物全体に響き亘った事実が認められ，そして，被告Ｙ2が本件刑事事件の判決を受けた後，同被告が，原告に対して，立ち退き料の支払を直接，強引に求める態度に出ており，原告及びＡ並びにＸビルの他の賃借人らは，被告Ｙ2に対して，例えようのない恐怖感を抱き，深刻な迷惑を受けていることが認められ，本件賃貸借契約における信頼関係は根底から破壊され，同契約を継続することは不可能な状態であることは明らかであり，これを覆すに足る証拠はない（被告Ｙ1の陳述書［乙１］及び同被告の本人尋問中には，信頼関係は破壊されるに至っていない旨の供述記載部分ないし供述があるが，本件各証拠及び弁論の全趣旨によれば，採用することはできないというべきである。）。」

裁判例 422　近隣迷惑行為等と信頼関係の破壊
東京地判平成 17 年 9 月 26 日（判例秘書）

「上記 1 で認定した事実によれば，被告は，本件建物を賃借し，X 荘において，隣室である 1 号室の入居者らに対して，同入居者らが格別騒音をたてていないのにかかわらず，生活音がうるさいなどと苦情を面前あるいは壁ごしに繰り返し述べ，本件建物と 1 号室との間の壁を何度となく叩き，A が居住していたときはドアを蹴って穴をあけるなどの行為を繰り返し，この結果，X 荘 1 号室の居住者らは，生活の平穏を一時的に乱されるだけでなく，耐えられなくなって退去せざるを得ない状況に至っていることを認めることができるのであって，被告による上記のような行為は，本件賃貸借契約の契約書に定める本件建物を故意に損傷すること（契約書 7 条 3 項別表第 1 の 7），共同生活の秩序を乱す行為をすること（同別表第 1 の 8）に該当するばかりか，他の居室に居住する他の賃借人らの生活を妨害する態様で賃貸人と賃借人と信頼関係を破壊する行為であって，本件賃貸借契約の解除事由に該当すると認めることが相当である。

そして，上記 1 で認定した事実によれば，原告の代理人である B は，被告に対し，平成 15 年 1 月 26 日，本件賃貸借契約を解除する旨の意思表示をしたと認められることは明らかである。

加えて，被告は，上記解除の意思表示の後，その態度を改めることなく，かえって，上記 1 (6) エ及びオ，(7) の行為を繰り返しているのであって，これらを総合すると，原告と被告との間の本件賃貸借契約における信頼関係はもはや存在しないといっても過言ではない。」

裁判例 423　近隣迷惑行為と信頼関係の破壊
東京高判平成 26 年 4 月 9 日（判例秘書）

「(1) 上記 2 の認定事実によると，控訴人は，近隣住民等に対して迷惑行為を行い，これについて被控訴人から再三口頭で注意を受け，更にこれが特約違反となり解除事由となると書面によって指摘されても，近隣住民等に対する迷惑行為を繰り返しており，また，これにより生じた近隣住民等との間のトラブルに対して近隣住民等からの申出による話合いもしていない。これらのことに加え，控訴人の度重なる迷惑行為によって近隣住民等には耐え難い深刻な事態となり，近隣住民等が警察及び区役所に対する本件要望書に連名で押印の上で提出するに至っていること，さらに，控訴人は本件建物の隣室の入居者に対しても迷惑行為を行ったばかりか粗野な行動をとって不快の感を抱かせ，ひいてはこれに耐えかねた同入居者が被控訴人との間の賃貸借契約を解約して退去するに至り，賃貸人である被控訴人に対して同室の長期間の賃料の受領不能及び同室の新入居者を決めるための同室の賃料の減額という経済的損失まで与えていること，控訴人は本件訴訟の係属中にされた本件解除の後においても同室に入居した者に対して同様の迷惑行為を行い，同入居者から賃貸人である被控訴人に対して苦情の申入れがされている。

(2) 以上によれば，控訴人が当審において主張する，控訴人が 15 年ほど前に統合失調症の

診断を受けたことがあり，それ以後は睡眠導入剤の服用が欠かせない生活をしており，就労する機会がなく，本件建物の入居当時から現在まで一貫して生活保護を受け，現在も本件建物の賃料相当額に係る住宅扶助を受けて被控訴人に対して支払っていること〔略〕等の事情を斟酌しても，本件賃貸借契約の基礎となる賃貸人である被控訴人と賃借人である控訴人との間の信頼関係は，本件特約が定める禁止行為に該当すると認められ，本件特約に違反する控訴人による上記説示の近隣住民等に対する度重なる迷惑行為によって著しく損なわれ，完全に破壊されており，その回復の見込みはないといわざるを得ない。

したがって，本件解除は有効であり，これにより本件賃貸借契約は終了していることが肯定される。」

(2) 解除を否定した事例

裁判例 424 近隣迷惑行為と不信行為
東京地判昭和47年12月5日（判時709号56頁）

「五（一）《証拠略》を総合すれば，当初，被控訴会社（Y1）は，本件建物に防音装置が施されていないのにもかかわらず深夜に至るまで主にAが高声で歌うなど，近隣住民の生活の平穏に意を用いなかったことから，これら多数の者の抗議を受け，その後，防音装置をしたため，近隣住民への影響はなくなったが，本件建物の真上（2階）の居間に居住する控訴人の母親は，本件建物内の深夜の騒音により不眠を訴えて転居し，その後に右居間に居住するようになった訴外Bもこれを気にしている現状であるが，被控訴会社（Y1）としては以前にもまして深夜における騒音の規制には気を配り，客観的には，最近は右居間においても騒音とは感じられないほどに改善されている事実が認められ，右認定を覆すに足りる証拠はない。

（二）《証拠略》を総合すれば，Aは，被控訴会社従業員に暴行を加え，さらに仲裁に入った被控訴人Y2にも暴行を加えたため，パトカーがかけつけ，Aは警察官の取調を受けるに至ったことがあった事実が認められ，右認定を覆すに足りる証拠はない。

（三）《証拠略》を総合すれば，昭和44年6月頃，本件建物内から水が流れ出して隣家の洋服業経営訴外B方の床下に水がたまり，営業用洋服生地にしみが付くなどの損害を与え，Aとしても一応水道局に連絡はしたが，修理工事を厳重に催促するなどの責任ある態度を取らなかったため，その修理が遅れ，約3箇月間もの間，右B方床下に水がたまり続け，被控訴人Y2としては被害弁償の意思を有しているものの，右Bが損害賠償の請求をしないため依然として未解決のままである事実が認められ（る。）〔略〕

（四）以上（一）から（三）までに認定した諸事実によれば，騒音及び水漏れは，被害者らにとっては受忍し難いものであるに違いないが，水漏れについてはBにおいて加害者に損害賠償すればある程度事後的救済が可能であるし，騒音については，被控訴人らの誠意も認められ，又，客観的にも自体は改善されており，前記認定したように本件建物を飲食店（バー）に使用する目的で賃貸借契約を締結した以上，現在程度の多少の騒音は貸主たる控訴人においても当然予測すべきことであり，又，暴行の件については，控訴人にさほど影響を与えるものではなく，結局，以上の点を総合すれば，右（一）から（三）までに認定した諸事実のみでは，

被控訴人 Y2 に，右賃貸借契約の継続を著しく困難ならしめるような不信行為があったとは認め難いから，これを理由とする控訴人の前記解除の意思表示は，効力を生じない。」

裁判例 425　賃借人と隣地との紛争と信頼関係の破壊
名古屋高判昭和 50 年 5 月 29 日（金判 488 号 37 頁）

「二，そこで信頼関係の破壊に基づく賃貸借契約解除の主張について判断するに賃貸借契約の解除には，約定解除権に基づくものでなければ民法 541 条（543 条）の法定解除の規定が適用され，賃貸借の当事者間における信頼関係の破壊は，その一方が賃貸借契約の義務不履行かあるいは賃貸借契約に基づき信義則上要求される義務（例えば賃貸人が不当に損害や迷惑を受けるような行為をしない義務）に反する行為によって生じた場合において，解除原因となるものと解するを相当とする。よってこの見地において本件をみる。

〈証拠〉を総合すると，被控訴人は賃料を 1 か月 1 万円の約で本件建物を賃借したときに，その東側に隣接する訴外 A 所有地 673 平方メートルも一括して賃借したものと理解し，本件建物の引渡を受けるや早速飲食店を開業して右 A の所有地も来店の駐車場としてこれを使用してきたところ，これに対し右 A から特段異議や苦情の申入れもなかったが，昭和 43 年ころ同人が右土地を亀山商工会館に賃貸して引渡し，被控訴人方で右土地を従前のように駐車場として使用できなくなったため，被控訴人と訴外 A との間に右土地の使用関係をめぐって対立を生じ，被控訴人はこの争いの解決を弁護士 B に依頼し，控訴人主張のごとき訴訟を提起し仮処分をなすに至った（右訴提起および仮処分の事実は当事者間に争いがない。）ことが認められる。

右の事実関係によれば，被控訴人が隣接地の所有者でかつ本件建物の管理人である訴外 A を相手取って，控訴人主張のごとき訴訟を提起して上告審までこれを遂行し，また控訴人主張のごとき仮処分をなしたのは，いずれも被控訴人と右 A との間において，本件建物の敷地に隣接する同人所有地の使用関係をめぐって対立紛争が生じた結果，右土地につき使用権を有するとする自己の主張を貫徹し紛争を解決する目的からなされた措置とみるべきところ，ことさら事を構えて右の措置を採ったと認むべき資料はないから（被控訴人は本件口頭弁論において「訴外 A からその所有地を賃借したと詐称したものである」という控訴人の主張を認める旨の陳述をしているが，右は結果的には詐称したことになることを是認した趣旨に解すべきことは本件弁論の全趣旨によって明らかである。），被控訴人の右主張が容れられずこれが敗訴に終ったからといって，被控訴人が本件賃貸借契約における賃借人の地位を悪用したものとはいえず，控訴人が訴外 A を信頼し本件建物の管理一切を委託していたとしても，前記仮処分および訴提起をもって，賃借人の被控訴人が賃貸人の控訴人に対し本件賃貸借契約における義務あるいはその信義則上要求される義務に反した行為をしたというに該らないし，本件賃貸借における信頼関係が破壊されたとみなければならないほどのものでもない。従って本件賃貸借契約解除の意思表示は，解除原因を欠きその効力を生じないものといわざるをえない。」

裁判例 426　賃借人の賃借建物に対する所有権の主張と信頼関係の破壊
東京地判昭和 55 年 7 月 9 日（判時 990 号 211 頁，判タ 440 号 126 頁）

「既に認定したところによれば，Ａは，Ｂより自己の費用と裁量で修理・修繕することを任されて，とても人の住めるような状態にはなかった旧建物につき当時としては大金である 1925 円 25 銭もの費用を投じて改築工事を行ったうえ入居した経緯にあり，入居後も自らの費用で 3 回にわたり増築工事を行い，更に内部改装等を施して，旧建物とは比較にならないほど面積，構造及び質等の点で良好な本件建物としたことが明らかであること，これに反し，Ｂ又は原告は貸主とはいいながら旧建物及び本件建物につき何らの修理・修繕も行わず，Ａのなすがままの増・改築等を容認し，又はなかば黙認してきた形跡がうかがわれるのであって，これらの事実に照らせば，被告らが，本件建物はＡの所有に帰したものであり，したがってＡが賃借していたのは本件土地であって，被告Ｃが相続により取得したのは右所有権や賃借権であると誤信しているとしても，真に已むを得ない事情がある（殊に，Ａが昭和 18 年 3 月，旧建物に施した改築によって本件建物の所有権がＡ又は旧建物の所有者であるＢのいずれに属するに至ったかは前記説示に照らして明らかなとおり微妙な法律問題であり，法律に疎い被告らがこの点を明確にし得ず，本件建物につき自己の所有権を主張してきたとしても已むを得ないものというべきであろう。）ものというべきであり，被告Ｃがかかる経緯から右所有権等を主張したことが本件建物についての賃貸借契約を継続できないほど信頼関係を破壊する行為であるとは，到底認めることはできない。」

裁判例 427　訴訟提起と背信的行為
浦和地判平成 4 年 4 月 8 日（判タ 805 号 164 頁）

「2　以上の事実関係からすれば，原告とＡとの本件建物の賃貸借関係は極めて長期間に亘って円満に推移してきたのであり，たまたま本件建物の改築の交渉において，直接契約の衝に当たったことのない被告Ｂと原告の子Ｃとの間のやり取りにより緊張関係が生ずるに至ったものである。

なるほど，理由第一の二及び第二のニに述べたところからすれば，Ｃが本件建物を買い受けたとか，その証文がある等と述べることは，いささか穏当を欠いていると言えよう。

しかし，〔証拠〕は前記認定のとおり，本件建物の賃貸借契約そのものを明記したものではなく，また，本件のように長期に亘る契約関係において，そこに生起するさまざまな事がら（例えば，本件建物の補修費を原告側で負担してきたこと等）を契約の当事者がそれぞれの立場から自己に有利に解釈しようとすることはままあり得ることであって，これを一概に非難することはできない。そうしてみると，Ｃが〔証拠〕や本件建物の補修費の負担等を念頭に置いて，前記のような発言をしたとしても，このことを重大な背信行為と見るのは相当でない。そして，Ｃが被告Ｂに対し，それ以上に好戦的な態度を示したものではない。更にまた，原告が本訴を提起したことは，好転が期待できない紛争の解決を裁判所の判断に委ねたことにほかならないから，このことを，強く非難することはできない。

3　このように見ると，原告側に本件建物の賃貸借契約の解除権を発生させるほどの背信的行為があったものと認めるのは相当でない。」

裁判例 428　賃借家屋の失火と信頼関係の破壊
大阪地判平成8年1月29日（判時1582号108頁）

「ところで，建物の賃借人は，賃借建物を善良な管理者の注意義務をもって使用すべく，賃貸目的に従った通常の使用による損耗を超えて，賃借物件を故意又は過失により毀損することは，賃借人の賃貸人に対する債務不履行となるところ，右争いのない事実と被告Aの証言により認められる事実によれば，本件失火の原因は被告Aが点火したコンロに天麩羅油の入った鍋をかけ，それを失念した過失により，加熱した油から発火し，本件失火とその消火活動によって，本件建物の一部が焼損し，水損を受けたというのであるから，被告Aには，右注意義務に反した債務不履行があり，同人の右過失は，必ずしも軽微なものとはいえない。
〔略〕

4　その他の事情《証拠略》によれば，被告Aの夫の先代は，大正時代に本件建物を賃借し，以後，被告Aの夫，次いで被告らが賃借して本件建物に居住し，自転車店を営んできたものであって，現在，自転車店は70歳の被告Aが細々としており，被告Bは，独身で会社に勤務していること，被告ら側では，右先代の賃借以来，賃料の不払など債務の不履行はなかったこと，原告らは，昭和63年9月ごろ，本件建物とその敷地を取得したことが認められ，この事実によれば，原告らは，会社の営業行為として賃貸していることが推認できる。

5　前認定のとおり，本件失火は被告Aの過失による債務不履行に当たり，右過失も軽微であるとはいえないが，右1ないし4の各認定事実を総合し，彼此勘案すると，右債務不履行によっても，原告らと被告らとの本件賃貸借契約の基礎となる信頼関係は未だ損なわれてはいないというべきである。

そうすると，原告らは，本件失火及びその結果を理由として，本件賃貸借契約を解除することはできない。」

裁判例 429　非常識，不誠実な言動等と信頼関係の破壊
東京地判平成15年8月26日（判例秘書）

「(1)　被告は，原告や修理業者が3階の漏水防止のための工事をする目的で4階にある本件貸室に入室しようとしたのを拒否したものである。このような行為は，本件ビルの一室の賃借人として，非常識で不誠実な対応というべきである。被告は陳述書において合鍵でいつでも入室することを承諾していたと述べる（乙14）けれども，修理業者が入室しようとするのを拒否したことは被告本人がその尋問において認めるところであり，被告が入室を承諾していたとは認められない。

もっとも，後記(2)のとおり，原告と被告とは賃料の額に関して平成2年以降争いがあり，証拠（乙3，4の1ないし4）によれば，本件貸室にも天井の水漏れ等があり被告は不満

を抱いていたことも認められる。被告が入室を拒否したことは，原告と被告とのこのような紛争が解決していなかったことによる面を否定できない。そして，仮処分によったとはいえ，実際に防水工事が行われ，本訴提起時（平成14年6月）においても，その後現在までの間においても，修理工事や本件貸室への入室に関して紛争は起きていないことが認められる。

こうした諸事情も考慮すると，被告が工事のための入室を拒否した行為は，被告の非常識，不誠実な対応というほかないが，その行為だけをもって，原告と被告との信頼関係が破壊されたといえるかどうかは疑問である。

(2) 賃料の支払に関しては，被告による供託が続いている。しかし，賃料の合意ができず原告が賃料として受領をしないのであるから，被告としては供託をするほかなく，供託が続いていることについて，被告が非難される理由はない。

原告は，被告が賃料の話合いを一切拒否していると主張するけれども，これを認めるに足りる証拠はない。原告が賃料増額について調停申立て等の法的手段はもとより，書面で交渉を求めたような事実も認められない。したがって，賃料の話合いが行われていないとしても，被告ばかりが責められる理由はないというべきである。

(3) 電気代の支払がされていない点については，被告の対応は不誠実であるというべきである。

ただ，賃料と同様に，原告が電気代の支払を法的に訴えた事実はもとより，書面で支払の催告をした事実も認められない。賃料に比べると，電気代は金額が少額であることも推認される。

(4) 被告が他のテナントや運送業者，工事業者に対して苦情を述べた等の事実については，その言動が強硬過ぎるように受けとめられた可能性はあるけれども，これらの事実だけをもって，被告が賃借人として不誠実であると認めることはできない。

(5) 以上によれば，被告には賃借人として非常識で不誠実な言動があったことが認められるけれども，入室拒否，電気代の不払いという個々の行為をもって，原告と被告との信頼関係が破壊されたと認めることは疑問である。

そして，賃料の支払は供託により遅滞なく行われ，この点で被告が非難される理由は認められないこと，他に被告に使用方法違反，無断転貸その他契約条項に違反する行為があったとは認められないことなどの事情も併せると，前記のとおり，被告には賃借人として非常識，不誠実な言動があったことを総合して勘案しても，本件賃貸借契約を終了させることが正当化される程度にまで原告と被告との信頼関係が破壊されたとは認められない。」

裁判例430　隣家への騒音等と信頼関係の破壊
東京地判平成18年6月26日（判例秘書）

「隣家への騒音は，本来的直接的には騒音を発生させた者（被告）と騒音被害を受けた者（B氏）との間における不法行為の成否の問題であるところ，それが何故に原告と被告との間の本件賃貸借契約の解除原因あるいは信頼関係破壊の基礎付け事実となるのか，原告の主張からは判然としない。しかし，賃貸人にとって，自己の所有物件の賃借人が近隣に対して騒音等の不法行為を行うという事態は，賃貸借契約関係を継続していく上での信頼関係に影響を及ぼ

すものといい得るし，また，近隣に対して騒音等の不法行為を行わないことも本件賃貸借契約の性質上ないし合理的解釈上定められた用法の１つであると解し得ないではないので，この点に関する原告の主張をそのように善解して，検討する。

　ア　前記のとおり，被告が無用な大きなラジオ音を発生させていたことは認められるものの，その音量が東京都環境確保条例の音量基準を超えるに至っていたことを認めるに足りる証拠はない。したがって，被告が大きなラジオ音を発生させたことが不法行為を構成することが明らかとまではいえず，原告と被告との間の本件賃貸借契約上の信頼関係を直ちに破壊するものとまではいえない。

　この点につき，原告は，被告が，原告からラジオの大音量の発生停止を求められた後も，ラジオの大音量を発生させ続けた旨も主張している。確かに，被告の発生させたラジオ音が音量基準を超えるものではなかったとしても，それが特に必要のないものであり音量基準違反すれすれであったことに照らせば，原告が発生停止を求めたにもかかわらず，被告が音量基準違反すれすれの大音量を発生させ続けたという事情があれば，原告と被告との間の本件賃貸借契約上の信頼関係を破壊するものという余地もあり得る。しかし，本件証拠上，被告が，原告からラジオの大音量の発生停止を求められた後も，音量基準違反すれすれの大音量を発生させ続けたことを認めるに足りる的確な証拠はない。したがって，原告の上記主張は採用できず，被告の発生させたラジオ音に関する問題が，原告と被告との間の信頼関係を破壊するものであったとは認められない。」

著者略歴

伊藤 秀城（いとうひでき）

1948 年	秋田県生まれ
1983 年	最高裁判所民事局第一課
1989 年	水戸地方裁判所総務課長
1995 年	東京家庭裁判所事務局次長
1997 年	最高裁判所経理局参事官
1998 年	最高裁判所経理局監査課長
1999 年	千葉家庭裁判所事務局長
2001 年	東京高等裁判所刑事首席書記官
2004 年	最高裁判所第三小法廷首席書記官
2006 年	東京簡易裁判所判事
2007 年	市川簡易裁判所判事
2010 年	東京簡易裁判所判事
2013 年	町田簡易裁判所判事（現職）

（平成 27 年 4 月 1 日現在）

〈主著書〉

実務裁判例
借地借家契約における各種特約の効力（日本加除出版，2012）

実務裁判例
交通事故における過失相殺率（日本加除出版，2013）
自転車・駐車場事故を中心にして

実務裁判例
交通事故における過失割合（日本加除出版，2014）
自動車事故及び消滅時効，評価損等の諸問題

実務裁判例
借地借家契約における信頼関係の破壊
定価：本体 3,700 円(税別)

平成 27 年 4 月 30 日　初版発行

著　者　伊　藤　秀　城

発行者　尾　中　哲　夫

発行所　日本加除出版株式会社

本　社　郵便番号　171-8516
　　　　東京都豊島区南長崎 3 丁目 16 番 6 号
　　　　ＴＥＬ　(03) 3953-5757 (代表)
　　　　　　　　(03) 3952-5759 (編集)
　　　　ＦＡＸ　(03) 3953-5772
　　　　ＵＲＬ　http://www.kajo.co.jp/

営業部　郵便番号　171-8516
　　　　東京都豊島区南長崎 3 丁目 16 番 6 号
　　　　ＴＥＬ　(03) 3953-5642
　　　　ＦＡＸ　(03) 3953-2061

組版・印刷・製本　(株)アイワード

落丁本・乱丁本は本社でお取替えいたします。
Ⓒ H. Ito 2015
Printed in Japan
ISBN978-4-8178-4225-1 C2032 ¥3700E

JCOPY 〈(社)出版者著作権管理機構　委託出版物〉

本書を無断で複写複製（電子化を含む）することは、著作権法上の例外を除き、禁じられています。複写される場合は、そのつど事前に(社)出版者著作権管理機構（JCOPY）の許諾を得てください。
また本書を代行業者等の第三者に依頼してスキャンやデジタル化することは、たとえ個人や家庭内での利用であっても一切認められておりません。

〈JCOPY〉　ＨＰ：http://www.jcopy.or.jp/,　e-mail：info@jcopy.or.jp
　　　　　電話：03-3513-6969,　FAX：03-3513-6979

実務裁判例
交通事故における過失割合
自動車事故及び消滅時効、評価損等の諸問題

伊藤秀城 著

2014年2月刊 B5判 392頁 定価4,428円(本体4,100円) ISBN978-4-8178-4143-8 商品番号:40542 略号:自動車

- ●交通事故に基づく損害賠償請求権に関する消滅時効の援用を始めとして、実務でよく主張される代車料や休車損、評価損(格落ち)の裁判例を収録。
- ●高速道路事案における裁判例(車線変更や多重衝突、料金所付近における事故等)も整理。
- ●改正道路交通法の解説と条文を掲載。

実務裁判例
交通事故における過失相殺率
自転車・駐車場事故を中心にして

伊藤秀城 著

2013年3月刊 B5判 352頁 定価3,996円(本体3,700円) ISBN978-4-8178-4070-7 商品番号:40500 略号:自転車

- ●近年増え続ける「自転車・駐車場事故」(非典型裁判例)の過失相殺率がひと目でわかる。
- ●裁判例を車種ごとに分類し、事故状況がわかる概略図、過失相殺率、裁判例の要点を掲げて解説。
- ●参考となる和解条項例を収録。

実務裁判例
借地借家契約における各種特約の効力

伊藤秀城 著

2012年3月刊 B5判 224頁 定価2,808円(本体2,600円) ISBN978-4-8178-3981-7 商品番号:40459 略号:借契

- ●重要部分をコンパクトにまとめた、「421の裁判例集」。
- ●和解・調停条項作成の際の参考となる「オリジナルの和解条項、調停条項例」を収録。
- ●「不利な特約条項がある」と悩む賃貸人・賃借人の相談に応える一冊。

日本加除出版

〒171-8516 東京都豊島区南長崎3丁目16番6号
営業部 TEL(03)3953-5642 FAX(03)3953-2061
http://www.kajo.co.jp/